浙江省哲学社会科学规划课题成果

DANGDAI HANYU CIYUMO YANJIU

当代汉语词语模研究

◎ 苏向红 著

ZHEJIANG UNIVERSITY PRESS
浙江大学出版社

图书在版编目（CIP）数据

当代汉语词语模研究／苏向红著. —杭州：浙江大学出版社，2010. 11
ISBN 978-7-308-08092-7

Ⅰ. ①当… Ⅱ. ①苏… Ⅲ. ①汉语—词语—研究—中国—现代 Ⅳ. ①H136

中国版本图书馆 CIP 数据核字（2010）第 216086 号

当代汉语词语模研究
苏向红 著

责任编辑 田 华
封面设计 刘依群
出版发行 浙江大学出版社
（杭州市天目山路 148 号 邮政编码 310007）
（网址：http://www.zjupress.com）
排　　版 杭州中大图文设计有限公司
印　　刷 杭州浙大同力教育彩印有限公司
开　　本 710mm×1000mm 1/16
印　　张 20.25
字　　数 370 千
版 印 次 2010 年 11 月第 1 版 2010 年 11 月第 1 次印刷
书　　号 ISBN 978-7-308-08092-7
定　　价 48.00 元

序

20世纪末21世纪初，是数千年来汉语词汇发展史上又一大关节点，那么，在这一大关节点上，当代汉语词汇在整体上与以往有何不同？我以为可以说是：一，新词新语数量的激增；二，“字母词”的大量使用；三，“词语模”现象的日益凸显——也就是说现在汉语新词语往往不是一个一个慢慢产生的，而是常常可以依据一个又一个的“模版”“迅速、批量性”生产的。

对于汉语的新词新语问题，近来每年都有辞书与研究论著问世；对于汉语中的“字母词”问题，也有专门的论著和辞书出版；可是，对于“词语模”问题，学术界除了零星的讨论以外，还从来没有过系统的分析。

苏向红老师的《当代汉语词语模研究》可以说是国内第一部系统分析研究这一重要语言现象的著作。通读全书，我们不难看到这部书具有如下鲜明的特点：

一是敏锐的问题意识。研究汉语词汇者通常习惯于根据前人的“研究模块”加以模仿，你解释了这个词，我就去解释那个词。但本书却紧紧抓住当代汉语词汇生产与使用的一大特点，展开自己的思考与分析，殊为难得。

二是开阔的研究视野。本书讨论“词语模”问题，既有微观的分析，更有宏观的研究；既有历时的梳理，更有共时的考察。

三是丰满的语言材料。一般讨论“词语模”的论文只是就某一两个词语模加以分析，本书汇集的语料则是空前的，仅就“附录”中的“当代汉语词语模所造新词语汇辑”而言，所辑由“词语模”创造出的新词语就达上万条，由此而获得的结论便特别具有说服力。

由本书出发，我以为，作者完全可以进一步编纂出基于“词语模”分析的新词语辞书。而相关的这一系列工作，不仅具有汉语词汇学研究和社会语言学研究的多重价值，对于国际汉语教育中如何提高汉语新词语的教学效率，也将产生相当实际的效用。

是为序。

胡范铸

2010 年 4 月

汉语新词语研究的精心之作

——序苏向红《当代汉语词语模研究》

我跟苏向红认识有二十多年了。记得还是上个世纪80年代中期的一个暑假吧，我的师兄俞正贻在湖州师院中文系任教，他操办在德清县城举行湖州语言学会年会，邀我去给讲两个题目。师兄说他们先开会，我可以晚一点到，他已经安排人接待我了。我到上海探亲，然后坐长途汽车午饭之前到了湖州。接站的是当地报社的一位记者。记者把我送到湖州师院的苏向红那里，说由苏向红第二天送我到德清。苏向红当时还是位姑娘，是湖州师院的年轻教师，住在很大的集体宿舍里。她那时候在学校里碰到了一些不愉快的事情，在跟舍友评说不公。给我的印象是：她很倔强，也很要强。

她那时候也不知道我是什么人，反正知道我是他们那里请来的，估计她也有些“类推”吧，把我归在那什么一类里了。不过，她还是“同中求异”的，对我还比较偏热。她带我到她们教工食堂吃了午饭，然后带我乘小车到莫干山下她老同学那里，在莫干山宾馆吃晚饭、住下。第二天一早我们几个人一起游了莫干山。中午在她老同学家吃饭，她还露了烹调的手艺。然后用小车把我送到德清的会场，她就走了。那时候也给了我一个印象：她人缘不错，办事能力很强。

后来听说，她知道了我在德清讲了些什么，大概增加了我在那什么一类里的“异”的成分，或许还把我划到另一类了。

第二次比较多的见面，是上个十年的初期，她评上副教授前后。她那时候是学校的工会主席，办事能力极强。她语言学的面很宽，我知道的是她还从事推广普通话的许多工作。那时候，她也研究汉语新词语。不过。那时候估计，她如果不出来当访问学者，她在学术上也很难发展了。许多人包括我大概也在根据别人的一些情况在“类推”她的前途吧。

我读了她的这本书稿，吃了一大惊！

她在湖州，缺乏指导，学术提高方面困难很多，她竟然完成了这样一本近三十万字的汉语新词语研究的精心之作，那是学术上很要强的人付出许多艰辛才能完成的。

我一直在读学术著述，读博士学位论文比较多，就多少会用可以刊用、出版的学术著述或者优秀博士学位论文的标准来衡量这部书稿。

学术上最讲究的是新见。我从事汉语新词语编撰和研究也有二十多年，也还有一些成绩。我觉得要在这个方面有许多新见而且能写出一部研究专著出来，那是很不容易的。上个世纪末尾李宇明提出“词语模”有开创之功，后来又有一些学者有了发展。这部书稿可以说是在这些方面有了许多大的发展。例如，有一个大的问题是，“词语模”的提出是新的，但是这样的情况以前也是有的，当代汉语里的情况跟以前有什么不同，也就涉及到“词语模”提出的背景。这部书稿做了探讨，特别提出迅速发展的网络媒体成为当代汉语词语模大显身手的最重要的媒介。

还有，这部书稿说：自从 2008 年“范跑跑”一词出现并迅速走红之后，当代汉语词语模逐渐衍生出一个面貌非同以往的新品种——“XYY”构式，它创造了一大批反映社会热点问题的新词语，如“郭跳跳、姚抄抄、躲猫猫、做梦梦、吃饭饭、纸铐铐、死角角、楼倒倒、墙脆脆、桥糊糊、路塌塌”等。书稿用了一节从结构框架、构式类别、意义特征等方面分析“XYY”构式词语模的特点。书稿说：“XYY”构式是当代汉语词语模的特殊类型，其特殊性在于：一般意义上的词语模构式，无论哪一种类型，其模标都具有固定性，只有模槽位置的成分才具有可变性，人们只需在模槽的空位上替换相关成分就可以创造出一个新词语，也就是说，一般的词语模构式必须有一个已知成分。但“XYY”构式却非常独特，它并没有一个已知的、固定不变的模标，它提供的只是一个纯粹的构式，这一构式内的“X”与“Y”两个成分都是未知的。

这部书稿还说：当代汉语词语模，其中大部分属于“散模”。另一部分则可以说是语义关系错综复杂的“近义模”；语义对应成组的“对应模”；模标所处位置不同的“易位模”等。这些词语模形成了别有洞天、独具情韵的“模群”现象。书稿用了一章在语料分析的基础上探讨当代汉语词语“模群”现象的类别、特点及其形成动因，以求从新的角度观测、把握当代汉语词语模现象。

这些都是新见。

还有一点是学风要好。不少著述，一上来就是别人怎么研究得不够，甚至是前人没有研究，是空白，于是乎我来了。这部书稿没有这个情况，而是恭恭敬敬地先说前人这方面的各种成果。说到自己的新的建设，淡化处理，低调得很。

方法上面，这部书稿用了纵横交错的方法，古今中外，宏观微观，语言材料很丰富，认识和语料的来龙去脉说得很清楚。

苏向红完成这部书稿，整个学术研究的功力见长，或许说她完成这部书稿体现了她学术研究方面的功力。

我衡量著述，主要看这些方面。主要看好的方面。需要调整的部分，只要不是根本性的，有的可以留着，有的可以调整。如果没有需要调整或者可以讨论的部分，往往也是没有多少新见的东西。

我觉得，这部书稿可以调整的有这样几点：

一、注意了把别人的见解都摆出来，努力吸取，这是很好的。但是可能杂了一点，有的很好的著述可能没有注意到。

二、既然说到了量，例如说：源自方言的词语模能产度较高，但词汇化程度较低；源自外来语的模标能产度高，词汇化程度相对较高；源自港台社区词的词语模能产度较高，但词汇化程度较低；这些都是很重要的见解，就需要有一定的计量统计来说明。

三、说一些具体的调查。苏向红在高校任教，很有条件在学生里做有关的调查和引导学生做有关的练习。估计苏向红做了，我希望的是写出来。

四、2008年出现了“被自杀”，2009年出现了“被就业”，这一下子出来了许多“被XX”这是很有意思的。希望书稿里有这一类汉语新词语的分析。

或许，我的这些意见，有的是苏向红在出版这部书稿的时候就处理掉了。有的可能是苏向红争取到比较好的支持她进一步研究这个项目的条件之后调整的。

我觉得，序除了说好和提建议之外，还可以进一步做一些学术讨论。

例如，关于“当代汉语”的问题。我同意苏向红的意见，我觉得我们从1978年进入了当代汉语时期。分期的标准里应该有一个语言观的标准，这个标准也是跟语言事实结合的。语言观不同，对语言事实的认可和认识不同。分期也不完全是这个新时期出现了许多上个时期或者以前的时期完全没有的语言事实，可能以前也有，不过这个时期类型和程度不同。我估计以前几个时期的分期，也有这个情况。与此有关的，需要讨论为什么“现代汉语”时期会那么短。关于当代汉语，已经有很多著述了。我认为进一步梳理1978年以来汉语的发展变化，哪怕是很粗疏的梳理，都是很需要的。这是我们一些中国语言学者的任务。梳理的时候，我们还需要注意这些不同方面的语言事实的内部联系。我粗粗地认为，可以把1978年到2000年划为当代汉语的孕育期，2001年到2020年是形成期，2020年到2050年是发展期。当代汉语这个时期可能比较长。

又如，人的脑子里可能有一些板块，这表现在人说话的许多方面。我们一般不是按照一个模去仿造什么说法，而是按照脑子里的板块去说话的。因为人脑子的板块有同有异，所以说出来就有板块相同和不同了。有的人即使知道原来有人说了这一类说法，自己说话也有趋同和趋异两个方面。类推仿造是人很重要的思维和说话的方式，里面也有层次不同。有的超过一般的创造，有的有许多模仿的痕迹。我们不一概肯定或者否定这种方式，我们研究这种方式，提倡其中层次比较高的。我这几年都审订商务印书馆出版的年度本汉语新词语，我们有几个人会专门讨论一下词条的取舍。我们最近一次就讨论到，有一批词语要归成一类来专门讨论。有的是不同的人不同的说法，放在一起看起来可能是模了，或许不一定，或许也是一种模，有的要取其中的一条，其他的附带提一下。关于“门、族”一类，可能取条会严一些，因为层次低的相当多。

汉语新词语的涌现是有阶段性的，一年里不同，不同历史时期也各有特点。汉语新词语的编撰和研究不一定是常青藤式的项目。现在，汉语新词语涌现的量和质大概也不见得是我们历史上最好的。我不怎么赞成什么都是“五千年岁月，今天最美”的说法。

我们汉语新词语出现的量和辞书里收集的量是不同的。我根据一些材料估计了一下，我们每年出现的语词性汉语新词语是1万条。有人说是800条，而且说是我们说的，我们没有说过。我也不知道是谁说的。既然有1万条，词典里收得这么少，这里有个不同词典的性质问题，也有个词典市场营销的问题。还有一个问题是，我们还是应该关注少发性新词语，许多新东西出现的时候都是很少的。所以，我还认为不仅要关注新的好的语言现象，还要关注新的好的语言学思想。新的好的语言学思想，起初都是散见的，不在概论、专著和专论里。由此顺便说一下，有的散模需要特别关注。我们现在不少人比较关注新词语出现的频度。频度应该作为参考，但是不好作为标准的。有个现实问题，有的搞频度的人也觉得有的频度很低的新词语却是很好的。还有一个现实问题，前一年因为那个新词语的频度不够高而没有收。第二年那个新词语的频度高起来了，想收了，一检索，去年就出现了，今年又不好收了。我觉得，频度可以作为收条的参考，不要作为标准。我们不编编年本新词语而是做研究的，关注少发性新词语是更为应该的。

我很希望苏向红能够争取到比较好的支持她进一步研究这个项目的条件。

于根元

2010 年 4 月

目　录

引　　言

语言中的词汇只有随着社会的发展变化和新的交际需求的出现不断创造新的词语、不断丰富词语的内容，才能保证跟社会的与时俱进，才能保持旺盛的生命力。因此，在各个不同历史时期，新词语都以生机勃勃的创造力忠实地记录了时代的更替、社会的变革和文化的交融。创造新词语的方法之一就是类推。所谓类推，指的是从不同的事物中发现共同的规律性的东西，并且对它们进行类型化、系列化、模式化的操作处理。在类推机制的作用下，利用词语模创造新词语就成为当代汉语产生新词语的重要方式。词语模在汉语发展的各个历史时期都会存在，但在当代社会却显得特别活跃，格外引人注目，它是当代中国的社会文化环境与语言词汇体系共生与互动的结果。换言之，当代汉语词语模是语用主体为了适应日新月异的社会生活的表达需要，在认知规律和语用因素的相互作用下，利用类推方式，即时生成并且便捷地传播新词语的一种模块化装置。词语模丰富和发展了当代汉语新词语的构成方式和表达手段。在此将主要介绍当代汉语词语模的研究背景、已有的研究成果、研究中的不足以及我们在本书中的主要观点，阐述研究目标、研究意义、研究方法和研究重点，并对相关术语进行界定。

一、研究背景与已有研究成果述评

（一）研究背景

不断创造新词语是语言适应社会发展变化的重要手段，新词语的活跃程度是社会活力的重要指标。改革开放以来，我国社会的迅速发展和变动使得大量新事物、新现象、新观念应运而生。作为直接反映社会嬗变的当代汉语新词语，其造词构词方法相应地呈现出新特点、新面貌，当代汉语词汇也因此得到进一步的丰富和发展。“据中国语言文字工作委员会专家曾作的一个比较保守的统计，中国改革开放 20 年来，平均每年产生 800 多个新词语。”[①]《汉语新词新义》收录了汉语新词新义 3600 余条，以 20 世纪 80 年代产生或广泛使用的词汇为主。[②]《现代汉语新词词典》收录了 1978 年我国实行改革开放到 1990 年之间的语词性新词新语新用法 3710 条。[③]《朗文中国流行新词语》收录了中国改革开放 10 余年来社会政治、经济、法律、科学技术、文化生活各方面出现的词汇和用语 2000 多条。[④]《现代汉语新词语词典》收录了 1978—2000 年间出现的新词新语约 1800 条。[⑤] 2002 年的《现代汉语词典》增补本在 1996 年第 3 版修订的基础上增收了近年来产生的新词新义 1200 余条。[⑥]《新词语大词典》共收录 1978—2002 年出现的新词语近 20000 条。[⑦]《新华新词语词典》主要收录了 20 世纪 90 年代以来出现或进入社会生活的新词新义新用法，也酌情收录了部分早些时候出现但目前高频使用的新词语，共收条目 2200 条，连同相关词语约 4000 条。[⑧]《新词新语词典》收录了 1978 年改革开放初期延续至今 20 多年间产生的新词新语 5640 多条。[⑨]《汉语新词新语年编》从 1995 年开始编纂，收录了汉语新词新语和产生了新义的旧词，如 1997—2000 年卷收录了 1000 余条，[⑩]2003—2005 年卷收录了 700 余条。[⑪]

从 20 世纪 80 年代开始，当代汉语新词语的研究成为语言学的热点之一，呈现出多角度、多层次、立体化的趋势。概括地说，这些研究主要集中在以下几个方面：

1. 汉语新词语以及词语的新用法的搜集、整理和词典的编纂。
2. 汉语新词语的界定与规范。
3. 汉语新词语产生的内部原因和外部原因。
4. 汉语新词语产生的途径和方法。

---

① 张德鑫：《“水至清则无鱼”——我的新生词语规范观》，《北京大学学报》（哲学社会科学版）2000 年第 5 期。

② 刘配书主编：《汉语新词新义》，辽宁大学出版社 1991 年版。

③ 于根元主编：《现代汉语新词词典》，北京语言学院出版社 1994 年版。

④ 欧阳因编：《朗文中国流行新词语》（汉英对照），中国人民大学出版社 2000 年版。

⑤ 林伦伦、朱永锴、顾向欣编：《现代汉语新词语词典》，花城出版社 2000 年版。

⑥ 中国社会科学院语言研究所词典编辑室编：《现代汉语词典》第 4 版，商务印书馆 2002 年版。

⑦ 亢世勇、刘海润主编：《新词语大词典 · 1978—2002》，上海辞书出版社 2003 年版。

⑧ 商务印书馆辞书研究中心编写：《新华新词语词典》，商务印书馆 2003 年版。

⑨ 沈孟璎主编：《新词新语词典》，四川辞书出版社 2005 年版。

⑩ 宋子然主编：《汉语新词新语年编》，四川人民出版社 2002 年版。

⑪ 宋子然、杨小平主编：《汉语新词新语年编（2003—2005）》，巴蜀书社 2006 年版。

5. 汉语新词语的结构特点。

6. 汉语新词语的词义发展特点。

7. 汉语新词语的理据阐释。

8. 汉语新词语的翻译研究。

9. 汉语词语的产生、消亡与退隐。

10. 汉语新词语的传播、规范与预测。

11. 自然语言处理领域中的汉语新词语的识别。

(二)已有研究成果述评

当代汉语新词语产生的一个重要特点是批量生成,词语模就是能够批量产生新词语的特殊装置,它是一种值得关注和研究的特殊语言现象。目前尚未见到比较全面、系统地研究词语模的专著。

1. 比较系统的研究

李宇明、禹存阳、曹春静在各自的论文中对当代汉语词语模进行了比较系统的研究。

李宇明(1999)在《词语模》一文中重点讨论了具有批量产生新词语能力的词语模的特点、类型及其形成的有关问题。① 他认为词语模是具有新造词语功能的各式各样的框架,这种框架由词语模中不变的成分"模标"和词语模中的空位"模槽"两部分构成。这一研究具有开创性意义,最先提出"词语模"、"模标"、"模槽"的概念,抓住词语模的结构特色进行分类,多角度考察词语模的能产性,以动态的眼光看待词语模的来源。虽然受篇幅所限,未能在词语模形成的社会文化条件等方面展开论述,但还是就一系列关键性问题进行了探究,并且在许多方面对以后的研究产生了深刻的影响。不过他认为词语模属于构词法的范畴,是与联合、偏正等构词类型本质上相同但范畴上有别的一类。但从文章的表述来看,他所说的构词应该指的是词语产生的动态过程而不是静态的结构分析,指的是词语创造时运用什么样的材料、采用什么样的方法来创制新的词语。实际上,词语模兼有造词(语)和构词(语)双重身份。

禹存阳(2006)在其硕士学位论文《现代汉语词语模研究》中,以现代汉语词语模为研究对象,对词语模的特点、构成类型、内在原因和外在原因、社会意义、交际效果以及词语模对汉语词汇系统的影响等方面进行了分析。② 这一研究强调了以结构为主研究词语模的优势,并且以框架理论、连续统理论、类推性理论

① 李宇明:《词语模》,载邢福义主编:《汉语语法特点面面观》,北京语言文化大学出版社1999年版,第146页。

② 禹存阳:《现代汉语词语模研究》,中国优秀硕士学位论文全文数据库2006年版。

和潜显性理论等作为理论支撑探求现代汉语词语模的特点，在对词语模赖以产生的社会文化基础和心理基础的研究以及词语模的影响和发展趋势等方面体现了新意。不足之处是也把词语模归入构词法范畴，而且对词语模的分类比较简单，认为从模标与模槽的位置看，词语模的组合模式有模标前置式和模标后置式两种，实际上，对词语模的类别的划分远不止两种。

曹春静(2007)在其硕士学位论文《当代汉语词语模研究——兼论相关新词新语》中，以当代汉语词语模为研究对象，从共时和历时两个方面考察了词语模的类型和特点、内部搭配关系、形成与发展状况。① 这一研究对词语模进行了重新定义，进一步考察了模标和模槽的特点，以及两者之间在音节、语义、语法搭配上的复杂关系，并且在韵律学理论和语法化理论的指导下，对当代汉语词语模中前附式和后附式不对称发展的现象进行了较为细致的描写和解释，颇有新意。不足之处是对词语模模标的定义显得过于狭窄，只限于由当代新产生的类词缀和一些正在向类词缀方向发展的语素或词充当模标的词语模，即当代新产生的词语模，如"×盲"、"×迷"等；而不包括那些意义没有发生任何虚化的语素或词，如"名×"、"陪×"等；也不包含一些过去和现在都比较活跃的词语模，如"老×"、"洋×"等。这样就将许多通过类推方式批量产生的新词语排斥在研究范围之外。

2.相关个案的研究

还有一些对相关个案进行分析的论文，其中一些提供了研究的新思路和方法。例如：

高燕(2000)分析了"吧(bar)"的译介方式和构词能力。②

张云秋(2001)考察了"化"尾动词的语法特征。③

秦华镇(2005)分析了"×化"的强大能产性所受到的限制，认为一个成分能否进入"×化"结构主要受"×"本身在概念上的要求、语用频率以及类推作用的影响。④

施春宏(2002)尝试在揭示"界"和"坛"两者功能分化的基础上，探索词语的空位问题和占位问题及其制约因素。⑤

乔刚(2007)以"界"和"坛"两个语素为例，论述语素合成中不可忽视的语言现象，解说一些现有观点的不足，进而证明一些"类词缀"的语素意义并未被削

---

① 曹春静:《当代汉语词语模研究——兼论新词新语》，中国优秀硕士学位论文全文数据库2007年版。

② 高燕:《"吧"的词化过程》，《汉语学习》2000年第2期。

③ 张云秋:《"化"尾动词功能弱化的等级序列》，《中国语文》2002年第1期。

④ 秦华镇:《"×化"结构构成限制及条件》，《北京理工大学学报》(社会科学版)2005年第4期。

⑤ 施春宏:《说"界"和"坛"》，《汉语学习》2002年第1期。

弱,不仅自身独立存在,而且还对其他搭配组合的语素发挥着制约作用。①

张谊生(2002)从“式”的附着对象“×”的性质特征、“×式”的句法功能和表义方式等方面对“×式”进行了考察和分析。②

张谊生(2003)从结构和搭配、表达和理解、发展和变化等角度对当代“零×”词族加以分析与阐释,并对汉语附缀式构词的发展动因提出了看法。③

周日安(2003)对数词“零”向前缀的演变——分布情况、语法功能和语义演变情况以及“零”前缀化的原因等问题进行了探讨。④

刘亚杰(2004)从构成情况、表义情况和使用效果等方面对网络新词语“零度×”进行了分析和阐释,认为“零度×”的表达具有特殊意义,而且近年来更呈现迅速增长的趋势,已经形成了一个值得关注的词族。⑤

任竞春(2005,2006)从结构和语义、产生方式、产生原因等角度对“×霸”词族进行了分析和阐释。⑥

刘娟(2005)从来源及演变、结构和搭配、含义及社会认知、发展趋势等几个角度对“新新×”词族进行了分析和阐释。⑦

贾益民、刘慧(2005)从认知语言学、语用学等角度对“后×”的产生途径、内部结构、语义内涵等方面进行了分析,将其与现代汉语已有的“后”字结构进行对比,并对其广泛流行的原因进行了探讨。⑧

张少芳(2006)在具体分析“虫”族词语包括感情色彩和表现风格色彩在内的语义特征和结构类型的同时,还阐述了“虫”族词语产生的语言内部原因和社会原因。⑨

丁建川(2006)认为,“看”和“走”近 20 年来在汉语应用中逐渐出现了新兴的类前缀意义,它们具有与其他类前缀一样的特点:词汇意义大部分虚化,位置固定于合成词的第一个音节,构词上有能产性,可标记词性。⑩

---

① 乔刚:《“界”、“坛”词缀化辨》,《修辞学习》2007 年第 2 期。

② 张谊生:《说“×式”——兼论汉语词汇的语法化过程》,《上海师范大学学报》2002 年第 3 期。

③ 张谊生:《当代新词“零×”词族探微——兼论当代汉语构词方式演化的动因》,《语言文字应用》2003 年第 1 期。

④ 周日安:《数词“零”的缀化倾向》,西北师大学报(社会科学版)2003 年 5 月。

⑤ 刘亚杰:《网络流行语“零度×”词族探微》,中国重要会议论文全文数据库,黑龙江省语言学会 2004 年年会论文集。

⑥ 任竞春:《“×霸”新词产生方式及成因探析》,《语文学刊》(高教版)2005 年第 9 期;《“霸”的语义演变轨迹探析——从“×霸”新词说起》,《汉字文化》2006 年第 4 期。

⑦ 刘娟:《当代新词“新新×”探微》,《学术论坛》2005 年第 6 期。

⑧ 贾益民、刘慧:《“后×”结构新词语的多维度考察》,《广西社会科学》2005 年第 9 期。

⑨ 张少芳:《“虫”词族词语探析》,《河北大学成人教育学院学报》2006 年第 3 期。

⑩ 丁建川:《两个新兴的类前缀——看、走》,《宁夏大学学报》(人文社会科学版)2006 年第 2 期。

王桂花、吕玲娜(2007)从语义内涵、内部结构等角度对“×热”族新词加以阐释,认为“热”是一个正在进化过程中的类词缀。“热”前面的词语可以是动词性的,也可以是名词性的,“×热”构成的词语都是名词性的。她们还从社会的变化、语言使用者的心理作用、语言的内部机制等方面考察了“×热”新词产生的原因。[①]

王敏(2007)认为“准×”进入汉语后,在沿袭印欧语的意义及用法的同时,无论在使用范围还是在表义方式方面都发生了结合汉语自身特点的一些转变,呈现出与印欧语与众不同的一面,值得学界的重视。[②]

饶宏泉(2008)认为“去×化”类构词近年来大量出现,已经成为一种语言时尚。这类构词来源于语言接触,它们满足了语义链的需求,反映了时代思潮,符合人们的语言使用心理,而且充分展现了语言的自我包装形式。[③]

总的来说,在个案研究方面,相关的学术论文大多侧重于新词的语义探讨以及新词义产生的途径,有些从构词角度切入的文章不免局限于词缀、类词缀之争,一些进行个案分析的文章则多少失之于短小浅显。当然其中也有一部分描写细致、分析透彻的文章,如张云秋和秦华镇关于“×化”的研究,施春宏和乔刚关于“界”和“坛”的辨析,张谊生关于“×式”的研究,张谊生和周日安关于“零×”的分析,任竞春关于“×霸”族新词语产生的方式及其成因的探析,等等。这些都提供了个案研究的范例,但是就总体而言,这方面的研究与当代汉语词语模空前活跃的现象相比还是显得不相匹配。

二、研究的宗旨

语言是人类所特有的信息活动,语言活动的整个过程就是信息的产生、传输、接收以及加工处理的过程,同时也是生理、物理和心理活动的过程,语言活动的过程构成了一条复杂的言语链。创造和理解新词语不仅依赖于外部输入的信息,而且依赖于人们自身的知识经验和认知结构。当代汉语词语模创造新词语的过程是怎样的,词语模在当代社会表现活跃的原因是什么,词语模的构造方式具有哪些特点、哪些类型,这些都是我们要研究的一些基本课题。

(一)研究的目标

以批量创造当代汉语新词语的词语模为对象,综合运用词汇学、语义学、传播学、认知语言学、社会语言学等相关学科的理论和研究成果,以求比较全面地

---

① 王桂花、吕玲娜:《“×热”新词探微》,《现代语文》2007 年第 1 期。

② 王敏:《“准×”新词初探》,《牡丹江师范学院学报》(哲学社会科学版)2007 年第 2 期。

③ 饶宏泉:《“去××化”的语言包装》,《修辞学习》2008 年第 1 期。

描写当代汉语词语模现象，分析当代汉语词语模产生和发展的内部动因和外部参数，揭示其产生机制、运作机制和来源途径，探究人们在创造新词语的活动中自觉或不自觉地遵循着的规律和依据，预测其发展趋势。

（二）研究的意义

1. 有助于对当代汉语语汇整体面貌的认识和判定，澄清相关问题。

2. 有助于更好地把握新词语的产生规律，全面分析和正确使用当代汉语新词语。

3. 有助于认识当代汉语新词语的造词和构词方法、表达手段及其动态的发展变化，促进汉语语汇、语法等方面的研究。

4. 有助于认识词语模在社会变革和发展潮流中的社会文化价值。

5. 有助于完善语素义义项的归纳和辞书的编纂。

6. 有助于对外汉语教学实践。

三、研究的出发点

（一）充分认识当代汉语词语模的价值

当代汉语词语模是语用主体在认知规律和语用因素的相互作用下，利用类推方式，即时生成并且便捷地传播新词语的一种模块化装置。当代汉语词语模的活跃既适应了语言表达日新月异的社会生活的需要，又大大丰富和发展了当代汉语新词语的构成方式和表达手段，它对于现有词汇的构成方式和结构方式产生了前所未有的冲击力，现有的造词法理论和构词法理论都不能比较切合地解释当代汉语词语模现象。词语模兼有造词（语）和构词（语）双重功能，因此具有其独特的物种价值。我们将深入探讨当代汉语词语模的价值。

（二）从不同角度解释当代汉语词语模现象

对“词语模”现象的解释，可以从不同角度、不同方位进行，既可以从造词（语）角度分析它的功能和来源途径，也可以从构词（语）角度分析它的结构类型、结构元素的语义特征；既可以从人的认知规律角度探求它产生的内部机制，也可以从社会文化环境角度研究它产生的外部动因，预测它的发展趋势；既可以从个案角度进行比较深入的剖析，也可以从全局角度进行“模群”的研究，等等。我们将对当代汉语词语模现象进行较为全面的观照。

（三）对不同类型的词语模进行比较研究

通过比较研究探讨当代汉语词语模的共性与异质、类别、特点及其形成动因，以求多角度、多方位地把握当代汉语词语模现象。

四、研究方法与研究重点

语言事实是进行语言研究最根本的立足点和出发点，语言理论是观察、分析乃至表述语言现象的手段和工具。我们的研究方法和研究思路建立在对各种当代汉语词语模的观察、描写和解释的基础之上，从语言事实出发，通过对当代汉语词语模现象的归纳、分析和探讨，运用语言学的相关理论解释当代汉语词语模现象，揭示造成这一现象的深层认知原则，寻找这一语言现象背后的实质性和规律性的东西。

（一）研究方法

1.对语料的搜集与占有

尽可能地广泛搜集并充分占有语料是进行研究工作的基础和前提。由于目前学术界对当代汉语词语模模标的认识和理解不尽一致，因此，除了搜集，还要进行鉴别研究。我们采用自然观察与内省的方法广泛搜集、占有语料，并进行追踪研究，在观察的基础上内省，对语料进行分类、归纳，提炼其规律性。一部分语料来自各种辞书，尤其是新词新语词典，如《现代汉语词典》（中国社会科学院语言研究所词典编辑室，商务印书馆，1978 年试用版、1998 年修订本、2002 年第 4 版、2007 年第 5 版），《新华新词语词典》（商务印书馆辞书研究中心编写，商务印书馆，2003 年），《汉语新词新语年编》（四川人民出版社，2002 年；巴蜀书社，2005 年）等；一部分语料来自网络搜索，如 google、百度、电子期刊等；还有一部分来自报刊杂志、日常口语。

2.描写与解释

语言作为文化符号，对于民族文化的建构和传承具有极其重要的作用。要认识语言的文化符号功能，就必须描写和解释在一定文化思想影响下产生的这些语言材料中所包含的意义体系。

对语言进行描写研究，是指研究语言某个结构部分（语音、语义、词汇、语法）在其发展过程中的某一历史阶段的实际状况。对当代汉语词语模的描写，是指对当代汉语这一历史阶段的词语模现象进行观察、描写和分析、研究。

对语言进行解释研究，是指从分析语料（即语言现象）入手，在语料分析的驱动下，对语言现象和语言演变进行解释，探讨语言发展演变的动因、机制和规律。对当代汉语词语模的解释，是指分析词语模现象产生和发展的原因，揭示词语模的认知机制和运作机制，探求词语模发展的规律。

我们对当代汉语词语模的研究，从共时、历时的角度看是以共时为主，从形式与意义/功能的角度看，是形式与意义/功能兼顾。因此，我们将在词汇学、词法学、连续统、词汇化等理论的指导下，从当代汉语词语模这一语言现象的事实出发，在描写的基础上进行合理的解释，不仅从语言自身角度描写词语模的性质、特点、类型，还将把词语模的认知机制、运作机制和社会文化参数等作为考察的重要视角，以期对当代汉语词语模现象有一个比较全面的认识和解释。

3. 分析、综合与比较

研究当代汉语词语模，既需要分析，也需要综合。分析就是把事物的整体分解为各个部分或各个属性，综合就是把事物的各个部分或各个属性结合起来，把握它们之间的联系并形成一个整体的过程。分析与综合是思维的基本过程，它们是相辅相成、不可分割的两个方面。对当代汉语词语模进行分析、综合研究，首先是指分析、整理现有研究成果资料，其次是在前人研究的基础上进一步进行补充、分解和整合研究。分析既有语料支撑下的从具体到抽象的归纳的一面，又有理论驱动下的从抽象到具体的演绎的一面。分析是以综合为目的的分析，综合是分析基础上的综合。通过分析、综合，构建出一个假设的关系网络，然后是操作验证、调整理论模式。

比较就是把各种事物或同一事物的不同部分、个别方面或个别特点加以对比，从而确定它们的相同点、不同点以及它们之间的关系。比较实质上是一种更为复杂的分析和综合。对当代汉语词语模的比较研究主要是指对共性和个性的研究。现有研究成果中对词语模个案的研究总的来说比较零散，本书除对相关个案进行研究分析外，还将尝试从共时和历时角度对不同词语模进行比较研究，以概括其共性，寻找其差异，抽绎出各种词语模的共同特征和属性，探究不同词语模的区别特征和属性。

（二）研究重点

1. 当代汉语词语模的价值、性能与构成要素。
2. 当代汉语词语模现象的外部参数与内部动因。
3. 当代汉语词语模的不同类型。
4. 当代汉语词语模的“模群”现象。
5. 当代汉语词语模的个案分析。

五、对相关术语的说明

（一）新词语

关于新词语的含义，各家说法不尽相同。

哈特曼和斯托克（1981）认为，新词语（neologism）是“新创造的，但还没有被普遍接受的词或短语”[①]。“新创词”(coined word)是“为了某一特定目的而故意创造出来的新词”[②]。

拉迪斯拉夫·兹古斯塔(1983)认为,“新词这个术语可以指任何还感到新鲜的新的词汇单位”[③]。

王铁昆(1992)认为,“新词语是指一个新创造的或从其他语言中、从本民族语言的方言词、古语词和行业语中新借用过来的词语,也指一个产生了新语义、新用法的固有词语”[④]。

亢世勇(2003)认为,新词语可以定义为:通过各种途径产生的、具有基本词汇没有的新形式、新意义或新用法的词语。[⑤]

国家语委新词新语规范基本原则课题组(2003)认为:判定新词语的主要标准,首先,要看新颖度,新颖度以词语取舍者取舍的时点来判断;第二,新词新语包括一部分既有浓厚的新颖色彩又不是新出现的词语,原因是利于交际;第三,以进入普通话语言生活为准;此外,新词新语只是一个通常的叫法,还有新义、新用法也包括在内。[⑥]

刘晓梅(2003)认为,“在现代汉语时期内、以汉民族共同语词汇系统为基点来界定新词语:在某一时段内出现在普通话词汇系统中的、具有一定的复现性的、有新的形式和意义的词或短语,或只具有新的意义、用法的词或短语,或只具有新形式的词或短语。……从性质上讲,包括词汇性新词、语义性新词及语形性新词。从来源上讲,包括新近创造的词语、从非普通话词汇系统中(包括基础方言词汇)吸收进来的词语,以及被赋予了新的意义或用法的固有词语,突破了专业性的专业词语”[⑦]。

符淮青(2004)认为,“新词语就是新创造的词语。它或者指示的对象是新的,或者代表的概念是新的,同时它的形式也是新的”[⑧]。

曹炜(2004)认为,20世纪80年代以来新词语的类型可以概括为三类:形式、意义全新的词语;形式新、意义旧的词语;形式旧、意义新(新义与旧义毫无

---

① R·R·K·哈特曼、F·C·斯托克:《语言与语言学词典》,黄长著等译,上海辞书出版社1981年版,第229页。

② R·R·K·哈特曼、F·C·斯托克:《语言与语言学词典》,黄长著等译,上海辞书出版社1981年版,第61页。

③ 拉迪斯拉夫·兹古斯塔:《词典学概论》,林书武等译,商务印书馆1983年版,第247页。

④ 王铁昆:《新词语的判定标准与新词语词典编纂的原则》,《语言文字应用》1992年第4期,第16页。

⑤ 亢世勇:《〈新词语大辞典〉的编纂》,《辞书研究》,2003年第2期。

⑥ 于根元、王铁琨、孙述学:《新词新语规范基本原则》,《语言文字应用》2003年第1期。

⑦ 刘晓梅:《当代汉语新词语研究》,中国知网,2003年,第5—6页。

⑧ 符淮青:《现代汉语词汇》(增订本),北京大学出版社2004年版,第172页。

联系)的词语。[1]

综合上述观点,我们可以得出这样的结论:对汉语新词语的界定,第一要有时间的参照,目前多年本词典收集的新词语一般以1978年为界;第二要有语源的参照,需考虑新词语的产生途径;第三要有语用的参照,需考虑旧有词语产生的新意义新用法。此外,如果从规范的角度看,还可以考虑蓝本的参照,即以被普通话吸收为准则。

词汇是一个开放的系统。我们所指的新词语范围较广,在时间上,一般指中国改革开放以来新出现的词语;在来源上,不限于已被普通话吸收的词语,也包括外来词语、方言词语;在形式上,指以前没有出现过的组合形式新颖的,或组合形式虽旧但意义全新的词语;在方法上,指利用词语模创造的新词语。

(二)词语模

"词语模"这一名称是李宇明于1999年最先提出来的。李宇明认为,"语言在每一时期都拥有许许多多的词语模,有些词语模随着语言的发展变化而逐渐萎缩或丧失造词功能,而有些则依然保持着旺盛的生殖能力"[2]。

"词语模"这一术语虽然出现的时间不长,但是"词语模"现象却不是新近产生的。词语模是在人们使用和创造新词语的过程中逐步约定而成的,这种现象过去存在,现在存在,将来也会存在。不过,由于当代特殊的社会文化条件的促成,由于语言本身发展的需要、语用主体主观能动性的作用,当代汉语词语模显得特别活跃,十分引人注目。此处的"当代",是指顺应时代发展新词新语大批量涌现的历史时期,即1978年起始的中国改革开放这一特定的历史时期。

我们所指的词语模,就产生的时间而言,是指在当代社会背景下表现活跃的词语模,包括不断涌现出来的新的词语模,以及部分被承继下来的旧有的词语模。就模标的来源而言,包括已经被普通话吸收的模标和正在被或尚未被普通话吸收的模标,如外来模标、方言模标等;就整体的功能而言,是指能够批量生成新词语的结构体,它所创造出来的新词语具有整体意义;就外在形式的特征而言,被称为"模标"的成分具有不变性,被称为"模槽"的成分具有可变性;就内在元素的功能而言,"模标"和"模槽"都具有语义类别的内在联系性和语法类别的确定性,模标表示共同特征,模槽表示区别性特征。

六、本书的框架

本书共分八个部分探讨当代汉语词语模问题。

---

① 曹炜:《现代汉语词汇研究》,北京大学出版社2004年版。

② 李宇明:《词语模》,载邢福义主编:《汉语语法特点面面观》,北京语言文化出版社1999年版。

引言，主要介绍当代汉语词语模的研究背景、前人的研究成果、研究中的不足及我们的主要观点；阐述研究目标、研究意义、研究方法和研究重点，并对相关术语进行界定。

第一章，考察当代汉语词语模的物种价值、性能与构成要素。认为当代汉语词语模是在当代社会背景下人们使用频率颇高的批量创造新词语的一种方法。当代汉语词语模构式的内在结构标记是模标和模槽，其外在要素是词语群。

第二章，探讨造成当代汉语词语模现象的外部动因——社会环境参数和语用主体参数。认为当代社会突飞猛进的发展、高新技术的普及、传播媒体及其传播方式的变革、外来语的冲击、大众思想观念的转变、人们语言创新能力的空前释放、公众语用心理的驱动、语言交际经济性原则的作用等等因素，成为词语模大显身手的外在驱动力。

第三章，探讨词语模的内部动因——认知机制与运行方式。运用认知科学的研究成果和理论对当代汉语词语模进行研究，揭示当代汉语词语模的结构以及使用中所隐含的认知机制，分析作为一种运行方式的类推创新在当代汉语新词语创造过程中所发挥出的机能。

第四章，根据词语模的构式与模标两个要素，考察当代汉语词语模模标的类型。主要分析当代汉语词语模模标的构式类型、语义类型和源流类型。

第五章，在语料分析的基础上探讨当代汉语词语模"模群"现象的类别、特点及其形成动因，以求从新的角度观测、把握当代汉语词语模现象。

第六章，选取比较典型的当代汉语词语模进行多角度、多方位的分析，以求更深入地剖析当代汉语词语模现象。

结语，从当代汉语词语模的发展趋势概括其特点。

第一章　当代汉语词语模的物种价值、性能与构成要素

利用词语模创造新词语虽然不是当代人的专利，但是跟以往汉语发展的历史时期相比，当代汉语词语模的地位显得十分突出，利用词语模大批量创造新词语的现象也越来越引起人们的重视。什么是词语模？词语模具有哪些性能？当代汉语词语模独特的价值体现在何处？当代汉语词语模的构成要素是什么？本章以已有相关研究成果为基础，探究当代汉语词语模独特的物种价值，分析其性能与构成要素，以求更好地追踪和考察当代社会的发展变化，更好地认识当代汉语词汇的整体面貌，更好地利用词语模这一语言资源，把握当代汉语新词语的产生规律。

第一节　当代汉语词语模的物种价值

当代汉语词语模以其结构的开放性和强大的能产力对现有造词、构词理论产生了前所未有的冲击。本节将借助语料事实，借鉴相关研究成果，从造词（语）、构词（语）的角度研究当代汉语词语模的概念和属性，探讨当代汉语词语模在新词语的构造方法、表达手段及其动态发展变化方面所呈现出来的独树一帜的物种价值。

一、已有研究成果中关于词语模概念的认识

李宇明（1999）第一次提出“词语模”这一概念，认为词语模是具有新造词语

功能的各式各样的框架。这种框架由“模标”和“模槽”两个部分构成。模标指词语模中不变的词语，模槽指词语模中的空位。从理论上说，词语模属于构词法的范畴，但比一般教科书所讲的构词法更为具体，它由特定的语素或词语作为标识(模标)。而且，构词法是构词的，词语模不限于构成新词，也可以构成新的词组。[①]

禹存阳(2006)认为，词语模是一种构造新词语的模式，是将某词素或词语在某结构的相对固定的位置作为核心部分，并能与不同性质的其他词或词语组合形成具有批量性系列性的一群词语聚合的框架。模标是词语模中的常量，位置相对固定，它是语义较基本义发生了偏移的语素、词或短语，它附着的对象可以是词根语素，也可以是词或短语。模槽是词语模中的空位，它可以是语素，也可以是词或短语。汉语中的词语模不同于我们一般所讲的复合式构词法和派生式构词法，也不是通过缩略的方式来构成新词，它可以归属为兼有复合式和派生式构词法的一种特殊的构词法，是现代汉语现阶段新词新语形成的一种重要方式、手段。[②]

曹春静(2007)认为，词语模是一种构词模式。这种模式由一个意义发生虚化或泛化并形成一定类义的语素或词作为固定成分，与一系列具有相似深层语义特征的语素或词组合而成，具有较强的组合能力，能够批量产生新词。词语模由“模标”和“模槽”两个部分构成。模标指词语模中意义已经发生虚化或泛化，并形成一定类义的、位置基本固定的语素或词语，模槽指词语模中可以填入一系列具有相似深层语义特征的语素或词语的空位。[③]

与李宇明“词语模”较接近的提法是“词法模式”。董秀芳(2004)把汉语中具有一定规则性的产生词的格式统称为“词法模式”，认为词法模式具有以下特征：(1)其中一个成分具有固定性，另一个成分具有语法类别和语义类别的确定性；或者虽然其中没有一个固定性成分，但两个成分都具有语法和语义类别的确定性。(2)构词成分之间的语义关系稳定。(3)整体的意义基本可以预测。“词法模式”与“词语模”从观念上看是相似的，但“词法模式”比“词语模”的范围要宽泛一些，“词语模”必须包含一个固定不变的成分(模标)，“词法模式”则“不但包括有标志性语素的，也包括没有标志性语素但在组成成分的形类和语义类上有规则可循的构词格式”[④]。可见，“词法模式”一说侧重于内部规则，目的在

---

① 李宇明：《词语模》，载邢福义主编：《汉语语法特点面面观》，北京语言文化大学出版社1999年版，第146页。

② 禹存阳：《现代汉语词语模研究》，中国优秀硕士学位论文全文数据库，2006年，第20页。

③ 曹春静：《当代汉语词语模研究——兼论新词新语》，中国优秀硕士学位论文全文数据库，2007年，第15页。

④ 董秀芳：《汉语的词库与词法》，北京大学出版社2004年版，第101页。

于强调语法类别和语义类别的确定性，而“词语模”一说则侧重于外部框架，目的在于凸现外部形式的标记性。

二、我们对词语模概念的理解

（一）汉语词语模有广义与狭义之分

根据伍综文(2001)、韩陈其(2002)、陈宝勤(2002)、董秀芳(2002)、徐朝华(2003)、周荐(2004)等学者的研究成果，汉语的合成词在中古甚至上古时代就已经大量产生了，“但是以工具书形式记录那些词语单位的著作却大概是从唐代才开始的。我们有理由据此推断，中古尤其是上古还没有出现如今的理性造词现象，中古尤其是上古所出现的所谓的合成词，在造出的当时及其以后相当长的一段时间里不但没有成为时人和后人争相效仿的模式，更未得到全社会的认可”。[①] 我们认为，汉语词语模有广义与狭义之分，广义的指当代汉语之前产生的词语模，可以称之为“类词语模”；狭义的指“当代汉语词语模”，即语用主体为了满足表达的需要，在认知规律和语用因素的相互作用下，利用类推方式，即时生成并且便捷地传播新词语的一种模块化装置。

1.类词语模与当代汉语词语模的共同点

类词语模与当代汉语词语模都是一种创造新词语的“模子”，由模标和模槽两个部分构成，模标是固定成分，一般起类别标示作用；模槽是非固定成分，起填充替换作用。语用主体可以根据表达的需要，在模槽里填上一定的语言成分——语素、词或短语，从而创造出新的词语。词语模是人的认知机制在创造和使用新词语时的体现模式，是语用主体利用有限的规则创造无限的新词语的便捷而且有效的手段。

2.类词语模与当代汉语词语模的不同点

第一，从词语模的产生速度和能产度来看，类词语模所创造的新词语具有缓行性，它们是在比较漫长的历史时期里一个一个地被创造出来的，因此，类词语模的形成是渐进的，其运作效率比较低；当代汉语词语模所创造的新词语则具有迅疾性，它们是在一段短暂的时间里随时随地、一批一批地被创造出来的，因此，当代汉语词语模的形成是急进的，其运作效率相当高。

第二，从词语模的语用主体来看，创造并使用类词语模的人具有个体性，一般为一些文人（包括上层人物）；创造并使用当代汉语词语模的人则具有全民性，任何人——达官显贵、专家学者、平民百姓都享有相同的创造权和传播权。

第三，从词语模及其所创造新词语的传播渠道来看，类词语模及其所创造

---

① 周荐：《汉语词汇结构论》，上海辞书出版社 2004 年版，第 21 页。

新词语的传播渠道具有单一性，在资讯落后的时代，往往是由点及面、由少数人层面至多数人层面缓慢地浸润开来，逐渐地为大众所接受；当代汉语词语模及其所创造新词语的传播渠道则具有多维性和高覆盖性，在资讯发达的当代社会，借助电视、网络等新媒体被迅速复制、急剧扩容，甚至可以在一夜之间占领大街小巷。

第四，从模标与模槽的符号体态来看，类词语模的模标与模槽都是汉字；当代汉语词语模的模标与模槽除大部分汉字外，还出现了字母词，这是以往汉语发展的任何历史时期都不曾出现的新生事物，是当代汉语在兼容并蓄中不断发展的又一例证。

（二）应从不同角度、不同侧面解释当代汉语词语模现象

当代汉语词语模是在当代社会背景下，语用主体用以批量创造新词语的一种方法。对当代汉语词语模现象的解释，可以从不同角度、不同侧面进行，比如既可以从造词（语）角度分析它的来源途径和功能，也可以从构词（语）角度分析它的结构类型和结构元素的语义特征；既可以从人的认知规律角度探求它产生的内部机制，也可以从社会环境、语用心理等角度研究它产生的外部动因，预测它的发展趋势，等等。引人深思的是，现有的造词法理论和构词法理论都不能比较切合地解释词语模现象。我们认为，当代汉语词语模兼有造词（语）和构词（语）双重身份，因此具有独特的物种价值。

三、当代汉语词语模与构词法、造词法的区别

（一）关于汉语造词法、构词法的研究

在对汉语词汇的研究中，有些学者认为应该区分“造词法”与“构词法”，有些学者则未能严格区分，主要有以下成果。

孙常叙（1956）第一次提出汉语造词法问题，并区分了“造词方法”与“造词结构”，认为“结构是就造词的素材以及它们之间的关系来说的。按词素的性质分作有词根的造词结构和没有词根的造词结构两类。按词素的关系分作主从、并列、重叠等等结构形式”，造词结构“是对已经成词的解剖，是对已成的对象作静态的分析研究的结果”。而造词方法则是“使用具体词素组织成词的方式和方法。在造词方法的研究中，要考虑造词时使用词素的哪些特点，采取什么方式，使用什么方法，如何把词素搭配起来或给予部分改变”，并提出造词方法三大系统：语音造词方法、语义造词方法、结构造词方法。[①]

任学良（1981）区分了“造词法”与“构词法”，认为“研究用什么原料和方法

① 孙常叙：《汉语词汇》（重排本），商务印书馆2006年版，第81—84页。

创造新词，这是造词法问题"，"研究词的内部结构形式，这是构词法的问题"，并列出六种造词方法：词法学造词法、句法学造词法、修辞学造词法、语音学造词法、综合造词法、文字学造词法。[①]

武占坤、王勤(1983)虽未区分"造词法"与"构词法"，但他们所说的"构词法"也包括了"造词法"，认为"构词法是利用构词材料，按照构词规律，构造新词的方式方法"，并且把现代汉语的构词方法分作四大类型：形态构词、语音构词、语义构词、句法构词。[②]

葛本仪(1985)明确区分了"造词法"与"构词法"，阐述了造词法系统的变化性、开放性等特点，认为"所谓造词就是指创制新词，它是解决一个词从无到有的问题"，"所谓构词是指词的内部结构问题。它的研究对象是已经存在的词"，并提出一个与孙常叙和任学良完全不同的造词法体系，列出八种造词方法：音义任意结合法、摹声法、音变法、说明法、比拟法、引申法、双音法、简缩法。[③]

史存直(1989)概括了汉语构词法的发展过程，并分别论述了"变音别义"造词法、双音单纯词的产生和发展、复合词的产生和发展以及添缀词的产生和发展等问题。其中的"变音别义"造词法实际上就是从造词角度考察同源词、滋生词、异音同形词的情况。[④]

刘叔新(1990)严格区分了"造词法"与"构词法"，认为"词的结构方式，是纯就词的结构平面来观察其结构组合的项以及项与项之间的联结形式和层式；而新词的构造方法，自然只是要看造出或发展出新词都有哪些途径。两者显然不是一回事。只不过，构造新词采取某种方法的结果，会造出有某种结构方式的词来罢了"，并且对汉语造词法进行了比较详尽的分析，认为汉语造词法可以分为三大类型：词汇材料式、语音材料式、混合材料式。[⑤]

郭伏良(2001)通过对新中国成立以来新词语的考察，论述了新词的高频创造方法，总结出四种常用的造词法：说明法、简缩法、比喻法、仿拟法。[⑥]

陈宝勤(2002)论述了汉语造词研究的意义和汉语造词研究的内容，提出汉语造词的四种方法：语音造词、语义造词、语法造词、语位造词(即"在一些必要条件下，凭借源词在句子线性结构次序上的位置创造新词。语位所造出的词与源词只有语位关系，毫无语义联系，与源词是同形同音异性异义词。语位所造

---

① 任学良：《汉语造词法》，中国社会科学出版社1981年版，第3页。

② 武占坤、王勤：《现代汉语词汇概要》，内蒙古人民出版社1983年版，第72页。

③ 葛本仪：《汉语词汇研究》，山东教育出版社1985年版，第81页。

④ 史存直：《汉语词汇史纲要》，华东师范大学出版社1989年版，第79页。

⑤ 刘叔新：《汉语描写词汇学》，商务印书馆1990年版，第92页。

⑥ 郭伏良：《新中国成立以来汉语词汇发展变化研究》，河北大学出版社2001年版，第71页。

出的新词占据了源词在句子线性结构上的位置，导致源词消亡”）。[①]

李如龙（2002）指出，任何语言的词汇都是不断从少到多地衍生、替换从而逐渐丰富起来、不断增强其表现力的。同其他语言现象一样，词汇的衍生在全世界各种语言中应该有共同的规律，各民族的语言也会有自己特殊的规律，同一种语言的词汇滋生在不同时代、不同地域也一定有不同的情况。“词汇的衍生方式指的是创造新词的方式”，从古至今，汉语词汇衍生的方式大体上可以归为四大类：音义相生、语素合成、语法类推、修辞转化。[②]

刘晓梅（2003）运用李如龙的造词法系统，全面考察了当代汉语新词语对汉语造词方式的继承与创新，认为继承多于改变、创新，“表现为语素合成是能产性最强的主流造词方法，其次是修辞转化，语法类推、音义相生和字母造词等属于支流的造词方法”。[③]

曹炜（2004）综合前人观点，比较清晰地区分了“造词法”与“构词法”，认为“构词法，顾名思义，就是指构词的法则，也即词的构成方式，是从静态的角度，对现有词内部语素间的关系进行考察分析的结果；而造词法指的是创制新词的方法，是从动态的角度，对词的来源进行的一种发生学研究。前者关注的是词的内部各构成成分之间的关系有无规律，有哪些规律等问题；后者关注的是词是怎样产生的，有无规律，有无理据，都有哪些规律和理据等问题，无论从研究的角度、研究的目的还是结果看，两者均有本质的区别”[④]。

卢英顺（2007）区分了现代汉语构词法与造词法的概念，认为“构词法”是“指语素与语素之间的组合方式”，合成词根据所组成的语素的性质可以分为复合法、派生法、类派生法几类。“造词法”则是“就词的表义方式而言的”，现代汉语的造词方式可以分为四种：直义造词、比喻造词、借代造词、拟声造词。[⑤]

张小平（2008）阐述了改革开放以来汉语词汇造词与构词的发展，指出在这一历史新时期，音义任意结合造词法与音变造词法已几乎不再使用，如果着眼于记录新词的形式，还出现了一种利用字母造词的新形式，并着重分析了新时期比较能产、使用频率比较高的三种造词法：说明法、简缩法、修辞法（比拟法、比喻法、借代法等）。[⑥]

（二）词语模与构词法的区别

对构词法的理解，我们认同陈光磊（1994）《汉语词法论》一书中的观点，“构

---

① 陈宝勤：《试论汉语语位造词》，《语文研究》1999 年第 1 期。

② 李如龙：《汉语词汇衍生的方式及其流变》，《河北师范大学学报》（哲社版）2002 年第 5 期。

③ 刘晓梅：《当代汉语新词语造词法的考察》，《暨南大学华文学院学报》2003 年第 4 期。

④ 曹炜：《现代汉语词汇研究》，北京大学出版社 2004 年版，第 25 页。

⑤ 卢英顺：《现代汉语语汇学》，复旦大学出版社 2007 年版，第 69、71 页。

⑥ 张小平：《当代汉语词汇发展变化研究》，齐鲁书社 2008 年版，第 264 页。

词法指由语素构成词的法则，是对既成词的结构作语法分析，说明词内部结构中语素的组合方式。对单纯词、派生词、复合词等结构类型作分析，就是属于构词法的”。[①] 下面具体讨论词语模与构词法的主要区别。

1. 词语模不可能生成由一个语素构成的单纯词

学术界一般将词的构成划分为“单纯词”与“合成词”两大类。单纯词是由一个语素构成的词，合成词是由两个或两个以上的语素构成的词。在词语模所形成的词语群中，任何一个词语都不可能是一个单纯词，而只能是一个合成性的语言单位。因为词语模形成的词语都是由固定成分“模标”与非固定成分“模槽”组合而成的，“模标”与“模槽”分别是独立的语音、语义结合体。例如词语模“导×”，模标是固定成分“导”，在模槽空位上填入相应成分后形成的词语如：

导读　导富　导购　导学　导医　导车　导诊　导路　导览　导储
导展　导播　导视　导阅　导吃　导食　导厕　导宿　导行

又如词语模“×一代”，模标是固定成分“一代”，在模槽空位上填入相应成分后形成的词语如：

飘一代　黄金一代　乔丹一代　恐龙一代　酷睿一代　卡通一代
垮掉的一代　迷惘的一代　颓废的一代　迷茫的一代　超白金一代
80后一代　90后一代

2. 词语模生成的词语不应该简单地归入派生式或复合式

叶蜚声、徐通锵(1981)指出，由两个或两个以上的语素组成的词称为合成词，其中由词根语素按照一定的规则组合起来构成的合成词称为复合词，构成复合词的规则称为复合词构词法，这种构词法在汉语中有很重要的地位；由词根语素和词缀组合起来构成的词称为派生词，构成派生词的规则称为派牛词构词法，或者叫附加法，因为这种词是由词缀附加在词根之上构成的。[②] 黄伯荣、廖序东(2002)将“合成词”分为“复合式”、“重叠式”、“附加式”三类，认为复合式至少要由两个不相同的词根组合而成；重叠式由两个相同的词根相叠构成；附加式由词根和词缀构成。[③]

词语模所形成的词语不能简单地归入派生式或是复合式，因为词语模模标的语义有的实，有的虚，有的则处于一个动态的由实到虚的变化过程之中。例如词语模“×界”，模标“界”指“职业、工作或性别等相同的一些社会成员的总

① 陈光磊：《汉语词法论》，学林出版社1994年版，第16页。

② 叶蜚声、徐通锵：《语言学纲要》，北京大学出版社1981年版，第105页。

③ 黄伯荣、廖序东：《现代汉语》(增订三版)，高等教育出版社2002年版，第258—260页。

体”，此处的“界”究竟是什么性质的成分，是词缀还是类词缀？赵元任《汉语口语语法》归入“新兴后缀”，吕叔湘《汉语语法分析问题》、陈光磊《汉语词法论》、张斌《新编现代汉语》都归入“类词缀”，可见学术界对“界”的性质看法存有争议。

3. 词语模可以作不同角度的类型划分

构词法中的所谓“单纯词、复合词、派生词”实际上是从其构成成分“语义”角度进行的划分。单纯词是由音义结合的最小单位——一个语素构成的词，合成词是由根据语素的表义作用而划分的单位——词根语素、词缀语素构成的词。“一般根据构成合成词语素的表义作用把语素分为词根和词缀。把构成合成词的有实在意义的语素叫词根，把构成合成词的意义不实在，而且只出现在合成词的前面或后面的语素叫词缀。”[①]对于词根与词根组合而成的合成词，则进一步根据语素之间的关系划分为偏正、支配、陈述、补充、并列等类型。

由于词语模兼有造词(语)和构词(语)双重身份，因此词语模的类型可以分别从模标与模槽在构式中的位置、模标与模槽的语义特征、模标与模槽的组合关系、模标与模槽的成分来源以及途径等不同角度进行划分。例如，词语模“×吧”与“吧×”：从所处位置看，前者模标在后，模槽在前，后者模标在前，模槽在后；从模标的语义看，“吧”可以指出售酒水、食品或供人从事某些休闲活动的场所，也泛指网络中的虚拟社区，即交流思想、分享信息与资源的平台；从组合关系看，“吧”是名词性成分，可以与名词性或动词性模槽成分组合，构成定中关系的词语，如“陶吧、布吧、画吧、英语吧、漫画吧、贴吧、烤吧、剪吧、怀旧吧、考研吧、吧女、吧主、吧友、吧客、吧厅、吧室、吧门、吧架、吧费、吧座”等，跟动词性模槽成分组合后也可以构成动宾关系的词语，如“泡吧、逛吧、玩吧”等；从模标来源看，“吧”源自英语“bar”，最初见于“酒吧间”一词，表示一个相近的汉语读音；从模标的语法功能看，“吧”过去只表示读音，不具备创造新词语的能力，现在已经成为一个比较自由的语素，可以出现在词语后或词语前，其独立性越来越强。虽然一般不能单用，但也出现了“泡了三天吧”、“逛各式各样的吧”、“玩了一天吧”等说法，这说明“泡吧、逛吧、玩吧”可以被看作“离合词”，两个语素的结构关系已经比较松散，中间允许插入一定的成分。

4. 词语模生成的语言单位可以是词，也可以是短语

词是由语素构成的最小的能够独立运用的语言单位，短语是由两个或两个以上的词构成的结构单位，又叫词组、片语。从功能上看，短语跟词相当，都是构成句子的材料单位。王力(1953)指出，在单词与仂语之间，有所谓“复合词”

---

① 符淮青：《现代汉语词汇》，北京大学出版社2004年版，第22－23页。

的存在，典型的复合词是“火车”和“铁路”等，它们不是纯粹的单词，因为“火”和“车”，“铁”和“路”都是有独立运用的可能的，它们也不是仂语，因为“火车”不单纯是火烧的车，“铁路”不单纯是铁造的路，复合词似乎是词和仂语的“缓冲地带”，但是复合词在原则上应该是词的一种，它不应该是词及仂语鼎足而三的东西。复合词实际上只是单词中的一种特殊结构，它并不能使词和仂语的界限更清晰，相反地，有了它更模糊了两者之间的界限……汉语的形态变化比较少，我们很难从形态上辨别词和仂语的界限。[①]

人们的语感不同、分析角度不同，分析的结果也就不同。词语模构成的词语，一部分是比较典型的词，一部分则更像是短语，一部分似乎又处于词与短语的中间状态，尤其是那些多音节语言单位，更加难以区分。如“×式”词语群中的“男式、女式、新式、旧式、跪式、立式、卧式、蛙式、中式、美式、苏式”等在人们的语感中一般归入“词”，“螺旋式、波浪式、快餐式、象征式、袖珍式、介入式、一站式、全景式、便携式、全能式、轰炸式、跨越式、家庭式、传奇式、注解式、突破式、阿Q式、英国式、全景式、候鸟式、王进喜式、柏拉图式”等似乎也可以归入“词”，但“非日本式、纯酒店式、大型连锁式、百科全书式、连篇累牍式、蜻蜓点水式、拖泥带水式、条件反射式”是否应该归入“短语”呢？再如“学生减负工程、高端数码相机、人文终极关怀、发现型人才群体、多媒体技术平台、反厄尔尼诺现象”又该归入何处呢？无论怎样分析，有一点是比较明确的：当代汉语中新出现的语言单位，有的属于新词，有的属于新语，词语模所创造的语言单位是由两个或两个以上成分构成的，这个语言单位可能是词，也可能是短语，“词”和“短语”之间没有绝对的界限。因此，我们不作过细的划分，而统称为“新词语”。正如“词语模”一说的提出者李宇明所指出的那样，“构词法是构词的，词语模不限于构成新词，它也可以构成新的词组”。[②]

5. 词语模牛成的新词语没有单音节形式

从音节角度分析词语，可以把词语分为单音节、双音节和三音节以上几类，例如“蛙、走、闻、蝈蝈、黄酒、端午节、电视剧、作曲家、稀里哗啦、自由职业者、资本主义社会”等。下面是当代汉语新词语的例子，但它们都不是词语模所创造的词语。

单音节：

吧 城 的 炒 侃 火 酷 爽 秀 炫 宰 族

① 王力：《词和仂语的界限问题》，《中国语文》1953年第9期。

② 李宇明：《词语模》，载邢福义主编：《汉语语法特点面面观》，北京语言文化大学出版社1999年版，第146页。

双音节：

入世　上传　卫视　认捐　止跌　平台　共识　动因　在线　扰民

三音节：

一米线　口水战　德比战　托老所　沙尘暴　含金量　条形码　时间差

四音节：

福利彩票　技术移民　三维动画　双向选择　来电显示　物业管理　社情民意

五音节：

干细胞移植　食品添加剂　住房公积金　社会抚养费　善意第三人

六音节以上：

空气质量预报　老少边穷地区　自主知识产权　黑社会性质组织　超大规模集成电路　医疗事故损害赔偿　新一代移动通信系统　城市居民最低生活保障

词语模创造的新词语没有单音节形式，都是双音节或三音节以上，其中三音节和多音节以上的词语为数众多，这就打破了现代汉语词语长期以来双音节占多数的格局。因为词语模构式是由“模标”和“模槽”构建的，其音节的组合要受到韵律规则的支配，而且双音节或多音节词语比单音节词语更加具有意义的显豁性。例如“零×”，我们几乎看不到它所构成的双音节词语，而它所构成的三音节词语则俯拾皆是，如“零起点、零缺陷、零辐射、零距离、零风险、零贿赂、零库存、零利润、零投诉、零增长、零口供、零抢跑”等。又如“×化”构成的双音节新词语只有“幻化、硬化、亮化、野化、e化”等，最为常见的则是三音节以及多音节新词语，如“城市化、地方化、国有化、私有化、信息化、格式化、数字化、妖魔化、边缘化、人性化、低龄化、高学历化、无公害化、环境无害化”等。

（三）词语模与造词法的区别

所谓新词语就是新创造的词语，一个新词语是如何从无到有被创造出来的，这是造词法需要回答的问题。造词法就是对新词语形成方法的概括，即对创造一个新词语时所使用的语言材料和手段作分析，说明词语所形成的原由或理据。造词的目的是满足社会发展的需求、人们认知的需求以及语言自身发展的需求。但是词语模不同于现有的任何一种造词方法，它独特的框架结构以及强大的吸纳、生成能力使它具有旺盛的生命力。例如出自“×套餐”的词语：

文化套餐　音乐套餐　漫游套餐　联通套餐　手机套餐　短信套餐　宽带套餐　装饰套餐　装修套餐　网站套餐　体检套餐　小灵通套餐　音乐卡套餐　神州行套餐　全球通套餐　动感装备套餐　电信宽带套餐

上海移动套餐　奥运 88 套餐　动感任我行 a 套餐　GPRS 套餐
e8 套餐　adsl 套餐　中国移动套餐　诺基亚 pc 套餐　全球通 88 套餐
动感地带套餐　定向长途套餐　动感地带移动套餐

不难看出，创造这些新词语时所使用的语言材料和手段涉及语音、修辞甚至文字的符号体态诸多方面，而且词语群中的词语数量也颇为壮观。下面我们具体讨论词语模与造词方法的区别。

1. 词语模以“模”为依托创造新词语

创造新词语的一般过程是：根据表达的需要，分别撷取心理词库①中的×1 元素、×2 元素（×3 元素……），加以组合后造出新词语，其中×1 元素、×2 元素（×3 元素……）都是未知的，例如取“共”和“识”构成“共识”；取“剪”和“彩”构成“剪彩”；取“电子”和“雾”构成“电子雾”；取“黑社会”和“性质”、“组织”构成“黑社会性质组织”。

词语模创造新词语的过程则完全不同。词语模提供了一个基本框架（framework）——模标和模槽。框架原指建筑工程中由梁、柱等连接而成的结构，在此指事物的基本组织、结构。这种基本框架其实就是认知机制作用下的、可以重复应用的半成品，供人们因交际的需要而选用，以完成新词语的构建。换言之，就是基于表达的需要，以已知的×1 元素为标识，使用现成的、可以复制的框架，充填相匹配的×2 元素、×3 元素（×4 元素……），批量创造出新的词语。在一个具体的词语模中，模标元素是已知的成分，模槽元素是未知的成分，但模标与模槽的位置都是固定的，例如“×热”构成“足球热、气功热、家教热、经商热、健身热、出版热、消费热、自学热、张爱玲热、学汉语热、英语口语热、公务员报考热”等；而“热×”则构成“热点、热岛、热评、热卖、热线、热映、热销、热键、热播、热码、热辣、热舞、热焰火、热启动”等。

2. 词语模能在较短时期内迅速生成词语群

在汉语历史的长河中，一些词语可能会拥有一个共有的造词元素，以这个共有元素为核心，会逐渐聚集成一个词语群，但是这种聚集具有明显的缓行性和渐进性。下列词语都拥有一个共同元素“客”，用以指称“某一类人”：门客、刺客、宾客、食客、过客、羁客、迁客、骚客、侠客、刀客、豪客、掮客、说客、知客、稀

---

① 董秀芳：“词库（lexicon）是一个语言中具有特异性（idiosyncrasy）的词汇单位的总体，存储在语言使用者的头脑中，所以又称心理词库。词库中的项目都是语言中意义不可预测（unpredictable）的成分，具有不规则性，表现出形式与意义之间的任意性的或非常规的联系，所以需要以清单方式一个一个地存储，需要时就可以直接从这个清单中提取。词库的主体是词，但也可能包括大于词的习语和小于词的词缀，因为这些也是需要记忆的词汇性的成分。”（《汉语的词库与词法》，北京大学出版社 2004 年版，第 9—10 页）

客、顾客、房客、乘客、政客……这些词语都是在相当长的历史时期内由"类词语模"生成的，它们被创造出来的过程比较缓慢。当代汉语词语模现象指在较短时期内迅速形成词语群的现象，这种创造具有明显的爆发性和批量性。其产生速度之快，产出数量之多，是以往任何一个历史时期无法匹敌的。例如下列词语也都具有一个共同成分"客"，同样用以指称"某一类人"：黑客、威客、博客、播客、克客、灰客、红客、蓝客、骇客、闪客、秀客、追客、拼客、炒客、赛客、换客、晒客、印客、维权客……这些词语构成的词语群是在近几十年之内形成的，其中"黑客"最早出现，基于一种资源共享的网络精神，产生于20世纪60年代美国麻省理工学院的课堂，现指"某些热衷于计算机和网络技术、技能高超、非法入侵他人计算机系统的人"。"黑客"是英语"hacker"的汉语音译词，汉语在吸收这个外来词时巧妙地选择了"客"这一音义兼备的汉字。随着计算机和网络技术的普及，由"黑客"迅速衍生出一大批新词语，形成了具有当代汉语特点的"×客"词语模。

3. 词语模具有相当高的能产度

语言的能产性或称创造性指在任何一种具体语言中，语用主体能够利用有限的语言规则生成无限的表达意义的语言形式。与动物的非能产性"语言交际"相比，能产性是人类语言结构的一个基本特征。不同的造词方法创造新词语的能力各不相同，一种造词方法在语言生活中创造新词语的能力就是这种造词方法的能产度。

词语模的框架结构是模标和模槽两个部分，从结构看，它具有半成品性和可复制性；从语用主体看，它具有操作的便捷性和可创新性；从所创造的产品看，它具有批量性和即时性。无论受教育程度如何，无论社会地位如何，无论是在网络中还是在日常生活中，任何人都可以利用语言的类推机制和经济节省机制，根据交际的需要随时选取一个词语模并且在模槽里填上一定的语言成分——语素、词或词语，从而创造出一个独特的新词语。如同萨丕尔所述："个人变异本身只是偶然的现象，就像海水的波浪，一来一去，无目的地动荡。语言的沿流是有方向的，或者说，只有按一定方向流动的个人变异才体现或带动语言的沿流，正像海湾里只有某些波浪的移动才勾画出潮流的轮廓。语言的沿流是由说话人的无意识地选择的那些向某一方向堆积起来的个人变异构成的。"[①] 例如最具活力的"×族、×化、×式、×度、×热、×吧、×圈"等词语模所创造的新词语的数目都达到几十个甚至需要以百计算，明显呈现出系列化、批量化的特点。

显而易见，词语模是语用主体利用有限的规则创造无限的新词语的有效手

---

① [美]爱德华·萨丕尔：《语言论——言语研究导论》，陆卓元译，陆志伟校订，商务印书馆1985年版。

段之一，是批量生成新词语的装置。如果说采用其他方法创造新词语属于个体实现的“零售”的话，那么，“词语模”现象便是群体实现的“批售”。词语模利用特定构式，运用类推方法批量创造新词语，与其他造词方法明显不同。词语模造词造语的发展势头呈现出强势状态，已经成为当代汉语语汇不断丰富和发展的突出标志。

4.词语模生成的新词语具有较强的理据性

词的理据指事物和现象获得名称的依据，它可以说明词义与事物现象的命名之间的关系。社会在不断发展，语言也在不断发展，构成词语的语言成分同样处于一个不断丰富发展的过程之中，这些语言成分为新词语的创造提供了大量的基础材料。在创造和理解新词语的过程中，面对新事物、新现象，人们往往要借助自己在以往认知活动中所积累的经验，自觉或不自觉地找寻新旧事物、新旧现象之间的异同，建构新旧事物、新旧现象之间的联系，以便获得新事物、新现象命名的依据，使他人能够比较容易地理解，也使新词语能够比较方便地传播。这就意味着，“当新对象与旧对象在某些方面有共同特征或存在某种联系时，人们理所当然地会优先选择与旧词语有更多联系的词语，以增强词语的理据性”[①]。词语模所创造的新词语都是合成词，模标与模槽所提供的信息往往比较直接且容易理解，也就是说，词语模直接提供的信息量比较大。我们可以通过分析模标元素与模槽元素的意义去探究一个新词语的命名依据，把握模标与模槽在组合之后所产生的整体意义。

词语模的理据性首先体现在模标元素的语义功能上。模标元素的语义对整个词语的理据起提示引领作用。例如“×达人”，模标来源于日语“たつじん”，指“经过长年的锻炼，积累了丰富的经验而得到某个领域真谛的人，多用以形容‘在某一领域非常专业，出类拔萃的人物’”。当下，任何领域、任何行业只要冠以“达人”，就可以说明此人是该行业的顶尖高手。它所构成的新词语如“恋爱达人、美丽达人、彩妆达人、音乐达人、博客达人、拍拖达人、数字达人、企业达人、英语达人、灌水达人”等，都是易于理解、便于传播的。

有些新词语仅仅从构成元素的字面上似乎看不出其理据性，如“白领”的意思不是“白色的衣领”，而是对“从事脑力劳动的职员”的通称，一般泛指管理人员、技术人员、政府公务人员等。这些人的经济收入和工作环境较好，工作时可以穿白衬衣，因而得名。蓝领是白领的对称，“蓝领”的意思也不是“蓝色的衣领”，而是对“从事生产、维修和服务等体力劳动的工人”的称呼。这些人工作时一般穿蓝色工作服，因而得名。造词时是借“白领”代“从事与脑力劳动相关的

① 张小平:《当代汉语词汇发展变化研究》，齐鲁书社 2008 年版，第 278 页。

职业的人”，借“蓝领”代“从事与体力劳动相关的职业的人”。然而，作为一个词语模，“×领”的模标已经形成一个特定的构式意义，特指“从事某种职业的人”，这个构式意义便源自其原型词“白领”和“蓝领”。也就是说，“白领”和“蓝领”是“×领”词语群中的原型词，“×领”是从“白领”和“蓝领”中抽绎出来的，人们在创造和理解“粉领、灰领、银领、金领、黑领、红领、绿领、钢领”等新词语时，是对现成模式的套用翻造。如果说“白领”的“领”意义潜在的话，那么，“×领”的“领”意义则已经是显性的了。由此可见，把握某一个词语的理据，有时需要透过现象看本质，比如“白领”等词语因含有修辞意义，其理据不那么一目了然，需要考察分析。但把握某一系列词语的理据却不需要耗费许多时间和精力去剥茧抽丝，追根溯源，因为词语模已经是一个半成品了。如果说模标的语义先前具有潜在的理据性的话，那么随着模式的定型，这种潜在性就会显性化并且固定化，人们只要将主要注意力放在模槽元素上就可以比较便捷地创造或理解新词语了。因此，“粉领”用来指称“从事秘书、会计、打字员等工作的职业女性”，“黑领”用来指称“从事家政、搬运等低技术重复性劳动的人”，“金领”用来指称“企业中的高级知识阶层和高级管理人员”。无论模槽元素如何变化，模标的语义都是比较显豁的(“×领”也可以指物，如“钢领”指“在喷漆、采矿、冶炼等领域中代替工人劳动的机器人”)。

词语模的理据性还体现在模标与模槽的组合搭配功能上。杨锡彭(2007)指出:“汉语中的大多数音节(写下来的大多数字)都有独立的意义(联绵词中的单字以及复音节拟声词中的单字例外)。汉语汉字的认知图式使人们习惯于每个字每个音节都有意义。对于复音词词义的理解，人们也习惯于通过字面意义的加合、引申来完成。”①词语模所生成的词语都是由两个或两个以上成分构成的，所以，一般来说，掌握了这些构成成分的意义就能够探究出整个语言单位的理据。词语模由模标和模槽两个元素构成，其中的模标是固定成分，一般起类别标示作用，模标的这种作用实际上是一种凸现作用，“即为了特别地取得理据的注意价值而创造或改变为特别显豁的内部形式”②。模槽元素可以作为中心语表示类别，也可以作为修饰语来表示事物的特征或动作、行为的特点，还可以是动作、行为所支配的对象等等。例如“虚拟×”，模标“虚拟”的语义是“不符合或不一定符合事实的；假设的”。因此，无论模槽位置的元素怎样变化，所形成的新词语都要受到模标语义的限定。同时，模槽元素也细化了事物的特点，丰富了词语的内涵，使人们在理解和使用时不至于产生歧义或有莫名其妙的感觉。如“虚拟人、虚拟人物、虚拟人生、虚拟空间、虚拟现实、虚拟经济、虚拟财

---

① 杨锡彭:《汉语外来词研究》，上海人民出版社2007年版，第111页。

② 王艾录、司富珍:《语言理据研究》，商务印书馆2002年版，第253页。

产、虚拟主机、虚拟内存、虚拟世界、虚拟社区、虚拟商店、虚拟校园、虚拟主持人、虚拟图书馆、虚拟演播室"等，这些词语的意义都是显而易见的，其理据性在模标与模槽的组合关系和联想关系中可以得到充分的体现。

5.词语模生成的新词语具有潜显性

所谓"显"就是呈现，显露于表面；所谓"潜"就是隐藏，不显露于表面。于根元(1999)指出，"显指现在态，潜指过去态与将来态"。[①] 王希杰(1995)认为："我们可以把语言的世界分为显性的世界和潜在的世界两个。所谓显性语言就是到目前为止人们在使用的并且得到社会公认的那个部分，是我们大家都习惯了的东西。所谓潜在的语言世界指的是，按照语言的结构规则和组合规则所构造和组合起来的一切可能的语言形式的总和。但是它们还没有被这个语言社团所利用和开发。"[②]

就词语模而言，模标元素、模槽元素以及词语模所形成的词语都具有潜显性，例如当新词语"高端"出现后，由于表达的需要和语言对称机制的作用，原来处于潜隐状态的"低端"和"中端"也相继显现出来，词语模"高端×"、"低端×"和"中端×"也就相继形成了。模槽元素以及词语模所形成词语的潜显性更加显而易见。模槽作为一个空位，具有聚合性，也就是说，在模槽位置出现的成分可以相互替代。理论上，能够在模槽位置上出现的成分是无限的，所以由此而产生的新词语也是无限的。但实际上，"显语言不过是冰山的露出水面的那一小部分，而潜语言则是藏在水面下的那个十分巨大的部分，是不可忽视的。正因为有潜语言的存在，语言才可能具有开放性和生成性——注意，在这一层意义上的开放性和生成性是以显语言为本位的，指的只不过是潜语言的显语言化"。[③] 因此，新词语从潜隐到显现的过程是一个动态的，不断发展、调整、变化的过程。在这个过程中，有的一经出现就广为人们接受，有的过一段时间可能重新潜隐，有的则可能永远不会显现。例如词语模"放心×"已经形成了词语群，包括"放心肉、放心菜、放心消费、放心医院"等，还将有多少"放心"类的新词语从潜隐走向显现？——可以说，人们对生活中有多少件"不放心"的事，就有可能创造出多少个"放心"类的新词语，至于这些新词语是否能够显现，在什么时间显现，显现之后是广为流传还是重新潜隐，这些都取决于人们在语言生活中的表达需求，新事物、新现象的发展状态以及语汇体系内部的调整平衡。

---

① 于根元：《应用语言学理论纲要》，华语出版社1999年版，第194页。

② 王希杰：《汉语规范化问题和语言的自我调节功能》，《语言文字应用》1995年第3期。

③ 王希杰：《深化对语言的认识，促进语言科学的发展》，《语言文字应用》1994年第3期。

□小　结

1. 词语模兼有造词(语)和构词(语)双重身份,现有的造词法理论和构词法理论都不能比较切合地解释词语模现象。词语模所形成的词语不能简单地归入派生式或是复合式,因为词语模模标的语义有的实,有的虚,有的则处在一个动态的由实到虚的变化过程之中。词语模也不同于现有的任何一种造词方法,它独特的框架结构以及强大的吸纳、生成能力使它具有相当旺盛的生命力。

2. 当代汉语词语模是相当活跃的一种创造新词语的方式,具有独特的物种价值。物种的价值主要体现在两个方面:一是物种自身的价值;二是物种对人的价值。词语模自身的价值标志着词语模与社会环境、词语模与其他创造新词语的方法之间的各种关系,如活跃程度、能产度等。词语模对语用主体的价值主要体现在:人们可以方便地采用较低的表达成本和理解成本去获取较为明显的交际效益。

3. 当代汉语词语模以结构的开放性、可复制性见长——固定不变的模标和可以被替换的模槽就如同一个模具,模标确定了规矩方圆,模槽容纳了相关元素。语用主体可以根据表达的需要,在模槽里填上一定的语言成分——语素、词或短语,从而创造出新的词语。

4. 当代汉语词语模以产出的批量性、能产性见长——它可以在较短时期内类推出一个词语群,而且这个词语群仍然处于一个不断发展变化的动态过程之中。模标元素、模槽元素以及词语模所形成的词语都具有潜显性。

第二节　当代汉语词语模的性能

语言的词汇系统具有自组织性,这是指词汇系统在一定的外界条件下,通过它的内部要素之间的相互作用形成具有新的结构和功能的有序系统的运动过程。当代汉语新词语的创造活动正是汉语词汇系统自组织的重要途径,词汇系统通过这个途径实现与外部环境的物质、能量和信息的交换。词语模是在当代社会背景下特别活跃、特别引人注目的一种创造新词语的方式,是当今人们创造新词语的一种能力显现。我们对词语模之"模"的理解,主要体现在以下四个方面。

一、词语模是一种具有开放性、能产性的"模块"

模块,又称构件,是能够单独命名并独立完成一定功能的程序语句的集合

(即程序代码和数据结构的集合体)。它具有两个基本特征,其外部特征是指模块跟外部环境联系的接口(即其他模块或程序调用该模块的方式,包括输入输出参数、引用的全局变量)和模块的功能;其内部特征是指模块的内部环境具有的特点(即该模块的局部数据和程序代码)。模块是相对系统而言的,指可以组合和更换的部件,即系统中的一个具有独立功能的组成部分。也就是说,模块不能单独工作,它只有在整个系统中才能运行。从功能上来看,词语模的模标与模槽都是“模块”,模标是一个已知的、固定的模块,模槽是一个未知的、可以被替换填充的模块,模标与模槽都不能单独工作,它们都必须在词语模构式中进行组合、更新,这样才能创造繁衍出新的词语。

(一)词语模的开放性

1. 词语模的构式体现了开放性

词汇系统是一个开放系统,一方面,它不断与外界环境进行物质、能量与信息的交流,从而保证了系统负熵的增加,使系统的发展演化能够获得足够的支持;另一方面,在与外部环境的交流中,又不断将外界输入的各种信息与输出信息进行对比并发现偏差,然后利用这个偏差信息实施控制,减少差异,保持系统的稳定状态。[①] 词语模由模标和模槽两个部分构成,模标是固定模块,一般起类别标示作用;模槽是非固定模块,起填充替换作用。在词语模中,模标与模槽是相辅相成的,处于模标位置的成分可以跟模槽成分组合,处于模槽位置的成分可以在线即时更换,与模标构成新的组合。这种可组合、可拆卸、可更换的开放性是词语模结构的典型特征。

2. 模标与模槽庞杂的成分体现了开放性

从语言单位角度看,能够充当模标、模槽的成分比较复杂,可以是语素,也可以是词,如“涉×”,构成“涉案、涉爆、涉老、涉农、涉工、涉股、涉侨、涉商、涉险、涉医、涉赌、涉毒、涉恶、涉黑、涉黄、涉密、涉枪、涉税、涉性”等,模标“涉”在脱离构式之后不能单独使用,其身份只能充当构词语素。又如“问题×”,构成“问题菜、问题肉、问题油、问题车、问题房、问题股、问题奶粉、问题住宅、问题裁判、问题儿童、问题少年、问题青年、问题球迷、问题球员、问题影片”等,模标“问题”在脱离构式之后能够单独使用,其身份是词。如果对语素进一步划分的话,能够充当模标、模槽的成分可以是词根,可以是词缀,也可以是一些学者所说的类词缀。词根者如“×瓶颈”,构成“系统瓶颈、物流瓶颈、内存瓶颈、电脑瓶颈、爱情瓶颈、象棋瓶颈、网络瓶颈、学习瓶颈、工作瓶颈、情绪瓶颈、语言瓶颈、心理瓶颈、环境瓶颈、知识瓶颈、情感瓶颈、人际瓶颈、人才瓶颈、职场瓶颈、人生瓶

① 李勇健等:《关于人工神经网络的哲学思考》,《自然辩证法研究》2000 年第 2 期,第 25—28 页。

颈、管理瓶颈”等;词缀者如“老×”,构成“老记(记者)、老编(编辑)、老外(外国人或外行)、老美(美国人)、老欧(欧洲人)、老港(香港人)、老广(广东人或广州人)、老国(国有企业)、老乡(乡镇企业)、老三(三资企业)、老民(民营企业)、老便(便衣警察)、老票(票贩子)、老抠(吝啬鬼)、老倒(从事商品倒买倒卖的人)、老插(“文化大革命”期间上山下乡的知识青年)、老推(长期从事某种技术推广工作的人)”等;类词缀者如“×感”,构成“口感、质感、痛感、手感、实感、骨感、动感、现场感、时代感、历史感、紧迫感、多维感、流动感、归属感、断裂感、超脱感、虚幻感、临场感、危机感”等。

从语义角度看,能够充当模标、模槽的成分有的语义比较实在,如“×家庭”中的“家庭”,构成“空巢家庭、标准家庭、传统家庭、单亲家庭、单身家庭、丁宠家庭、丁克家庭、二一家庭、复合家庭、核心家庭、联合家庭、两制家庭、破损家庭、双低家庭、无孩家庭”等;有的语义已经虚化,如“老×”中的“老”,构成“老记、老编、老外、老美、老欧”等;有的语义则处于由实在向虚化的过渡阶段,如“×城”中的“城”,构成“股城、影城、车城、电影城、大学城、教育城、电器城、辣椒城、儿童城、服装城、火锅城、健康城、美食城、图书城、动画城、小商品城”等。

从语法功能角度看,能够充当模标、模槽的成分有名词性、动词性、形容词性、区别词性等。例如“热×”与“×热”,模标位置在前为形容词性成分,模标位置在后则为名词性成分。又如“趋×”为动词性模标,其后的模槽成分比较复杂:在“趋冷、趋热、趋旺、趋温、趋暖、趋新、趋严、趋强、趋大”中是形容词性成分,在“趋涨、趋降、趋升”中是动词性成分,而在“趋利、趋权”中则是名词性成分。

一般而言,能够进入模标、模槽位置的语言单位,其身份是语素或词,但有两点值得注意:

第一,模标本身有时并不是一个简单的语素或词,而是一种由语素或词构成的结构,如“去×化、后×主义”中的模标就是一种固定格式。

第二,一些使用广泛、词族庞大的词语模,其模槽位置的语言单位相对比较复杂,除了语素或词以外还可能是短语,如果从语言符号的形体角度看,还可能是字母的组合或字母与汉字的组合。例如“×热”词语群模槽位置的语言单位有:

名词性语素或短语:

汉语热　气功热　国学热　彩票热　宠物热　开发区热　张爱玲热

电子词典热　英语口语热　官场小说热

动词性语素或短语:

读书热　减肥热　收藏热　健身热　出国热　选美热　考研热

私人购车热　出国学习热　公务员报考热

字母词成分：

GRE 热　MBA 热　卡拉 OK 热

（二）词语模的能产性

人类语言的特征之一就是它的能产性，人类语言符号系统可以用来构造无限多的表达式。词语模的能产性主要体现在以下几个方面。

1. 词语模能够批量生产新词语

词语模生成的新词语是在一个较短时期内成批地被创造出来的。例如“一×1 式＋×2”，这一框架最初的用法是“一站式服务”或“一门式服务”。笔者在 2007 年下半年搜寻到的用例还不多，但 2008 年 3 月再次搜寻便发现了下列新例子：“一表式注册、一窗式受理、一户式管理、一楼式服务、一厅式办公、一网式政府、一网式办公平台”，由于语言类推机制的作用，相信以后还会增加新的用例。

2. 词语模生成新词语的成本低、产出高

在交际中，人们总是希望以最少的投入去获取最佳的交际效果，这就存在着一个表达成本、理解成本与产出效益的问题，即费效比问题，新词语的创造也同样存在着这一问题。词语模是一个框架结构，其构式本身就是一个半成品，其中模标的位置决定了模槽的位置，模标的意义规约了整个新生词语的意义。因此，只要在现成的模槽空位上填入可以匹配的成分，一个乃至几个、十几个、数十个甚至更多的新词语就会不断地被创造出来。在这个创造过程中，所花费的表达成本和理解成本显然不高，而生产速度和产品数量却非寻常造词法所能比拟，更何况还有伴随而来的精神收益——成就感、满足感等，这一点虽然主观性比较强，但也是不应该被忽略的。

3. 词语模所生成的词语具有灵活性、潜显性

由于词语模结构开放、简单明了、易于复制，所以许多新词语都是语用主体在线随机生成的。那些按照词语模的框架已经被创造出来的新词语是“显词”，而那些理论上按照词语模的框架可能被创造出来的新词语则是“潜词”。“潜词”会不会出现，什么时候出现，都要由语用主体的表达需要决定。例如“晒×”框架，最初出现的新词语是“晒客”，指热衷于用文字和照片将私人物件以及私人生活放在网络上曝光的网友，广义上也包括专门在网络上看别人晒东西的人。“晒客”的模标义是“曝光、公开”，也指在网络上展示、与人分享自己的资源，由此产生了“晒×”词语群，如“晒客、晒黑（通过网络揭露和公开社会的黑暗和不公，警示其他网民）、晒料（晒客披露的材料，如官本位、官员腐败、消费者利益受损、社会不文明现象等）、晒衣、晒食、晒工资、晒烹饪、晒孩子、晒化妆品”

等，只要人们愿意，什么东西都可以拿出来“晒”一番。由于“晒”强调网友之间的交流互动，主张“分享你的一切，晒出你的一切可以晒的东西”，所以必将有不少“晒×”族的新词语显现出来。

4.词语模所生成的词语具有反映社会生活的广泛性和集中性

与用其他方法生成的新词语相同，词语模生成的新词语能够迅速反映社会生活、社会心理、社会热点、人们思想观念的变化，政治、经济、科技、教育、文艺、体育等等方面无不能涉及。但相对而言，词语模生成的词语所作的这种反映则显得更为集中、更为突出、更为敏感、更具有连贯性和系列性，尤其是针对某一领域或某一现象而言，词语模更能显现出它创造新词语的聚集性爆发力。例如“吃×”构式生成的“吃贿、吃贫、吃富、吃公、吃私、吃海、吃会、吃名、吃灾、吃富户、吃公餐、吃会议、吃床铺、吃床腿、吃大项、吃名额、吃材料、吃洋荤、吃名牌（相信名牌）、吃国饭、吃市政、吃官粮”等，几乎到了无所不能“吃”的地步，涉及面相当广泛，比较集中、深刻地反映出某种社会现象。

5.词语模体现了人们开拓创造的自由度和创新能力

从词语模自身的特点来看，一个新词语必须经由模标与模槽的组合才能形成，模标元素是固定不变的，模槽元素却是可变可替换的，因此，模槽体现了语用主体在选择对象时的自由度和创新能力。人们具有为适应特定的表达需要而酌情选择组合的自由，例如“情感×”中的模标“情感”，原指对外界刺激肯定或否定的心理反应，如喜、怒、哀、乐等，但经过人们创造性的搭配之后，便生成了饶有兴味的系列新词语，如“情感储蓄、情感促销、情感消费、情感经营、情感价格、情感商标、情感商品、情感投资、情感危机、情感教育”等。

二、词语模是一种具有抽象性、类推性的“模式”

模式是对现实事件的内在机制以及事件之间关系的直观和简洁的描述，它是理论的一种简化形式，能够向人们表明事物结构或过程的主要组成部分以及这些部分之间的相互关系。[①] 模式有结构性和功能性两种类型，结构性模式描述某种现象的结构；功能性模式则从能量、力量及方向等角度来描述各系统、各部门之间的关系和相互影响。模式是某种事物的标准形式或使人可以照着做的标准样式，是前人所积累的经验的抽象和升华，人们能够从不断重复出现的事物或现象中，舍弃个别的、非本质的属性，抽象出共通的、本质的属性，只要是一再重复出现的事物，就可能存在着某种模式。模式具有构造、解释、启发、预测等多种功能，它标志着事物之间隐藏的规律关系，即事物之间内在的本质联

① 王培智主编：《软科学知识辞典》，中国展望出版社1988年版。

系。这种联系不断重复出现，在一定条件下经常起作用，并且决定事物必然向着某种趋向发展。这种联系是一种客观存在，不以人们的意志为转移，但是人们能够通过实践认识它、利用它。模式对规律关系的体现可以是具体的图像、图案、数字、言语，也可以相当抽象，甚至可以是认知的方式。因此，模式强调的是形式上的规律，其核心意义在于它建立的过程，在于它的不断发展。

从模式角度考察词语模，我们认为词语模有如下性能。

（一）词语模是一种思维模式

语言是思维规律在语言结构中的反映，语言结构系统的形成与思维活动有着密切的关系。思维活动不是线性结构，而是立体结构，从立体结构的思维向线性结构的言语形式转化的过程是一个极其复杂的过程。不同的思维方式直接制约着语言单位的创造、组合、加工、调整和使用。也就是说，言语编码的过程是人们在长期实践中所形成的思维方式的框定下进行的思维活动。所谓思维方式，"就是人类在认知过程中形成的带有一定普遍性和稳定性的思维结构模式和思维程式，它是思维规律和思维方法的统一结合形式"。[①] 概念形成的原动力在于人们希望对事物作出分类，以便区别对待不同类别的事物。从心理学角度看，概念是分类的产物，是分类在个体头脑中的表征，它指的是一种规则，依据这种规则，就可以根据一定的、明显的刺激特征对事物加以分门别类，或者推知事物的其他特征。

词语模是人的认知机制在使用和创造新词语时的体现模式，从结构上看，它是一个立体的框架装置；从模标的功能看，模标一般起类别标示作用。可以说，人们利用词语模创造新词语的过程就是掌握事物分类规则的认知过程，就是人们按照一定规则对事物进行分类的过程。例如"概念×"中的"概念"，原义为"思维的基本形式之一，反映客观事物的一般的、本质的特征"，如今泛指"体现新思维、新理念和超前意识的设计、构思等"，如"概念机、概念车、概念手机、概念设计、概念规划、概念板块、概念产品、概念服装、概念服饰、概念住宅、概念旅游、概念英语、概念音乐、概念绘画"等。又如汉语原有的"傻瓜"一词指"智力低下，不明事理的人"，改革开放之后，英语的"foolproof"进入当代汉语，人们选用"傻瓜"来翻译"fool"，创造了"傻瓜相机"一词，此后又不断进行仿拟类推，创造出众多的"傻瓜×"词语，形成"傻瓜×"构式。显然，在词语模构式中的"傻瓜"，其词汇意义已经变为"自动或半自动的；操作简单，使用方便的（傻瓜都能够使用的）"的意思，"傻瓜"已经成为一个具有特定意义的具有指物功能的表示事物属性的模标，"傻瓜×"创造的新词语如"傻瓜机、傻瓜化、傻瓜书、傻瓜程

---

① 戴昭明：《文化语言学导论》，语文出版社 1996 年版，第 122 页。

序、傻瓜技术、傻瓜电脑、傻瓜教程、傻瓜农技、傻瓜苹果、傻瓜 DC、傻瓜汽车、傻瓜领带、傻瓜设计、傻瓜麻将、傻瓜打字机、傻瓜排版机、傻瓜热水器、傻瓜摄影机、傻瓜擦背机、傻瓜安装包、傻瓜越野车、傻瓜数码相机"等。

(二)词语模是一种运作模式

类推指通过不同事物的某些相似性类推出其他的相似性，从而预测出它们在其他方面存在类似的可能性的方法。词语模是人们在词语使用和创造的过程中逐步约定俗成的，人们可以根据表达的需要在模槽里填上一定的元素，从而创造出一个新词语，而且这个新创造的词语并不会给人以完全陌生的感觉，不会导致人们理解上的障碍。这是因为模式是能够复制的，人们复制模式的框架并进行类推，从操作的角度看，既省时又省力，十分便利。例如"×族"是一个词语模，模标"族"原指具有共同属性的事物分类，在词语模构式中指的是具有某种共同行为特征或志趣爱好的一类人。利用"×族"创造新词语时，只需要在模槽位置上填入某一种行为特点或志趣爱好，就可以类推出一个新词语。"×族"新词语颇为壮观，例如：

炒族　飘族　傍老族　背包族　奔奔族　本本族　波波族　不婚族　不夜族　草莓族　炒更族　持卡族　打工族　打农族　袋鼠族　单身族　电脑族　都市 3H 族　飞特族　肥臀族　工薪族　归巢族　滚轴溜冰族　哈狗族　哈韩族　哈日族　海归族　红唇族　夹心族　家庭办公族　啃老族　啃椅族　快餐族　快闪族　库索族　辣奢族　乐活族　拇指族　年清族　农忙"打农族"　农田"代管族"　农事"代耕族"　农务"换工族"　趴趴族　爬格族　捧车族　青春族　三不族　闪婚族　上班族　柿子族　水蜜桃族　玩牛族　蜗居族　嘻哈族　校漂族　新婚族　休闲族　学生族　银发族　有车族　月光族　月票族　追星族　追潮族　追车族　追款族　自由打工族　走班族　BOBO 族　Free 族　Freeter 族　LATTE 族　M 族　MO 族　NEET 族　NONO 族　office 族　SOHO 族

由此可见，具有抽象性的词语模意味着使用时的可类推性，类推便是批量生成新词语的运作方式，而且从理论上说，类推可以创造出不可胜数的新词语。

三、词语模是一种具有定形性、定性性的"模具"

模具通常指生产上使用的各种模型，即用压制或浇灌的方法使材料成为一定形状的工具，俗称模子。"词语模"是一种比喻性说法，它与作为生产工具的"模具"相比，只具有结构上的类似性，本质上则具有明显的差异性。

（一）从所生产的成品看，词语模具有半成品性质

作为生产工具的模具，与其生产的成品处于分离状态，也就是说，材料经过模具的定形加工后变为成品，成品脱胎于模具，模具本身并不是成品的组成部件，而是成品的母体。与作为生产工具的模具相比较，词语模本身就是一个“半成品”，模标具有现成性，模槽具有开放性，进入模槽的语言材料与模标组合后变为一个成品，也就是说，成品与模具密不可分，模具不是成品的母体，而是成品的有机组成部分。

（二）从功能上看，词语模具有定型特征

作为生产工具的模具，其功能是使产品定形。例如生产一个盒子，它的模具如果是圆形的，就会造出一个圆形的盒子；它的模具如果是方形的，就会造出一个方形的盒子。词语模的模具功能则不仅可以使所创造的新词语定形，还可以使它定性，在此我们用“定型”一词来涵盖“定形”与“定性”两个方面。“定形”指的是使事物的特点逐渐形成并固定下来，“定性”指的是确定事物所包含的成分及其性质。词语模能够标示模标成分与模槽成分的性质，并且能够限定模标成分与模槽成分的位置，同时还制约着所生成词语的语义走向、语法性能和结构关系。例如“放心”原为动词，意思是“心情安定，没有忧虑和牵挂”，在句子中处于谓语中心语的位置，例如“你只管放心，不会出错的”。但是在“放心×”构式中，“放心”却活用为形容词，意思是“令人放心的……”，在构式中处于修饰、限定成分的位置。“放心”是模标，位置在前，模槽成分被要求是名词性的，模标与模槽的结构关系被限定为偏正结构中的定中关系，所生成的词语也相应地成为名词性词语。例如“放心菜、放心米、放心面、放心肉、放心水、放心药、放心油、放心工程、放心食品、放心医院、放心早餐、放心粮油、放心农资”等。但是在“放心购物、放心消费、放心理财、放心装潢”中，“放心”的意思是不是“放心地（做某事）”？“购物、消费、理财、装潢”是不是动词？“放心”与这些词之间的关系是不是偏正结构中的状中关系？显然，要回答这些问题离不开“放心×”构式。在这一特定构式中，既然模标的意义、词性和语法功能发生了变化，那么，能够进入模槽位置的成分就必然要与之匹配，因此，“菜、米、面、肉、水、药、油、工程、食品、医院、早餐、粮油、农资”等原本就是名词性身份，进入构式属于顺理成章；而“购物、消费、理财、装潢”等原本是动词性身份，进入构式则必然入乡随俗，变为名词性身份，用来指称一种行为。可见，“放心购物（消费、理财、装潢）”不是“放心地购物（消费、理财、装潢）”，而是指“令人放心的购物（消费、理财、装潢）行为”。

四、词语模是一种具有仿效性、创新性的“模效”行为

作为模式而言，它本身就是在不断的创造中诞生的，对模式的“模效”并不是指对某一词语在用法上的模效，而是指元素与元素之间在组合上的创新。什么是创新？英语“创新”(innovation)一词起源于拉丁语的“innovore”，有三层含义，第一指“更新”，第二指“创造新的东西”，第三指“改变”。美籍经济学家熊彼特(1912)首次提出“创新”这一概念：创新是指把一种新的生产要素和生产条件的“新结合”引入生产体系。它包括五种情况：采用一种新的产品(含产品的新质量)；采用一种新的技术(含生产方法、工艺流程)；开拓原材料的新供应源；开辟新的市场；采用新的组织、管理方式方法。熊彼特的“创新”，不是指发明即创造新的东西，而是指通过“新东西”的应用或“旧东西重新组合”的新应用来获得“企业家利润”的经济过程。[①] “创新”一词于 20 世纪 90 年代被引入我国，其含义有广义与狭义之分。狭义的创新概念是从经济学角度来理解创新，立足于把技术与经济结合起来，指的是从新思想的产生到产品设计、试制、生产、营销和市场化的一系列行动。广义理解的创新概念，力求将科学、技术、教育等与经济融汇起来，指的是不同参与者和机构(包括企业、政府、大学、科研机构等)之间交互作用的网络。在这个网络中，任何一个结点都可能成为创新行为实现的特定空间，创新行为因而可以表现在技术、体制或知识等不同的侧面。“创新”的日常概念，可以简单理解为“创造和发现新东西”。

一个新词语的出现，往往会给人一种耳目一新的感觉，于是人们就会在求新求异心理的驱动下，自觉或不自觉地模仿别人的方法进行类推，这样便会产生一批包含共同成分、具有相同或相似结构和语义关系的新词语，一个词语模也就因此而生。例如人们模效“白领”而创造出“蓝领”，继而又创造出“灰领、粉领、金领、红领、绿领”等词语，词语模“×领”就是在这一词语群的基础上抽象定型而成的。当代汉语词语模现象说明一个道理：没有模效就没有创新，就没有词语群的集聚，就没有词语模的抽绎成型。可见，词语模的形成过程就是人们模效并进行再创造的过程，词语模形成之后，又可以进一步提示、引导人们模效并不断地进行再创造。在这一点上我们完全可以套用鲁迅先生的话：“其实地上本没有路，走的人多了，也便成了路。”

□ 小　结

1. 词语模是一种“模块”，具有开放性和能产性。可组合、可拆卸、可更换的

① 熊彼特：《经济发展理论》，何畏等译，商务印书馆 1990 年版，第 73—74 页。

开放性是词语模结构上的典型特征。批量地、不断地、低成本地、灵活自由地生产新词语是词语模能产性的充分体现。

2. 词语模是一种“模式”，具有抽象性、类推性。词语模是人的认知机制在使用和创造新词语时的思维模式，也是批量类推新词语的运作模式。

3. 词语模是一种“模具”，具有定形性、定性性。词语模本身具有半成品性质，它标示了模标成分与模槽成分的性质，限定了模标成分与模槽成分的位置，制约着所生成词语的语义走向、语法性能和结构关系。

4. 词语模是一种“模效”行为，具有仿效性、创新性。词语模是在语用主体自觉或不自觉的仿效行为下形成的，而这种仿效本身又为语用主体提供了不断创新的基础。词语模就是在人们不断仿效、不断创新的过程中成型并且发展定型的。

第三节　当代汉语词语模的构成要素

从结构方面来看，当代汉语词语模是一种能产性相当强的特殊构式，这个构式可以分析为模标与模槽两个部分。从产出的成品方面来看，当代汉语词语模通过类推造就了一个个词语群，这些词语群在当今人们的语言生活之中显得十分活跃。因此，考察词语模的构成要素可以从模标、模槽、构式和词语群等方面进行。

一、当代汉语词语模模标与模槽的特性

关于模标与模槽的特性，李宇明(1999)认为，词语模的模标指词语模中不变的词语，它由特定的语素或词语作为标识。词语模中的模标具有一种“类”的功能，或作为中心语表类别，或作为修饰语来表示一类事物的特征，或作为动词表示动作、行为的特点。词语模的模槽指词语模中的空位，人们可以根据交际的需要以及模标的框定条件，在模槽里比较灵活地填上一定的语素、词甚至短语。这一研究抓住了词语模的本质特征——模标的标识性与模槽的空位性，但由于篇幅所限，没有具体展开。

禹存阳(2006)认为，模标是词语模中的常量，位置相对固定，是语义较基本义发生了偏移的语素、词或短语。模标既包括类词缀、词缀、也包括构词能力强的语素。模槽是词语模中的空位，它可以是语素，也可以是词或短语。这一研究强调了可以充当模标、模槽的语言单位的身份特征，但对模标的“语义较基本义发生了偏移”这一特性表述得不够透彻。

曹春静(2007)认为,模标是指词语模中意义已经发生虚化或泛化,并形成一定类义的、位置基本固定的语素或词语。模槽是指词语模中可以填入一系列具有相似深层语义特征的语素或词语的空位。当代汉语词语模模标的特点是:具有虚实兼备的语义特征;具有定位性与标示词性的特点。当代汉语词语模模槽的特点是:可以进入同一词语模模槽位置的语言单位具有形式上的一致性;可以进入同一词语模模槽位置的语言单位具有深层语义上的相关性。这一研究进一步挖掘了模槽的特点,但对模标的定义显得过于狭窄。

以上研究成果对"模标"与"模槽"的所指不尽相同,各有道理。我们将依据语料,从功能、构成成分等角度探讨模标、模槽的特性。

(一)模标的特性

1.模标功能的导引性

从功能上看,作为结构框架中的固定成分,词语模的模标起到一种导引、挈带作用,即类化作用。所谓类化作用,是指利用旧有的经验去表达或理解新的事物,把旧经验作为吸收新知识的基础。人们认识大千世界中的任何一种事物时,都需要给它一个区别于其他事物的名称,当人们用某一词语去指称一种新事物时,必然会运用旧有的知识和经验。可以说,人们创造新词语的过程,就是给新事物命名的过程,也就是对新事物的异类项进行区别、对同类项进行合并的过程。简而言之,就是一个根据新事物的特点分门别类的过程。同样道理,当人们理解一个新词语时,也必然会运用旧有的知识和经验背景。词语模的模标作为类化作用的标识者,凸显的往往是一种共有的属性,人们只有借助这些共有的属性,才能比较快捷地感知新事物的特征,捕捉新事物的意义,并且根据动态的使用来调谐这种意义。因此,从认知角度看,词语模的模标具有以下功能:(1)触发词语与世界之间的关系,标示认知对象;(2)表达认知对象之间的某种联系,显现认知对象的某些共同性特征,形成认知范畴;(3)显现认知对象之间、不同范畴之间的某些区别性特征,直观地表明认知对象的不同类属;(4)激活学习者的图式,激发学习者的联想想象能力、理解能力和语言运用能力。

例如"读物、生活、时装、图片、文章、小说、音乐、作家、作品、民工、美女、解读、足球、时空、电影、字体、桌面、壁纸、语言、空间"等词语,它们所指称的是完全不同的事物,它们的词汇意义自然也各不相同。但当它们一旦被纳入"另类×"构式之中,模标"另类"就决定了它们的共同属性——"另类"——"非正统的、与众不同的人或事物"。因此,对于由此而创造的一系列词语,人们都不会产生理解和使用上的困难,这正如梅洛-庞蒂所指出的那样:"字词也要把说这些词的人和强制听这些词的人转移进一个共同领域当中,依靠的方式是,通过超越于字词所获定义的指定力量,通过它们在我们身上渡过并继续渡过的那种无声的生命，通过有幸被彭日称为‘语义深度’而萨特称为字词的‘意义积淀’，把字词趋往一个新的意蕴中去。”[①]应该注意的是：

第一，同一模标的类化作用会因模标角色位置的不同而有所区别。例如，在“×明星”中，模标处于中心语位置，一般指人，起初用以指称有名的演员、运动员，现在用以泛指在某一方面出众的人，如“歌舞明星、电视明星、文艺明星、体育明星、公关明星、环保明星、教育明星、抗癌明星、科技明星”等。而在“明星×”中，模标处于修饰语位置，既可以指人，也可以指物，如“明星脸、明星村、明星镇、明星城市、明星学校、明星企业、明星乡镇、明星股票、明星基金、明星基民、明星彩民、明星教师、明星白领、明星驾驶员、明星农民工、明星营业员、明星推销员、明星服务员、明星乘务员、明星乡镇企业”等。可见处于修饰语位置的“明星”意义已经泛化，所指称对象的范围已经由指人扩大到指物。

第二，模标的类化作用既可以体现在语义方面，也可以体现在语法方面。例如，在“扮×”中，“扮”是个动词，处于支配地位，那么无论它所支配的成分原来是名词还是形容词，它都体现出“扮”这一动作行为的特点——装饰、打扮，它所支配的成分也就成为名词性成分；同时，“扮”本身的动词性质也决定了“扮×”所创造新词语的性质特点——动词性。如：

扮＋名词：

扮淑女　扮熟女　扮书女　扮处女　扮少女　扮少男　扮怨妇　扮绅士

扮＋形容词：

扮靓　扮酷　扮嫩　扮乖　扮媚　扮雅　扮爽　扮时尚　扮天真

扮年轻　扮幼稚　扮清纯　扮妩媚　扮稚嫩　扮可爱　扮优雅　扮深沉

上例中，“淑女、熟女、少女、绅士”等本身就是名词，“靓、酷、时尚、优雅”等也已经名物化了，可见，“扮”无论是与形容词还是名词组合，所形成的词语都是动宾关系的短语。

2. 模标身份的模糊性

Lakoff(1972)指出，“自然语言概念边界含混，边缘模糊”，所谓模糊就是指范畴边界的不清晰，模糊性是人们认识中有关对象类属边界和性态的不确定性在语言中的反映。客观世界的许多事物在性态和类属方面具有亦此亦彼的性质，而用以反映和表达客观事物的词语也就相应地具有亦此亦彼的特性，而且人们在认识精确的客观事物时也会有一定的模糊性，这就使得模糊现象在语言中普遍存在，这是自然语言区别于人工语言、数理语言的显著特征。语言单位的界限有时不太清晰，比如词是由语素构成的，而语素有时却很难归类。构成

---

① ［法］梅洛-庞蒂：《眼与心》，刘韵涵译，中国社会科学出版社 1992 年版，第 110 页。

词的语素一般分为两种：词根指意义实在、在合成词内的位置不固定的黏着语素和自由语素；词缀指意义不实在、在合成词内位置固定在前或在后的黏着语素。这样的分类似乎很清楚，但是问题显然不那么简单，因为“词缀”的概念是根据形态丰富的印欧语系语言的构词特点提出来的，哈特曼和斯托克(1981)的《语言与语言学词典》解释为：“词缀是加在词基(base)上以构成新词干(stem)的词素，或是提供屈折成分的词素”。汉语是一种非形态语言，缺乏严格意义上的词形变化，在构词上不像印欧语那样能够比较容易地分辨词根、词缀、词尾。因此，汉语学术界最具争议的话题之一就是在汉语词根与词缀之间是否存在着过渡成分以及如何界定词根、词缀和过渡成分。目前一般都认为在汉语的词根与词缀之间确实存在着过渡成分，但对这些过渡成分的定义、命名与界定一直见仁见智。之所以存在争议，是因为划分过渡成分的标准不尽一致，有的侧重于意义是否虚化，有的侧重于位置是否固定，有的侧重于语音是否轻声，有的侧重于是否标明词性，有的侧重于是否能产。所依据的标准不一致，对过渡成分的定义、命名乃至范围的界定自然就不会一致。单就命名而言，就有“类词缀”、“新兴的前缀和后缀”、“类前缀和类后缀”、“类乎后置成分的东西”、“词缀化倾向”、“准词头和准词尾”、“弱化语素”等名称，也有将“准词缀”、“类词缀”两个概念并列的。还有另辟蹊径将词缀划分为语音化词缀、语法化词缀、语用化词缀的。

由于对上述概念认识的不统一，如果从词语模出发探讨词语模模标的身份的话，就可以发现目前也还没有比较统一的认识，各家说法也不尽相同。

李宇明认为，模标指词语模这一框架结构中不变的词语，从他所列举的实例来看，模标包括：(1)意义没有发生任何虚化的语素或词，如“×服务、×计划、×模式”中的“服务、计划、模式”等；(2)意义已经发生虚化、泛化并形成一定类义的语素或词语，如“可×、×工程、×族”中的“可、工程、族”等；(3)意义已经完全虚化、泛化且产生时间比较早的词缀，如“老×”中的“老”等。

禹存阳认为，模标是词语模中的常量，是位置相对固定，语义较基本义发生了偏移的语素、词或短语，它附着的对象可以是词根语素，也可以是词或短语。绝大多数模标的意义多少发生了偏离，所以既不是严格意义上的词根，也不是严格意义上的词缀。因此，模标包括：(1)词缀，如“×子、老×”中的“子、老”等；(2)类词缀，如“多×、大×、×姐”中的“多、大、姐”等；(3)构词能力强的词根语素，如“×吧、×卡”中的“吧、卡”等。

曹春静认为，模标是意义已经发生虚化或泛化并形成一定类义的位置基本固定的语素或词语，其中意义基本虚化的是词缀，意义部分虚化的是类词缀。词缀、类词缀是模标的重要组成部分。除了词缀和类词缀之外，模标还包括一些意义发生泛化并已经形成一定类义的语素或词语。这些语素或词原来是实意词根，但是随着语言的发展，意义逐渐抽象化、泛化，形成了更为抽象的类义。泛化是指实词语义的抽象化、一般化和扩大化，包括纯词汇意义的泛化和词语适用范围的泛化。曹春静强调，当代汉语词语模的模标不包括词缀，而是指在当代新产生的模标：(1)类词缀，如“准×、超×、反×”中的“准、超、反”等；(2)一些正在向类词缀方向发展的语素或词，不包括词缀，如“绿色×、×盲、×迷”中的“绿色、盲、迷”等。

为什么对模标身份的认识不能取得一致呢？这是因为：

第一，客观世界的不可分性和连续体性导致了范畴边界的模糊性，使得事物本身就具有模糊性特点，这也决定了人的思维和认识的复杂性和模糊性，从而形成了语言的模糊性。客观世界的事物反映到人们的大脑中来，就成为人们对这些事物的认识。人们对事物的认识存在着种种差异，对不同事物的认识固然可能产生差异，但即便是对同一事物的认识也可能会产生差异。认知的不同角度、认识的深浅程度、认识是否全面、认识是否有偏误等都会造成认识上的差异。语言本身就是一种客观存在的现象，语言中存在着大量的模糊现象，其边界不可能如同刀切斧劈，截然分明。正是语言符号的模糊性特点使得人类的信息传播得以实现，法国学者杜梅指出：“如果人类语言的许多表达上不显现模糊性，我们就不能像现在这样运用我们的语言。”①

赵彦春(2003)在《认知辞典学探索》中介绍并阐释了关于“模糊性”的三种理论：②

(1)Labov(1973)“模糊边缘现象理论”。这种理论认为：词汇边缘的模糊性在于一个词从什么地方开始，另一个词在什么地方结束，这中间没有一个明确的点。模糊性是词义的本质属性之一，这首先是因为人类大脑本身始终进行着游离不定的活动，选择与忽略、前景化与背景化等等；其次是因为我们所处的世界是无限延续着的，始终处于流变之中，其结果是我们只能为了我们认知上的便利而用词和符号指称世界——以通神明之德；以类万物之情。所以，由于我们的大脑和世界两方面的动态特征，每一个语言符号都具有潜在的模糊性。

(2)Wittgenstein(1958)“家族相似性理论”。根据家族相似性理论，一个家族的成员共享某些家族特征，但是实际上没有哪一个成员具备所有的家族特征。除相似性外，它们之间显然没有什么共同点，就是这些相似性也因成员而异，此胜彼衰，此消彼长。就词、概念及所指而言，情况也是如此。所有这一切都是“质地开松的：原子既可进来，也可离去，无拘无束往返自如”。

---

① 伍铁平：《再论语言的模糊性》，《语文建设》1989年第6期，第26页。

② 赵彦春：《认知辞典学探索》，上海外语教育出版社2003年版，第134－136页。

(3)Rosch(1975)“原型理论”。根据这一理论,当人们把物体划分为范畴时,似乎对某一理想典型,即原型的特征有某种程度的认识。人们根据这一原型性特征来判断同一范畴的其他成员。同一范畴的某些成员比其他成员更具有原型性特征。成员之间可能彼此不同,但它们具有足够的相似性而落入同一范畴。因此,某一物体或存在如果与其他物体或存在具有足够的相似性特征便属于同一范畴。

以上三种理论中,“模糊边缘现象理论”强调的是事物之间的边界,“家族相似性理论”着眼于整个范畴,“原型理论”关注的是中心特征。

认知语言学认为,词义是模糊的、流变的,即非离散的,而且具有根据语境趋于调变的特征。伍铁平(1993)认为,词义的明显特点之一就是“词义还往往带有不同程度的模糊性,这是因为词所指称的事物其外延的边界是游移的、不确定的,反映到词义上来,就是词义常常概括了一些边界不清、亦彼亦此的内容,这是事物的普遍联系和连续运动在人类思维中的反映”。[①]

例如《现代汉语词典》分别对以下词语作了解释:

上午,指“清晨到正午十二点的一段时间”。

正午,指“中午十二点”。

中午,指“白天十二点左右的一段时间”。

此处的“上午、正午、中午”的界域是什么?它们的界线在哪里?它们的界标又是什么?对于这些问题,恐怕没有必要耗费时间和精力去厘清,因为它们的界限是模糊的、难以明确界定的。关于这一点,恩格斯在《自然辩证法》中有一段很清晰的表述:“辩证法不知道什么绝对分明的和固定不变的界限,不知道什么无条件的普遍有效的‘非此即彼!’,它使固定的形而上学的差异互相过渡,除了‘非此即彼!’,又在适当的地方承认‘亦此亦彼!’,并且使对立互为中介。”[②]

第二,汉语的词缀都是在词根意义虚化的基础上发展而来的,而词根意义的虚化实际上是一个由实到虚的连续统。“连续统”理论认为,从历时的角度看,语言是一个逐渐变化的过程,而且一般来说这个演变过程是比较漫长的;从共时的角度看,语言体现为某一时期同时存在的不同的变异形式,形成一个“连续统”。语言是一个连续不断的、分等级的连续体,它有无限多的等级序列,人们所说的构成词的单位“词根、类词缀、词缀”也是一个连续不断的、分等级的连续体。词根与词缀之间、词根与类词缀之间、类词缀与词缀之间也都存在着所谓“过渡成分”:

---

① 伍铁平:《普通语言学概要》,高等教育出版社1993年版,第116页。

② 《马克思恩格斯选集》,人民出版社1972年版,第535页。

词根				类词缀				词缀
A	B	C	D	E	F	G	H	I

可见，词义虚化是一个动态的过程，从比较典型的词根 A 到比较典型的类词缀 E，从比较典型的类词缀 E 到比较典型的词缀 I，这三者中间还分别存在着过渡成分 B、C、D 和 F、G、H，从 A 到 E 再到 I，虚化的程度具有梯度性。也就是说，有时人们的确比较难以确定词根与类词缀、类词缀与词缀的界限。因此，对词语模模标身份的认识，涉及词根和词缀、实语素和虚语素、词和短语等的界定，要想科学地认识和理解当代汉语词语模的模标，就应该把模标放入"连续统"中进行动态的考察。

第三，汉语吸收外来语的方式之一是意译，当采用一个在汉语中具有实在意义的词根语素去意译一个在外语词中处于词缀地位的语言成分时，往往也会使汉语的词根与词缀的界限模糊不清。例如"反×"中的"反"(anti-)表示"反对；颠倒的，方向相背的"的意思，"超×"中的"超"(super-)表示"超出一定程度或范围；不受限制"的意思，"后×"中的"后"(post)表示"时间、次序、位置在后的"的意思，这些模标不同于汉语中比较典型的词缀"老"、"阿"、"子"，也不同于汉语中典型的词根。从词汇意义方面看，它们的语义比较实在；从语法功能方面看，它们的身份介于词根与词缀之间，因此一些学者把它们归为"类词缀"。

我们认为，考察当代汉语词语模模标的身份，离不开词语模这种独特的框架结构，事实上，"模标"与"模槽"这两个术语就是从框架结构角度提出来的。因此，我们认同李宇明关于模标的认识，并且强调：

第一，从词语模整体结构的构架来看，模标是词语模这一框架结构中起标识作用的固定成分。

第二，从模标所处的位置来看，相同的模标在不同的构式中可能处于不同的位置，而不像典型的词缀那样总是或者居前，或者居后，或者居中。

第三，从模标的语义是否虚化的角度来看，充当模标的语言成分可以是典型的词缀或词根，也可以是非典型的词缀或词根。一些模标源自外来语，"用汉语的实义语素意译外语词的词缀，使汉语词根与词缀的界限不清，因而模糊了汉语复合词与派生词的界限"[①]，这就造成模标身份的模糊性。

第四，从模标在脱离构式后是否能独立运用的角度来看，充当模标的语言成分可以是语素，也可以是词。脱离构式后能够独立运用的是词，不能够独立运用的是语素。

第五，从模标的标识特征来看，模标自身还可以是某种固定结构，如"去×化"、"吃×饭"、"后×时代"等。这一类模标虽然为数不多，但毕竟是一种客观

---

① 杨锡彭：《汉语外来词研究》，上海人民出版社 2007 年版，第 5 页。

存在，而且作为一种结构框架，这类模标的构成成分不能移动、换位，因此相较而言更加具有结构的固定性，更能体现“模”的成型功能。

(二)模槽的特性

1. 模槽功能的聚合性

语言结构中的每一个成分都处在既可以与别的成分组合，又可以被别的成分替换这样一种关系之中。语言结构的各个成分相继依次出现，就形成了组合关系；处于组合关系中的同一个位置上能够互相替换出现的各个成分，因为它们相同的特点而形成了聚合关系。以词语模而论，词语模的模标成分与模槽成分依次相继出现，形成组合关系；模标位置的成分可以被别的成分替换，模槽位置的成分也可以被别的成分替换，它们分别形成聚合关系。但是在一个具体的词语模中，从功能上看，模标却是一个固定成分，它是不会被别的成分所替换的，而模槽作为结构框架中的非固定成分，则是可以被别的成分所替换的，因此我们只讨论模槽的聚合性。

第一，模槽功能的聚合性体现在各个成分深层语义的相关性上。处于模槽位置的语言成分能够互相替换，具有某种相同的作用或共同的特征，它们自然地聚合成群，彼此形成聚合关系，这种聚合关系的基础是各个成分在深层语义上的相关性。例如词语模“×圈”所形成的词语，模槽的成分就具有深层语义的相关性：

表示某一类人：

诗人圈　车友圈　同事圈　同乡圈　亲友圈　球友圈　粉丝圈　同学圈　业主圈　医生圈　博客圈　摄影人圈

表示某种行业或职业：

行业圈　企业圈　文化圈　摇滚圈　娱乐圈　演艺圈　音乐圈　电影圈　媒体圈　广告圈　地产圈　建筑圈　IT科技圈

表示所关注的事物对象：

主题圈　情感圈　潮流圈　休闲圈　公益圈　运动圈　游戏圈　团购圈　星座圈　家族圈　写字楼圈　手机品牌圈　手机营销圈　手机宝贝圈　手机传媒圈　手机会展圈

表示地域：

湖北圈　桂林圈　烟台圈

表示明星人物：

田亮圈　巩俐圈　舒马赫圈　梁朝伟圈

由此可见，在“×圈”所创造的词语中，模标位置的“圈”是类化作用的标识者，凸显的是一种共有的属性——指某一群体的范围或活动的范围。模槽位置的成分则表示一种区别性特征，如“某一类人”、“某一类事物”、“某种行业或职业”等。在模槽位置上聚合着的那些词语的词汇意义虽然各不相同，但是在深层语义的层面上，它们却具有共同的特征和相同的作用，即“都具有区别于他者的个性特征，因而形成了一个语义类”[①]。

第二，模槽功能的聚合性体现在各个成分语法功能的相同性上。模槽作为一个空位，尽管可以收纳各种各样的成分，但词语模的框架结构与模标的导引功能则使进入模槽中的词语在语法功能上体现出相同性。例如词语模“×风”的模槽成分尽管词性不同，但它们的语法功能都体现为对模标的修饰或限定作用。

名词性的：

会风　路风　站风　行风　官风　党风　家风　政风　考风　教风
车风　邮风　枕头风　牛仔风　裙带风　高价风　股票风　商业风

动词性的：

说情风　假冒风　泄密风　吃请风　送礼风　摊派风　涨价风　抢购风
进口风　出国风　建房风　吃喝风　送礼风　赌博风　倒卖风　打折风

与上例的“×圈”比较，可以进入“×圈”模槽位置的都是名词性成分，对模标“圈”起修饰或限定作用；可以进入“×风”模槽位置的尽管有名词性和动词性之分，但那些成分的语法功能是一致的，即对模标“风”起修饰或限定作用。

2. 模槽成分的复杂性

相对来说，能够出现在模标位置的成分比较简单，能够进入模槽位置的成分则相当复杂。

李宇明认为，可以进入模槽的语言单位是多种多样的，人们可以根据需要在模槽里比较自由地填上一定的语素、词甚至词语。禹存阳认为，模槽是词语模中的空位，它可以是语素，也可以是词或短语。曹春静认为，一般而言，能够进入模槽位置的语言单位是词或语素，但是一些使用广泛、词族庞大的词语模，其模槽位置的语言单位则比较复杂，除了语素或词以外，还可能是短语、字母或字母与汉字的组合。

由此看来，在模槽成分的复杂性方面，各家的观点没有什么大的分歧。根据所搜集的语料并且综合上述各家观点，我们认为，虽然特定的词语模必然会对进入模槽的词语在语义和语法功能等方面提出特定的限制，然而模槽作为词

① 曹春静：《当代汉语词语模研究——兼论新词新语》，中国优秀硕士学位论文全文数据库，2007年，第15页。

语模中的空位，一般来说，它可以吸纳各种各样的语言单位。

第一，从语言单位的性质来看，能够进入模槽的语言单位可以是语素、词或短语。

第二，从语法功能看，能够进入模槽的语言单位可以是名词性、动词性、形容词性或区别词性成分。

第三，从音节来看，能够进入模槽的语言单位可以是单音节、双音节或多音节。

第四，从文字符号的外形特征看，能够进入模槽的语言单位可以是汉字、字母或汉字与字母的夹杂组合。

以下是一个综合性的例子——词语模“×权”形成的词语，其模槽成分可以分析如下：

词，名词性，二音节：

肖像权　姓名权　形象权　配偶权　著作权　名誉权　隐私权　人格权　话语权

词，动词性，二音节：

排污权　探望权　署名权　知情权　采光权　使用权　表达权　开口权　欢笑权　哭泣权　休息权　化妆权

词，形容词性，二音节：

沉默权　愚蠢权　开心权　时尚权　自由权　平等权　后悔权

短语，动词性，三音节以上：

不化妆权　素面朝天权　不受干扰权　噪音干扰权　草地行走权　宠物散步权

字母或汉字与字母夹杂组合形式：

post 权　msg 权　mail 权　e-mail 著作权　e-mail 选择权　e-mail 隐私权　e-mail 经营权

可见，能够进入“×权”模槽位置的成分，其语言单位的性质一般是词或短语，其语法功能包括名词性、动词性、形容词性等，其音节一般在两个以上，其文字形式多数是汉字，也有外语单词或汉字与字母的组合。

二、词语模构式与词语群

（一）词语模构式、词语群的含义

对当代汉语词语模的研究，既可以从构词（语）角度研究它的内部规则，也可以从造词（语）角度研究它的整体功能。对当代汉语词语模构词（语）角度进行的研究有两个目的：第一，解释词语模内部的规则，说明一个结构体之所以能够构成这个结构的条件，如结构标记的使用、组合关系与聚合关系等。第二，解释词语模在当代汉语新词语创造活动中的整体功能，解释一个结构体的构式意义。

构式是指形式与语义的匹配。构式语法理论强调对语言的整体的解释，包括一般规律和特定构式。构式语法研究的代表性人物之一 Goldberg(2004)认为，构式就是形式与功能之间规约的匹配关系，包括词素或词、习语、部分的或完整的短语结构。任何一种语言形式，只要它的形式或功能不能从它们的组成成分或其他的构式中预测出意义，就可以被称为构式。构式可以是一个词素，比如-ing；也可以是相关条件从句，比如 the Xer the Xer；也可以是双宾语结构等等。①

词语模就是一种具有独特的创造新词语功能的构式。实际上，无论从哪个角度对词语模进行分析，都必须建立在对各个词语模构式所维系着的词语群的分析之上。对于具有共同成分的一组词语，各家所称不同。刘叔新(1990)认为，由于具有同样一个语素而聚合在一起的成群、成组词语，可称之为"同语素词语族"，简称"同素族"，它是词汇系统中的重要结构组织。② 李宇明(1999)指出，词语模"能批量生产新词语，并使其所生产的新词语形成词语簇"。③ 禹存阳(2006)认为，利用词语模，根据表意的需要，自由地将语素或词嵌入模槽中构成新的词语，并形成以模标为标记的一个个词语族，可以称之为"×"族词语或"×"同族词语。④ 刘吉艳采用"词群"概念，认为词群是"以具有共同词素(词)为外在形式标志，共同词素(词)的意义相同或相关，形式整齐、结构统一的词或短语的聚合"。⑤

有些学者采用"同族词"这一概念，但对"同族词"目前还没有形成比较一致的看法。第一类看法与汉语传统训诂学和词源学所说的"同源词"含义相似，如徐通锵(1996)认为，"同族词是一个语言内部的构词法问题，主要是根据语音交替的方式去追溯某一族词的形成过程及其所从出的原始形式"。⑥ 张博(2003)认为，"同族词指一种语言内部由源词及其孳生词，或同一来源的若干个孳生词

① 梁君英：《构式语法的新发展：语言的概括特质——Goldberg〈工作中的构式〉介绍》，《外语教学与研究》2007 年第 1 期。

② 刘叔新：《汉语描写词汇学》，商务印书馆 1990 年版，第 386 页。

③ 李宇明：《词语模》，载邢福义主编：《汉语语法特点面面观》，北京语言文化大学出版社 1999 年版，第 146 页。

④ 禹存阳：《现代汉语词语模研究》，中国优秀硕士学位论文全文数据库，2006 年。

⑤ 刘吉艳：《汉语新词语词群现象研究》，中国博士学位论文全文数据库，2009 年。

⑥ 徐通锵：《历史语言学》，商务印书馆 1996 年版，第 68 页。

构成的词语类聚。这类词有源流相因或同出一源的族属关系，因而声音和意义多相同或相关”①。任继舫(2004)认为，“同族词，顾名思义，就是同一词族中的词；换句话说，就是有同一音义来源的词”②。另一类看法与我们的观点相似，如孙常叙(1956)认为，“在一些词的组织里，有一个词素是造成这些词的生长点，而这个生长点又可以和其他词素组织起来结构成以它为基本意义的另一些新词，这种词素是词结构上的根本部分，叫做词根。……从一个词根滋生出来的词叫派生词。各个派生词之间有同行辈的亲族关系，就这个关系来说，它们都是从同一个词根派生出来的同族词”③。张小平(2008)指出，同族词是“以系列的方式存在，系列中的成员都是以某一特定词汇形式为核心或目标分别与不同词汇形式进行组合而形成的，并且组合产生的都是相对定型性的语言单位——合成词；我们把这样的词汇单位称为同族词，其中相同的词汇成分我们称为核心语素。……同族词是一个共时的概念，仅指共时状态下的含有相同词素的词，并且所构成的词都是以这个相同词素作为核心”④。

我们之所以使用“词语群”这一术语，是因为它既可以包括典型的“词”，也可以包括典型的“语”，还可以包括不那么典型的“词”或“语”。词语群具有如下特征：

第一，词语群是一个共时的概念，它是词语模在共时状态下的创造物和承载物，一个词语群内部的词语处于同一共时平面，相互之间具有平行关系。

第二，词语群是一个与词语模相生相伴的概念，属于同一词语群的词语拥有共同的词语模构式，构式由固定不变的模标与可变可替换的模槽组成。

第三，词语群是一个聚合的概念，词语群内部的每一个词语都是以词语模的模标为统领所形成的聚合，每一个词语群都是一个聚合体。词语群在当代汉语词汇系统中的数量相当可观，它强化了词语的类聚关系，集中体现了当代汉语词汇的系统性。

第四，词语群是一个动态的概念，具有开放性，其成员包括已经显现、已经进入交际领域以及尚未显现、尚未进入交际领域的词语，词语群处在一个不断调整、不断滚动扩大的状态之中。

(二)词语模构式与词语群共存

一个具体的词语模构式是从一个词语群中所有的词语中抽绎出来的。在一个词语群中，若干个不同词语都包含一个共同元素——模标。这些具有共同

① 张博：《汉语同族词的系统性与验证方法》，商务印书馆 2003 年版。

② 任继舫：《汉语语源学》，重庆出版社 2004 年版，第 13 页。

③ 孙常叙：《汉语词汇》(重排本)，商务印书馆 2006 年版，第 23 页。

④ 张小平：《当代汉语词汇发展变化研究》，齐鲁书社 2008 年版，第 130 页。

模标的词语以系列的方式存在，系列中的每一个成员都是以模标为核心分别与模槽元素进行组合而形成的。“文化快餐”和“快餐文化”，这两个词语究竟是哪个词语模的产物呢？“文化快餐”可以属于“文化×”或“×快餐”；“快餐文化”可以属于“快餐×”或“×文化”。如果孤立地看，当然无法确定它们的归属，但是一旦把它们放入特定的词语群之中，其归属就显而易见了。例如：

文化×：

文化户　文化衫　文化大院　文化工厂　文化货郎　文化警察
文化垃圾　文化旅游　文化企业　文化商品　文化市场　文化书市
文化特区　文化心态　文化夜市　文化沙漠

×快餐：

电视快餐　电影快餐　精神快餐　科普快餐　知识快餐　文学快餐
国学快餐　智慧快餐　幽默快餐　恋爱快餐　爱情快餐　情感快餐
感情快餐　评论快餐　阅读快餐

×文化：

监狱文化　廉洁文化　宿舍文化　网络文化　班级文化　服装文化
街头文化　奥运文化　安全文化　休闲文化　企业文化

快餐×：

快餐文化　快餐电视　快餐电影　快餐文学　快餐恋爱　快餐爱情
快餐情感　快餐感情　快餐评论　快餐新闻　快餐阅读　快餐历史
快餐时代

由此可见，“文化”与“快餐”必须放入特定的词语群之中，这样才能确定它的特定构式。特定的词语模构式存在于特定的词语群之中，特定的词语群造就了特定的词语模构式。

（三）词语模构式与语义之间的关系具有规则性

董秀芳(2004)认为，“所谓规则性(regularity)，是指形式与意义之间有着一致的关联，从结构形式就可以推断出意义，结构成分之间的意义关系稳定。如‘第＋基数词’这一结构就是规则性的，意义可以由形式推测出来，表示的是序数词”。[①] 曹春静强调，“组配的规则性是指搭配的成分及搭配后的整体意义是否可以用语法或语义的类来控制”。[②]

词语模的模标与模槽在组合匹配时需要遵循一定的规则。由于是在特定

① 董秀芳：《汉语的词库与词法》，北京大学出版社2004年版，第32页。

② 曹春静：《当代汉语词语模研究——兼论新词新语》，中国优秀硕士学位论文全文数据库，2007年，第20页。

构式中的组合匹配，因此组合匹配之后，其整体义便大致可以根据成分义和结构义的相加来预测。在“×工程”构式中，只要模槽成分符合“×工程”构式的组合搭配条件，那么，无论是“形象工程、素质工程、温饱工程、希望工程、康居工程、灯光工程”，还是“豆腐渣工程、菜篮子工程、送温暖工程、再就业工程、五个一工程、一二三家庭读书工程”，诸如此类的“×工程”族词语，都不会造成人们理解和运用上的困难，其整体意义基本上都可以预测，而那些在现有语料中暂时还没有显现的新词语，只要它们符合模槽的语义类要求就都有显现的可能。

（四）词语模构式对其组配元素及其产品的语义、词性具有规约作用

1. 词语模的模标可能产生特定的构式义

从“构式”出发考察词语模，我们可以发现，词语模模标的构式义比较复杂，一部分模标的构式义跟非构式状态下的原型词汇义的某一义项是重合的，例如词语模“导×”构式中的“导”，其构式义和原型词汇义都是“引导；疏导”。但是一部分词语模模标的构式义跟非构式状态下的原型词汇义之间却是一种互动关系，也就是说，某一语言单位（语素或词）的原型词汇义被投射给构式，这一意义于是被构式固定下来，成为属于构式的意义，构式的意义是构式本身决定的，而不是某一语言单位临时产生的。有的构式义已经作为某一语言单位的新的义项被词典收录，例如“绿色”，其原型词汇义是“绿的颜色”，是自然界中常见的颜色，在光谱中介于蓝色与黄色之间，如“绿色的草原、绿色的河水、绿色的山峰、绿色的松林、绿色的邮筒”，但是在“绿色×”构式中，“绿色”的意义已经产生了变化，指的是“符合环保要求，无公害、无污染”，这一义项已被《现代汉语词典》第5版收录，如“绿色食品、绿色能源、绿色建筑、绿色经济、绿色消费”等。

2. 词语模的模标可以标示整个构式的词性

与上文同样道理，从“构式”出发考察词语模，我们可以发现，词语模模标的词性也比较复杂。模标往往具有标示整个构式词性的作用，例如“关怀”原为动词，在“×关怀”构式中为名词性成分，由此产生的“×关怀”一族的新词语也是名词性的，如“人文关怀、临终关怀、终极关怀、剩余关怀、客户关怀、员工关怀、生育关怀、党内关怀、护理关怀、民生关怀”等；又如“放心”原为动词，在“放心×”构式中为形容词性成分，由此产生的“放心×”一族的新词语也是名词性的，如“放心菜、放心肉、放心水、放心药、放心工程、放心购物、放心理财、放心装潢”等。

3. 词语模的构式可能造成组合关系的复杂化

从上文列举的“×风”词语中可以看出，能够进入“×风”模槽位置的成分既可以是名词性的，也可以是动词性的，但由于受到名词性的、处于中心语位置的模标“风”的导引，无论是名词性的成分还是动词性的成分，它们都对模标“风”

起修饰或限定作用，它们所构成的新词语也都是名词性的。

综合以上几个方面的例子如"×霸"构式。[①] 在"×霸"构式所形成的词语群中，我们可以观察到两类词语：第一类用以指称"强横无理、倚仗权势压迫人民的人"，这一义项在一般的工具书中都可以找到，如"财霸、车霸、煤霸、油霸、市霸、血霸、球霸、电霸、路霸、水霸"等。第二类用以指称"在同类当中某个方面最好、最优秀的个体"，2007年出版的《现代汉语词典》还没有收录，如"浴霸、声霸、解霸、译霸、彩霸、凉霸"等。第一类用于指人，是一种"谴称"；第二类既可以用于指人，也可以用于指事物，意义已经泛化，这说明构式义与原型义的确有所不同，具有一定的复杂性。我们再看词性方面。在非构式状态下，"霸"可以是名词，如"春秋五霸、反帝反霸"，也可以是动词，如"各霸一方"。但是在"×霸"构式中，"霸"的身份就固定为名词，而且无论模槽成分的词性如何，"×霸"族新词语都是名词性的：

名词＋霸：

财霸　车霸　煤霸　油霸　市霸　血霸　球霸　电霸　路霸　水霸

鱼霸　图霸　彩霸　声霸　视霸　影霸　浴霸　词霸　钢霸　力霸

动词＋霸：

译霸　搜霸　考霸　解霸

形容词＋霸：

凉霸　速霸

4. 词语模的构式可能造成组合关系的层级化

构式对模标与模槽组合关系层级化的影响，体现在一些结构关系比较复杂的词语模上。例如"去×化"，首先是"×"与"化"组合，然后再是"去"与"×化"组合。"去×化"创造的新词语如：

去蒋化　去中国化　去功能化　去国家化　去人民化　去习惯化

去殖民化　去苏联化　去"对象化"　去性别化　去政治化　去领土化

去"中原化"　去四川化　去丹江口化　去政府化　去中间化

去"智力化"　去数学化　去互联网化　去毛泽东化　去孙中山化

去意识形态化　去"自我中心化"化　去中华民国化　去唯物史观化

去靖国神社化　去马克思主义化

又如"高×度"，首先是"×"与"度"组合，然后再是"高"与"×度"组合成一个新词语。"高×度"形成的新词语如：

---

① 任竞春：《"霸"的语义演变轨迹探析——从"×霸"新词说起》，《汉字文化》2006年第4期。

高感度　高精度　高难度　高密度　高细度　高感光度　高精密度
高灵敏度　高清晰度　高灵活度　高细腻度　高光洁度　高精确度
高关注度　高注目度　高整合度　高集成度　高忠诚度

□ 小 结

词语模由模标、模槽、构式和词语群几个要素组成。

1. 模标具有功能的导引性、身份的模糊性等特点。模标是词语模这一框架结构中起标识作用的固定成分。充当模标的语言成分可以是典型的词缀或词根，也可以是非典型的词缀或词根，还可以是某种固定结构。

2. 模槽具有功能的聚合性、成分的复杂性等特点。模槽功能的聚合性体现在各个成分深层语义的相关性以及各个成分语法功能的相同性上。模槽成分的复杂性体现在虽然特定的词语模必然会对进入模槽的词语在语义、语法功能方面提出特定的限制，然而模槽作为词语模中的空位，一般来说它的包孕性比较强，可以吸纳各种各样的语言单位。

3. 构式体现了词语模独特的创造新词语的功能。构式由固定不变的模标与可变可替换的模槽组成。一个具体的词语模构式是从一个词语群所有的词语中抽绎出来的，属于同一词语群的词语拥有共同的词语模构式。词语模构式与语义之间的关系具有规则性，词语模构式对其组配元素及其产品的语义、词性具有规约作用。

4. 词语群是词语模在共时状态下的创造物和承载物。词语群内部的每一个词语都是以词语模的模标为统领所形成的聚合，每一个词语群都是一个聚合体，它强化了词语的类聚关系，集中体现了汉语词汇的系统性。词语群具有开放性，其成员包括已经显现、已经进入交际领域，以及尚未显现、尚未进入交际领域的词语。

第二章　造成当代汉语词语模现象的外部参数

词语模创造新词语的过程是一个客观存在的认知过程，具有发生学意义。这个过程是一个建构性过程，建构的目的就是从无到有创造出一个新的词语。对词语模现象进行研究也是一个认知过程，这个过程是一个解构性过程，在很大程度上要受研究者主观认识角度的影响，解构的目的就是要考察一个新词语如何形成、研究人们的认识和思维活动、研究新词语创造所运用的语言材料、研究影响新词语创造的各种参数。

参数是影响总体特征的变量，原为数学术语，指方程中可以在某一范围内变化的数，当这个数取得一定值时，就可以得到该方程所代表的图形，例如在方程 $x^2+y^2=r^2$ 中，当 r 取得一定值时，就可以画出该方程所代表的圆，r 就是圆周的参数，也叫参变量。参数也用来泛指一些影响品质和效果的指数，如编制计算机程序时参数指相关数据，如时间、路径、编码等；摄影方面的参数指那些影响成像效果和质量的指数，包括光圈、快门、焦距、胶卷的感光度、数码相机的像素以及由此延伸的景深、光线、色调、构图比例等一系列指数。我们在此借用“参数”一词，主要基于以下考虑：任何一个系统都是由各种变量构成的，语言是一个变量，语言发展的外部因素也是一个变量，如果我们从语言发展的外部因素角度研究语言的发展的话，就可以将影响语言发展的那些外部变量称为自变量，而把被影响的语言这一变量称为因变量。因变量是因自变量的变化而产生的变化或结果，因此自变量与因变量之间是相互依存的关系，语言与那些影响其发展变化的外部因素就是这样一种相互依存的关系。

“词语模”这一术语出现的时间虽然不长，但“词语模”现象却不是新近产生的，因为词语模是在人们创造新词语的过程中逐步约定而成的，这种现象过去、现在乃至将来都会存在。但是处于当代汉语发展过程中的词语模却格外引人注目，这是因为当代汉语词语模现象的爆发有其特定的社会文化背景，特定的时代为词语模现象的爆发提供了机遇。当代社会突飞猛进的发展、“地球村”的形成、高新技术的普及、传播媒体及其传播方式的变革、外来语的冲击、大众思想观念的转变、人们语言创新能力的空前释放、公众语用心理的驱动、语言交际经济性原则的作用等等因素，成为词语模大显神通的外在驱动力。本书第三章将从本体语言学角度探求当代汉语词语模得以自如运作的内部动因，本章则着眼于社会语言学角度分析当代汉语词语模得以大放异彩的社会环境参数，并从语用学角度讨论当代汉语词语模的语用主体在创造和使用词语模的过程中所呈现的心理因素和主观能动性。

第一节　当代汉语词语模的社会环境参数

语言是一种社会现象，与人类社会生活息息相关。从语言与社会的关系看，语言依赖于社会，社会的分化、统一和进步都会推动语言的发展。社会“泛指由于共同物质条件而互相联系起来的人群”[①]，而语言正是把社会中的个人结成群体的纽带，是人与人之间互相联系的桥梁、交流沟通的工具，也是人与其他动物相互区别的重要标志。语言也是社会存在、发展的必要条件。语言原本就是为适应人们交际的需要而产生并发展的，在人类社会由低级阶段向高级阶段发展的过程中，语言是推动社会进步的不可或缺的力量。语言随着人类社会的产生而产生，语言的发展变化也必须服从于社会发展变化的需要。当代汉语词语模批量创造新词语的现象，正可以说明语言与社会相互促进、共同发展的相互依存的关系。当代的社会环境参数使得词语模在创造新词语的过程中非常活跃，作为自变量的社会环境因素与作为因变量的当代汉语词汇因此呈现出正方向同步发展的态势。

一、当代中国的巨大变革是词语模产生的基础条件

（一）新事物、新概念的大量出现要求语言系统以相应的语词形式迅速加以记录

社会的发展演变、交际活动的需要是语言产生、存在和发展演变的基本条

① 中国社会科学院语言研究所词典编辑室:《现代汉语词典》(第5版)，商务印书馆2007年版。

件和强大驱动力。“随着社会的发展，新事物、新概念层出不穷，人们的思维愈来愈细致复杂，这些都会向交际提出新的要求，推动语言不断丰富词汇，改进语法。”[1]因此，只有联系社会的发展演变，才能全面理解语言的发展演变。语言是一种社会现象，在社会生活中起着极其重要的作用，社会也对语言产生了巨大的影响。美国学者布赖特(William Bright,1964)在《社会语言学》一书中指出：语言和社会存在着“共变(covariant)”关系。“共变”理论在20世纪80年代引入我国，一般用以揭示新词语背后的决定其产生的社会生活本身。“共变”是社会语言学的常用术语，社会语言学的任务就在于描述语言和社会结构的共变。所谓“共变”，是指语言是一个变数，社会也是个变数；语言和社会这两个变数互相接触、互相影响、互相作用、互相制约，从而引起相互的变化。当社会发生激变或渐变时，语言也必定会随着社会的变化而变化。语言与社会的共变，首先是指社会对语言的影响，具体指语言的变异、语言的变体和语言使用习惯上的差异；其次是指语言对社会的影响，具体指语言社会功能的体现——语言是人类社会全体成员共同使用的最重要的交际工具，同时也是人类进行思维的工具，是人类认识成果的储存器。语言与社会的共变丰富和发展了语言，促使语言能够更完善地为社会服务，满足社会日益复杂纷繁的交际需要。“社会语言学的语言变异理论揭示了语言与社会之间的共变关系。社会语言学的这一理论核心，不仅可以解释语言的历时演变，也可以解释共时平面上的变异现象，同时它还可以预测将来一段时间语言演变的趋势。语言与社会的这种共变关系，在词汇上体现得最为充分。”[2]可见，语言必须经常地改变自己、丰富自己，才能够满足社会日益复杂的交际需要。正如斯大林所说：“工业和农业的不断发展，商业和运输业的不断发展，技术和科学的不断发展，要求语言用进行这些工作所必需的新词语来充实它的词汇。语言就直接反映这种需要，用新的词充实自己的词汇，并改进自己的语法构造。”[3]

在语音、语义、词汇、语法诸种语言要素之中，词汇对于社会的发展和变化最为敏感，其发展变化最能体现社会的发展变化，当代汉语词语模所创造的词语就集中反映出这种变化。从社会因素来看，改革开放之后中国社会迅猛发展，各种相互关联的新事物、新现象、新概念源源不断地涌现，这必然要求新词语的创造紧跟时代步伐，满足社会生活的需求，当代汉语词语模正是以其所创造词语的即时化、集中化、系列化等特点去适应社会生活与交际需求的不断变化的。例如，“炒”原指“把食物放在油锅里加热并随时翻动使熟”的烹调方法，

---

① 叶蜚声、徐通锵：《语言学纲要》，北京大学出版社1981年版，第187页。

② 苏金智：《台港和大陆词语差异的原因、模式及其对策》，《语言文字应用》1994年第4期。

③ 斯大林：《马克思主义和语言学问题》，《斯大林选集》下卷，人民出版社1979年版，第506页。

但在词语模“炒×”中，却有“频繁地买进卖出，从中牟利；炒作，制造声势”等含义。用以炒作的事物可谓五花八门，颇具时代特色，如“炒股、炒汇、炒煤、炒房、炒电、炒外汇、炒地皮、炒基金、炒权证、炒茶叶、炒市场、炒商气”等。在当代社会背景下，“炒”还可以指“为扩大人或事物的影响而通过媒体反复作夸大的宣传”，因此“炒导演、炒演员、炒事件、炒新闻、炒名气、炒气氛、炒节日、炒热点、炒冷门”等新词语就顺应时代潮流脱胎而出了。

（二）当代汉语词语模能够满足大量、快捷地生成新词语以记录社会生活的要求

中国30年来的改革开放给全社会带来了巨大的变迁和前所未有的进步，给国民的精神生活和物质生活带来了巨大的影响和机遇，推动着中国以风驰电掣般的速度向现代化迈进，政治、经济、科技、文教、军事、体育、卫生等社会生活的各个领域在国际之间的交往、民族之间的融合、地域之间的交流等方面都发生了急剧而深刻甚至是翻天覆地的变革，民众的思想观念、生活方式、生活情趣等方面也发生了巨大变化。在语言与社会共变的过程之中，词汇是语言中最为活跃、最为敏感的构成要素，词汇能够直接反映社会生活各个方面的变化，因此词汇在语言要素中的变异最为显著。正如陈原所指出的那样，“凡是社会生活出现了新的东西，不论是新制度，新体制，新措施，新思潮，新物质，新观念，新工具，新动作，总之，这新的东西千方百计要在语言中表现出来。不表现出来，那就不能在社会生活中起交际作用”①。伴随着改革开放的大潮而产生的为数众多的汉语新词新语忠实地记录了当代中国社会经济、政治和文化等方面的变迁，反映了改革开放之后中国经济迅猛发展、科教事业兴旺发达的崭新面貌。每年都有大量的新词语产生，这使得汉语的词汇得到了极大的丰富和发展，而当代汉语词语模就承载了大批量创造新词语的历史性任务。

例如，“户”原有“门；人家、住户；门第；户头；家庭”等含义，但在词语模“×户”中却是指“家庭或个人的类别”。“家庭的类别”一义可以追溯到“暴发户”等词语。在改革开放的过程中，各种类型的家庭或个人应运而生：“率先甩掉贫困帽子，家庭收入达到万元以上的家庭或个人”是“万元户”；“处于贫困中的家庭或个人”是“贫困户、穷困户、困难户”甚至“特困户”；“在工作或其他方面有联系，彼此关照，给对方提供方便和好处的单位或个人”是“关系户”；“长期违规办事难以处理的单位或个人”是“钉子户”；“农村中专门从事某种农副业的家庭或个人”是“专业户”；个体经营的农民或工商业者是“个体户”，其他如“拆迁户、多用户、工商户、示范户、养殖户、一孩户、无孩户”等。上述不同类别的家庭或个

① 陈原：《社会语言学》，学林出版社1983年版，第206页。

人都可以归于词语模“×户”的统领，而那些尚未出现的潜在的不同类别的家庭或个人也可以归于词语模“×户”的麾下。

由此可见，利用当代汉语词语模批量产生的新词语更能够集中、全面地反映社会生活的巨大而迅速的变化。当代汉语词语模正以其结构上优越的可复制性、功能上强大的能产性和使用上的便捷性服务于社会生活的不断变化，服务于具有不同需求的语用主体。

二、迅速发展的网络媒体成为当代汉语词语模大显身手的最重要的媒介

（一）网络媒体的特点

人类信息传播经历了漫长的历史过程，信息传播媒介是信息传播过程中传者与受者之间的中介，是信息的物质载体，是信息传递、交流的工具和手段。媒介的发展和社会的演化变革密不可分。传播语言学认为，“语言是信息的载体。人类通过语言的使用，控制着传播媒介，使人类的生活、文化得以延续下去；与此同时，传播媒介又以其自身的规律和特点，使语言承载信息的张力缩减或者扩大。从媒介的发展过程看，不同的媒介还会带来社会的变迁，引起社会组织和结构的变化”①。人类社会的发展所带来的传播媒介的发展，归根结底会反映在传播方式和语言运用方式的不同上，而传播方式的不同则会在一定程度上影响信息的接收和传播的效果，因此，传播媒介的形态对于社会和公众的影响往往高于该媒体的内容。

传播的主要媒介是语言，其他媒介如文字、书刊、电视等都是在语言的基础上形成并加以发展的。印刷媒介是一种以视觉通道为主的媒介，包括报纸、书籍、杂志等；电子媒介是一种以视觉、听觉等通道相互结合的媒介，通过电子设备和软件去传播声音和图像符号，目前运用得最多的电子媒介是无线电广播、电视以及电子计算机等。电子媒介的出现是传播史上的一次革命，因为电子媒介提高了信息传播的速度，并使人类对信息的接受得以在听觉、视觉、触觉等多个通道里进行。在电子媒体中，电子计算机不仅具有信息获得、传播的功能，而且具有信息加工、处理和控制的功能。电子计算机媒介的广泛运用，大大促进了科学技术的发展与社会的文明进步。在当今社会，以数字技术为基础的手机、互联网等网络媒体正在成为主流媒体。1998 年，联合国新闻委员会将互联网列为继报刊、广播、电视之后的第四媒体。网络、手机短信、IPTV 等网络媒体和移动 3G 新技术的冲击，使媒体的概念发生了深刻的革命，互联网、手机等网络媒体正以其数字化、全球性、实时性、多媒体和交互性等特征，改变着人们的

---

① 齐沪扬：《传播语言学》，河南人民出版社 2000 年版，第 177 页。

思维方式和生活方式，改变着世界的面貌，对整个社会的发展以及整个社会结构都产生了强大的冲击力。

与传统媒体相比，网络媒体具有以下特征：

1. 时效性

网络传播的时效性体现在即时播报、全天候发布和滚动播报等方面。网络媒体可以实行全天候 24 小时发稿，其日发稿的条数和篇幅远远大于传统媒体。据统计，新华网日均信息发布量在数百甚至数千条；南方网仅新闻信息频道就达 20 个，日均新闻信息发布量达 2000 条以上；新浪网仅新闻频道首页的新闻链接总量就高达 800 多条，而且各栏目还在源源不断地滚动播出新闻。在当今社会，对于许多重大的新闻事件，反应最快的往往是网络媒体。因为与报纸、电视等传统媒体相比，网页制作的过程大为简化，网页内容还可以不断更新，人们可以在第一时间了解到最新信息。随着网络图文直播、音频直播和视频直播的出现，网络新闻的发布时间甚至可以精确到秒。

2. 跨地域性

网络媒体的跨地域性体现在传播范围的全球性方面。美国市场研究机构 ETFORCASTS 2006 年发表的研究报告表明，1995 年全球互联网用户数量仅有 4500 万，2000 年达到 4.2 亿，2005 年已超过 10 亿，2011 年将突破 20 亿，其中主要增长点来自发展中国家和无线网络应用。中国互联网络信息中心(CNNIC)发布的《第 25 次中国互联网络发展状况统计报告》显示，截至 2009 年底，我国网民已达 3.84 亿，互联网普及率已达 28.9%，手机网民一年增加 1.2 亿。如此规模的用户群使得网络媒体成为受众最多、覆盖面最广的媒体，“网络传播无国界”已成为人们的共识。理论上，与互联网连接的主机都是平等的，在网络媒体进行传播的过程中，任何一个国家或地区，任何一个具备上网条件的地方，任何一个网民都可以对任何一个网站进行访问，都可以对网页内容进行浏览、下载和处理，都可以对信息进行多通道统一获取、存储、组织和合成。

3. 多媒体性

网络媒体的多媒体性体现在传播手段、传播方式和传播形态的变革方面。网络媒体是多种信息形式融为一体的综合信息传播方式，它打破了传统媒体时代报纸、广播、电视单媒体传播“三分天下”的格局，兼容多种媒体的传播手段，使网络媒体既具有大众传播的优势，又兼具小众化、分众化传播的特点。网络媒体采用文字、图片、音频、视频、FLASH 动画等多种形式，集文字、图形、图像和声音等信息于一体，使信息更为直观、形象、生动，极大地丰富了信息发布手段，作用于人们的各种感官，创造了一个立体化接受信息的平台，增加了信息的现场感和冲击力，满足了人们多方式、多途径认知事物的心理需求。

4. 多功能性

网络媒体的多功能性首先体现在它强大的检索功能上。谷歌、维基、百度等专业搜索引擎以及一些网站自有的检索工具使网上查找信息变得十分便捷。网络媒体汇聚并且传播着来自四方八面的各种各样的信息，网民既可以为互联网提供信息，也可以从中获取信息。借助与相关信息"超级链接"的开放性方式，网络媒体的检索功能愈来愈体现出无与伦比的优越性。网络媒体的多功能性还体现在它的复制、存储与信息处理等方面。任何地域的任何人都可以通过拷贝、下载、收藏、打印等方式复制、存储所需要的信息，任何地域的任何人也都可以通过分析、整合、创新、发布等方式处理任何信息。

5. 互动性

传统媒体只能单向、被动地传播信息，多媒体技术则可以实现人对信息的主动选择和控制。网络媒体的最大特色就是它不但能够实现信息与信息之间的无限互连，而且能够实现主体与信息之间的无限互连。网络媒体信息传播是一种多向交互性传播，它的"一对一、一对多、多对一、多对多"地将大众传播和人际传播相结合的传播方式，充分体现出网络媒体的特性和优势。网络论坛、讨论区、留言板、聊天室、电子邮件、ICQ 及 MSN 等即时通讯软件，吸引着大量网民积极参与传播信息、评论时事、讨论热点话题等活动，极大地提高了网络信息传播的社会影响力。如北京奥运会期间，由于网民的积极互动，腾讯网创造了中国互联网最高流量纪录——门户网站日均流量 10 亿量级。

（二）网络媒体将当代汉语词语模的传播者、受众、反馈机制与舆论紧密联结起来

从传播者与受众角度来看，网络媒体模糊了传播者和受众的界限。信息传播主体是一个由信息传播者、信息接受者和"守门人"三要素构成的系统。在传统媒体作用下，信息传播者是信息传播活动的引发者，信息接受者是信息传播的对象，"守门人"是信息传播过程中信息的取舍、评价者。在网络媒体作用下，网络信息传播具有传播主体的多元性和平等性，传播方式的开放性和互动性，"守门人"角色的泛化和不确定性等特点。它使信息传播者与信息接受者之间的联系更为密切，为传播者和接受者提供了一个崭新的信息交流环境，每一个参与者都可能既是传播者也是受众，既是受众也是传播者。"网络媒体也带来了人与人、人与组织、人与社会之间的更多互动，甚至每一个人都可以成为意见传播、表达的媒体平台。"①由中国互联网络信息中心（CNNIC）发布的《中国互联网络发展状况统计报告》显示，从网民总人数来看，1997 年 10 月为 62 万，

① 吴亮：《新媒体浪潮》，《瞭望》新闻周刊 2009 年第 7 期。

2007年6月底升至1.62亿，2008年底则达2.98亿，跃居世界第一位。无线互联网的增幅也很惊人，调查数据显示，随着电信运营商的重视和手机硬件成本的不断降低，2008年使用手机上网的网民较2007年翻了一番，已达1.17亿。随着我国3G牌照的发放，未来几年无线互联网将迎来爆发式的增长，一些新的经济模式和增长点将会应运而生。如此众多与日俱增的网民对新词语的创造活动来说意味着什么？——意味着民众话语权的空前普及，意味着如此众多的网民会更多地利用网络媒体去创造、使用和传播新词语。当今中国社会“草根”遍地、“山寨”林立的繁荣现象足以证明这一点。例如“草根×”创造的新词语：

草根化　草根版　草根性　草根网　草根族　草根奖　草根年
草根导演　草根艺人　草根官员　草根教师　草根学者　草根记者
草根大众　草根英雄　草根世界　草根城市　草根经济　草根工业
草根企业　草根金融　草根银行　草根文化　草根力量　草根组织
草根精神　草根思想　草根意识　草根政治　草根气息　草根运动
草根球队　草根革命　草根情结　草根文学　草根作品　草根小说
草根阶层　草根博客　草根论坛　草根教育　草根设计　草根社区
草根娱乐　草根媒体　草根新闻　草根创业　草根营销　草根大会
草根春晚

从网络媒体的信息传播反馈机制来看，网络媒体使参与者之间的循环互动成为一种可能和必然。“信息(communication)”一词在《新英汉词典》中的常用意义是“通信；通讯；传达；信息；(意见等的)交换、交流、交往”，源自拉丁语的communicatus和communis，其原义为“分享”、“共有”，该词的印欧语词源是kom-moini，其中kom意为“共同”，moini源自mei，意为“交易、交换”。由“共同交换”、“共享”引申到信息传递领域，就成了“交流”。《牛津高阶词典》解释为“表达、交流、交际、传递；通信、联络；信息、书信、电话”。可见，“信息”在词义上强调传播过程中双向与交互的关系，强调传者与受者的同等地位和相互作用。《瞭望》新闻周刊记者调研发现，网络媒体已经使个人由信息的被动接受者转变为信息的主动发布者和评判者。网络媒体话语权的分散化趋势对现有的强调集中化管理的行政模式已经形成挑战，网络媒体的开放性和隐蔽性给公众提供了行使话语权的机会和场域，每一个人都可以借助网络媒体平台比较自由地了解资讯，传播信息，表达意见，行使自己的话语权。可以说，网络媒体的快速发展，为信息传播与反馈提供了一条崭新的途径，冲撞并且改变着社会舆论场的生成与存在方式，各种各样的声音都可以借助网络空间生根发芽并且四通八达。[1]

从社会舆论形成的角度来看，如果说印刷媒介在一定程度上降低了人们对社会生活的参与感，那么，电子媒介则使人类的这种参与感重新活跃起来。“多元、开放、共享”的互联网精神，各种媒体尤其是网络的大规模辐射，造成了民众话语权的空前普及，借助互联网传播平台日益发挥影响力的“草根媒体”已经成为当代传播格局中不可忽视的新力量。在网络媒体作用下，任何阶层、组织和个人都可以参与网络舆论传播，并且随之出现了形形色色的网络媒体群。社会人群被不断细分，细分的人群和自己的代言人则能够很容易地在网络空间相遇，达成共识，并迅速凝结成目标一致的行动力量。任何阶层、组织和个人都能够以低成本结成数量庞大、规模可观的网上群体，通过营造网上舆论影响人们政治、经济、文化生活的方方面面，冲击现有的社会组织体系，新闻跟帖、网络论坛(BBS)、博客/邮件/个人空间、即时通讯群和移动电话短信等已使网络媒体成为最重要的社会舆论策源地。

（三）网络媒体是当代汉语词语模得以高速运作的最有效的载体

网络媒体实现了信息传播的实时化和全球化。网络媒体既是一种媒介，同时又是一种载体，就信息传播的时间而言，网络媒体可以随时发布、交流信息，极大地提升信息传播的速度和效率。就信息传播的空间而言，网络媒体完全打破了传统意义上的空间概念，以互联网为载体连通世界各地，跨人群、跨地域、跨文化的传播使国际社会成为一个“地球村”。可见，在传播速度、信息量及覆盖面等方面，网络媒体具有传统传播媒介所无法比拟的巨大优势，它改变了人们的生活方式和生存方式。在过去，人们往往依赖于印刷媒介去获取资讯，网络媒体则给人们带来了更多的资讯内容以及获取资讯的便利，并已成为人们获取资讯的最重要的来源之一。根据中国出版科学研究所 2008 年公布的第五次“全国国民阅读调查”结果，网络媒体阅读率呈现出强劲的增长势头。虽然传统的纸质阅读仍有较大的发展空间，但纸质读物的“浅阅读”趋向却愈加明显。与此同时，网络阅读率在继续大幅攀升，从 2005 年的 27.8%上升到 44.9%，提高了 17.1%，迅速拉近了与纸质图书阅读率的距离。互联网阅读率的大幅攀升，表明新一代读者的阅读习惯正在发生根本性的变化。随着电子信息技术以及数字出版领域的发展，电子书的阅读已成为近年来的流行趋势，电子读物拥有越来越多的读者。调查显示，在过去的一年中，近两成有读书习惯的国民阅读过电子图书，“听说过”电子图书的人占被调查人总数的 47.4%。据估算，目前，全国固定阅读“手机报”的人约为 251 万，固定阅读电子杂志的人约为 227 万。

---

① 李舒、季明:《新媒体冲撞》,《瞭望》新闻周刊 2009 年第 7 期。

网络在线阅读已经成为最普遍的阅读方式，选择比例高达79.7%；其次为下载阅读，选择比例为49.6%。

当代汉语词语模创造新词语的基本轨迹是：新事物、新现象的刺激形成表达的需求→表达的需求被纳入人的认知机制→一个新词语出现→这个新词语被不断复现并被临时仿造→词语模构式确立→这个词语模构式不断类推创造出一系列新词语。显而易见，这个过程呈现出两个特点：一是快速便捷；二是类推创新。从这些方面来看，网络媒体最有利于词语模的凸显，并且可以让人们十分便捷地使用，也能够以最快速度形成词语群。从信息的来源方面看，传统媒体主要来自传播者，而网络媒体则使得每一个网民都可以成为信息的发布者。从信息的传播方式上看，传统媒体的传播方式往往是单一的，而网络媒体则给人们提供了全新的交流平台和交流手段，如电子邮件、电子会议、电子论坛、网站等形式，从而大大拓展了交流的渠道。从信息的制作与传播方面来看，传统媒体如报刊的出版需要经过采写、编辑、排版、印刷、装订和运输等过程，再如非新闻类电视节目的制作需要经过前期的策划、采访、拍摄、写作和后期的编辑、特技、混音、合成等过程，而网络媒体的操作流程却十分简便，完全不受印刷、运输、发行等因素的限制，可以在很短的时间内将信息制作完成并发送给受众，而且还能够不断即时刷新信息内容，甚至可以进行现场同步直播和跟踪传播。网络媒体实现了对信息储存、处理、传送的一体化，其时效性大大超过了传统媒体，这一特点显然为词语模的高速运作提供了坚实的基础。

在网络媒体的作用下，利用词语模创造新词语不仅时效性强，而且成本低廉，一个新鲜的表述可以在一夜之间传遍大街小巷，一个新词语可以在几天之内成千上万次地被复现乃至被套用翻造为一个词语模，生产出一个不断壮大的词语群。例如，“嫂”原指“年纪不大的已婚妇女”，后常用于称呼已婚男性的妻子，如“祥林嫂、贝嫂（贝克汉姆之妻）、扁嫂（陈水扁之妻）”等；又指“从事某种职业的人的妻子”，起初有“军嫂”一词，继而类推出“警嫂”，在网络媒体的作用下，又类推出矿嫂（矿工之妻）、海嫂（海员之妻）、飞嫂（飞行员之妻）、油嫂（石油工人之妻）等。与此同时，“嫂”的意义范围进一步扩大，指“从事某种行业（多为服务行业）或某一工种工作的已婚女性”，如“空嫂、巴嫂、乘嫂、的嫂、纺嫂、环嫂、商嫂、险嫂（从事保险业工作）、邮嫂、织嫂、渔嫂、铁嫂（从事铁路客运工作）、月嫂、会嫂（专为四五星级酒店提供宴会、高级会议服务）、水饺嫂、育婴嫂、育儿嫂、保安嫂、宴会嫂（从事各种宴会服务工作）”等，还有“来自某一地域的已婚女性”的义项，如“徽嫂、川嫂、海南嫂”等，形成了一个不断发展的动态的词语群。

三、外来语冲击波成为当代汉语词语模的重要源头

（一）历史上汉语对外来语的借用、吸收与相关模标

外来语指的是一种语言从其他语言中借用与吸收的词语。“民族之间的贸易往来、文化交流、战争冲突、移民杂居等各种活动都会使不同的民族和社会发生接触，这种接触又必然会引起语言的接触。语言接触有不同的类型，有不同的结果。语言成分的借用与吸收、双语现象、语言的转用、语言的混合等，都是语言互相接触的结果。”①语言成分的借用与吸收是语言接触中最常见的现象，因此外来语在各种语言中都普遍存在，比如英语的演变史就是一部不断借用和吸收外来语的历史。早期日耳曼人西支部落（盎格鲁族、撒克逊族、朱特族和弗里西族）移民到英格兰，英语就是从他们的语言中变化继承下来的。日耳曼人入侵后，统治了当地的凯尔特语民族，本地语言主要在苏格兰、威尔士、康瓦耳和爱尔兰岛存活下来。这些入侵者的语言逐渐形成了“古英语”。公元9世纪，斯堪的纳维亚人大规模侵入英国北部，说的是北日耳曼语，这使得大量斯堪的纳维亚语词语进入古英语词汇。公元1066年起，法国诺曼王朝统治英格兰达300年之久，法语成为国家、教会和宫廷的语言，一大批法语词语进入古英语，这些词语涉及政治、军事、法律、宗教、艺术、建筑、家庭生活等各个方面，古英语本身也失去了大部分屈折变化，形成中古英语。公元1500年左右的元音大推移将中古英语变形为近代英语。随着不列颠对全世界大部分地区的占领和殖民，各地语言也在很大程度上影响了英语的发展。1973年，Thomas Finkenstaedt与Dieter Wolff出版了*Ordered Profusion*，书中对《简明牛津字典》（第三版）中约8万个单词进行了电脑化调查，结果显示出英语单词的来源：源自法语包括古法语和早期盎格鲁法语的占28.3%；源自拉丁语包括现代科技拉丁词汇的占28.24%；源自古英语和中古英语、古挪威语和荷兰语的占25%；源自希腊语的占5.32%；来源不详的占4.03%；来自专有名词的占3.28%；源自其他语言的小于1%。②

在汉语的发展历史上曾经出现过三次大规模引进外来语的浪潮，伴随着这几次引进浪潮，以外来成分为模标的词语模也逐渐形成、发展起来，并且在不同历史时期创造了为数众多的新词语。

1. 先秦两汉时期标示外来事物的词语模

汉语史上第一次大规模引进外来语的浪潮，是指汉语在先秦两汉时期向西

---

① 胡明扬主编：《语言学概论》，语文出版社2000年版，第296页。

② 参见“英语借词”，维基百科（Wikipedia）。

域各族和匈奴的语言吸收新鲜成分。匈奴是中国古代北方活跃在中亚蒙古大草原上的游牧民族。“西域”一词，始见于《汉书·西域传》，狭义上专指葱岭以东地区，广义上指凡通过狭义西域所能到达的地区，包括亚洲中部和西部、印度半岛、欧洲东部和非洲北部地区在内，在丝绸之路的影响下，也用以特指汉、唐两代中国政府安排的行政机构所管辖的今中国新疆大部以及中亚部分地区。居住在西域的民族众多，“战国至西汉时期，是新疆民族活动史上的一个极重要和极活跃的阶段。塞人、月氏、乌孙、羌人、车师、‘城郭诸国’的居民、匈奴、汉人，都曾在这段时间内的西域历史舞台上扮演过重要角色”①。西域位于欧亚大陆的中心，是丝绸之路的重要组成部分，对东西方国家的贸易和文化交流起到中转站的重要作用。秦汉时期是我国封建社会民族关系初步繁荣的时期，国家的统一，经济文化的发展，统治者采取的一系列有效的政策，尤其是张骞和班超先后出使西域，打通了西域少数民族和汉族的往来，密切了西域与内地的联系，促进了民族之间的经济文化交流和西域的开发，丰富了汉族和西域各族人民的生活，两汉的疆域也得到了相应的扩展。中华文化接纳了包括西域和北方在内的文化，并且吸收了不少来自各民族的词语，例如：②

来自匈奴语：

胡（天之骄子之义，匈奴族的自称） 单于（匈奴最高首领的称号，原意为“广大”，指“天子”） 阏氏（亦作烟支，指已出嫁的女子，汉代匈奴指君主的正妻） 骆驼（又作橐驼、橐駞、馲驼、橐它、驼）

来自古伊兰语：

苜蓿（又作目宿、牧蓿、木粟） 安石榴（晋代张华《博物志》载，汉张骞出使西域，得涂林安石国榴种以归，故名安石榴，后简称石榴。一说来自粟特语）

来自大宛语：

葡萄（又作蒲桃、蒲陶、蒲陶、蒲萄。一说来自大夏语。一说来自希腊语）

来自突厥语：

琥珀（又作虎魄。一说来自叙利亚，一说来自中古波斯的倍利维语） 箜篌（一种拨弦乐器） 觱篥（又作觱栗、筚篥、悲栗、悲篥、必栗、贝蠡等，又名笳管、头管，一种簧管乐器）

来自梵语：

琉璃（亦作瑠璃、流璃、流離、璧珋、吡瑠璃、碧琉璃、璧流離、别瑠璃、吠瑠璃、吠瑠璃耶、别瑠璃耶） 狻猊（又作狻麑、夋麑、尊耳、酋耳、鉏麑，狮子的

---

① 马国荣：《秦汉时期西域羌族、车师和月氏的社会生活》，《喀什师范学院学报》1996 年第 2 期。

② 刘正琰、高名凯、麦永乾、史有为：《汉语外来词词典》，上海辞书出版社 1984 年版。

别名。一说来自粟特语，一说来自巴比伦语)

来自爪哇语：

仁频(又作仁宾，槟榔的又名)

从词语模的角度来看，这一时期值得一提的是“胡”。战国时，赵武灵王采用西方和北方民族的服饰，教人民学习骑射，史称“胡服骑射”。“胡”也是匈奴族的自称，汉代匈奴冒顿单于给汉帝书中说“南有大汉，北有强‘胡’，‘胡’者，天之骄子也”。[①] 在漫长的历史岁月中，“胡”原是中国古代中原人对居住在北方和西方的少数民族的泛称，如“胡人、胡姬”等；“胡”也可以用来指古代来自北方和西方的少数民族的事物，还可以用来泛指来自外国的事物。《后汉书·五行志》载：“灵帝好胡服、胡帐、胡床、胡坐、胡饭、胡空侯、胡笛、胡舞。”“胡×”词语群中的其他词语如：

胡琴　胡笳(古管乐器)　胡鼓　胡椒　胡桃(核桃)　胡葱　胡荽(即芫荽，也叫香菜)　胡芦　胡瓜(黄瓜)　胡豆(蚕豆或豌豆)　胡麻(芝麻)　胡菜(油菜)　胡饼(烧饼)　胡食(唐代对烧饼、饆饠等食物的称呼)　胡萝卜　胡芦巴(豆科)　胡旋舞(唐代西北少数民族舞蹈)

“胡”后来又产生了引申义。《太平御览》卷七九九引《风俗通》载：“胡者，谨按《汉书》：‘山戎之别种也。貊者略也，云无礼法。’又胡者，互也，其被发左衽，言语贽币，事殊互也。”“胡言”一词的本义为“胡人之言”，在“胡言汉语”一词中是以“汉”对“胡”，如敦煌歌辞《何满子词》有“城傍猎骑各翩翩。侧坐金鞍调马鞭。胡言汉语真难会，听取胡歌甚可怜”[②]一曲。宋代释普济《五灯会元》卷十七记也有“这里从汝胡言汉语”之句。“胡言”后来有了“言无理据，任意乱道”的引申义，在元、明、清时代的白话小说中，“胡言、胡说”已指“瞎说或没有道理的行为或话语”，“胡言汉语”也就变成“胡言乱语”了。在礼仪之邦的汉人看来，胡人，包括所有的“蛮夷”都不懂礼仪、不讲道理、不守规矩，因此，形容“没有根据，蛮不讲理，无理取闹，语无伦次”等也都可以冠以“胡”，如“胡扯、胡闹、胡诌、胡搅、胡来、胡说八道、胡说白道、胡作非为、胡搅蛮缠、胡思乱想”等。

2.汉末魏晋南北朝至唐宋时期标示外来事物的词语模

汉语史上第二次大规模引进外来语的浪潮，是指汉语在汉末魏晋南北朝至唐宋时期，随着佛教的传入和发展而向印度古典语言(以梵语为主)吸收新鲜成分。佛教与基督教、伊斯兰教并称为世界三大宗教，是历史最悠久的宗教之一，广泛流传于亚洲许多国家。佛教在历史上对世界文化的传播作出了不可磨灭

---

① 黄现璠等：《内蒙古自秦汉以来就是中国的领土》，《广西师范学院学报》1981年第2期。

② 任半塘：《敦煌歌辞总编卷七》《何满子词》，上海古籍出版社1987年版。

的贡献。东汉明帝永平十年(公元 67 年),佛教正式由官方传入中国。魏晋南北朝时代,佛教逐渐在民间流传开来,千余年来一直是中国人民的主要信仰,其间经历代了高僧大德的弘扬,帝王卿相、饱学鸿儒的倡导,最终深入社会的各个阶层。佛教传入中国后,与中国的传统文化相互影响、相互吸收,最后发展成为中国的民族宗教之一,成为中国封建文化的重要组成部分,对中国古代社会历史,对哲学、文学、艺术等其他文化形态,都产生了意义深远的多方面的影响。由于语言和文化上的差异,佛教的教义主要是通过佛经的翻译来传达的。佛经的大量翻译和传播使得大批佛教词语进入汉语词汇。例如:

劫,梵语 kalpa 的音译,又作劫波、劫簸、劫跛、劫数。原意为极久远的时节。据古印度神话,梵天的一个白天是一个劫,等于人间的四十三亿二千万年,劫后出现的劫烧毁一切,然后重创一切,因此"劫"引申指天灾人祸。

瑜伽,梵语 yoga 的音译,又作遊伽、遊迦、瑜誐。意为"相应"、"涉入",指通过现观思悟佛教真理的修行方法。

菩提,梵语 Bodhi 的音译,意译觉、智、知、道,广义指断绝世间烦恼而成就涅盘之智慧。

头陀,梵语 dhūta 的音译,原意为抖擞浣洗烦恼,指修炼身心,后世也指行脚乞食的僧人。

与此同时,也有一批非佛教词语进入汉语,如"橄榄、豆蔻、菠菜、唢呐、苹果(初译为'频婆罗',简作'频婆',再简为'频',加'果'表示属于水果类,并给'频'加草字头为'蘋',后简化为'苹')[①]、珐琅(亦作佛郎嵌、鬼国嵌、法蓝、法郎、拂林、佛郎、富浪)"等。

这一时期引人注目的现象是,一些外来语的音译成分在进入汉语后,呈现出较强的与汉语固有成分组合的能力,形成了一批在当时能产度较高的模标,一般为单音节。以来自佛教的词语为例:

佛,梵语 buddha 的音译,也作佛陀、佛图、勃塔、勃陀、勃驮、勃塔耶、馞陀、浮塔、浮屠、浮图、浮头、没驮、母陀、步他等。原意为觉悟、启蒙,意译觉者、知者、觉。以汉字"佛"定型后,"佛×"成为比较能产的词语模:

佛法　佛道　佛德　佛地　佛典　佛光　佛会　佛号　佛教　佛经
佛龛　佛门　佛母　佛身　佛手　佛事　佛寺　佛堂　佛天　佛土
佛陀　佛心　佛性　佛像　佛学　佛牙　佛爷　佛音　佛印　佛语

---

① 梁晓红:《论梵汉合璧造新词》,载周荐编:《二十世纪现代汉语论文精选》,商务印书馆 2004 年版,第 101 页。

佛缘 佛子 佛祖

禅，即禅那，梵语 dhyana 的音译，又作“禅、禅定、第耶那、驮演那、驮那演那、驮南”。原意为坐禅、入定、静坐默念，指一种修行方法，省称定型为“禅”后，引申指佛教的人和事物。“禅×”创造的词语如：

禅房 禅机 禅理 禅林 禅门 禅师 禅堂 禅悟 禅学 禅院 禅杖 禅宗

魔，梵语 mara 的音译，也作磨、魔罗，魔罗耶、末罗。原意为扰乱、破坏、障碍等，指恶鬼，后泛指一切扰乱身心、破坏行善者和一切妨碍修行的心理活动。省称定型为“魔”后，在词语中出现的位置可以居前，形成“魔×”构式：

魔法 魔怪 魔鬼 魔窟 魔力 魔难 魔术 魔王 魔爪 魔掌 魔杖 魔障 魔怔

模标“魔”也可以居后，形成“×魔”构式：

病魔 恶魔 风魔 疯魔 梦魔 入魔 神魔 睡魔 邪魔 心魔 妖魔 着魔

来自非佛教词语的标示外来事物的词语模如“番”。“番”字在唐代常指藏族，如《唐番会盟碑》，其中“番”即指西藏。宋代以降用以称呼西方边境各少数民族，后来泛化为外族的通称，又用以指来自外族或外国的人或事物。“番×”族词语如：

番邦 番户（清代指西南少数民族编入汉户籍者） 番僧（明代指康藏喇嘛） 番人 番女 番茄（西红柿） 番瓜（南瓜） 番椒（辣椒） 番姜（辣椒） 番薯（也作甘薯、山芋、红薯、红苕、白薯、地瓜） 番杏（一年生草本植物） 番钿（钱） 番佛（旧时对流入中国的外国银元的俗称，主要指有人头像的西班牙本洋） 番饼（旧时对流入中国的外国银元的俗称，中国旧称银币为银饼） 番舶（亦作蕃舶、夷舶，中国旧时对外国来华互市船舶的通称） 番鸭（又称洋鸭、麝香鸭） 番人芋（马铃薯） 番木瓜（俗称木瓜） 番石榴（常绿小乔木或灌木） 番红花（多年生草本） 番荔枝（落叶小乔木）

3. 近代以来标示外来事物的词语模

汉语史上第三次大规模引进外来语的浪潮，是指汉语在近代尤其是五四运动以来向欧美各国语言以及日语吸收新鲜成分。明清时代的“西学东渐”对近代中国的各个方面都产生了极大的影响。从学术方面来看，西学东渐打破了中国传统学术“经、史、子、集”的基本框架；从思想文化来看，西学东渐使得中国传统思想文化中的许多元素被以西方的标准重新估定审视；从政治方面来看，西学东渐所带来的西方政治思想，对于其后百年里中国的政治发展产生了极为重大的影响；从社会经济方面来看，西学东渐所带来的西方科技事物如电、自来水、电影、广播等的应用，逐渐改变了中国的交通运输、生产方式、商业交易等基本经济事物以及城市居民的生活习俗和生活方式。中西文化的大规模交流与冲突始于鸦片战争。从历史发展的角度看，虽然西方文化带着侵略、掠夺与奴役的烙印，但它也的确给封闭、守旧的中国文化带来了巨大的冲撞，推动了近代中国社会与文化的变革。鸦片战争之后，伴随洋务运动的开展、辛亥革命的爆发、俄国十月革命的冲击、“五四”新文化运动的兴起等等重大事件，大量的西方新科学、新事物、新文化、新观念、新思潮涌入中国，同时也给汉语带来了前所未有的为数众多的新词语。例如：[①]

源自英语：

沙发　咖啡　布丁　雷达　绷带　卡通　白兰地　法兰绒　波尔卡　爵士舞　开麦拉(摄影机，照相机)　多米诺骨牌

源自法语：

沙龙　低荡(缓和)　香槟酒　芭蕾舞　蒙太奇(原义为装配、组成，指镜头剪辑，剪辑画面)　卡介苗(一种预防结核病的疫苗)　吉罗丁(断头台)　布尔乔亚(资产阶级)

源自俄语：

沙皇　杜马(议会)　伏特加　裂粑(面包)　布拉吉(连衣裙)　莱茵舞(舞蹈名)　喀秋莎(火箭炮名)　康拜因(联合收割机)　克格勃(苏联国家安全委员会)　布尔什维克(意为多数派，是俄国社会民主工党中的革命派，后改称苏联共产党)　马克思列宁主义

源自德语：

马克(德国货币名)　纳粹(德国国家社会党)　海洛因　毛瑟枪　盖世太保(德国法西斯国家秘密警察组织)

源自阿拉伯语：

阿芙蓉(鸦片)　哈迪斯学(穆罕默德的言语、行为和默认的总称)

源自日语：

保险　标语　工业　法律　干线　观念　广场　机关　讲座　空间　冷战　漫画　瓦斯　舶来品

源自西班牙语：

---

① 刘正琰、高名凯、麦永乾、史有为：《汉语外来词词典》，上海辞书出版社 1984 年版。

淡八菰(烟草) 哈雷奥(舞蹈名) 金鸡纳树(常绿乔木)

源自意大利语:

法西斯蒂(法西斯政党)

在这一历史时期,也出现了一批在创造新词语的活动中比较活跃的标示外来事物的成分,举例如下:

西:作为方位词,"西"在古代指"太阳没落的地方",《史记·历书》云"日归于西"。因此,"西州"即凉州,汉晋时因其位于中原之西而称之;"西戎"是中国古代西北戎族的总称;"西胡"是中国古代对西域各民族的泛称;"西天、西土"是中国古代对印度的通称,因印度在中国之西。"西"也用以泛指来自外族或外国的人或事物,如"西瓜"源自女真语,"西米(又作西谷米、西姑米、西壳米、西国米、沙菰米、沙谷米)"源自马来语或印尼语。"西洋"一词,在元代和明代是今南海以西的海洋以及沿海各地(远至印度及非洲东部)的概称,郑和下西洋就是指这一带。明末清初以后,"西洋"专指欧美各国。"西×"族词语如:

西崽(旧时指在洋行或西式餐馆等行业中服杂役的中国人,特指男性,带有鄙视意味) 西点 西餐 西装 西服 西裤 西学 西医 西药 西画 西乐 西历 西式 西法(西洋的方法) 西红柿 西葫芦 西番莲(又称鸡蛋果、巴西果)

洋:东洋、西洋的略称,旧时泛指来自外国的人或事物,近代以后多指欧美。大约 200 年前英国人马礼逊(1819)在《五车韵府》解释了"洋"字的多种意义和用法:来自大海彼岸的任何事物都可以表示为"洋";"洋"也是地区的名字;"西洋"最初是指欧洲,但现在广州仅指葡萄牙;"大西洋"指欧洲;"小西洋"指印度;"鸡颈洋面"指澳门海面;"洋溢乎中国"意指知识和道德原则从中国流溢出来而波及蛮夷。① "洋×"族词语如:

洋人 洋奴 洋商(鸦片战争后专指在旧中国通商口岸经商的外国商人) 洋灰(水泥) 洋碱(肥皂) 洋火(火柴) 洋药(鸦片) 洋铁 洋油 洋纱 洋布 洋靛 洋车 洋房 洋井 洋枪 洋炮 洋装 洋服 洋财 洋货 洋文 洋务 洋场 洋行 洋钱(又名洋钿,是银元的俗称。银元于 15 世纪末开铸于欧洲,16 世纪时,西班牙殖民者在美洲大量铸造,明代万历年间(1573—1620)开始流入中国。清代把外国流入的银铸币称为洋钱,把中国自铸的银币称为银圆或银元) 洋葱 洋芋(土豆) 洋槐(刺槐) 洋梨(又名西洋梨) 洋娃娃 洋大人 洋白菜 洋蜡烛

---

① 钟少华:《中国近代新词语谈薮》,外语教学与研究出版社 2006 年版,第 86 页。

洋蓝布　洋嗓子　洋八股

（二）当代汉语对外来语的借用、吸收与相关模标

20世纪70年代末，中国开始了具有划时代意义的改革开放，中国社会由封闭型转向开放型。改革开放不仅极大地提升了中国的经济实力，也给中国人带来了自信、坦诚和包容，使中国对人类共同的价值理念有了更多的认知和理解。随着政治的不断开明、经济的迅猛发展和文化的多元交流，大量外来新事物、新现象、新概念以及新观念对当代社会和当代汉语形成了迄今为止最汹涌澎湃的冲击波，造成了外来语引进的第四次浪潮，当代汉语正以其面向世界的开放姿态和强大的调适、融合能力从形形色色的外来成分中汲取着营养。

这一时期外来语的引进和以外来成分为模标的词语模的产生都呈现出鲜明的时代特色。

1.外来语和以外来成分为模标的词语模数量剧增

从引进数量方面来看，当代汉语外来语的引进数量急剧增加，改革开放30年来汉语外来语新增的数量约有几千个。根据曹聪孙(1995)的统计，新的外来语约占新词语的5%，根据陈光磊等(2008)的研究成果，《现代汉语新词语词典1978—2000》[①]共收新词1771条，其中外来语168个，所占比例达9.9%。伴随着大量新词语的产生，一批以外来成分为模标的词语模脱颖而出，成为人们创造新词语时不可或缺的新鲜元素。从我们掌握的语料来看，改革开放30年以来新产生的外来模标大大超过以往任何历史时期产生的模标。它们构成的词语模如：

超×　多×　反×　亚×　吧×　×吧　×巴　秀×　×秀　的×
×的　软×　硬×　零×　干×　×啤　×领　×市　×商　×库
草根×　高端×　概念×　网络×　泡沫×　傻瓜×　迷你×
×情结　×快餐　×屋　×族　×一族　×达人　Q×　E×

这些外来模标的能产性很强，往往能够在一个比较短的时间内迅速形成词语群。例如“牛市(bull market)”和“熊市(bear market)”引进汉语后，由于英语的“market”除了与汉语对应的“市场”等义项外，还具有“市面，市况；行情，市价”的意思，如“a brisk/dull market”就是指“兴旺/呆滞的市面”，因此，随着我国证券业的发展以及国民对股市行情的关注，一批“×市”族词语迅速被创造出来，如“虎市、猴市、旺市、淡市、前市、后市、顺市、逆市”。《现代汉语词典》尚未收入“市”的这一义项。

---

① 林伦伦、朱永锴、顾向欣：《现代汉语新词语词典》，花城出版社2000年版。

2.外来语以及外来模标的来源与引进路径呈现出新特点

从来源以及引进的路径方面来看，源自英语的比例仍旧最大，源自日语的也占一定比例，但数量相对较少，源自其他语种的则更为少见。外来语引进的路径也呈现出新特点，一部分是直接引进的，一部分是经由港台间接传入大陆的，如“卡拉OK、秀、拍档、便利店”等。外来模标的情况也是如此，一部分是直接引进，其中源自英语的占大多数，如“半×(semi)、超×(super)、次×(sub)、单×(mono)、多×(mult)、反×(anti)、后×(post)、前×(pre)、亚×(sub)、软×(soft)、硬×(hard)、零×(zero)、干×(dry)、×啤(beer)、×市(market)、泡沫×(bubble)、傻瓜×(fool)、迷你×(mini)、Q×(QQ)、E×(electronic)”等。另一部分经由港台再进入大陆，源自英语和日语的都有，如“吧×/×吧(bar)、×巴(bus)、×秀(show)、的×/×的(taxi)、×屋、×族、×达人、×物语”等。

3.外来语以及外来模标所创造的新词语涵盖了社会生活的各个领域

从涉及的领域方面来看，与以往三次引进浪潮相比，改革开放以来引进的外来语不仅数量多，而且涵盖了政治、经济、商贸、信息、科技、法律、文教、影视、娱乐、休闲、军事、体育、生物、医药、建筑、环保以及衣食住行等社会生活的各个领域。以外来成分为模标的词语模也为人们的社会生活创造了丰富多彩的新词语，以“秀×”和“×秀”为例：

秀×：

秀服　秀场　秀味　秀约　秀档　秀男　秀生活　秀时装　秀身材
秀脸蛋　秀肌肉　秀性感　秀文化　秀优雅　秀浪漫　秀时尚　秀个性
秀气质

×秀：

作秀　选秀　看秀　爆秀　e秀　QQ秀　模仿秀　时装秀　泳装秀
生活秀　脱口秀　脱衣秀　真人秀　状元秀　传情秀　宠物秀　宝贝秀
内衣秀　发型秀　汽车秀　外援秀　园艺秀　数码秀　舞蹈秀　婚纱秀
生活秀　身材秀　文化秀　浪漫秀　个性秀　超级模仿秀　超级宝宝秀

4.吸收外来语以及外来模标的方式更加丰富

从吸收外来语的方式角度来看，吸收的方式与以前相比更加丰富多样。音译、意译、音译加意译、音意兼译、仿译、形译、直接使用字母等方式各显神通，其中尤以字母词的快速增长最具特色。改革开放之前的30年，常用字母词不过几十个，而在当代汉语中已达到几百个，并且还在不断增加。《新华新词语词典》列出132个，《现代汉语词典》第4版列出142个，第5版增加到182个。

外来模标的产生方式也是多种多样的，常见的是音译法，即把外来成分语素化，“赋予音译外来词中本来只表音不表义的成分以一定的意义，而成为一个音义结合的汉语语素”。[①] 例如“啤”，在现代汉语中是英语（beer）的音译成分，只能与“酒”组合成“啤酒”一词，用来指称“以大麦和酒花为主要原料发酵制成的酒”。“啤”在当代汉语中不能单独使用，但是在词语模构式“×啤”中，它的组合能力却非常强，可用于指称各式啤酒，如“干啤、扎啤、生啤、黑啤、白啤、棕啤、红啤、黄啤、冰啤、绿啤、暖啤、麦啤、果啤、淡啤、浓啤、听啤、散啤、鲜啤、菠萝啤、苹果啤、橘子啤、沙棘啤、哈密瓜啤”等。意译法造成的词语模也比较常见，如“软×（soft）、硬×（hard）、零×（zero）、干×（dry）”等。此外还有音意兼译法，如“×秀/秀×（show）”；谐音别解法，如“迷你（mini）×”等；形译法，如来自日语的“×屋、×物语”等；直接使用字母的如“Q×（QQ）、E×（electronic）”等。

□小　结

影响当代汉语词语模传播与运用的社会环境参数包括：

1.社会变革因素。语言与社会之间是相互作用、相互制约、相互变化的关系，语言要素中词汇的发展变化最能够体现社会的发展变化，尤其是社会发生剧烈变革之际。当代汉语词语模得以广泛运用的基础条件是当代中国社会的巨大变革。当代汉语词语模能够满足大量、快捷地生成新词语以记录社会生活的要求，能够比较集中、全面地反映出社会生活的巨大而迅速的变化，并且以其结构上优越的可复制性、功能上强大的能产性和使用上的便捷性服务于社会生活的不断变化，服务于语用主体的表达需求。

2.媒体发展因素。使当代汉语词语模大显身手的最重要的媒介是迅速发展的网络媒体。网络媒体以其时效性、跨地域性、多媒体性、多功能性、互动性、成本低廉等特性将当代汉语词语模的传播者、受众、反馈机制和舆论紧密联结起来，在当代汉语词语模凸显并创造新词语的过程中实现了对信息储存、处理、传送的一体化，实现了信息传播的实时化和全球化，造成了民众话语权的空前普及，并且可以让人们十分便捷地使用，也能够迅速形成词语群。网络媒体是当代汉语词语模得以高速运作的最有效的载体。

3.外来语引进因素。当代汉语词语模的重要源头之一是外来语的冲击。在汉语的历史发展过程中，外来的词语模模标为数不是很多，先秦两汉时期，向西域各族和匈奴语言引进的模标如“胡”；汉末魏晋南北朝至唐宋时期，向以梵语为主的印度古典语言引进的模标如“佛”、“禅”、“魔”；近代尤其是五四运动以来，向欧美各国语言以及日语学习，产生的比较活跃的标示外来事物的模标如“西”、“洋”。当代汉语词语模的外来模标随着外来词语的大量涌现而呈现出鲜

---

① 陶炼、贺国伟、陈光磊、彭增安：《改革开放中汉语词汇的发展》，上海人民出版社2008年版，第8页。

明特色：从模标的来源看，语种扩大，源自英语的最多，源自日语的也有一些；从模标的文字体态看，除汉字模标之外，还出现了字母模标；从模标的音节数目看，单音节、双音节的居多，三音节及以上的较少；从模标产生的方式看，出现了音译、意译、音意兼译、形译、直接使用字母等方式并存的局面；从模标的能产度看，外来模标往往具有强大的生成能力，能够在一个比较短的时间内生成词语群。

第二节　当代汉语词语模的语用主体参数

造成当代汉语词语模现象的外部参数是众多而复杂的，对于当代汉语词语模，我们不应该仅仅把它们看作是对社会生活的简单的被动的反映，还应该从当代汉语词语模的创造者和使用者的角度出发，研究语用主体参数——人们的心理因素及其主观能动性对当代汉语词语模在生成、传播和运用方面的影响。"主体"是与客体相对应的存在，哲学上指对客体有认识和实践能力的人，为属性所依附的实体，即处于一定历史条件和社会关系中的、有感知和思维能力的从事着认知活动和实践活动的人，也就是体力与智力、物质与精神相统一的社会存在物。语用主体就是语言的表达者和接受者，也是语言的创造者和使用者。语用主体不仅对语用活动实施控制，而且对语境的建构和控制也同样起着重要作用，语用主体直接参与了交际信息的编码与解码、综合与分析的整个过程。德国学者G·马莱兹克(G. Maletzke,1963)在《大众传播心理学》一书中提出关于大众传播过程的系统模式，把大众传播过程置于一个受到各种社会力量、心理因素相互作用的环境中进行考察，认为传播是一个复杂的社会互动过程，这个过程不仅仅是有形的社会作用力之间的互动，也是一些无形的社会心理因素之间的相互作用。传播者和受众在一定的社会环境下，进行着互动的、双向的信息传播，整个传播过程是在复杂的社会因素和心理因素的影响下完成的。[①] 从语用主体角度来看，当代汉语词语模如果仅依赖于自身的机制或者仅依赖于社会的变化来进行运作完全是不可能的，可以说，作为语言创造者和使用者的语用主体起着更为重要的作用。语用主体对词语模的出现、选择和定型起到一种干预作用，对词语模的运作和传播起到一种控制作用。在社会大变革、大发展的背景下，人们的语言观念已变得前所未有的开放，人们的语用心理呈现出时代所赋予的特点，人们的语言创新能力也得到了空前的释放，这些都使得当代汉语词语模成为人们迅速、批量创造新词语的得力助手。

---

① [英]D·麦奎尔等:《大众传播模式论》,祝建华等译,上海译文出版社1997年版,第50—57页。

一、语言观念的与时俱进营造了当代汉语词语模活跃表现的良好氛围

(一)语言观念更新之一:语言是一种资源

所谓资源,指的是一切可以被人类开发和利用的物质、能量和信息的总称,它广泛存在于自然界和人类社会之中,是一种自然存在物或能够给人类带来财富的财富。资源不仅仅指自然资源,即生产资料和生活资料的天然来源,而且还指人类劳动的社会、经济、技术等因素,包括人力、人才、智力(信息、知识)等资源。2007 年 8 月,教育部举行了中国语言生活状况报告(2006)新闻发布会,国家语委副主任、教育部语言文字信息管理司司长李宇明向新闻界介绍了《2006 年中国语言生活状况报告》的有关情况,并对现今的语言生活作了总体评价:"中国语言生活生机盎然,和谐健康,语言文字的观念正在发生重大变化。随着社会经济的快速发展,思想意识空前活跃,新的事物、新的观念、新的词语,以及词语的新用法大量涌现。新的语言现象的传播速度、传播方向、传播范围和传播方式都在发生着重要变化。逐渐地,社会上开始形成一种共识,把语言看作国家重要的文化资源,看作国家'软实力'的一个重要组成部分。可喜的是,国民的母语意识在不断增强。当然,外语学习依然火爆。海外的华文教育持续发展,汉语也在世界以前所未有的速度传播。"①

关于语言资源问题,李宇明又在国家语委 2008 年度语言文字工作会议上作了阐释,指出:语言首先是语言的资源,通过这种资源,可以了解语言的特点,了解语言的历史。语言又是一种文化资源,语言及其方言是国家不可再生的、弥足珍贵的非物质文化,是构成文化多样性的前提条件。80%的文化是通过口语和文字传留下来的。语言还是一种经济资源,在当今时代,一些新的语言职业和语言产业逐渐形成,语言已经进入经济和高新科技领域,成为经济发展的重要资源。随着信息时代的发展,语言作为经济资源的性质会体现得越来越明显,其经济意义将越来越显著。②

把语言看作国家和民族的一种资源,看作人类重要的文化资源乃至经济资源,这是语言观念上的进步,仅仅把语言看作一种工具显然是不够科学的。把语言看作资源,就会珍惜语言、爱护语言、维护语言的多样性,就会对不同种类的语言资源进行不同层次的综合配置与开发利用。改革开放以来,我国社会飞速发展,新事物、新概念层出不穷,新词语大量产生,因此,当代汉语的词汇系统

---

① 《实录:中国语言生活状况报告(2006)新闻发布会》,中国教育新闻网新闻中心,2007 年 8 月 16 日。

② 李宇明:《当今三大语言话题——在 2008 年度语言文字工作会议上的专题报告》,中国语言文字网,2008 年 2 月 28 日。

是一个不断发展、不断更新的开放的大系统，其新词语除来源于普通话系统之外，还有来源于外来语系统、方言词系统和境外、国外华语系统的词语，甚至还出现了一批与汉字面貌相异的字母词。这些都有利于不同地区、不同领域新词语的融汇互补，有利于跟境外、国外华语使用者的沟通交流，有利于人们观念的更新换代，有利于当代汉语的健康发展。语言资源是一个系统，词语模是语言资源这个大系统之内的子系统，它具有开放性。这种开放性使得每一个词语模都处在一种资源互补和动态交流的状态之中，并使得每一个语用主体都能够认识并且高效地利用词语模这种资源去快速、大批地创造新词语。例如“冷×”基本上是与“热×”相对应的：

冷岛—热岛　冷线—热线　冷点—热点　冷销—热销　冷码—热码
冷战—热战　冷启动—热启动　冷鲜肉—热鲜肉　冷焰火—热焰火
冷兵器—热兵器

但是以下词语基本上是临时对应的：

冷暴力—热暴力　冷和平—热和平　冷谜语—热谜语　冷笑话—热笑话
冷幽默—热幽默　冷读术—热读术　冷语言—热语言

还有一些词语是不对应的：

冷知识—(热知识)　冷态度—(热态度)

这些例子说明，在实际的语言生活中，有“热×”可能就有“冷×”，有“冷×”可能就有“热×”，显现的词语究竟是“冷”还是“热”，究竟能否一一对应，主要取决于语用主体交际的需要。

(二)语言观念更新之二：以宽容大度的心态对待新的语言现象

从语用主体的价值观念和语言态度方面来看，当代社会的各种语言现象呈现出百花齐放的局面，这就意味着各种语言现象背后人们语言观念的日趋成熟。改革开放的历史变革、开放宽松的社会环境、较大的语用自由等等，这些因素都极大地转变了语用主体的思想观念和价值观念。2003 年商务印书馆出版的《新华新词语词典》曾引起关于词典道德评价问题的广泛讨论，这部词典引起的争议主要集中在“包二奶、三陪、泡妞”等词语的收录上。据不完全统计，公众中持赞同意见的约占 85%，持无所谓态度的约占 10%，持反对意见的约占 5%。多数人认为完全可以收录，收录是社会进步和语言观念进步的表现；一部分人认为不可轻易收录，如果收录则应打入另册；一部分人认为不应该收录，收则有害于社会、有害于中小学生，助长文化垃圾；一部分人认为没有必要收录，或者收不收都无所谓；还有一部分人认为争议本身属于大惊小怪，不值得兴师动众。

这些争议至少说明两个问题:第一,语言跟每个社会成员紧密相关,每个社会成员对待新词语的态度各不相同,对待新词语的态度和认识与一个人的文化程度、知识结构、语感品位、年龄性别、心理因素、社会地位等因素密切相关。第二,语用主体语言观念的更新不是孤立地发生的,而是与社会变革、思想解放所带来的对人自身的重新发现和肯定相联系着的,这场争议涉及伦理道德、审美价值、人文精神、收词标准、治学方法等诸多方面的问题,因此成为人们倍加关注的现象。

语用主体语言观念的变化还体现在语言文字工作者对待语言规范化、对待新词新义新用法等问题的态度和做法上。新中国成立以来,我国的语言文字工作者积极开展语言文字规范化工作,在学术研究和社会工作方面都取得了很大成就。由于语用主体的复杂状况以及语言自身的不断发展变化,一些曾经遭到语言学家批评的、已经在公众语文生活中约定俗成的所谓"不规范"的现象,最终还是取得了合理合法的地位,如"救火"、"养病"、"吃食堂"、"抽烟斗"、"打扫卫生"、"恢复疲劳"、"老头晒太阳"等等也不再被视为"不合逻辑"的搭配了。人们不仅接纳了那些新创造的表达新概念、新事物的词语,如"电脑"、"科盲"、"反思"等,而且接纳了那些具有新形式的、在汉语普通话中已有对应词的表述,如"出租车"与"的士"的对应、"付款处"与"收银台"的对应等;人们不仅认可了那些以汉字形体引进的外来词,如"酷"、"迪斯科"等,而且认可了那些以字母形体引进的字母词,如"卡拉 OK"、"UFO"等。在当代社会,语言学家们已经认识到,"交际值或者交际度是衡量规范的唯一标准",①因此,他们不但从静态观察的角度,而且更多地从动态发展的角度来研究新词语问题,对于那些具有积极作用的语言变异现象,如新词语的创造、外来语的引进、方言词与港台社区词的吸收以及词语的新义、新用法等都采取了比较宽容的态度,立足于"观察描写习惯,发现趋势(趋势预示着方向,隐含着规律),总结完善规范标准,选择约定俗成的流行形式,引导言语活动,优化交际效能"②。

二、语言创新能力的空前释放使当代汉语词语模大量生成、广泛传播

(一)关于语言创新能力

什么是语言创新能力?乔姆斯基发展了索绪尔关于区分"语言(language)"和"言语(speech)"的理论,提出要区分"语言能力(competence,或称语言知识)"

---

① 于根元:《应用语言学的基本理论》,载《现代汉语研究与应用》,北京广播学院出版社 2003 年版,第 104 页。

② 张志毅、张庆云:《新时期新词语的趋势与选择》,《语文建设》1997 年第 3 期。转引自郭伏良:《新中国成立以来汉语词汇发展变化研究》,河北大学出版社 2001 年版,第 17 页。

和“语言行为(performance,或称语言操作、语言运用)”。所谓语言能力,是指人们具有能够理解、说出从未听过或说过的话语,能够辨析同义、歧义等的语言机制,也就是人们关于自己语言的潜在的知识;所谓语言行为,是指人们对语言能力的具体运用。关于语言能力,一些学者做了进一步分析,刘大为、巢宗祺(1995)提出“语言研究能力”,[①]徐杰(1999)提出要区分“语言交际能力”和“语言知识能力”,[②]于根元(2000)提出“语言创新能力”:“语言能力,除了上面所说的语言知识能力、语言交际能力、语言研究能力之外,还有一个重要的更高层次的语言能力——发挥语言能力的能力,或者说语言创新能力”。[③]

于根元、赵俐等多次就语言创新能力以及语言创新问题进行了专题讨论,主要观点包括:(1)语言创新能力是人们与生俱来的语言能力的一部分,后天的任务就是唤醒这种能力,要重视唤醒的方式、层级和时机等;(2)语言创新能力受外部要素(社会和时代)与内部要素(语言观和语言能力)的制约;(3)语言创新能力是一个人实践与理论结合的能力,来自个人对自己知识结构持续的调整和整合;(4)语言创新就是在深入语言生活的实际中,在实践中不断寻求语言的规律;(5)语言创新是建立在继承基础之上的创新,而不是一味地标新立异;(6)语言创新表现为言语内容和言语形式方面的创新;(7)语言创新要考虑陌生化程度、生动性、准确度以及品位问题。[④] 赵俐对语言创新及语言创新能力进行了系统研究,阐述了语言创新的内涵,即在语言交际中,在语音、语法、词汇、修辞、谋篇布局或说法等方面以新颖的表现形式,承载更丰富的思想、情感和色彩而使交际进一步到位。她还分析了语言创新现象出现的内因和外因,概括了语言表达方式的多种创新途径,认为语言创新能力是认知能力的一部分,与其他能力一样与生俱来,但天生的能力要在后天适当的环境中以适当的方法分批分层次被唤醒而表现出来,并且在实践中得到进一步发挥。[⑤]

我们认同“语言创新能力”一说,认为语言创新能力包括创新意识和创造能力两个方面。

创新意识是人类主体意识的组成部分。人的自主、自立、自强的独立意识,就是作为认识世界以及进行生产与社会实践活动主体的人对于自身主体地位、主体能力和主体价值的自我意识,也即人的自主性、能动性、创造性和社会性的观念表现。创新意识指的是因社会和个体的需要而产生的创新意向和愿望。

---

① 刘大为、巢宗祺:《两种能力的课程分化——关于“现代汉语”教学改革的思考》,《语言文字应用》1995 年第 2 期。

② 于根元等:《语言哲学对话》,语文出版社 1999 年版,第 309 页。

③ 于根元:《语言的本质和语言教学》,《汉语学报》2000 年第 1 期。

④ 赵俐等:《语言以人为本——第三轮语言哲学对话》,中国经济出版社 2003 年版。

⑤ 赵俐、于根元:《语言创新及语言创新能力研究》,《语言文字应用》2005 年第 3 期。

语言创新意识指的是唤醒、激励和发挥语用主体所蕴涵的潜在的语言能力的精神力量，是语用主体进行语言创造活动的前提、出发点以及内在动力，它受社会历史条件和语言价值观念等因素的影响和制约。

创造能力是指人们为了一定的目的，遵循事物发展的规律，对事物的整体或其中某些部分进行变革，从而使其得以更新和发展的活动。创造是人类心理的高级过程，是包括知、情、意在内的各种心理活动在最高水平上的综合。创新之“新”，既可以是前所未有、革旧布新之“新”，也可以是发展改进、推陈出新之“新”，换言之，创新含有创造、改造、重组等意思。因此，创新能力可以理解为运用人类已有的知识进行创造、重新改造或组合开发新的东西的能力，即人们在以原有知识经验为基础的创建新事物的活动中表现出来的潜在的心理品质。语言创造能力，是指发现和创造新概念和新的语言现象的能力，它是成功地完成创造性语言活动所必需的条件。创新能力由敏锐的观察能力、敏捷的思维能力、丰富的想象能力、一定的操作能力、信息收集加工能力、总结概括能力等要素构成。

语言创新能力是思维活跃的结果，也是人类创造力、智慧力的表现形式之一。高层次的语言创新不仅表现为生动鲜活、新人耳目，而且体现出准确到位、品位高雅的特点。创新的沟通内容以及创新的表达形式就好比人际交往的润滑剂，能够收到使表达更新颖、沟通更顺畅、交际更到位的多重效果。

（二）当代宽松的社会文化环境是激活、释放语言创新能力的基本条件

创新产生于人类的沟通交际活动，从本质上看，创新是社会需求的产物，社会需求激发了人们潜在的创新能力。人类大脑的认知功能具有创新潜能，人人都具有潜在的创新能力，这种潜在的创新能力是否能够被激活、被很好地释放，其外部制约因素是社会文化环境。

社会文化环境包括一个国家或地区人们的教育程度、文化水平、宗教信仰、风俗习惯、价值观念、审美观念等因素。其中，教育程度和文化水平会影响人们的需求层次；宗教信仰是历史上形成的一种意识形态，风俗习惯是特定社会文化区域内人们历代共同遵守的行为模式或规范，宗教信仰和风俗习惯会禁止或抵制某些行为活动的进行；价值观念是社会成员用来评价行为、事物以及从各种可能的目标中选择自己合意目标的准则，它支配和调节一切社会行为，涉及社会生活的各个领域；审美观念指审美主体对审美对象进行感受、体验、评判和再创造的心理过程，它影响审美的内容、态度、感受、趣味、方式、能力和结果。

社会文化环境的优劣制约着人们语言创新能力发展的速度和水平。例如中国“文化大革命”期间，社会言语环境极为严厉苛刻，社会语言生活极其贫乏单调，人们的语言创新能力便处于被严重遏制的状态。

改革开放以来，我国的社会文化环境发生了巨大变化。在物质文化环境层面，我国经济和技术水平得到了前所未有的提高；在制度文化层面，我国经济体制改革取得了重大进展；在精神文化层面，人们的价值观念、生活方式、风俗习惯、审美观念和语言能力都发生了巨大的变化。为了构建一个和谐的社会，就需要构建融洽和谐的人际交往环境，而要构建融洽和谐的人际交往环境，就必须由语言架起沟通不同地域、不同群体、不同层次的人的桥梁。因此，从语言方面来看，语言政策的开放、语言观念的变革、网络等新媒体的推波助澜、构建和谐语言社会的需求等等，这些因素都使得语用主体逐渐具备了抛弃成见、突破禁锢的勇气和海纳百川、包孕宽容的胸怀，激发了社会各个阶层参与创造新词语的热情，语用主体的语言创新能力得到了充分的激活和释放，改革开放以来大量涌现的新词新语就是强有力的佐证。正如张小平(2008)所分析的那样，"如果从创造者的角度来看，这一时期不仅有官方造词、学者造词，而且还有民间造词；造词规模大、变化快、质量高，呈现出异常活跃的状态"。官方创造的新词语主要是政治性词语，大多数涉及新时期的方针政策以及时事政治的重大内容，呈现出比较严肃的书面化特点，这些词语在人们心目中具有权威性，很容易被接受和流传；学者创造的新词语一部分与科技或某一专门领域有关，一部分与人们的日常生活有关；民间创造的新词语内容广泛，有关衣食住行和各种称谓几乎无所不包，呈现出平和、随意，形象色彩较丰富，感情色彩较鲜明等特点。[1]

(三)当代汉语词语模充分体现出语用主体的语言创新能力

人的一切创造力都源于人的潜在能力的发挥。乔姆斯基认为，语言能力是人类内在的生成语言的能力之一，但是必须在适当的时期跟实际言语相接触，这样才能激发大脑语言能力的内在机制，也就是说，语言能力是需要被激活、被开发的。赵俐(2003)指出，"语言创新是在交际中既趋同又趋异的过程中实现的，语言表达要考虑交际的对方，要把握陌生化的程度，领前半步最好。语言创新能力是本能，但后天又需要唤醒，还要充而用之"[2]，当代汉语词语模在创造新词语活动中的广泛应用便是语用主体语言创新能力的充分体现。

第一，从词语模的运作方式来看，当代汉语词语模运作的最大特色就是：语用主体可以根据交际的需要，运用类推机制，灵活自如地创造新词语。在创造新词语的过程中，一方面，语用主体要以词语模的框架结构为基础，以模标元素为标志；另一方面，语用主体还可以最大限度地发挥联想和想象，大胆置换模槽

---

① 张小平：《当代汉语词汇发展变化研究》，齐鲁书社2008年版，第33页。

② 赵俐等：《语言以人为本——第三轮语言哲学对话》，中国经济出版社2003年版，第359页。

元素，追求“旧瓶装新酒”、“青出于蓝而胜于蓝”的效果。语言创新能力对语用主体提出的要求是：(1)在语用主体的知识结构中必须具有优化配置的基础知识和专业知识；(2)语用主体的知识结构必须处于一种开放和动态的状态，只有这样，才能够同中见异，推陈出新。例如“御宅族”源自日语“おたく”，一般指对ACG(动画、漫画、游戏的总称)具有出众的鉴赏、游玩能力的特殊群体，①现也泛指痴迷于某种事物，足不出户，依赖电脑与网络的社会群体或个人。本世纪初进入台湾和大陆后由“御宅族”衍生出不少新词语，如“宅男、宅女、宅人、宅族、宅男女、宅文化、宅一族、宅宅族”等。

第二，从词语模的来源来看，当代汉语词语模广泛吸收了来自各方面的模标，体现了语用主体兼容并蓄的语言态度。语用主体既能焕发“老×”、“×性”一类旧有词语模的青春，又能创造“×城”、“×泡沫”一类新型词语模；既能选用“网络×”、“隐性×”一类普通话词语模，也能接受“×爷”、“×档”一类方言词语模；既能引进“×吧”、“×门”一类外来词语模，也能借用“×屋”、“×物语”一类来自日语的汉字形式的词语模，还能接受“E×”、“IT×”一类来自英语的字母形式的词语模。

第三，从词语模自身的发展情况来看，当代汉语词语模处于不断的动态发展之中，这体现了语用主体不断创新的主观能动性。其中比较引人注目的如：(1)近义模，指模标在语义上相近但关系交叉错综的现象，如“×人、×民、×族、×客”等在语义上呈交错状态；(2)对应模，指不同模标在语义上具有相反或相对应关系的现象，如“高端”、“低端”、“中端”对应成组；(3)易位模，指同一个模标因所处位置不同而形成不同词语模的现象，如“吧×”与“×吧”模标位置不同，形成不同的词语模。

三、语用心理的驱动使当代汉语词语模得以运用自如

(一)当代汉语词语模可以满足语用主体的求同、求异心理

词语模可以满足语用主体的求同心理，求同主要表现为从众行为。社会心理学理论认为，群体动物具有明显的从众本能，群体动物的这种一致行动的趋向性是在长期进化中形成的，具有一定的进化优势。人类具有一种模仿他人行为的天然的冲动，这也是进化过程中的产物，是与生俱来的。集体狩猎成功的概率大于单独狩猎成功的概率，与别人做相同的事可以节约大量时间和精力，这就是所谓社会从众行为。从众心理可以满足人们希望被他人、被规范性社会

① “おたく”本义为“贵府上”，日本著名社会评论分析家中森明夫1983年在漫画月刊《漫画ブリッコ》上连载的《「おたく」の研究》专栏中初次正式使用这一名词。

所接受的需要。所谓社会的规范,是指一个团体关于可接受的行为、价值观和信念的内隐或外显的规则。作为一个社会的成员之一,每一个人都有模仿他人的需要,每一个人都希望得到他人的接纳和喜爱。因此,在许多情况下,人们是为了获得他人的接纳和喜爱而从众的。从众行为是人类因其社会性而普遍存在于社会生活中的一种社会心理和行为现象,在一定程度上具有积极的促进作用,如有利于增强集体意识,集中全力达成共同目标;有利于养成良好的作风和习惯;有利于学习他人的经验,扩大视野,克服固执己见和盲目自信,修正自己的行为。从众心理的产生,从众行为的引发,受个体对事物的了解程度、情境条件、个体特征等多种因素的影响。有时,引起从众行为的压力可能来自真实的存在,但也可能来自个体想象中的群体优势倾向,这种想象中的压力会使个体选择与想象中的大多数人相一致的行为。有时,群体压力可以在个体意识到的情况下发生作用,使个体通过理性选择而从众,也可以在个体没有意识到的情况下发生作用,使个体随波逐流,盲目跟从。有时,尽管从众并非个体本意,但却是个体的自愿行为,表现为明显的自愿性。

从词语模的传播运作过程来看,语用主体的从众行为主要呈现出下意识、自愿性的特点。一般来说,从众心理带有被迫性,它是在外来压力下做出的符合群体要求的行为,并非出于个人的自觉自愿。但是对某个词语模的从众行为却很难理解为“被迫”。语用主体在创造新词语时之所以选择词语模,完全出于一种下意识的由新事物、新现象和新观念引导、激发和维持的内在认知机制和内在心理动力——纳入已有的经验框架,迅速造出新词语,迅速使他人理解,迅速进行传播。众所周知,群体内信息的传递机制包括谈话分析和社会认识两种方式,人群中的沟通会产生传染,在长期进化的过程中,人类形成了以集体为单元共同行动、共享信息的机制,这种机制便是词语模得以自如运作的内部机制之一。

词语模也可以满足语用主体的求异心理。尽管从众心理和从众行为有积极作用,但也有着不容忽视的消极作用,它很可能压抑个性发展,束缚思维,扼杀创造力,让人变得缺少主见、墨守成规。而“求异”则能够开拓创新,求异创新也是人的一种心理需要。从人们的创新动机看,人们之所以天生具有冒险精神,是因为人们对这个世界的万事万物充满了好奇,对那些创造性的体验充满了神往。亚里士多德指出,一件事物的目的因是它之所以存在的原因,或者说是它之所以改变的原因。这也解释了现代所谓的心理动机,包括意志、需求、动机、理性、非理性、伦理等,所有这些动机都是创造行为的来源。波兰人类学家布罗尼斯拉夫·马林诺夫斯基(Bronislaw Malinowski,1944)在《文化论》一书中提出的功能论认为,一个社会的所有文化其实只是一组工具,其存在目的在于满足人类自身的种种生理和心理需求。美国心理学家马斯洛(1943)在《人类动机的理论》中提出了著名的“需求层次理论”，所谓“需要”，指的是有机体对内部环境或外部生活条件的一种稳定要求，需要是有机体活动的源泉。马斯洛认为：人们的需求包括生理需求、安全需求、社交需求、尊重需求和自我实现需求五个层次，其中“自我实现的需求”就包括对创造力、问题解决能力等方面的需求。创新需要是社会主体创新意识的一个组成部分，它可以使人的本质力量在更高的层次上得以证明，能够激发人的主体性、能动性、创造性的进一步发挥，从而使人自身的内涵获得极大的丰富和扩展。

当代汉语词语模为什么能够满足语用主体既求同又求异的心理需求呢?

首先，从词语模自身的特点来看，这种满足得以实现的基础是词语模特殊的结构框架和它独有的词语生成方式。词语模构式提供了语用主体可以用来模仿类推的框架，其中不变的模标成分便是导引和标识；而模槽的空位则提供了语用主体可以创造发挥、推陈出新的广阔空间，模槽成分便是可以被替换的新鲜元素。这样就使得词语模在使用时既可以照章操作，又可以适当发挥；既能够不断地求同，又能够不断地求异，从而绵延不绝地创造出新的词语。从这个角度来看，可以说词语模是求同与创新的统一。热熵定律认为，每种事物都有一个熵值，自然规律一定是“高熵值”向“低熵值”流动，自然熵值总是趋向于平均化。熵具有一种新奇功用，“熵值与概率的大小有关：熵值越高，概率越小；熵值越低，概率越大。因此语言运用中对高熵值的追求，反映了熵的新奇作用。一种违反‘情理、逻辑、习惯’的表达方式，一种违反语法规则但又不至于让对方听不懂的语言表达，往往具有高熵值。因为这种‘违反’，平时出现的概率很小，与受者对这种语言表达的预见和估计发生很大的偏差，不确定性增加，信息量增大。上海话中‘不要太潇洒’一类的用法，最初就具有高熵作用”。① 此处的用例“不要太×”正是一个词语模，出自上海方言“不要太好、不要太嗲”等用法，意思是“极其×、实在是×”，后因著名广告语“杉杉西服，不要太潇洒”而广为流传，衍生出“不要太漂亮、不要太完美、不要太超值、不要太幸福、不要太有趣、不要太好玩、不要太惊喜、不要太美、不要太帅、不要太酷、不要太 COOL”等等。这个例子说明，词语模具有熵值，模标形成之后，虽然模标具有确定性，但是由于可以被填充替换的模槽元素仍然具有不确定性，所创造出来的新词语就会仍然具有新奇感，因此，词语模就完全可以保持常用常新的高熵值。

其次，从语用主体的主体能力来看，语用主体的主体能力指能动地驾驭外部世界的各种条件和因素以推动自身才能不断发展、不断完善的能力，它包括

① 齐沪扬：《传播语言学》，河南人民出版社 2000 年版，第 92 页。

多方面的能力，其核心能力就是可持续发展能力，包括模仿与吸收能力、整合与创新能力、延伸与超越能力等。其中模仿与吸收是一种基础能力，整合与创新能力是在模仿与吸收能力的基础上发展起来的，人们一般总是先进行模仿与吸收，然后再进行整合与创新，模仿与吸收是语言整合与创新能力的前提和基础，整合与创新是模仿与吸收的提高与发展。可见，模仿与吸收能力跟创新与整合能力是相互联系、相互渗透的关系，在模仿与吸收中渗透着整合与创造的成分，在整合与创造中包含有模仿与吸收的成分，只有这样，才能最终达到延伸与超越。曹春静(2007)指出，“多数创新者的目的不是孤芳自赏，而是希望引领新的语言使用的潮流，引起其他人的效仿。因而在创造新词时，必须考虑到其可接受程度，是新词，但又要很快为大众所接受。词语模则正好满足了这一需求。词语模模槽中的语言成分自由灵活，满足了创造者的求新欲求，而模标具有的类义已为大众所接受，由此创造的新词，并不令人感觉陌生，反而有种似曾相识的熟悉感”。[①] 例如词语模“×霸”中的“霸”，在古代并没有现代汉语中常用的“蛮横不讲理”的意思，其主要意义是指“春秋战国时诸侯的盟主”或“做诸侯的盟主”，诸葛亮《草庐对》有“诚如是，则霸业可求”之语，“霸”的引申义为“称霸”。在现代汉语中，“霸”常用来指“强横无礼、依仗权势横行一方的人”，如“恶霸、渔霸”等。在这个意义上，新词语中又增添了“路霸、电霸、财霸、车霸、煤霸、油霸、市霸、血霸、球霸、水霸”等成员。值得注意的是，在“霸”的古义“盟主”的基础上引申出“在同类当中(自以为)某个方面最好、最优秀的个体”的意思，语义范围由指人扩大到指物，含有“超胜于人”的意味，[②]最早出现的是“声霸”。声霸卡(Sound Blaster)是创新(Creative)公司在 PC 多媒体领域的知名品牌。1989年，Creative 推出用于个人电脑的第一块 Sound Blaster 声霸卡，此后引导了多媒体音频的革命，逐渐享誉全球。可见“声霸”的“霸”是个音义兼顾的外来成分，Blaster 在英语中原是“导火线、爆破手”的意思，译成汉语时选用“霸”字，意在强调它在 PC 多媒体发展史上引发变革、引导潮流的地位和作用。“在同类当中某个方面最好、最优秀的个体”这一含义是一个新鲜用法，一经问世便引发了人们的竞相模仿，最终形成了“×霸”词语群，如“图霸、视霸、影霸、浴霸、词霸、考霸、力霸、毒霸、彩霸、译霸、搜霸、解霸、凉霸、速霸、电讯霸”等，表明这些商品在同类产品中处于优势地位或领头羊地位。

(二)当代汉语词语模的广泛运用充分体现了语用主体的求简心理

言语交际是人类特有的一种有目的、有意图的活动，它所要传递的是交际

---

① 曹春静：《当代汉语词语模研究——兼论新词新语》，中国优秀硕士学位论文全文数据库，2007 年。

② 任竞春：《“×霸”新词产生方式及成因探析》，《语文学刊》(高教版)2005 年第 9 期。

者的意图，是特定的信息。在言语交际活动中，交际者总是采用一定的方式或手段，把一定的信息传递给一定的交际对象。“求简”就是在言语交际活动中，语用主体付出尽可能小的努力去获得尽可能大的认知收益和信息收益。语用主体的求简心理充分体现出语言经济原则的影响和制约。

经济原则是人类行为的基本原则之一，其实质就是以最小的付出获取最大的收益。美国芝加哥学派代表人物，1992 年诺贝尔经济学奖获得者加里·贝克尔（Gary S. Becker，1976）在《人类行为的经济学分析》中指出，人的行为万变不离其宗，各种人类行为都可以归源为效用的最大化。信息经济学的开拓者，美国经济学家雅可·马夏克（Jacob Marschak，1965）在致力于信息经济学研究时揭示了语言的经济学性质，认为语言作为人类经济活动中不可缺少的工具，具有与其他资源一样的经济特性，即价值（value）、效用（utility）、费用（cost）和收益（benefit），并认为这是影响语言和经济两种活动的内在机制。

经济原则（the economy principle）也称省力原则（the principle of least effort），美国学者 George Kingsley Zipf（1949）在学术界最先明确提出省力原则。Zipf 从说话人和听话人两个角度对用词的最省力与最费力进行了辨析，认为：从说话人的角度看，最省力的是用一个词表达所有的意义，这样，说话人就不需要花费气力去掌握更多的词语，也不需要考虑如何从一堆词语中选择一个合适的词语，这就是所谓“单一化力量（the force of unification）”；但是如果从听话人的角度看，最省力的是每一个词都只有一个意义，词语的形式与意义之间完全一一对应，这样，听话人就不要费力费神地决定说话人所说的词在某个特定场合到底是什么意思（这几乎是不可能的），这就是所谓“多样化力量（the force of diversification）”。“单一化力量”与“多样化力量”是互相对立、互相冲突的，两种力量必须协调并达成平衡才能实现真正的“省力”。Zipf 在研究英文单词出现的频率时发现，如果把单词出现的频率按由大到小的顺序排列，则每个单词出现的频率与它的名次的常数次幂存在简单的反比关系，简而言之，语言中的短词很明显地比长词更受到人们的欢迎，这就是著名的 Zipf 定律。它表明，在英语单词中，只有极少数的词被经常使用，而绝大多数词很少被使用，实际上，包括汉语在内的许多种语言都具有这种特点。

继 Zipf 之后，功能学派代表人物，法国语言学家安德烈·马丁内（Andre. Martinet，1962）在《语言的功能观》一书中提出了“语言经济原则”。马丁内认为，“省力原则”与“交际需要（the requirements of communication）”是构成语言经济的两个主要因素，因此，言语活动中存在着从内部促使语言运动的两种力量，一种是人类交际和表达的需要，一种是人在生理上和精神上的惰性。在言语交际中，在保证语言完成交际功能的前提下，人们往往自觉或不自觉地对言语活动中力量的消耗作出合乎经济要求的安排，这是由人的生理上和精神上的自然惰性造成的。[①] 人们的交际和表达的需要始终处于一个变化发展的过程之中，一方面，说话人需要传递信息、表达观念，希望采用更多、更新、更复杂、更有推动作用的表述形式，从而达到一定的交际目的；另一方面，人们表现出来的来自身心的惰性又尽可能地要求减少脑力和体力的消耗，希望采用比较少的、省力的、已经熟悉的或比较习惯了的或具有较大普遍性的表述形式，从而达到最大的效益。受语言经济原则的制约，语言总是向着简单、经济、便捷的方向发展，用尽可能少的语言形式表达尽可能多的内容，这是人们对语言的基本要求。

美国语言哲学家 Grice(1978)提出一条支持自己会话含义理论的原则，即“若无必要，不应该增加含义”，这也是对著名的“奥卡姆剃刀定律”[②]的修订。其实“奥卡姆剃刀定律”的实质就是一种思维经济原则——化繁就简。美国语用学家 Laurence Horn(1984)将“省力原则”首次引入当代语用学研究，将 Zipf 的省力原则与 Grice 的会话准则结合起来，提出了基于听话人的 Q 原则(即“听话人省力原则”)和基于说话人的 R 原则(即“说话人省力原则”)，并且认为这两条原则互相补充、互为条件，缺一不可。[③]

由此可见，语言经济原则不是简单的“省力”、“少用词”，而是语言中“省力”与“交际需要”两个方面的整合，只有将“省力原则”与“交际需要”相结合，才能达到真正的“省力”。这两种力量的相互作用使得语言处于不断的发展变化之中，并且总能够在成功完成交际功能的前提下，达到相对平衡和稳定——省力。经济原则是言语交际的普遍原则，它影响着言语的生成、表达和理解，对言语交际的顺利进行起着重要的作用。“信息传递的第一个要求是准确无误，第二个要求是省时省力，合起来可以称为‘效率原则’。对语言来说，最理想的效果是在保证准确的前提下，用最经济的手段达到交际的目的”。[④] 可见，言语信息经济性是简洁与效果的统一。人们会在交际中自觉或不自觉地对语言进行经济性的处理，以尽量少的语言投入实现信息的有效传达，寻求效用的最大化。但是经济性并不意味着越简单越好，还要求信息的完整、清楚，以取得最好的交际效果。产生不了交际效果的言语信息是毫无经济性可言的。

当代社会生活节奏加快，反映到语言运用上，便要求以最简单的形式迅速

---

① 周绍珩：《马丁内的语言功能观和语言经济原则》，《国外语言学》1980 年第 4 期。

② 百度百科：奥卡姆剃刀定律，由 14 世纪逻辑学家、圣方济各会修士奥卡姆的威廉(William of Occam，约 1285 年至 1349 年)提出。奥卡姆(Ockham)在英格兰的萨里郡，那是他的出生地。他在《箴言书注》2 卷 15 题说：“切勿浪费较多东西去做用较少的东西同样可以做好的事情。”

③ 姜望祺：《Zipf 与省力原则》，《同济大学学报》(社会科学版)，2005 年 2 月。

④ 吕冀平、戴昭铭：《当前汉语规范工作中的几个问题》，《中国语文》1985 年第 2 期。

表达最丰富的内容。当代汉语词语模正可以将“省力原则”与“交际需要”结合起来，将“从众求同”与“求异创新”结合起来，一方面不断仿照复制已知的、现成的词语模构式，另一方面不断更新显现未知的、备用的模槽成分。如此这般，说话人就可以便捷地不断创造出新词语，听话人也就只需要付出相对小的努力便能理解交际对象的意图，比较容易地理解新词语。从认知机制角度来看，词语模最直接的作用体现为两个方面：一是在结构形式上提供了最大量的信息，反映出感知世界的结构；二是在功能上达到了认知的经济性，以最小的认知投入提供了最大量的信息，减轻了语用主体认知过程中的负担。

当代汉语词语模以其简洁的结构形式、简易的操作方式以及简明扼要的语义提示仿拟、类推出理论上无穷无尽的新词语，使人们洞察到其内在的和谐性和秩序性，使人们在处理言语信息时不至于耗费过多的精力。由此可见，在语言经济原则的作用下，信息传播的整个过程便是语用主体追求以最小投入获取最大收益的过程，只有在交际者表达的信息所产生的语境效果与交际对象为获得这种信息所付出的努力之间取得了平衡，才能使交际双方获得最大的认知收益和信息收益，词语模构式就是这样在语用主体的交际过程之中被约定俗成并且大放异彩的。语用主体借助词语模这种相当凝练、凸显、快捷的语言表达方式彰显了自己的语言创新能力，记录了社会生活的飞速发展，满足了自己的交际需要。

□ 小　结

影响当代汉语词语模传播与运用的语用主体参数包括：

1.语言观念因素。语用主体语言观念的与时俱进营造了当代汉语词语模活跃表现的良好氛围。语用主体观念的更新与社会变革、思想解放所带来的对人自身的重新发现和肯定紧密相连。语用主体语言观念的变化还体现在语言文字工作者对待语言规范化、对待新词新义新用法等问题的态度和做法上。

2.语言创新能力因素。激活、释放人们语言创新能力的基本条件是当代宽松的社会文化环境，语用主体语言创新能力的空前释放使当代汉语词语模大量生成、广泛传播。在当今社会，语用主体可以根据交际的需要，利用各种词语模，运用类推机制，灵活自如地创造新词语，并且使当代汉语词语模处于不断的动态发展之中，这体现出语用主体不断创新的主观能动性。

3.语用心理因素。语用心理的驱动使当代汉语词语模得以被人们运用自如，当代汉语词语模既可以满足语用主体的求同心理，也可以满足语用主体的求异心理。从词语模自身的特点来看，这取决于词语模特殊的结构框架以及它独有的词语生成方式；从语用主体的主体能力来看，这取决于语用主体的模仿与吸收能力、整合与创新能力、延伸与超越能力。当代汉语词语模的广泛运用也体现了语用主体的求简心理，这取决于语言经济原则的影响和制约，词语模在结构形式上、功能上都能以最小的认知投入提供最大量的信息和产值。

第三章　词语模得以产生的内部动因

语言不是一个封闭的、自足的体系，而是一个开放性的、依赖性的体系，语言是客观现实、社会文化、生理基础、认知能力等各种因素综合的产物。如果说语言外部的社会参数是当代汉语词语模大放异彩的充分必要条件的话，语言内部的认知机制和运行机理就是词语模产生的内部动因，外部的社会参数与内部的动因相互作用，造成了当代汉语词语模的空前兴盛。那么，作为言语主体的人是如何创造性地驾驭大脑中的既有知识，根据交际的需求，利用词语模来批量创造新词语的呢？这涉及多种因素。认知语言学认为，自然语言是人的智能活动的结果，又是人类认知的一个组成部分，语言作为人类的一种认知活动，必然要受到人们认识世界的方法和规律的制约，因此，要想描写和解释语言现象，就必须研究人的认知规律。新词语的创造属于人类的认知活动范畴，是一种编码和输出行为，也是一种心理的和生理的运动过程。因此，研究新词语的创造问题，就必然要关注人们在创造新词语时的认知规律和心理意识活动的特点。

对于一个企业实体来说，实现科学合理的企业运作机制依赖于两个条件：一是企业外部环境的营造；二是企业内部机制的构建。同样道理，一般认为，“新词语的产生和发展，是在两种‘力’的作用下实现的，一是社会的推动，一是语言自身的变化和发展”。[①] 语言是作为人们的交际工具和思维工具来使用的一种特殊的社会现象，因此，简·爱切生(Jean Aitchison，1981)指出，“语言变化有可能由社会因素引起，比如：语言风尚、外来影响和社会需要。但是，除非语言已经‘准备好’要发生某种变化了，否则，这些因素并不能发生影响。在人的

① 宗守云：《新词语研究的社会文化视角》，《现代语文》2006 年第 3 期。

生理和神经构造中已经存在着某些内在的倾向性，那些社会因素只不过是利用了这些固有的倾向罢了。所以我们要从不同的层次中寻找发生语言变化的原因。于是，语言发生变化的直接原因不但一定要在发生变化的语言的潜在倾向性中找，而且也一定要在人类语言的一般的潜在倾向性中找”。[①] 对于当代汉语词语模来说，其运行方式的实现实际上依赖于三个方面的参数：一是社会环境的变化；二是运作机制的优越性；三是语用主体的语言观念和语用心理。第一和第三个方面已经在第二章进行了阐述，本章将运用认知科学的研究成果和理论对当代汉语词语模进行研究，从认知角度观察直接反映认知活动的词语模现象，探求词语模结构与认知结构的共同规律，分析造成词语模现象的内部动因，揭示当代汉语词语模的结构及其在使用中所隐含的认知机制和运行方式。

第一节　词语模的认知机制

人类认识世界的过程是利用自身具有的、指向外部世界的感觉器官和意识器官所提供的信息形式将外部信息形式化、系统化的过程。语言是人类将新信息外化与固化的一种手段。词语模创造新词语的过程鲜明地体现出它与人们思维方式的同源性，词语模创造新词语是将人们对新名物的认识外化与固化的结果，也是人们的思维方式在言语中外化与固化的结果。

一、语言机制与认知能力

(一)机制与语言机制

1. 什么是机制

关于“机制”一词，《辞海》的解释是：原指机器的构造和工作原理，生物学和医学通过类比借用此词。生物学和医学在研究一种生物的功能(例如光合作用或肌肉收缩)时，常说分析它的机制，就是指了解它的内在工作方式，包括有关生物结构组成部分的相互关系，以及其间发生的各种变化过程的物理、化学性质和相互联系。阐明一种生物功能的机制，意味着对它的认识从现象的描述进到本质的说明。[②]

《现代汉语词典》第5版对“机制”的解释有四个义项：(1)指机器的构造和工作原理，如计算机的机制；(2)指机体的构造、功能或相互关系，如动脉硬化的

---

① [英]简·爱切生：《语言的变化：进步还是退化》，徐家帧译，语文出版社1997年版，第211页。

② 辞海编辑委员会：《辞海》，上海辞书出版社1980年版。

机制;(3)指某些自然现象的物理、化学规律,如优选法中优化对象的机制;(4)泛指一个工作系统的组织或部分之间相互作用的过程和方式,如市场机制、竞争机制。

在 Merriam-Webster 词典中,“机制”的主要解释是“涉及或导致某些行动,反应和其他自然现象的一系列相关的基本活动或过程”。[①]

“机制”一词最早源于希腊语,原指机器的构造和工作原理,本是物理学术语,指一个系统中满足其必要条件就可以得到符合物理性质的状态或结果的现象。生物学和医学通过类比借用了这个词,用以表示有机体内发生生理或病理变化时各个器官之间相互联系、相互作用和调节的方式。在社会科学中,“机制”指一定机构或组织的机能以及这个机构或组织与其机能之间的相互作用关系,例如在经济学中用以表示一定经济机体内各个构成要素之间相互联系和作用的关系及其功能。“机制”也在政治学、社会学中广泛应用,如“用人机制、逆向机制、扩散机制、调节机制、决策机制”等。机制具有两个特质:一个是它的组织部件和结合方式,一个是它的内在的本质联系,即必然规律性。因此无论是对自然科学还是对社会科学而言,对机制的理解主要包括三个方面的内容,即构造、运行以及功能。在任何一个系统中,机制都起着基础性、根本性的作用,一种良好的机制,可以使一个系统在外部条件发生不确定变化的时候,能够自动、迅速地作出反应——调整既定的策略和措施,实现优化目标。正常的生物机体都具有这种机制和能力,人体也是如此。

综上所述,对“机制”一词的理解应该包含以下几个方面:(1)事物变化的内在原因及其规律;(2)外部因素的作用方式及其对事物变化的影响;(3)事物变化的表现形态。

2.什么是语言机制

乔姆斯基的转换生成理论假设人们有一种“语言习得机制”,可以用严谨的数学模型加以类比和推导。乔姆斯基认为语言是一种生成句子规则的内在机制,当人们学会一种语言时,他学会的实际上是这种机制。“语言习得机制”由人类的遗传而来,它是生成语言的生理基础。乔姆斯基学派将语言能力看作是一种关于语言的知识,语言能力是在语言行为背后的一个抽象的认知系统,是一种通过各种因素的相互作用来决定无数可能句子的形式和意义的规则系统。兰盖克的认知语法认为,语言不是一个自足的认知系统,对语言的描写必须参照人的一般认知规律,人的语言能力跟一般的认知能力是牢不可分的。

大脑的进化使得人类的认知体系中形成了专门掌管语言的机制。实验表

---

① 《韦氏大辞典》(第 11 版),世界图书出版公司 2003 年版。

明,人的大脑中的语言机制是特有的,其他动物不具备这样的机制。对于大脑与人类语言的内在联系,目前人们认识研究得还不够充分。

一般认为,语言机制具有以下特征:(1)它是人类进化的产物,是一种带有普遍性的先天机制,受普遍语法原则的支配和调节。(2)它以模块形式运作,每一个模块掌管一定的功能,模块之间既独立运作又相互作用。例如句法和音系属于不同模块,它们各自的表达式由各自模块的原则支配,模块之间又有接口。(3)语言机制具有初始状态,这种状态必须在语言环境中激活,所以儿童必须经历语言获得过程,最终达到"完备状态"。这种激活受到时间的限制,过了临界点(10～12岁)就会失效。(4)支配语言机制的普遍语法原则简单明了,它们不会因为说话者之间的差别而受到影响。

(二)认知与认知能力

1.什么是认知

"认知(cognition)"一词源于拉丁语 cognitio,本是心理学术语,指人们获得知识或学习的过程。《现代汉语词典》第5版解释为"通过思维活动认识、了解"①。《汉语大词典》解释为"认识和感知"②。《新语词大词典》认为"认知是心理活动最一般和最广泛的范畴"③。

美国心理学家奈瑟(U. Neisser,1967)在他的名著《认知心理学》中强调:认知指的是感觉输入的转换、简化、储存、恢复和运用的所有过程,认知活动涵盖的范围非常广泛,信息检测、模式识别、注意、记忆、学习策略、知识表征、概念形成、问题解决、言语、认知发展等均包括于其中。

我国心理学家朱智贤(1989)指出,心理学词典或心理学书把认知理解为认识或知识(knowing)的过程,即和情感、动机、意志等相对的理智或认识的过程。它包括感知、表象、记忆、思维等等,而思维是它的核心。④ 他还介绍并评价了美国心理学家霍斯顿(T. P. Houston)等人对认知心理学关于"认知"定义的归纳:(1)认知是信息加工;(2)认知是心理上的符号运算;(3)认知是问题解决;(4)认知是思维;(5)认知是一组相关的活动,如感觉、知觉、记忆、思维、判断、推理、问题求解、学习、想象、概念形成、语言获得与运用等。朱智贤认为,以上五种定义中,(1)和(2)是狭义的认知心理学,即信息加工论;(3)和(4)认为认知心理学的核心是思维;(5)是广义的认知心理学。

台湾心理学家张春兴(1992)指出,"心理学家对认知行为的研究,主要是探

---

① 中国社会科学院语言研究所词典编辑室:《现代汉语词典》,商务印书馆2005年版。

② 罗竹风主编:《汉语大词典》,汉语大词典出版社1993年版。

③ 韩明安主编:《新语词大词典》,黑龙江人民出版社1991年版。

④ 朱智贤:《心理学文选》,人民教育出版社1989年版,第359—362页。

讨三方面的问题:(1)认知行为究竟指哪些行为? 对此问题的一般答案是:认知行为主要包括知觉、记忆、想象、辨识、思考、推理、创造等较有组织的复杂行为。(2)认知(cognition)的活动就是'知'(knowing),个体在生活环境中究竟如何获知,知之后在必要时又如何用知。(3)认知是心理活动,是内在的历程,在方法上应如何研究个体内在的知之历程(knowing process)"。①

认知一词现在不仅适用于心理学界,而且也为语言学界、哲学界、教育学界和科技界所接受,是当前学术界使用比较广泛的概念。认知有广义与狭义之分,狭义的认知是指人的信息加工活动,广义的认知是指认识的心理过程。目前,我国学术界大多在广义上使用"认知"这一术语,在认知语言学中,"认知"也是一个广义的概念。

赵艳芳(2001)认为,认知就是"包括感知觉、知识表征、概念形成、范畴化、思维在内的大脑对客观世界及其关系进行处理从而能动地认识世界的过程,是通过心智活动将对客观世界的经验进行组织,将其概念化和结构化的过程"。②

程琪龙(2001)认为,"认知主要指人在特定环境中以特定目标为方向处理信息的过程。……语言认知就是人在特定语言环境中有目的地处理语言信息的过程,语言信息处理过程包括生成和理解话语的内部过程,也包括学习的过程"。③

胡壮麟(2004)认为,"我们所谓的认知实际上包含两个过程,一个是思维过程,即人们能动地去认识世界;一个是认识的结果,或知识的沉淀,或文化"。④

综上所述,"认知"指的是大脑对客观世界及其关系进行处理,从而能动地认识世界的过程,是人们通过心智活动对客观世界的经验进行组织,将其概念化和结构化的过程。换言之,所谓"认知",就是通过思维活动对客观事物进行认识、了解和处理的过程,是机体认识、获取、应用知识的智能加工过程,包括感觉、知觉、记忆、想象、思维和语言等。人的大脑接受外界输入的信息后,经过加工处理,转换成内在的心理活动,进而支配人的行为,这个过程就是认知的过程,这是人的最基本的心理过程。关于语言与认知的关系,钱冠连(2002)指出,"语言既是认知客观世界的工具,语言本身又可以作为认知的对象,同时,认知过程和语言过程相兼相应,认知和语言必须依附于人体"。⑤ 可见,客观世界是通过人类的认知活动反映到语言之中的,现实表征、心理表征和语言表征,这三

---

① 张春兴:《张氏心理学辞典》,上海辞书出版社 1992 年版,第 125 页。

② 赵艳芳:《认知语言学概论》,上海外语教育出版社 2001 年版,第 2 页。

③ 程琪龙:《认知语言学概论——语言的神经认知基础》,外语教学与研究出版社 2001 年版,第 62 页。

④ 胡壮麟:《认知隐喻学》,北京大学出版社 2004 年版,第 12 页。

⑤ 钱冠连:《语言全息论》,商务印书馆 2002 年版,第 100 页。

者密切相连，相辅相成。

2.什么是认知能力

认知语言学认为，语言能力是人的认知能力的不可分割的一部分，语法就是概念化形成的过程，深受人的认知活动的影响。所谓认知能力就是指接收、加工、储存和应用信息的能力，一般包括观察力、注意力、感知力、记忆力、想象力和思维力等。

观察力如同扫描仪，指观察的出发点和目的性。观察力的敏锐程度决定了人们获得信息的多寡。观察力是人类智力结构的重要基础，是思维和认识的出发点。人们感知事物、认识事物，都是以观察为起点，继而开始注意、记忆和思维的。没有观察就没有正确的思考，就没有新事物的发现，也就没有智慧与成功。

注意力如同定位仪，指对一定对象的指向性和集中性。注意力是观察力、知觉力、记忆力、想象力、思维力等认识活动的预备状态，被称为心灵的门户。注意力使得人们能够集中精力去清晰地感知事物，深入地思考问题。在正常情况下，注意力使人们的心理活动朝向某一事物，有选择地接受某些信息，而抑制其他活动和其他信息，并集中全部的心理能量用于所指向的事物。良好的注意力能够提高人们工作和学习的效率。

感知力如同传感器，指外界刺激作用于感觉器官时人的大脑对外界的整体看法和理解，感知力使得人们能够对外界的感觉信息进行组织和解释。人们通常把信息加工的过程分为感觉、组织、知觉和辨认几个阶段，在认知科学中也可以看作一组程序，包括获取感官信息、理解信息、筛选信息和组织信息等。知觉与感觉通常是无法完全区分的，感觉和知觉统称为感知觉。

记忆力如同存储器，指知识的储存与分类。记忆是一种心理过程，包括识记、保持、再现、回忆四个基本过程。记忆的形式有形象记忆、概念记忆、逻辑记忆、情绪记忆、运动记忆等。人们将所发生过的、所经历过的事情的印象，经过加工保存在大脑中，并在需要时提取、回忆出来。也就是说，当需要使用某种知识时，就可以很快地从“仓库”中提取出来，加以应用。

想象力如同超链接，指对人脑中已有的表象进行加工改造而形成新的形象的心理过程。想象力是人类在以往认识的基础上构成没有经过的事物和形象的能力，它是人类创新能力的源泉。

思维力如同认知能力的中央处理器，指对客观事物进行分析、综合、比较、抽象和概括的能力，包括直觉动作思维、具体形象思维、抽象逻辑思维、聚合思维、发散思维、常规思维、创造性思维等。思维科学认为，思维是人们接受、存储、加工以及输出信息的活动过程，从本质上说，思维是具有意识的人脑对客观现实的本质属性、内部规律的自觉的、间接的和概括的反映。

兰盖克(1987)认为,人的一般认知能力有五种:(1)凝固化能力(entrenchment)或自动化能力(automatization);(2)抽象能力(abstraction);(3)范畴化能力(categorization);(4)组合能力(composition);(5)符号化能力(symbolization)。这五种认知能力都与语言现象密切相关,是认知语法的出发点或起始点。

美国心理学家加涅(1974)提出三种认知能力:(1)言语信息,这是人的陈述信息的能力,即回答"世界是什么"的问题的能力。(2)智慧技能,这是人的运用符号办事的能力,即回答"为什么"和"怎么办"的问题的能力。智慧技能具有层次性,包括由简单到复杂的四个层次:辨别、概念、基本规则和高级规则。(3)认知策略,这是人的调节自身内部注意、学习、记忆和思维过程的能力,即有意识地调节和监控自己认知行为的能力。

石毓智(2008)认为人的基本认知能力有七种:(1)符号表征能力;(2)对量的认知能力;(3)概括、分类能力;(4)记忆、预见能力;(5)联想、推理能力;(6)声音、形状的辨别能力;(7)空间、时间的辨认能力。①

二、词语模的认知机制

(一)认知机制

认知是人对客观世界的感知和经验的结果,是人与外部世界相互作用的产物。认知也是人类语言的基础,人类的语言学习离不开大脑,而语言本身正是在大脑与世界的交互过程中产生的。人类是怎样认识纷繁复杂、变化莫测的大千世界的?人类又是如何将杂乱无章的世界有序地组织并加以有效储存的,或者说,大脑是如何将词语跟世界联结起来的?大脑又是怎样用有限的词语表现无限的世界的?答案就是:在语言现象背后隐藏着人的认知结构及其规律——认知机制。人类的认知机制决定了人类生成和理解语言现象的认知操作过程及其能力。认知是词汇/语义生成和演化的机制之一,一个词语意义的生成和演化反映了具有普遍意义的人的认知活动,"词义的生成和演变可以折射人的认知活动和认知规律"。②

人类大脑的认识和记忆能力是有限的,因此,它认识事物的方式不可能是无次序和无组织的,否则人类是不可能认识世界的。对人类大脑认知机制的研究是当今社会的一个热点。乔姆斯基语言学派也是以揭示人类语言的认知基

① 石毓智:《认知能力与语言学理论》,学林出版社2008年版,第3页。

② 赵彦春:《认知辞典学探索》,上海外语教育出版社2003年版,第5页。

础为目的的，转换生成语法的一个贡献就是使人们又重新重视大脑认知机制在语言使用中的重要性。但乔姆斯基学派的理论强调句法的自主性，一直没有将语义纳入研究的范围。乔姆斯基 2005 年时依然坚持句法独立于语义，语义只不过是语言的特征之一。因此，结构主义语言学和生成语言学都把语言看作自足的研究领域，而不把兴趣放在语言之外的相关因素方面，比如在语言生成演化的过程中人类的认知起了什么作用，人类如何在认知机制的作用下通过使用语言来进行意义建构等。

当代新的语言观认为，语言是开放的、依赖性的体系，人的经验和认知能力在语言运用和理解中起着至关重要的作用。语言与认知的关系体现为：认知是语言的基础，语言是认知的窗口；语言是巩固和记载认知结果的工具，能够促进认知的发展。因此，像转换生成语法那样仅从研究大脑语言机制的句法学入手就不能完全揭示人类语言的奥秘，“要解释语言现象，就有必要解释语言现象背后的信息结构，就有必要解释生成和理解这些语言现象的认知操作及其能力”。① 可见，对当代汉语词语模的研究，离不开对人们利用当代汉语词语模创造新词语的背后的认知能力的考察以及对当代汉语词语模在结构、语义变化等方面的认知过程的揭示。与其他语言现象一样，当代汉语词语模也是人类认知活动的产物。但是，词语模与其他创造新词语的方式又有着明显的形式上的差异，它提供了一个既定的元素——模标，又提供了一个可以填充的空位——模槽，这种结构模式与人的大脑中的逻辑结构模式十分相似。根据这种结构模式，往往可以推测存在于人的大脑中的逻辑结构模式，推测这一类新词语的构造过程。

当代汉语词汇的激增固然与社会的变革密切相关，但最终还是要通过人的认知机制和词汇系统内部的自我调节功能加以实现。人们为什么能够创造出从来没有接触过的新词语，甚至创造出新的句法结构呢？当代汉语词语模为什么能够在一个相对较短的时间内创造出大量的新词语呢？人们又如何解释大脑神经网络生成语言现象和理解语言现象的机制和过程呢？我们将探讨当代汉语词语模的生理认知机制和心理认知机制。

（二）词语模的生理认知机制

1. 语言现象与语言信息系统

人之所以成为万物之灵，有别于其他物种，是因为人类具有极其神秘复杂的大脑，人的大脑是千百万年进化的结晶。30 亿年前，地球上的生物都是以如细菌和藻类等单细胞有机体的形式存在着的。直到 6 亿年前，动物和植物等多

---

① 程琪龙：《认知语言学概论——语言的神经认知基础》，外语教学与研究出版社 2001 年版，第 124 页。

细胞有机体才开始慢慢进化，逐渐形成了自己的一套生存机制。在已经逝去的6亿年中，生物体通过进化产生出由大量神经元相互联结而形成的神经网络，解决了在不断变化的复杂环境中人脑如何处理各种复杂信息的问题，尤其是人的高级认知功能的高度发展，使得人类成为万物之首，具备了主宰世界的能力。科学研究发现，一个成人的大脑重量约1400克，大脑内有上千亿个神经细胞，还有超过10的14次方个神经突触。人脑是生物体内结构和功能最为复杂的组织，是接受外界信号、产生感觉、形成意识、进行逻辑思维、发出指令、产生行为的指挥机构，它掌管着人类每天的语言、思维、感觉、情绪、运动等高级活动。人脑也是极为精巧和完善的信息处理系统，是人体内外环境信息的获得、存储、处理、加工和整合的中枢。由此可见，人类的大脑是一个复杂有机体与复杂环境的生物适应形式。

吉冯(Givon，1955)指出，形式结构从交际角度、认知角度和神经角度呈现出自身的现实性。Newmeyer(1998)认为，人脑体现了奉献于语言的认知系统。[①] 韩宝育(2002)指出，“语言，包括任何形式的信息代码(狭义的和广义的)，都是一种在人的异常细密而精巧的内部世界中进行粗疏而含混的点拨性的工具”。[②] 神经认知语言学的奠基人、创导者兰姆(Sydney Lamb，1999)则直接点明了语言现象与大脑的关系，强调语言必须不悖于大脑事实，认为语言是一个体现为大脑神经网络的信息系统。这一系统是大脑神经关系网络中的信息系统，这个在神经网络中的关系信息系统是一个认知系统，它能够在一定的环境下，以一定的目的进行操作，它用关系网络模拟出构造新词语、新句法的过程。语言信息系统是一个能够跟环境交换信息的自调节系统，这种自调节性直接体现在系统处理信息的过程中，即体现在生成和理解语言的过程中。“生成和理解的过程就是大脑中信息加工的过程，是外部信息激活大脑信息系统有关路径的过程，是激活和调节这些路径中神经元的过程”。[③] 认知的结构基础是大脑皮层，大脑皮层由主区(primary cortex)和辅助区(associated cortex)组成，对事物的观察、分析与判断以及对躯体运动的协调均由主区控制，但主区若要完成这些功能则必须依赖于辅助区对行为和智能进行高层次的整合。

神经认知语言学认为，语言信息系统同其他信息系统一样，必须依存于一定的物质承载体之中。语言现象是由外部的语言表达形式与内部的语言信息共同构成的。所谓外部的语言表达形式，指的是语音和文字，即语言信息系统的物理承载体；所谓内部的语言信息，主要指大脑的神经网络，即语言信息系统

---

① 赵彦春：《认知辞典学探索》，上海外语教育出版社2003年版，第49页。

② 韩宝育：《语言和人的意义世界》，中国社会科学出版社2002年版，第7—8页。

③ 程琪龙：《认知语言学概论——语言的神经认知基础》，外语教学与研究出版社2001年版，第53页。

的生理承载体——神经网络中神经元(主要是皮质神经细胞)的联通关系。语言现象是外部的,因为它的载体是人脑外部的,要理解外部的语言现象,就必须探究内部的语言信息。内部的语言信息主要指大脑,即大脑的神经网络。体现为大脑神经网络的语言称作内部的语言信息系统,简称语言系统。语言系统是产生和处理语言现象的机制,作为一种动态物质,它有以下四个过程:一是操作过程,指语言的生成和理解;二是发展过程,指从初始状态到成熟系统;三是基因过程,指从成熟系统到初始状态;四是演化过程,指从古代系统到现代系统。语言系统的物质载体与语言现象的物质载体是不同的,前者是有生命的,多维的,有限的;后者是无生命的,线性的,几乎可以是无限的。

在本书的第一章中,我们已经详细讨论了词语模的模块、模具、模式等性能,这些性能实际上都十分明显地体现出词语模不同于其他语言现象的形式特点——表面结构是线性的、一维的,深层结构是多维的、立体的。

2.神经细胞与神经网络

人的大脑是自生命诞生以来,生物经过数十亿年漫长岁月进化的结果,是具有高度智能的复杂系统,它不必采用繁复的数字计算和逻辑运算,却能灵活处理各种复杂的、不精确的和模糊的信息,善于理解语言、图像并且具有直觉感知等功能。人脑的信息处理机制极其复杂,从结构上看它是包含有140亿个神经细胞的大规模网络。单个神经细胞的工作速度并不高(毫秒级),但它能够通过超并行处理使得整个系统实现处理的高速性和信息表现的多样性。

神经细胞和人体身上任何其他类型的细胞相比有很大的不同。每个神经细胞都长着一根像电线一样称为轴突的东西,负责将信号传递给其他的神经细胞。神经细胞由一个细胞体、一些树突和一根可以伸展的轴突组成。树突由细胞体向各个方向长出,本身可以有分支,负责接收信号。轴突也有许多分支,它通过分支的末梢和其他神经细胞的树突相接触,就形成了突触,一个神经细胞通过轴突和突触把产生的信号传送给其他的神经细胞。

大脑中神经细胞与神经细胞之间连接所形成的庞大的网络叫作大脑神经网络,这些神经网络就是人们记忆的载体。脑干是一个网状结构,指从脊髓上端到丘脑之间的一种弥散性的神经网络。网状结构的神经细胞形状很复杂,大小也不等,它们的轴突较长,侧枝也较多。一个神经元可以跟周围的许多神经元形成突触,某一处受到刺激就可以引起周围细胞的广泛的兴奋,因此,网状结构具有一种激活和维持的功能。来自身体各部分的感觉信号,一部分沿感觉传导通路(特异通路),直接到达相应的皮层感觉区,另一部分则通过感觉通路上的侧枝先进入网状结构,然后由网状结构释放出一种冲击性脉冲,投射到大脑皮层的广大区域,从而使大脑产生一般性的兴奋水平和觉醒水平,使皮层功能普遍得到增强。每接受一个新的信息，大脑中便形成一些新的神经网络，每一个新建立的神经网络单元，都记录着一些新的信息。人脑是一个功能特别强大、结构异常复杂的信息处理系统，其基础是神经元及其互联关系。人工神经网络就是对人脑的模拟，它是一个非线性动力学系统，其特色在于信息的分布式存储和并行协同处理。虽然单个神经元的结构极其简单，功能有限，但多个神经元相互联结构成的网络系统所能实现的行为却是极其丰富多彩的。

信号在大脑中实际上怎样传输，是一个相当复杂的过程，但大脑的神经细胞也只有两种状态：兴奋与不兴奋（即抑制）。神经细胞利用一种人们尚未了解的方法，把所有收到的信号相加，如果全部信号的总和超过某个阀值，就会激发神经细胞进入兴奋状态，这时就会有一个电信号通过轴突发送给其他神经细胞。如果信号总和没有达到阀值，神经细胞就不会兴奋起来。正是由于数量巨大的连接，才使得大脑具备难以置信的能力。如果一个神经细胞在一段时间内受到高频率的刺激，那么它跟输入信号的神经细胞之间的连接强度就会按照某种过程改变，使得该神经细胞在下一次受到激励时更容易兴奋。与此相反，如果一个神经细胞在一段时间内不受到刺激，那么它的连接的有效性就会慢慢地衰减，这就是所谓的可塑性。

3. 词语模是一个生成新词语的多维框架

我们知道，信息的传递是以信息的寄载体为媒介的传递，内部语言的载体是神经网络。在内部载体中，语言信息的传递体现为大脑神经元在网络中的激活过程，因为语词概念存在于大脑神经网络之中，但它是散布在神经网络组织之中的，大脑神经网络通过激活网络中的若干路径和网结来处理语言信息。从结构形式来看，神经网络是一个多维体，神经元激活并传递的过程也就是内部语言信息的传递过程。词语模也是一个多维体，模标与模槽被激活并匹配的过程也就是提取内部语言信息并进行编码的过程。当然，与神经网络相比，词语模的结构没有那么复杂，神经网络就好比一个路径错综复杂的立体迷宫，词语模则更像是某一个框架，框架也有路径和网结可以被激活，激活使得信息具有可利用性，也就是通过概念的扩散，使与概念有关的各种信息获得不同程度的可利用性。

框架是人们解释外在真实世界的心理基模，用来作为了解、指认以及界定行事经验的基础。费尔莫（Fillmore，1982）在《框架语义学》一书中把框架看作一种认知结构方式，看作与某种经常重复发生的情景相关的知识和观念，认为当人们谈论某一个事物或者试图引入一个新的表达方式时，就有可能借用某一个人人皆知的框架模式，如果借用的框架与当前的情境比较切合，那么框架就能够激活人们对新词新语或新义的理解。20 世纪 80 年代，R. Fikes 和

T. Kehler对框架及基于框架系统的组织原理作了分析，认为框架的属性是由各种信息槽(slots)确定的，信息槽中必须有相应的填料。槽是指结构中的概念空位，填料则指可以进入空位的概念成分。

词语模的优越性就在于它的框架结构，从大量的新词新语的使用情况和可接受性来看，这些新词语都套用了广为人知的框架形式。词语模是一种构词框架，也是一种认知框架，模标是框架中不变的元素，模槽是框架中的空位，能够填入模槽的成分是框架中可以变化的元素。模标在框架中是固定的，表示一个固定的概念或对象；模槽位置的成分是非固定的，可以填入用以描述具体事物的特征。词语模框架可以包含各种各样的信息，例如如何使用框架的信息、模标的标示信息、模标对模槽的激活信息、模槽的取值范围信息、框架的整体功能信息，等等。模标与模槽的"框架化"意味着对某些信息的重视与选中，同时也意味着对其他信息的忽略与摒弃。费尔莫(Fillmore，1982)指出，框架是一种能与典型情景相联系的语言系统，每一个词语均用以表征一个经验范畴，它能够激活一整套相关的经验构架，并且成为人们的一种认知结构方式。例如"母亲(mother)"这个单词，它激活了"爱、温暖、关心和家庭"的母爱框架；而"买(buy)"所激活的则是"买方、卖方、商品和付款"的购物框架。据此类推，[①]词语模"×花"所激活的是"女性、年轻、漂亮、充满活力、有代表性"的比喻性框架，由此而产生"警花、军花、校花、系花、班花、厂花、市花、县花、区花、村花"等新词语就是顺理成章的事了。

(三)词语模的心理认知机制

1. 模式识别

人类的大脑既是语言信息的载体，又是加工处理语言信息的媒介，因此，语言信息的存在与语言信息的加工相互依存。人类的大脑不是一个具有无限容量的仓库，而是一个具有创造力的生命体。人们如果要给事物正确地命名，其中一个必要条件就是寻找需要的标识，抑制其他的选择，这主要取决于左脑皮质三级区的功能。而当人们要给一个新事物命名时，命名意图的产生以及将意图进一步编码为言语形式，这两个步骤则必须依靠大脑额叶。大脑额叶既是产生复杂动机的器官，又是构成意图或形成构思的器官。人类大脑的创造力就在于它能够借助于已知的事物和已有的语言形式去认知和命名新的事物，这种能力不仅仅是靠学习得来的，它也是认知能力发展的结果。

"模式"(pattern)一词的本意是指完美无缺的供模仿的一些标本。从广义上看，存在于时间和空间中可以观察的事物，如果可以区别它们是否相同或相

---

① 朱永生：《框架理论对语境动态研究的启示》，《外语与外语教学》2005年第2期。

似，就都可以称之为模式；从狭义上看，模式是通过对具体的个别事物进行观测所得到的具有时间和空间分布的信息。邵志芳（2006）指出，“模式指的就是由一组刺激或刺激特征组成的一个有空间和（或）时间结构的整体。例如三条直线构成一个闭合的图形，就是三角形，这是一种视觉刺激模式；几个时间上连续的音节组成一个单词，若干个单词又进一步组成一个句子，这是一种听觉刺激模式；一种食品的色香味，则组成一种跨通道的刺激模式。不同的事物有不同的可以相互区别的模式，这种模式通过学习以一定的表征方式储存在头脑中。视觉、听觉、味觉等感觉信息可以激活相应的模式，模式也可以激活相应的感觉信息，要识别当前的一个知觉对象究竟是一个什么事物，必须将得到的信息与头脑中已经积累着的模式加以比较，然后才能作出判断”。①

在现代认知科学中，模式识别（pattern recognition）是知觉研究的一个中心课题。所谓知觉就是对事物各方面感觉特性的整体的、综合的反映。模式识别是人类的一项基本智能，在日常生活中，人们经常进行“模式识别”。模式识别是对物体、图像、语音、字符等进行自动识别的技术，处理过程为：采集样本—信息数字化—预处理—数据特征提取—与标准模式比较—分类识别。换句话说，模式识别就是对表征事物或现象的各种形式（数值的、文字的和逻辑关系的）的信息进行处理和分析，以便对事物或现象进行描述、辨认、分类和解释的过程。我们把模式所属的类别或同一类中模式的总体称为模式类（或简称为类），模式识别的实质就是在某些一定量度或观测的基础上把待识模式划分到各自的模式类中去。

人们在知觉当前事物的时候，总是要借助以往的知识经验，以便对所获得的感觉信息作出最佳解释。经验主义哲学家洛克在论述人类知识的来源时说：“那么我们且设想心灵比如说是白纸，没有一切文字、不带任何观念。它何以装备上了这些东西呢？人的忙碌而广大无际的想象力几乎以无穷的样式在那张白纸上描绘了的广大蓄积是从何处得来的？它从哪里获有全部的推理材料和知识？对此我用一语回答，从经验：我们的一切知识都在经验里扎着根基，知识归根结底由经验而来。”②的确，当人们需要对一种新的事物命名时，人们会自然而然地将这种新事物与头脑中已经积累着的识别模式进行比照，词语模就是这样一种在人们头脑中已经积累着的模式。模式具有可重复性，曾经被激活的模式很容易再次选为被激活的对象。词语模的模标具有知觉时将少数知觉对象从其他对象中分离（或选择）出来的特性，词语模的模槽具有在人们的记忆里唤

---

① 邵志芳：《认知心理学——理论、实验和应用》，上海教育出版社 2006 年版，第 79 页。

② ［英］约翰·洛克：《人类理智论》第二卷第一章第二节，转引自罗素《西方哲学史》下卷，马元德译，商务印书馆 1976 年版，第 140 页。

起一切跟模标有这样或那样联系的事物的功能，整个词语模构式就是这样，将原本无序的杂乱的结构成分在大脑中进行加工组合与分类聚合，从而达到了一种平衡和有序。

2.模式识别的心理机制

任何外部信息进入大脑都必须通过一系列的心理机制进行编码和存储，以便记忆和提取。认知结构理论认为，认知结构是人们已有的观念的全部内容及其组织，它指的是认知活动的组织形态与信息加工的方式，包含了在认知活动中的组成成分以及成分之间的相互作用等一系列的操作过程，即心理活动的机制。赵艳芳(2001)指出："近二三十年以来，随着语言与认知的研究，人们发现语言形式不完全是任意的，语言结构反映人们在对客观世界的知觉和认知的基础上形成的概念和概念结构，也就是说，语言结构与人的经验结构之间有一种必然联系，……即语言结构直接映照经验结构……"①

人的大脑是如何对事物进行最有效的分类和组织的呢？认知心理学告诉我们，人类认知能力的一个相当重要的方面就是划分范畴或范畴化的能力。语言作为人类认知的创造物以及为人类认知服务的工具，自然在结构和功能方面反映出人类普遍的认知能力。人的认知能力中极为重要的一项就是划分范畴的能力，即同中见异的能力。范畴化(categorization)指人类将经验组织成各种一般概念及相关语言符号的整体过程，是人们对世间万事万物进行分类的一种高级认知活动。"词"是语言的基本单位，词的产生源于人们对客观万事万物和现象的概括和分类能力，它体现了人的范畴化能力。认知心理学认为，"分类"是所有行为和心理活动的本源，"分类是赋予纷纭复杂的世界以秩序的一种方式，这是一种创造、学习语言必不可少的认知能力，没有它就不可能有语言的基本单位——词的出现"，②只有在分类的基础上，人们才能够形成概念，语言符号也才具有相应的意义。随着社会的不断发展变化，越来越多的范畴和概念也相应产生出来。概念是人认识世界的产物，是大脑对事物一般属性和本质属性的反映。概念是在抽象概括的基础上形成的，用词语来标志，换句话说，概念的形成以认知范畴为基础，它是对一类事物进行概括的符号表征。人的大脑并不是一个一个地认识事物，而是一类一类地认识事物；人们并不是一个一个地给事物命名，而是一类一类地给事物命名。"客观世界十分复杂，大脑为了充分认识客观世界，就必须采取最有效的方式对其进行储存和记忆。大脑对事物的认识不是杂乱的，而是采用分析、判断、归类的方法将其分类和定位。世界上所有的事物和现象都有其特征，人们根据这些特征来认识事物。这种分类和定位的过

---

① 赵艳芳：《认知语言学概论》，上海外语教育出版社2001年版，第156页。

② 石毓智：《认知能力与语言学理论》，学林出版社2008年版，第3页。

程就是范畴化过程。”[①]由此可见，面对纷繁复杂、变化多端的世间万事万物，人类之所以能够依靠自己的语言能力应对自如，其心理机制就是划分范畴或范畴化的能力，这种能力使认知从形象思维向抽象思维发展的过程得以完成，使人类借助于语言符号获得了对事物的本质和规律的概括性认识。

词语模就是人们范畴化能力的典型体现。一个词语之所以能在具体语境下具有指称的功能，就是因为它建立在词语概念的基础之上。词语模的模标是一个已知概念，词语模创造新词语的过程就是在已知概念的基础上生成新概念的过程。词语模具有“推陈出新”的作用。“陈”是模标——已知信息，具有类化作用；“新”体现在两个方面：一是指可以填入模槽的新成分，二是指模标与模槽匹配之后生成的新词语。因此，词语模创造新词语的过程，就是一个不断推陈出新的过程，也是一个不断进行类化思维的过程。

类化思维指人们感知某一事物时联想到与这些感知在性质或形态上类似的事物的思维方式。人类思维的类化功能使人们能够从容面对纷繁复杂的大千世界，能够根据事物的属性，将各种客观现象经过条分缕析之后再分门别类。所谓分门别类，就是把具象的事物从一个大类分解为若干个小类或是将若干个小类归纳为一个大类的梳理和认识事物的方法。类化思维借助事物的相似点、相关点把不同事物联系起来，在异中求同，进行同向联想，因此也叫求同思维。类化思维是人们在长期的社会生活中对具体事物或现象观察和认识的结果，它侧重于关注事物或现象的相似、相关的外在形式，而不侧重于外在形式之中所蕴含的内在内容之间的本质区别。类化思维具有以下特点：第一，逻辑推理的成分少，经验体会的成分多。类化思维是根据事物之间表面的相似点进行类化，不是根据本质上的类属关系进行类化。第二，联想具有开放性。类化的联想具有一定的随机性和灵活性，只要物象之间某一个方面有一定的相似点，就可以驰骋联想。第三，类化思维具有主观性。逻辑推理具有客观性，它的思维活动要受到严格的形式逻辑规则和客观规律的制约，然而，类化思维不受客观规律的制约，不受严格的形式逻辑规律的影响，只要主体认为事物和现象之间有联想的相似点就可以联系在一起。

因此，对于利用词语模进行新词语创造的人们来说，调动自己大脑中存储的模标信息，利用词语模这一特殊构式，对填入模槽的信息进行筛选、配置、调整与组合，这一过程实质上就是一个归类的过程，也是一个模式识别的过程。认知语言学的代表人物之一莱考夫认为，人的认知模式是在人与外部世界互动的基础上形成的认知方式，即对人们的知识进行组织和表征的方式，它不是客

① 陈建生：《认知词汇学概论》，复旦大学出版社2008年版，第101页。

观存在的，而是人类创造的，是理念化的模式。语言本身的结构范畴跟人类认识周围的非语言世界的方式是类似的，词语模是人的认知模式的产物，利用词语模创造新词语是人的一般认知能力驱动的结果，人的基本经验的认知模式构成了词语模。我们可以把词语模看作是信息外化与固化后的一种概念结构，是人们参考人的基本经验的认知模式去创造语言符号而形成的一种结果类型。认知结构模式与词语模构式之间存在着天然的对应关系，词语模作为一种认知模式，其主要作用是：模标提供有关情景作为理解的背景，并且激活有关的其他概念和知识；模槽容纳新的可以与模标相匹配的成分，与模标组合生成新的词语。

□ 小　结

词语模创造新词语的过程鲜明地体现出它与人们思维方式的同源性。词语模创造新词语是将人们对新名物的认识外化和固化的结果，也是人们的思维方式在言语中的外化和固化的结果。

1. 人脑的进化使得人类的认知体系中形成了专门掌管语言的机制，这种语言机制是人类特有的，其他动物不具备这样的机制。

2. 语言能力是人的认知能力的不可分割的一部分。“认知”指的是大脑对客观世界及其关系进行处理，从而能动地认识世界的过程，是人们通过心智活动对客观世界的经验进行组织，将其概念化和结构化的过程。认知能力实际上就是接收、加工、储存和应用信息的能力。

3. 认知机制指隐藏在语言现象背后的人的认知结构及其规律。人类的认知机制决定了人类生成和理解语言现象的认知操作过程及其能力。词语模是人类认知活动的产物，它的结构模式与人的大脑中的逻辑结构模式十分相似，根据这种结构模式，往往可以推测新词语的构造过程。

4. 人脑的神经网络是一个多维体，神经元激活并传递的过程也就是内部语言信息的传递过程。词语模也是一个多维体，模标与模槽被激活并匹配的过程也就是提取内部语言信息并进行编码的过程。我们可以把词语模看作一个生成新词语的多维框架，它既是一种构词框架，也是一种认知框架。框架的路径和网结可以被激活，激活使得信息具有可利用性，通过概念的扩散，与概念有关的各种信息获得了不同程度的可利用性。词语模框架可以包含各种各样的信息，例如如何使用框架的信息、模标的标示信息、模标对模槽的激活信息、模槽的取值范围信息、框架的整体功能信息，等等。

5. 人类认知能力的一个相当重要的方面就是划分范畴或范畴化的能力，词语模便是人们范畴化能力的典型体现。当人们需要对一种新的事物命名时，人们会自然而然地将这种新事物与头脑中已经积累着的识别模式进行比照，这种在人们头脑中已经积累着的模式就是词语模。人类划分范畴或范畴化的能力，使认知从形象思维向抽象思维发展的过程得以完成，使人类借助于语言符号获得了对事物的本质和规律的概括性认识。可以说，词语模创造新词语的过程，就是一个不断进行类化思维并且不断推陈出新的过程。

第二节　词语模的运行方式

词语模的认知机制实际上是其运作机制的一个组成部分。运作机制指在人类社会有规律的行为活动中，影响行为活动的各种因素的结构、功能及其相互关系，以及这些因素产生影响和发挥功能的作用过程、作用原理及其运行方式。运作机制是决定行为活动的内在因素、外在因素及其相互关系的总称，例如企业运作机制指企业生存和发展的内在机能及其运行方式，它是引导和制约企业的生产经营决策以及与人、财、物相关的一整套基本准则和相应制度，是决定企业经营行为的内在因素、外在因素及其相互关系的总称。企业的运作机制可以使企业的经营活动协调、有序、高效地运行，能够增强企业的内在活力和对外应变能力。词语模的运作机制则揭示了人们创造新词语活动的内在规律和运行方式，包含以下几层含义：

第一层：投入运行过程的基本要素——新事物、新现象的刺激（表达的需求）——认知（生理、心理基础、人的知识经验）

第二层：由要素有机结合所形成的结构——词语模构式

第三层：结构所发挥出的机能——类推创新

第四层：运行的基本轨迹——新词语产生的过程：新事物、现象的刺激（表达的需求）——人们的认知（生理、心理基础、人的知识经验）——一个乃至数个新词语产生并形成词语模——利用词语模类推创造新词语

第一层含义在本章第一节进行了论述，第二层含义在第一章第三节进行了论述，本节将主要就第三、第四层含义加以论述，重点讨论词语模的运行方式——类推。语言体系内部的类推机制是词语模得以运行的内在推动力。

一、类推是一种运行方式

（一）类推的含义

1. 类推之“类”

“类”是中国古代逻辑思维的重要范畴，指事物之间普遍联系的一种形式，

也指一种行动或行为，有"推类"、"类推"、"比类"、"类比"、"类同"等多种含义。《易经》中已出现"类"的观念，《周易·系辞下》："古者包牺氏之王天下也，仰则观象于天，俯则观法于地，观鸟兽之文与地之宜，近取诸身，远取诸物，于是始作八卦，以通神明之德，以类万物之情。"《易传》发展了"类"的思想，《周易·系辞上》中"方以类聚，物以群分，吉凶生矣"是经典性概括。在《经》、《经说》、《大取》、《小取》等文献中，"类"是形成概念、作出判断、进行推理的基础。孟子认为"类"具有相似性和差异性，"麒麟之于走兽，凤凰之于飞鸟，太行之于丘垤，河海之于行潦，类也。圣人之于民，亦类也"（《公孙丑上》）。荀子指出"类"即物类，"物类之起，必有所始。荣辱之来，必象其德。……草木畴生，禽兽群焉，物各从其类也"（《劝学篇》）。荀子认为各种事物必须服从于它们各自的规律，只要能做到"推类而不悖"，就可以进行"以类行杂，以一行万"和"求其统类"的以类为推的逻辑推导，收到"以近知远，以一知万，以微知明"的逻辑功效。人们凭借自己天生的感官认识"类"，《荀子·正名篇》："然则何缘而以同异？曰：缘天官。凡同类同情者，其天官之意物也同。故比方之疑似而通，是所以共其约名以相期也。形体、色理以目异；声音清浊、调竽奇声以耳异；甘、苦、咸、淡、辛、酸、奇味以口异；香、臭、芬、郁、腥、臊、漏、庮、奇臭以鼻异；疾、痒、沧、热、滑、铍、轻、重以形体异；说、故、喜、怒、哀、乐、爱、恶、欲以心异。心有征知。征知，则缘耳而知声可也，缘目而知形可也。然而征知必将待天官之当簿其类，然后可也。五官簿之而不知，心征知而无说，则人莫不然谓之不知。此所缘而以同异也。"可见，"类"取自于人的感官、心智对万事万物共同属性的经验性的体认和抽象性的把握。物的类性与人的德性（荣辱）、性情同属于一类，从一人之情可知千万人之情，从今日之事可知天地之始，因此，不同主体之间所存在着的类属关系都可以得到合理的解释。

人们如何获得对"类"的认识？《周易》的"象"就是划分事物类别的根据。根据姚春鹏的研究，"象"在《周易》中有三种含义：第一指自然象，即天地万物的形象；第二指人工象，即卦爻象，是对天地万物之象的模拟和象征；第三指意象，即隐含在可感性、形象性较强的具体之象中的不可感的形象性较弱的意象。自然象和人工象是静止之象，意象则是运动之象。自然象是自然运动形成的形象，人工象是对自然的仿象，其中都蕴含着运动，意象是对运动形式的把握，即对世界本质的理解。《系辞》说："爻也者，效此者也"，"爻也者，效天下之动者也"，"爻象动乎内，吉凶见乎外"。可见，古人不是从静止的角度而是从运动的角度，依据"象"对纷繁的现象世界进行简约划分，收到了执简驭繁的效果。[1]

---

① 姚春鹏：《〈周易〉与〈黄帝内经〉》，《周易研究》2001年第4期。

2.类推之“推”

“推”是中国古代科学研究中的重要逻辑方法。荀子所说的类推之“推”首先指“举统类而应之”(《儒效》),即以礼仪之“道”为统类进行推扩伦理知识的活动,也就是从一般原理推知具体(个别)的事物,从普遍原理推知千变万化的事物。其次指推者本人的现身说法或设身处地的推己及人的活动。《荀子·非相》:“圣人何以不可欺?曰:圣人者,以己度者也。故以人度人,以情度情,以类度类,以说度功,以道观尽,古今一也。类不悖,虽久同理,故乡乎邪曲而不迷,观乎杂物而不惑,以此度之。”意思是说:圣人之所以能够不被别人欺骗,是因为圣人是根据自己的切身体验来推断事物的人。圣人能够根据现代人的情况去推断古代的人,根据现代的某一类事物去推断古代同一类事物,根据流传至今的学说去推断古人的功业,根据事物的普遍规律去观察古代的一切,因为古今的情况是一样的。只要是同类而不互相违背的事物,即使相隔很久,它们的基本性质也相同。所以圣人即使面对邪说歪理也不会迷失,即使观察复杂纷繁的事物也不会惑乱,因为他能够按照这种道理去衡量它们。可见,荀子“类推”之“推”是一种亲身参与的“推广”或“推行”的伦理实践活动,是一种言语行为活动,其特点是以过去的伦理经验和当前处境作为类比推衍的基础和导引。

中医理论的类推之“推”并不依赖于解剖学、生理学,而是运用《周易》观象、取象的方法,通过对人体生理、病理之象的观察,根据天人相应的原理取象比类,从而推导出人体的阴阳、五行之象。《黄帝内经》移植荀子“举统类”的方法,通过“取象比类”进行归类判断,将未知代入推理模式,从而推测出未知。在中医理论体系中,与自然现象和阴阳五行属性的比照类推是一种常用的方法。《素问·示从容论》中的“夫圣人之治病,循法守度,援物比类,化之冥冥”,就是根据被研究对象与已知对象在某些方面的相似或类同(援物、取象),推断它们在其他方面也可能相似或类同(比类),并由此推导出被研究对象的其他性状。《素问·标本病传论》指出:“夫阴阳逆从标本之为道也,小而大,言一而知百病之害,少而多,浅而博,可以言一而知百也。以浅而知深,察近而知远,言标与本,易而勿及。”因此,《素问·阴阳应象大论》中的“清阳为天,浊阴为地;地气上为云,天气下为雨;雨出地气,云出天气。故清阳出上窍,浊阴出下窍;清阳发腠理,浊阴走五脏;清阳实四肢,浊阴归六腑”,是根据天地之气的升降推及人体之气的升降;《素问·八正神明论》中的“天温日明,则人血淖液而卫气浮,故血易泻,气易行;天寒日阴,则人血凝泣而卫气沉”,是将温度、阳光对水的影响推及温度、阳光对人气血的影响。这种由一事推及另一事,从一般推导出个别的思维方法是科学认识过程中获得新知识的重要手段。

3. 中国古代逻辑思维的"类推"不等同于西方传统逻辑的"类比推理"

根据刘邦凡的研究，类推思想在中国传统文化的历史领域中，展现了既有区别又有联系的丰富多彩的形式，有系统的平行类推、形态类推、属性类推、有同构对应(天人同构、心物同构、人神同构)的以类度类，也有将心比心、以己度物(人)的类推；有因果关系的因果类推，有同类相推(以类取)，也有异类相推(以类予)。中国传统文化中的"类推"不能与西方传统逻辑的"类比推理"等同。"类比"(也称"类推")一词在英语中为 analogy，源自希腊语 analogia，原义之一为"比例"，后引申、衍化为"类型的相似之比"。它以对象之间某些属性的相同点为依据，从而断定它们在其他属性上也可能相同。西方传统逻辑的类比推理是单向性的，其基本形式就是"从个别到个别、从特殊到特殊"，依据的是事实、实指和同类。而中国传统文化中的类推则是多维多向的，是一种事物或现象按照另一种事物或现象来理解的综合性思维过程，这种综合思维既有非理性的比附与同构，也有理性的因果分析与演绎论证。与"推类"相比较，"类比"概念很少在中国古代文献中出现，"类比"是一个现今使用的常用语，是"类比方法"的缩略，指由个别场合的知识推出另一个有关个别场合的知识的思维方法，因此，"推类"并不等同于"类比"或"比类"。[①]

我们所讨论的"类推"，是一种以"类"为基础，从已知到未知的思维过程，这种思维过程既具有类比推理的特征，也具有演绎推理的性质，是一种继承了中国传统文化特色的综合性推理形式。

(二)类推的性质

1. 类推是一种经济实用的创新思维方式

思维方式是人的大脑活动的内在程式，是人们在一定历史时期内的社会实践活动中，通过主客体的相互作用，借助认知结构和一定背景文化知识等多种因素的制约和作用而形成、发展起来的有机统一体，它对于人们的言行乃至外部世界起决定性作用。思维方式内化于人的大脑之中，大脑皮层对相同事物的反应会引起皮层"突触"产生某种化学反应和物理脉冲，并按照既定路径加以变化传递，在大脑中形成一定的观念。思维方式一旦形成，便具有相对的稳定性和独立性。思维方式能够积极主动地对思维发挥启动、运行、转换和规约的作用，并且履行对信息的选择、组织和解释的职能。语言是思维的直接现实。要想掌握事物的本质和规律，仅仅靠感觉、知觉、表象是不够的，还需要在感觉和知觉的基础上借助思维才能完成。人类正是因为拥有能够进行思维活动的大脑，才能够揭示事物的本质和规律，从而间接地、概括地、更加深刻地认识世界。

① 刘邦凡:《论中国逻辑与中国传统数学》,《自然辩证法研究》2005 年第 3 期。

人们在进行新词语的创造活动时也不能离开思维活动，否则就无法掌握事物的本质和规律，概念和原理也就无法建立起来，因此，人们创造新词语的活动必定要符合一般的行为模式，必定体现出一般的逻辑规律。

推理是由一个或几个已知的判断推出一个新的判断的思维形式。按照推理过程的思维方向划分，主要有下列几种：演绎推理是由普遍性的前提推出特殊性结论的推理，即由一般原理推演出新的具体结论；归纳推理是由特殊的前提推出普遍性结论的推理，即从一组具体事物经过分析综合得出一般规律；类比推理是从特殊性前提推出特殊性结论的推理，即从一个对象的属性推出另一个对象也可能具有这种属性。美国法理学家凯斯·R·孙斯坦(Cass R. Sunstein)认为，“类推思维包括一个不断参考特例形成原则的过程”，是“从特殊到特殊”的推理。[①] 实际上，类推是由一个或几个已知的判断(前提)推导出一个未知的结论的思维过程。其特点是从已知知识得到未知知识，尤其是得到不可能通过感觉经验掌握的未知知识。类推需具备三个要素：一是已知事物，它是为所要论述的主体事物服务的客体事物，能够将类推的道理显性化；二是相似点，它是类推能够成立的前提，没有相似点就无法进行类推；三是比较，它是类推的标志，没有比较就不能证明论点。可见，类推思维主要通过客体事物与主体事物相同点或相异点进行比较，把客体事物的性质类推到主体事物上，由此揭示主体事物与客体事物在性质上的相同点或相异点，从而达到证明论点的目的。

人类的创造或创造性活动主要依靠创造性思维，这种思维的特点是新颖性和独创性。以先秦哲人为代表的中国古代类推思维就体现出自身的创造性，即不脱离具体的情境进行类推，常以比兴、譬如、举例、格言等方式开展思辨性论证，通过追寻人与物的变迁洞察其内在形态，提炼具有普遍意义的为人处世的道理。其内在逻辑机制就是通过类推思维的运作，在两个不同的事物之间建立起类同性或相似性关联，以便得出新的结论。《礼记·大学》：“古之欲明明德于天下者，先治其国；欲治其国者，先齐其家；欲齐其家者，先修其身；欲修其身者，先正其心；欲正其心者，先诚其意；欲诚其意者，先致其知；致知在格物。物格而后知至；知至而后意诚；意诚而后心正；心正而后身修；身修而后家齐；家齐而后国治；国治而后天下平。自天子以至于庶人，壹是皆以修身为本。”此处将“格物”、“致知”、“诚意”、“正心”作为“修身”、“齐家”、“治国”、“平天下”的基础，并以“修身”为中心，借助类推层层扩大，从个人、家庭延伸到国家、天下，强调个人道德修养与治国、平天下的一致性。修身有成才能齐家有余，齐家有余才能治理好国家，治理好国家才能使天下太平。修身是齐家、治国、平天下的基础和能

---

① [美]凯斯·R·孙斯坦(Cass R. Sunstein)：《法律推理与政治冲突》，金朝武等译，法律出版社2003年版，第81页。

力来源，齐家、治国、平天下则是对修身的实践、丰富和深化。如此由近及远，由己及人，举一反三，创造出封建伦理政治哲学的完整体系，使儒家道德理论更加理论化、系统化，更能适应封建宗法等级制度统治的需要。同样道理，在董仲舒的哲学思维方式中，阴阳、五行、四季和种种自然现象也可以借助攀缘比附进行类推，赋予它们“天”的意志。可见，自此至彼不断延伸的逻辑机制依赖于类推思维的创造能力，既是个人内在的道德发展，又是社会伦理领域的发展。一种道德原则可以借助类推思维进行奇妙的转换，从而推广到其他的经验事件中去，并促使其化为伦理实践，并发挥其引导伦理教化与化为现世实践的作用。类推思维最终创造性地将宇宙伦理化，使整个宇宙的事物都消融在一个类推的伦理世界观里。[①] 当代社会对人们的思维方式提出了更高的要求，即必须具有与时俱进的创新性。美国学者迈克尔·米哈尔科指出，“新想法就是对现有事物的巧妙利用。要创造新想法，以某种方式利用某一个事物就可以了”，并总结出利用已有事物的九种创新方法：替换、结合、改进、修正、扩大、用于其他用途、去掉或缩小、颠倒、重组，[②]其中多种方法与类推相关。

与思维方式创新同步的是语言的创新。石毓智(2008)认为，语法结构是不允许个人随意改变或者“创新”的，但构成语法结构的成分是可以替换的。替换由词语的概念义决定，概念的整合主要不是由语言系统内部的规则决定的，而是由现实现象、人们的知识和认知能力决定的。语言的创新本质上是利用业已存在的语法结构，把不同概念以新的方式进行组合，产生新的表达或者概念整合，而不是语法结构的创新。[③] 类推是汉民族自古以来就比较擅长的思维方式，在当代社会条件下，更是表现出旺盛的创造力。词语模的模标元素便是人们思维方式的一种模式，蕴涵着人们的认知经验，模槽元素则是可以替换的。因此，词语模就能够帮助语言创造者和使用者比较自如且有条不紊地将层出不穷、纷繁杂乱的新事物、新现象一一纳入现成的词语模框架，从而类推出不同系列、不同类型的新的词语。

2.类推是一种普遍存在的语言机制

类推在语言的发展中具有重要作用，研究语言的类推机制有助于揭示语言的体系、内部构造以及语言运用的普遍规律。

19 世纪末 20 世纪初历史比较语言学领域的新语法学派把类推作用看作其语言学理论中一个相当重要的原则，从历史比较的角度，借助类推机制解释语音、词汇、语法等方面的历史演变规律，尤其强调语音变化中的类推作用。

---

① 张斌峰：《荀子的“类推思维”论》，《中国哲学史》2003 年第 2 期。

② [美]迈克尔·米哈尔科：《思考的玩具——商业创新手册》，于海生译，新华出版社 2003 年版。

③ 石毓智：《认知能力与语言学理论》，学林出版社 2008 年版。

索绪尔专门研究了类比的定义、性质和效能，把凡是不属于语音性质的词的外形变化都看作类推引起的现象，认为“类比必须有一个模型和对它的有规则的模仿。类比形式就是以一个或几个其他形式为模型，按照一定的规则构成的形式”。[①] 他以拉丁语的主格 honor（荣幸）为例作了分析：honor（荣幸）这一形式源自对 ōrātōr（演说家）、ōrātōrem（演说家，宾格）等等模型的仿造类推，借助类推构成新词的方式可以归结为一个四项比例式（即保罗比例式）：

ōrātōrem：ōrātōr＝honōrem：x　x＝honor

帕默尔的《语言学概论》列举了儿童学习语言进行类推的例子：当一个小孩造出 sheeps 这一复数形式时，他比照的是 cows（牛）、dogs（狗）以及 pigs（猪）这类词的模式。人的这一思维过程可以用一个数学比例式来表示：

dog：dogs＝cow：cows＝sheep：x　x＝sheeps[②]

伍铁平指出，除了解释语言的历史演变规律之外，从共时的角度看，类推也是一种经常制约着语言运用的机制，在语言的许多方面都可以看到类推机制的作用，例如词语的简缩、仿拟辞格的运用、英语中的逆向构词以及儿童语言学习中的错误类推形式等。[③]

类推在人们形成概念的过程中起着十分重要的作用。概念在心理学上指反映客观事物共同特点和本质属性的思维形式，是高级认识活动的基本单元，以符号即词的形式来表现。概念是事物本质属性的反映，在概念形成的过程中，人们以感觉、知觉和表象为基础，通过分析综合、抽象概括等思维活动，从个别到一般，从具体到抽象，逐步把握一类事物的本质。美国心理学家 C·赫尔 1920 年根据对成人的人工概念形成的实验研究提出“共同因素说”，发现概念的形成过程就是从许多具体事例中归纳并发现共同因素的过程，而且受到反馈的影响，因此他认为概念的形成是将一类事物的共同因素抽象出来并对它作出相同的反应。当具有这些共同因素的新的刺激出现时，也能够引起同样的反应，即出现刺激泛化。对刺激的各种因素进行辨别，将共同因素抽象出来以及泛化，就构成概念形成过程的主要内容。

与利用词语模创造新词语的机制相类似，汉字中形声字的创造也是在认知机制的作用下利用类推方式进行的创造。人们根据事物的形体特点来创造汉字，反过来，也可以通过汉字的形体来认识和表达某种认知对象，这就体现出汉字的极为重要的认知作用。汉字是形、音、义的结合体。从形体看，汉字可以分为两大类，一类是独体字，一类是合体字。独体字由一个部分组成，如“人、手、

---

① 索绪尔：《普通语言学教程》，高名凯译，商务印书馆 2002 年版，第 226 页。

② 岑运强：《语言学基础理论》，北京师范大学出版社 1994 年版，第 166 页。

③ 伍铁平：《普通语言学概要》，高等教育出版社 1993 年版，第 58—59 页。

口、目、日、月、山、水”等;合体字则由两个或两个以上的部分组合而成,如“江、打、花、晨、闻、圆、梦、辫”等。大部分合体字都属于形声字。组成形声字的两个部分,一部分表示字的意义,叫作形旁,也叫义符;另一个部分表示字的读音,叫作声旁,也叫音符,将形旁与声旁组合起来分别提示字的意义和字的读音的造字方法就是形声造字法。形声字的形体虽然不能直接表达认知对象,却能够反映出认知对象的某些属性或某种联系。例如“木”字旁表示所指称的对象都属于“树木类”,“金”字旁表示所指称的对象都属于“金属类”。同一个形旁与不同的声旁结合,可以构成许多属于同一类意义的字。例如:用“木”作形旁,可以组成“杆、柄、桃、梅、梨、枝、株、棵、枫、棚”等与“木”有关的形声字;用“土”作形旁,可以组成“场、境、址、坊、坝、坎、墙、基、垦、墓”等与“土”有关的形声字。形声字不仅可以表示事物之间的联系,还可以表示事物之间的区别,同一个声旁与不同的形旁结合,就可以构成许多声音相同或相近而意义类属不同的字,例如用“古”作声旁,可以组成“估、姑、沽、咕、故、菇、固、钴、辜、牯”等声母和韵母为“gu”的形声字;用“交”作声旁,可以组成“胶、郊、茭、娇、姣、皎、狡、骄、较”等声母和韵母为“jiao”的形声字。形声字是一种能产度很高的构形模式,据统计,《说文解字》载小篆中的形声字有 8200 多个,占《说文》总字数的 87%左右。现代汉字的形声字数量更多,约占总字数的 90%以上。可以说,汉字是以形声字为主体的文字,形声字以形符和义符为纲,把 90%的汉字类聚为一个形声系统。

在人工概念的实验材料中,凡具有相同的偏旁部首的汉字都具有相同的读音,被测试人在采用配对学习法学会若干汉字以后,就能够逐渐正确地读出具有同一偏旁部首的许多汉字,也就是说,了解了形声字的特点,就可以帮助人们识记汉字。汉字的结构比较复杂,有些字的笔画很多,一笔一画地记忆比较困难。但如果是形声字,只要知道它是由什么形旁和什么声旁组成的,记忆起来就比较方便。比如“鱼鳞”的“鳞”字,只要记住是由形旁“鱼”和声旁“粦”组成的,掌握起来就容易多了。因此,用形声法简化出来的简化字受到普遍欢迎。如“憂”简化为“忧”、“驚”简化为“惊”、“膠”简化为“胶”、“護”简化为“护”、“膚”简化为“肤”。可见,繁体字相对而言笔画繁多,不便于记忆;简化字好认、好记,易于使用。人们还可以利用形旁和声旁辨别一些形似字和同音字,避免写成别字,比如“货物”的“货”和“贷款”的“贷”,它们都是上声下形结构,形旁又都是“贝”,但二者的声旁不同,因此读音也不一样,这样就可以利用声旁把两个字区别开来,而不至于把“贷款”写成“货款”,或把“货物”写成“贷物”了。又比如“根”和“跟”是同音字,声旁都是“艮”。但“根”的形旁是“木”,表示这个字的意义与植物有关;“跟”的形旁是“足”,表示这个字的意义与脚有关,利用这两个字的形旁就可以区别它们的意义,而不至于把“根本”写成“跟本”,或把“跟随”写成“根随”。

再如，人们在给化学元素命名时经常采用形声造字法。除了从古代中国就发现而且常用的元素“金、银、铜、铁、铂、锡、硫、碳、硼、汞、铅”等外，19 世纪和 20 世纪以来化学元素的中文名称大都采用形声造字法进行创造。这类汉字都是由一个表示意义的部首和一个表示读音的部件构成，部首来表示常温时的物态：“钅”为固体金属，如 Er(Erbium)＝钅＋耳→铒；“石”为类金属，如 I(Iodine)＝石＋典→碘（“典”表读音）；“气”为气体，如 Ar(Argon)＝气＋亚→氩（“亚”表读音）；“氵”和“水”为液体，如 Br(bromine)＝氵＋臭→溴（希腊文 brome 意为“恶臭”，“臭”表读音）。声旁则大多根据欧洲和北美洲现代或中古化学家或地域名称选择读音相近的汉字。例如：

镁——拉丁文意为“美格里西亚”，希腊一城市。

锶——拉丁文意为“思特朗提安”，苏格兰地名。

镓——拉丁文意为“家里亚”，法国古称。

铪——拉丁文意为“哈夫尼亚”，哥本哈根古称。

铼——拉丁文意为“莱茵”，欧洲著名的河流。

镅——拉丁文意为“美洲”。

钐——拉丁文意为“杉马尔斯基”，俄国矿物学家。

镄——拉丁文意为“费米”，美国物理学家。

钔——拉丁文意为“门捷列夫”。

锘——拉丁文意为“诺贝尔”。

铹——拉丁文意为“劳伦斯”，回旋加速器的发明人。

由此可见，任何事物都是普遍联系着的，事物之间的相互联系是事物存在的形式，体现出事物的性质。认识事物性质的重要环节就是正确地把握事物之间的相互联系。“汉字通过特定的形体表现出事物之间的相互联系，并通过这种联系使认知对象形成类聚体，从而使认知对象有序化，这是汉字的一个重要作用，我们称之为类化作用”，[①]可以说，形声字的部首偏旁同时提供了一种归类和排检的方法和手段。

二、类推在人们利用词语模创造新词语活动中的作用

（一）利用词语模类推是语言自我调节功能的体现

语言的自我调节功能指“在交际需求和语言内部平衡趋势的制约和协调下，对语言现象和语言系统的结构要素及其关系作出某种程度的调整，使语言

---

① 王玉新：《汉字认知研究》，山东大学出版社 2000 年版，第 12 页。

适应和满足动态功能的要求，充分发挥人类最重要的交际和思维工具的作用”。[①] 语言的自我调节是语言系统的内部运动，其目的是满足社会交际的需要和社会心理的需求，维持自身结构系统的相对平衡和稳定。一方面，语言要及时调整、创造新的词语追踪并记录新出现的事物和现象，另一方面，语言要在旧的平衡和稳定被打破所造成的失衡状态中通过自我调节达到新的平衡和稳定。例如古汉语以单音节词为主，因此形成了大量的同音词和一词多义现象，在交际中容易产生歧义。汉语对此进行自我调节的结果就是使汉语词汇双音节化。双音节化不但削弱了同音词的消极作用，使词在表义上语义明确、词性分明，而且还使汉语的词和语素逐渐分离，使复合词成为词汇结构的主体，为创造新词语开辟了广阔的道路。考察当代汉语词语模在创造新词语时的运行方式可以发现，无论是词语模构式的创造与认同还是词语群的聚合与壮大，语言内部的自我调节功能都起到不可或缺的作用。词语模能够在当代汉语中大放异彩，正是当代汉语为适应交际的需求而进行自我适应、自我调节的结果。

在语言的发展过程中，一些语言成分需要跟另外一些语言成分协调一致，这就是语言的类推机制。类推是“在语言的某种其他规则模式的影响下语法和词汇形式发生变化的过程和结果”，[②]类推使语言的规则固定下来，新的语言成分的产生都要按照已有的语言成分的模式进行，并且使不规则的形式按照一定的样式统一起来，类推也能使巩固的语言成分结构发生同类性质的变化。语言自我调节的内容之一就是进行不断的自我增值，类推机制在创造新词语方面具有独特的价值，它是词语模迅速、批量地创造新词语的内在推动力。围绕一个不变的共有的模标成分，在可变的模槽位置上根据交际需要置换新的语言成分，这样便可以利用词语模源源不断地创造出新的词语。例如“×效应”中的“效应”本指“物理的或化学的作用所产生的效果”，如“光电效应、化学效应”，如今则可以“泛指某个人物的言行或某种事物的发生、发展在社会上所引起的反应和效果”。在共同成分模标的导引下，人们根据交际需求不断地置换模槽成分，从而不断地类推出新的词语。“×效应”词语群可以指称众多的人或事物，模槽成分也逐渐扩大，一些短语、英语单词以及汉字和字母的组合也开始进入这一构式，如：

蝴蝶效应　近因效应　青蛙效应　鲶鱼效应　晕轮效应　木桶效应
泡菜效应　海潮效应　手表效应　网络效应　马太效应　观众效应
美女效应　美人效应　乔丹效应　权威效应　南风效应　递进效应

---

① 刘吉艳：《汉语新词语词群现象研究》，中国博士学位论文全文数据库，2009 年。

② 哈特曼、斯托克：《语言和语言学辞典》，黄长著等译，上海辞书出版社 1981 年版。

瓶颈效应　共生效应　名片效应　邻里效应　名人效应　深圳效应
承包效应　明星效应　名牌效应　品牌效应　轰动效应　负面效应
文化衫效应　茹尔丹效应　自己人效应　苏东坡效应　舒马赫效应
关系场效应　世界杯效应　安慰剂效应　飞去来器效应　心理相容效应
社会效标效应　心理定势效应　责任分散效应　罗密欧与朱丽叶效应
WTO效应　N遍效应　stroop效应　zicolas效应　sp效应
Sandbox效应　ipod效应　Romance热效应

这种通过词语模类推产生的新词语，能够比较集中地反映某些事物或现象，既能适应社会的发展，又能满足人们的心理需求，同时又体现出语言的自我调节功能。类推出来的新词语越多，模标在词汇意义和语法意义等方面就越容易发生泛化和虚化，这种泛化和虚化起初是个别的、临时的表现，但是在类推机制的作用下，大量结构比较稳定、词性和理据性比较一致的新词语就会被创造出来，从而显示出词语模在新词语创造以及运用方面的优势和强势地位。

（二）类推在词语模中的运行特点

1.类推之"类"充分体现出"异中求同"与"同中求异"的特点

类推是在把握了事物与事物之间的内在的必然联系的基础上展开的。人类具有从多角度、多方位认识事物的能力，能够比较全面地认识事物的内部与外部之间、此事物与彼事物之间的多种多样的联系。人们对"类"概念的认识，不仅仅可以指"相似"、"相像"、"相同"或"相等"，而且还可以指"不相似"、"不相像"、"不相同"或"不相等"。"人"是一类，"鸟"是一类，"兽"是一类，"虫"是一类，"鱼"是一类，如果以"人"这一类作为观测点的话，"鸟"、"兽"、"虫"、"鱼"就是"非人类"。也就是说，相同是类，相异是类，"不类"也是一种"类"。认知语言学认为，语言本身的结构范畴跟人类认识周围的非语言世界是类似的。作为人类认知的工具和人类认知的产物，语言在其结构和功能方面反映出人类较为普遍的认知能力，其中最重要的一项就是划分范畴的能力，即"异中求同"的能力。划分范畴是人们认知客观世界的必不可少的能力。"同中求异"和"异中求同"都是常见的思维方式。所谓"同中求异"就是将相同的事物进行比较，找出它们在某个方面的不同之处，将相同的事物区别开来。所谓"异中求同"就是对不同的事物进行比较，找出它们在某个方面的相同之处，将不同的事物归纳起来。

新词语产生的社会原因就在于新事物和新观念的层出不穷。新事物、新观念跟旧有事物和旧有观念之间存在着各种各样的联系，语言中绝大部分新词语就是因为这种联系而在已有词语的基础上被创造出来。相似性是新旧事物、新旧观念之间的联系方式之一，表现在新旧词语之间的关系上，就是新旧词语之间也存在着相似性。当代汉语词语模创造新词语的过程充分体现出“异中求同”与“同中求异”的特点。例如“超音速、超高度、超时空、超导体、超规模”等新词语的概念意义各不相同，其中的模槽成分——“音速、高度、时空、导体、规模”等词的概念意义也各不相同，但是这些词却因为共同的模标——“超”而汇集为一个词语群。词语模的类推机制正是如此，以共同的模标为中心，以类推为方式，把那些词汇意义各不相同但却具有某一共同特征的成分聚集在一起，从而创造出新的词语。

2.类推之“推”充分体现出以“类”为基础进行推理的特点

所谓“类”，指的是事物之间同异关系的概括。所谓“推”，指的是推理能力。赵彦春(2003)介绍了 Marconi(1998)提出的“词汇能力”这一概念。Marconi 将词汇能力区分为“指称能力”与“推理能力”两个方面。指称能力(referentiality)是能够用词正确地指称世界或社会的能力，它是一种默示知识，藉此，话语者能够将词正确地运用于现实世界的物体或存在，而不需要对词进行大脑处理。推理能力(inferentiality)是能够理解词的构成、派生和语义变化等机制，能够感悟和产出新词的能力，指的是在构词、语义变化、词汇/语义网络等方面的有意识的知识。语用主体在词汇处理中如果能够运用这一知识，就会拥有词汇的推理能力。推理能力是一种有意识的知识或关联机制，凭借这种能力，语用主体就可以根据构词等规则对词进行处理，或者进行意义建构，也能够理解从未见过的词，或者生成一个别人也能接受的词，并且能够建立词汇/语义网络中一个词与另一个词之间的语义联系。总而言之，推理能力是根据词汇的生成规则进行词汇处理和/或意义建构的有意识的知识或关联结构。①

人脑的认知可以分为两个部分：一是对客观事物进行感知，形成表象或意象、概念、范畴的过程；二是对事物关系进行分析、判断和推理的过程。这两个部分互相联系，互为依存。词语模是人类的认知能力在创造新词语时的体现，这是因为词汇能力是语言能力的一部分，属于内部语言系统模块。由于内部语言系统模块属于更大的认知模块，所以词汇能力可以理解为人类认知能力的一部分。人们具有词汇能力，所以能够创造并且理解新词语，而词语模的特殊性又使人们常常会选择、利用这一经济实用的方式去表达新概念，创造新词语。“词语模的类推机制是以不变的模标为中心，经过类推，将具有相同语法功能的词语纳入模槽中，类比推理因受其他条件的制约比较小，应用起来更简洁、高效和实用。”②由此可见，词语模构式具有一种启动效应，模标成分会激活其他成分，模槽成分会因语言表达者的需要而被筛选出来与模标成分匹配，从而形成

---

① 赵彦春：《认知辞典学探索》，上海外语教育出版社 2003 年版，第 4 页。

② 禹存阳：《现代汉语词语模研究》，中国优秀硕士学位论文全文数据库，2006 年。

一个新词语。具有抽象性的词语模意味着使用时的可类推性，类推便是批量生成新词语的运行方式，而且从理论上说，类推可以创造出不可胜数的新词语，所谓“道生一，一生二，二生三，三生万物”就是这个道理。

（三）类推与词语群现象、词语的潜显现象

类推是语言发展和演变的重要机制，类推的过程也是潜在的语言成分由潜隐转向显现的过程。王希杰指出，“语言的自我调节活动，从某种意义上说，其实是它对自己的潜在能力的利用和开发”。[①] 在类推机制的作用下，当代汉语词语模成为批量生成新词语的模型，当代汉语词语模所创造的新词语也就形成了形形色色的词语群，这种现象是当代汉语新词语创造活动中出现的一个引人注目的语言现象。所谓词语群，实际上就是具有某一共同特征的一群词语的聚合，其聚合过程正是一个类推过程，其结果就是通过类推产生具有共同结构特征的词语群。例如“经济”一词，经济学上指的是社会物质生产和再生产的活动，即国民经济的总称，也指国民经济的各部门，如工业经济、农业经济等。如今多用来指某一方面的经济活动和现象，意义发生了泛化，产生的词语构成了相当可观的“×经济”词群。如“泡沫经济”指的是在市场经济条件下，资产价格剧烈波动，其市场价格远远高于实际价值的经济现象；“美女经济’指的是围绕美女资源所进行的财富创造和分配的经济活动；“眼球经济“指的是依靠吸引公众注意力从而获取经济收益的一种经济活动，是“注意力经济”的形象比喻。其他如：

知识经济　县域经济　实体经济　奥运经济　彩票经济　草根经济
会展经济　旅游经济　气象经济　生态经济　庭院经济　网络经济
休闲经济　虚拟经济　假日经济　循环经济　选美经济　求职经济
通道经济　辛格经济　新生经济

类推机制下产生的新词语系统是一个开放的系统。人们可以不断地运用类推的方法创造出新的词语。利用词语模进行类推造词关涉到新词语的潜性问题和显性问题，我们在第一章第一节已经指出，就词语模而言，模标元素、模槽元素以及词语模所形成的词语都具有潜显性，它们是否会显现，什么时候显现，显现之后是否能够得以流传，都取决于它们是否会被我们所在的语言社团因表达的需求而利用和开发。

□ 小　结

1. 类推是人类的一种思维方式、创新方式，从语言发展与演变的角度看，类

① 王希杰：《论语言的自我调节功能》，《柳州职业技术学院学报》2002 年第 2 期。

推是一种普遍存在的语言机制，也是语言自我调节功能的体现。词语模的运行方式就是类推，运用词语模类推新词语的过程，实际上是一种以“类”为基础，从已知到未知的思维过程，这种思维过程是一种创造性思维活动。

2.利用词语模创造新词语的现象古已有之，但很明显，只有在当代汉语新词语的创造活动中，词语模才得以大显身手，其原因有三：从社会因素来看，改革开放之后中国社会迅猛发展，各种相互关联的新事物、新现象源源不断地大量涌现，这就必然要求新词语的创造紧跟时代步伐，满足社会生活的需求；从语用主体的语言观念和语用心理来看，在社会大变革、大发展的背景下，人们的语言观念变得前所未有的开放，人们的语言创新能力得到了空前的释放；从语言体系的自我调节功能来看，语言进行自我调节的目的是满足社会交际的需要和社会心理的需求，维持自身结构系统的相对平衡与稳定。

3.与其他造词方法相比，词语模本身具有显而易见的创造新词语的优越性，当代汉语词语模是人们在词语使用和创造的过程中逐步约定俗成的。人们可以根据表达的需要，在既定模标的导向作用下，往模槽的空位里填上新的语素、词或词语，从而创造出一个崭新的词语。这个新创造的词语并不会给人以完全陌生的感觉，不会造成人们理解上的障碍，这是因为模式是能够复制的，人们复制模式的框架并进行类推，操作起来既省时又省力，既方便自己的创造又利于他人的理解，因此完全可以称得上经济实用、高效盛产。在利用词语模创造新词语的活动中，每一次类推的过程，实际上就是对模标元素与模槽元素组合定式的一种突破，也就是对模式进行仿造和翻新的过程，这就充分体现出词语模运行机制的特色：通过既定模标进行联想，见词而晓义，温故而知新，推陈而出新。

第四章　当代汉语词语模类型考察

一个词语模所创造的新词语不仅仅是模标与模槽的机械性聚合体，而且是更高结构层次的单位。词语模的性质和类别取决于作为其结构单位的模标与模槽的性质与类别。当代汉语词语模的构式是一个创造新词语的模式，其中的模槽元素是一个变数，是调节性的成分，因此比较难以从这个角度去考察词语模的类别；但其中的模标元素却是一个常数，是结构性的成分，因此，对于当代汉语词语模类型的考察可以依据构式与模标两个要素进行。比如，可以从词语模的框架结构、词语模的语法功能、词语模的能产度、模标的语义特点、模标的音节数量等角度来划分。

本章在各家相关研究成果的基础上，侧重于考察当代汉语词语模的结构类型、语义类型和源流类型。

第一节　相关研究成果述评

一、李宇明的研究成果①

李宇明主要从两个角度分析了现代汉语词语模的类型。

（一）依据模标和模槽的位置划分

依据模标和模槽的位置将词语模分为“前空型”、“后空型”和“中空型”

① 李宇明：《词语模》，载邢福义主编：《汉语语法特点面面观》，北京语言文化大学出版社1999年版。

三类。

前空型是指模槽在前、模标在后的词语模类型。前空型的模标一般都是名词性成分，或为单音节，如“×病”；或为双音节，如“×小姐”；或为三音节，如“×专业户”。有一些前空型的模标，看起来似乎是非名词性的，例如“×热”、“×迷”、“×大战”、“×服务”等，但是，它们在词语模中的作用也已经带有较多的名词性。因此，前空型词语模所造出的词语，基本上都是名词性的。可以进入前空型模槽中的词语类型较多，例如，在“股票热、汉语热、托福热、卡拉OK热”等词语中，出现在模槽里的词语多数是名词性的；也有一些谓词性的词语，如“出国热、选美热、考研热、旅游热”等，但是这些词语表示的都是事物或是事情，从功能上看，基本上都是对模标起修饰限制作用。

后空型是指模槽在后、模标在前的词语模类型。这种类型的模标丰富多彩，能出现在模槽里的词语也多种多样。模标可以是前缀，如“老×”；模标可以是名词性词语，这种情况下出现在模槽中的词语基本上是名词性词语，有些是谓词性的，模标成分与模槽成分之间基本上都是定心关系，如“文化×”、“第三×”；模标可以是形容词性词语，这种情况下出现在模槽中的词语可以是名词性成分，也可以是谓词性成分，相应地，模标成分与模槽成分之间可以是定心关系，也可以是状心关系，如“大×”；模标可以是动词性词语，这种情况下出现在模槽中的词语可以是名词性的，也可以是谓词性的，模标成分与模槽成分之间是动宾关系，如“导×”。后空型所创造出的词语有名词性的，也有动词性的，无论是模标的类别还是模标与模槽的语义、语法关系，后空型词语模都要比前空型词语模复杂。

中空型是指一个词语模中有两个模标，一在前，一在后，中间是模槽。例如“吃×饭”创造了“吃贷款饭、吃关系饭、吃会议饭”等新词语。

(二)依据词语模及其基式的来源划分

词语模及其基式有三个主要来源：继承、引进和新造。语言在每一时期都拥有许许多多的词语模，有些词语模随着语言的发展变化而逐渐萎缩或丧失造词功能，而有些则依然保持着旺盛的生殖能力，如“洋×”、“高×”等原有的词语模创造出来的词语，在新词语中占有相当大的比例。有些词语模或者词语模的基式是从外语、方言和其他行业语中引进的，如“迷你×”源自英语，“宰×”源自北京一带的方言，“×效应”源自物理、化学用语。新造的词语模往往都同已有的词语或词语模有关系，其产生方式包括：由基式抽绎而成，如“×明星”；改造原有词语模而成，如“×星”和“明星×”由“×明星”改造而成；分化原有词语模而成，如由“吃×”分化出“吃×饭”。

李宇明主要依据模标和模槽的位置对词语模进行分类，凸显了词语模结构上的形式标记,“前空型”、“后空型”、“中空型”是以模槽为观测点。尤其令人关注的是,他还从模标和模槽的位置出发,考察了在具体词语模中模标成分与模槽成分的语法功能,分析了模标与模槽的语义、语法关系,为以后的研究奠定了相当高的基础。同时,又从词语模形成的语言条件出发,根据词语模及其基式的来源将词语模分为继承的、引进的和新造的三种,这一观测点对我们的启发是:不仅要从共时角度,而且要从历时角度考察词语模的演变与发展。由于篇幅限制,李宇明的《词语模》未能体现更加细化的分类研究。

二、禹存阳的研究成果[①]

禹存阳从三个角度分析了现代汉语词语模的类型。

(一)依据模标和模槽的位置划分

根据模标和模槽的位置,词语模的组合模式分为模标前置式和模标后置式两种。模标前置式如“半×”,组成的词语有“半成品、半导体、半决赛、半流质、半文盲、半劳力”等。模标后置式如“×小姐”,组成的词语如“礼仪小姐、导游小姐、公关小姐、空中小姐”等。

(二)依据模标的音节划分

根据模标的音节数,将词语模分为单音节、双音节和多音节三种。单音节的如“×制”,组成的词语如“股份制、合同制、聘请制、终身制、AA制、双轨制、分餐制、夏时制”等。双音节的如“文化×”、“×食品”,组成的词语如“文化广场、文化快餐、文化垃圾、文化消费、文化夜市”、“黑色食品、绿色食品、强化食品”等。多音节的如“新概念×”、“×专业户”,组成的词语如“新概念英语、新概念电脑、新概念空间、新概念车型”、“养鸡专业户、蔬菜专业户、发明专业户、文化专业户”等。

(三)依据词语模整体的语法功能划分

根据词语模整体的语法功能,将词语模分为名词性、动词性两种。名词性的如“×圈”、“×户”,组成的词语如“娱乐圈、文化圈、政界圈”、“个体户、拆迁户、冒尖户、万元户、钉子户”等。动词性的如“玩×”、“炒×”,组成的词语如“玩文学、玩笔杆、玩深沉、玩高雅”、“炒股票、炒外汇、炒新闻、炒名人”等。

在禹存阳的三种分类中,有两种是以模标为观测点的。第一种是根据模标与模槽的位置分为“前置式”和“后置式”,但只分为两类则显得不够全面,诸如“吃×饭”之类的词语模就没有被列入研究视野。第二种是根据音节的多少分

---

① 禹存阳:《现代汉语词语模研究》,中国优秀硕士学位论文全文数据库,2006年。

为“单音节模标”、“双音节模标”和“多音节模标”，这是一个新的分类角度，对研究词语模的内部组合方式有启发作用。第三种是根据词语模整体的语法功能分为名词性、动词性两种，但也显得比较粗疏。

三、曹春静的研究成果①

曹春静从四个角度分析了当代汉语词语模的类型。

（一）依据模标和模槽的位置划分

根据模标和模槽的位置，将词语模分为前附式、后附式和叠加式三种。前附式词语模是指模标在前、模槽在后的词语模，例如“超×”、“非×”、“亚×”、“准×”、“泛×”、“后×”等。后附式词语模是指模标在后、模槽在前的词语模，例如“×迷”、“×虫”、“×户”、“×盲”、“×族”、“×热”等。叠加式词语模是指一个词语模进入另一个词语模的情况，例如“后×主义×风”可以构成“后淑女主义风”，先由“×主义”构成“淑女主义”，再由“后×”构成“后淑女主义”，然后进入“×风”构成“后淑女主义风”。

（二）根据模标的音节数量划分

根据模标音节数量的多少，将词语模分为单音节、双音节和多音节三种。单音节模标词语模的模标只含有一个音节，如“×族”、“×度”、“×界”、“反×”、“准×”、“泛×”、“后×”等。双音节模标词语模的模标含有两个音节。这类词语模有两种情况，一是只包含一个双音节的模标，如“×意识”、“×现象”等；二是两个单音节模标叠加的词语模，如“零×族”、“非×性”等。多音节模标词语模的模标是三音节或三个以上的音节，如“后×主义”、“非×主义”、“反×主义”、“后×主义×风”等。

（三）依据词语模模标的来源划分

根据词语模模标的来源，将词语模分为自源、他源和混合型三种。自源词语模的模标指本民族语言中固有的类词缀或按汉语自身规律发展而来的形成一定类义的词或语素，如“×迷”、“×派”、“×户”、“×友”、“×热”等。他源词语模的模标主要来自外语，如“半×”（semi-）、“超×”（super/ultra-）、“反×”（anti/counter-）、“后×”（post-）、“×族”等。混合型词语模是自源词语模和他源词语模的混合，如“×主义×风”、“×主义×热”、“后×主义”、“反×主义”等。

（四）依据词语模的语法功能划分

根据所标示词性的功能不同，将词语模分为名词性词语模、动词性词语模、

① 曹春静：《当代汉语词语模研究——兼论新词新语》，中国优秀硕士学位论文全文数据库，2007年。

形容词性词语模和区别词性词语模。名词性词语模如“×迷”、“×友”、“×盲”、“×族”、“×派”、“×坛”、“×界”、“×性”、“×度”、“×式”、“×型”、“×感”、“×热”等，由此构成的词语都是名词性的。动词性词语模如“×化”等，由此构成的词语一般都是动词性的。形容词性词语模如“多×”等，由此构成的词语大多是形容词性的。区别词性词语模如“×式”，由此构成的词语大多是区别词性的。

曹春静对词语模类型的划分，在不少方面体现出新的见解，例如根据模标和模槽的位置，将词语模分为前附式、后附式和叠加式三种，其中的“叠加式”注意到词语模结构上的套叠现象，兼顾了模标与模槽成分的组合层次，颇有新意。再如根据所标示词性的功能不同，将词语模的类型细分为名词性词语模、动词性词语模、形容词性词语模和区别词性词语模四种，比先前的研究有了进一步的拓展。

四、周荐的研究成果

周荐对《现代汉语词典》中的“待嵌格式”（如“半……半……”、“说……道……”等）[①]，从词典收录角度进行了研究，认为“待嵌格式”在结构类型上可以分为“一三字显、二四字隐”和“一三字隐、二四字显”两种格式。关于“语模”[②]，周先生指“熟语模”，也就是说，“语模”所从出的短语和以“语模”为基础结构出的新短语都是熟语，这样的“语模”具有熟语架构的性质。他主要从三个角度分析了语模的类型。

（一）依据“语模”的结构形式划分

依据“语模”的结构形式，可以将“语模”分为若干种外在标志不同的语模，如“别拿 N1 不当 N2V”、“将 V 进行到底”、“V 自己的 N，让别人说去吧！”、“N1 也是 N2”、“拿什么 VN，NP”等。

（二）依据“语模”产生的时间划分

依据“语模”产生的时间，可以分为既有的语模和晚近常见的语模两种。既有的语模如“一笔写不出两个 N 字”、“照 V 不误”等；晚近常见的语模如“N 不是请客吃饭”、“都是 N/V 惹的祸”等。

（三）依据“语基”是否可寻划分

绝大多数语模都是根据曾经存在过而且造成了相当大的影响的一个短语构造的。这个短语，相对于语模而言可称为“语基”。语基化为语模的方式都是将语基中的某个词、语或小句撤掉，使原来的语基变成一个语模之后，再填充进

---

① 周荐：《汉语词汇结构论》，上海辞书出版社 2004 年版，第 283－291 页。

② 周荐：《“语模”造语浅说》，《语文研究》2008 年第 1 期。

一个新的词、语或小句，成为一个新的短语。依据“语基”是否可寻，可以将“语模”分为难寻的与可寻的两种。语基难寻的如“照 V 不误”、“一笔写不出两个 N 字”等；语基可寻的按其来源又可分为以下几种情况：(1)源自名言名作，如“N 是这样 V 成的”出自苏联作家尼·奥斯特洛夫斯基的名著《钢铁是怎样炼成的》。(2)源自俗语，如“V 什么别 V＋N”出自俗语“有什么别有病，没什么别没钱”。(3)源自歌曲，如“N1(处所名词)出了个 N2(表人名词)”出自民歌《东方红》中的“东方红，太阳升，中国出了个毛泽东”。

周荐对“待嵌格式”以及“语模”的类型研究，具有重要的启发意义：首先，可以促使我们对“词语模”的外延进行进一步的思考——“模”不仅可以是“词模”，而且可以是“语模”，甚至可以是“句子模”，我们可以从更宏观的方位观察、研究词语模现象。其次，无论“词模”还是“语模”(我们统称为“词语模”)，都不纯粹是新出现的现象，它们在汉语词汇发展史上都占有一席之地，在过去和现在，尤其是现在，都发挥着引人注目的创造新的词语、新的表述形式的作用，在将来也必将如此。

□ 小　结

综合以上各家研究成果，我们认为，对当代汉语词语模类型的研究，应该考虑下列因素：

1. 词语模的构式元素——模标与模槽所处的位置是分析词语模类型的不可或缺的观测点，同时也要考虑模标的音节数，因为模标的音节数直接影响到整个词语模所生成词语的组合模式，还要考虑词语模的语法功能类别，因为词语模所创造的新词语是其上位结构层次的单位。

2. 从源流方面看，汉语词语模有继承，有引进，也有创新，因此，词语模的来源也是重要的观测点之一。

3. 词语模的模标具有类化作用，充当模标的语言成分可以是典型的词缀或词根，也可以是非典型的词缀或词根。由于某一词语模所统辖的词语群是以某一模标的语义为中心而形成的聚合体，因此可以将模标的语义是否虚化作为类型划分的观测点之一。

4. 模标的音节数量、词语模所生成词语的特点、模标与模槽显示的语法特性以及模标、模槽的文字体态特点等方面，都可以作为当代汉语词语模类型划分的观测点。

第二节　当代汉语词语模的一般构式类型

本节从当代汉语词语模框架结构的角度出发，同时结合模标的音节数量、词语模所生成词语的特点、模标与模槽显示的语法特性以及模标、模槽的文字体态特点等方面，将当代汉语词语模的一般构式分为单模标后置型、单模标前置型、多模标套叠型、熟语型等类型。

一、单模标后置型词语模及其特点

单模标后置型词语模指模槽位置在前、模标单一且位置在后的词语模，即"×＋模标"型。其特点如下。

(一)单模标后置型词语模模标的音节特点

单模标后置型词语模的模标可以是单音节、双音节和三音节，其中单音节、双音节的都比较常见，三音节的较为少见。例如：

1. ×＋单音节模标

×吧　×霸　×病　×城　×虫　×的　×度　×风　×感　×哥
×户　×花　×化　×际　×姐　×界　×卡　×客　×库　×力
×龄　×领　×盲　×门　×迷　×民　×模　×奴　×啤　×品
×聘　×评　×气　×圈　×权　×热　×人　×嫂　×商　×士
×式　×市　×坛　×托　×屋　×星　×型　×性　×秀　×爷
×友　×制　×族

2. ×＋双音节模标

×板块　×产业　×达人　×大使　×大战　×服务　×工程　×关怀
×家庭　×经济　×精神　×快餐　×老虎　×明星　×模式　×农业
×泡沫　×瓶颈　×情结　×群体　×食品　×收入　×套餐　×文化
×污染　×物语　×现象　×消费　×小姐　×效应　×行动　×一代
×一哥　×一姐　×一族　×意识　×幽默　×指数　×主义　×住宅
×状元　×族群

3. ×＋三音节模标

×专业户　×综合征

(二)单模标后置型词语模模标、模槽显示的语法特性[①]

1. 从模标显示的语法特性看

单模标后置型词语模的模标大多为名词性成分，表示人或事物的名称，其中多数模标本身就是名词，包括大部分单音节、双音节以及所有三音节模标，如"×城"、"×风"、"×产业"、"×明星"、"×专业户"等。

一部分模标原本就是名词性词语的标志，如"×度"、"×感"、"×际"等。

一部分模标可看作名词性的，也可看作非名词性的，但从这类模标在整个词语模中的功能来看，它们都是模槽成分修饰、限定的对象，已经转变为某种性质或状态的标志。因此，它们在词语模中的作用已经带有较多的名词性，如"×热"、"×迷"、"×大战"、"×服务"等。

2. 从模槽显示的语法特性看

可以进入单模标后置型词语模模槽中的成分，根据模标成分的语法特征，可以分为以下几种情况：

(1)如果模标是名词性成分，那么能够进入模槽的成分多数也是名词性的，表示模标的性质，与模标构成定中关系。模槽成分也可以是谓词性的，但这些谓词性成分所表示的都是某种事物，都是对模标的类属所作的修饰、限定，因此与模标也构成定中关系。例如"×吧"生成的词语：

模槽成分是名词性的：

茶吧　冰吧　布吧　彩吧　餐吧　车吧　迪吧　股吧　果吧　画吧
话吧　街吧　咖吧　乐吧　冷吧　路吧　啤吧　棋吧　琴吧　球吧
森吧　石吧　书吧　水吧　陶吧　图吧　网吧　性吧　氧吧　影吧
浴吧　玻璃吧　彩妆吧　功夫吧　股票吧　花卉吧　基金吧　咖啡吧
考试吧　零点吧　露天吧　芦荟吧　漫画吧　摩托吧　书画吧
玩具吧　温泉吧　文化吧　小说吧　休闲吧　音乐吧　英语吧
游戏吧　百度贴吧　百度百科吧

模槽成分是谓词性的：

贴吧　烤吧　剪吧　怀旧吧　健身吧　射箭吧　直播吧　考研吧
浅尝人生吧

(2)还有一些模标是构成区别词的标志，表示人或事物的属性或特征，具有区别或分类的作用，如"×式"和"×型"就分别表示式样和型号。能够进入模槽

---

① 黄伯荣、廖序东:《现代汉语》(增订3版)，高等教育出版社2002年版，第12页注释①:"语法特性包括语法功能、形态和意义"。语法特性体现在词语的各种组合结构之中，因此我们把它列为"词语模的构式类型"的考查范围。

的成分可以是名词性的、动词性的、形容词性的，也可以是区别词性的。例如：

"×式"——

名词性的：

蛙式　中式　美式　苏式　螺旋式　波浪式　快餐式　家庭式　传奇式　注解式　阿Q式　英国式　候鸟式　柏拉图式　王进喜式　百科全书式

动词性的：

跪式　卧式　轰炸式　介入式　突破式　便携式　蜻蜓点水式　拖泥带水式　条件反射式　连篇累牍式

形容词性的：

新式　旧式　俏式

区别词性的：

男式　女式　全能式　全景式　非日本式　纯酒店式　大型连锁式

"×型"——

名词性的：

运动型　营养型　智力型　理想型　力量型　智能型　战略型　科技型　都市型

动词性的：

创新型　开拓型　生产型　学习型　经营型　扩张型　节约型　节能型　进攻型　研究型　防御型　混合型　封闭型　家居型　离散型

形容词性的：

保守型　环保型　精密型　经济型　豪华型

区别词性的：

特大型　外向型

需要说明的是，"×式"、"×型"等词语模构成的词语还可以跟别的成分组合，构成新的名词性词语，表示一个比较复杂的概念。从整体结构看，是单模标与双模槽组合的构式，比较典型的是"(×1＋性/化/型/式)＋×2"。例如：

(×1＋性)＋×2：

可行性分析　研究性学习　批判性研究　开放性试题　可塑性指标　整合性教学　商业性开发　叙事性解读　边缘性人格　前瞻性理念　持久性有机污染物

(×1＋化)＋×2：

无纸化办公　娱乐化新闻　格式化表单　规范化运作　自动化运行　层次化结构　模块化设计　大众化高等教育

（×1＋型）＋×2：

针型阀　智能型犯罪　节约型社会　失业型复苏　学习型组织
环保型汽车　经济型酒店　深罩型油烟机　外向型企业　T型区
T型台

（×1＋式）＋×2：

港式家居　对谈式教学　服务式公寓　酒店式公寓　开放式基金
海豚式汽船　嵌入式培训　群岛式社会　植入式广告　中国式离婚
背包式千斤顶　屏蔽式管道泵　一对一式培训　站驾式牵引车
返回式遥感卫星　管家式自助旅游　即热式电热水器　伸缩式数码相机
体验式拓展训练

（三）单模标后置型词语模所生成词语的特点

1.所生成词语的组合模式以“2＋1”和“2＋2”居多

（1）单音节模标跟模槽成分组合后生成的词语大部分是三音节的“2＋1”模式，这是最能产的模式，如“×化”生成的“庸俗化、城市化、国有化、荒漠化、信息化、格式化、数字化、妖魔化、边缘化、民营化”等；一部分是双音节的“1＋1”模式，如“幻化、硬化、亮化、野化、e化”等；小部分是“多＋1”模式，如“高学历化、无公害化、富营养化、环境无害化”等。

需要指出的是，与后置的单音节模标组合的多音节模槽成分，其本身可能具有层次性，如“高学历化”先由模槽成分“高”与“学历”构成“高学历”，再跟模标成分“化”构成“高学历化”，即“高学历＋化”，而不是“高＋学历化”。不过，通常把“高学历”作为一个整体来看待，“高学历化”表示一个动态的过程。

（2）双音节模标跟模槽成分组合后生成的词语大部分是四音节的“2＋2”模式，这是最能产的模式，如“×工程”生成的“希望工程、形象工程、满意工程、慈善工程、安居工程、富民工程、胡子工程、绿色工程、民心工程、放心工程”等；一部分是“多＋2”模式，如“豆腐渣工程、半拉子工程、菜篮子工程、蛋白质工程、送温暖工程、体育温饱工程、学生减负工程、师德建设工程、211工程、一二三家庭读书工程”等。

（3）三音节模标跟模槽成分组合后生成的词语大部分是多音节的“2＋3”模式，如“×综合征”生成的“毕业综合征、婚前综合征、网络综合征、假期综合征、手机综合征、厨房综合征、城市综合征、电脑综合征”等；小部分是“多＋3”模式，如“离退休综合征、慢性疲劳综合征、脆弱儿童综合征、都市环境综合征、都市化综合征、视觉污染综合征、病态建筑物综合征、互联网络成瘾综合征”等。

2.所生成词语有名词性、区别词性两类

（1）后置的名词性模标所构成的词语大多数是名词性的，因为模标处于后置的、标示类属的中心语的地位。如：

×城：

股城　影城　车城　大学城　教育城　电器城　辣椒城　儿童城
服装城　火锅城　健康城　美食城　图书城　动画城　小商品城

×产业：

信息产业　朝阳产业　夕阳产业　支柱产业　文化产业　第一产业
第二产业　第三产业　创意产业　农业产业　动漫产业　新兴产业
体育产业　环保产业　健康产业　通信产业　食品产业　教育产业
旅游产业　游戏产业　幼稚产业　高科技产业　高新技术产业
文化创意产业

×专业户：

养鸡专业户　运输专业户　种子专业户　种粮专业户　发明专业户
获奖专业户　软件专业户　文化专业户　信息专业户　考研专业户
相亲专业户　面试专业户　警察专业户（经常扮演警察角色的演员）
皇帝专业户（经常扮演皇帝角色的演员）

(2)后置的模标所构成的词语有一部分是区别词性的，“×式”与“×型”所构成的都是比较典型的区别词性词语，类似的还有“×性”。不过“×性”与“×式”与“×型”有所不同：“性”加在名词、动词或形容词之后既可以构成抽象名词，如“骨性、前瞻性、潜在性、边缘性、便捷性、随机性、整合性、滞后性、穿透性、装饰性、时效性”（以上属于新词语范围）等，也可以构成区别词，如“急性、慢性、良性、恶性、阴性、阳性、中性、干性、油性、烈性、活性（以上不属于新词语范围）”等。齐沪扬指出，“一性”构成的词，究竟是名词还是区别词，从构形上是很难找出绝对的规律来的，只能从分布上加以考察，[①]这是很有道理的。下面列举一些“×性”构成的新的区别词，这些词语在句法结构中一般处于定语位置：

柔性（管理）　刚性（需求）　知性（女人）　隐性（收入）　显性（成本）
潜性（课程）　险性（事故）　一次性（饭盒）

（四）单模标后置型词语模模标、模槽的文字体态特点

我们所搜集的语料显示，单模标后置型词语模，其模标的文字体态比较单一，都是汉字，但模槽的文字体态则比较复杂。主要有下列几种情况。

1. 汉字型

绝大多数模槽成分都属于这一类型，由于模标都是汉字，因此构成“汉字＋

---

① 齐沪扬：《现代汉语空间问题研究》，学林出版社 1998 年版，第 231 页。

汉字"模式。例如：

×虫：

网虫 房虫 车虫 药虫 人虫 垃圾虫 工程虫 电脑虫 咖啡虫 办公虫 千年虫 千禧虫 万年虫

×泡沫：

股市泡沫 楼市泡沫 经济泡沫 文化泡沫 新闻泡沫 政绩泡沫 科技泡沫 学术泡沫 评估泡沫 商品泡沫 资产泡沫 认知泡沫 爱情泡沫 房价泡沫 房地产泡沫

2. 字母型

这一类型模槽成分是字母词，占有一定的比例，与模标构成"字母＋汉字"模式。例如：

×热：

GRE 热 MBA 热

×族：

BOBO 族 Free 族 Freeter 族 LATTE 族 M 族 MO 族 NEET 族 NONO 族 office 族 SOHO 族

×套餐：

a 套餐 adsl 套餐 GPRS 套餐

×模式：

Blended 模式 Training 模式 E-Learning 模式 E-Tutoring 模式

×一族：

D 一族 DC 一族 DV 一族 QQ 一族 SOHO 一族 BOBO 一族

×族群：

QQ 族群 SOHO 族群 e 时代新族群

3. 数字型

这一类型模槽成分是阿拉伯数字，占有比例较小，与模标构成"数字＋汉字"模式。例如：

211 工程 382 工程 522 工程 666 工程

4. 杂陈型

这一类型模槽成分比较复杂，一般是汉字、字母、数字杂陈，占有比例较小。例如：

(汉字＋字母)＋汉字：

卡拉OK病　卡拉OK盲　卡拉OK热　阿Q式　诺基亚pc套餐

(汉字＋数字)或(数字＋汉字)＋汉字：

奥运88套餐　全球通88套餐　80后一代　90后一代　80后一族　80后族群　新59岁现象

(字母＋数字)＋汉字：

e8套餐

(汉字＋数字＋字母)＋汉字：

都市3H族

二、单模标前置型词语模及其特点

单模标前置型词语模指模标单一且位置在前、模槽位置在后的词语模，即“模标＋×”型。其特点如下。

(一)单模标前置型词语模模标的音节特点

单模标前置型词语模的模标可以是单音节、双音节或三音节，其中单音节、双音节的都比较常见，三音节的较为少见。例如：

1.单音节模标＋×

吧×　扮×　被×　超×　炒×　吃×　出×　打×　大×　导×
多×　反×　非×　高×　国×　哈×　后×　禁×　竞×　看×
可×　酷×　老×　冷×　零×　裸×　名×　跑×　陪×　趋×
热×　软×　晒×　商×　涉×　双×　特×　外×　玩×　网×
新×　秀×　亚×　洋×　硬×　预×　展×　助×　转×　准×
走×　Q×　E×　T×　IT×

2.双音节模标＋×

草根×　超级×　低端×　电话×　电脑×　电视×　电子×　二手×
放心×　非常×　概念×　高端×　环境×　黄金×　绝对×　快餐×
垃圾×　另类×　绿色×　迷你×　明星×　纳米×　泡沫×　情感×
群体×　傻瓜×　山寨×　生态×　数字×　网络×　文化×　问题×
夕阳×　新潮×　新新×　信息×　形象×　休闲×　虚拟×　阳光×
银色×　隐性×　朝阳×　智能×　中端×

3.三音节模标＋×

多媒体×　新概念×　后现代×　转基因×　一次性×

（二）单模标前置型词语模模标、模槽的语法特性

1. 从模标显示的语法特性看

与单模标后置型词语模明显不同，单模标前置型词语模中的模标比较复杂。

（1）单音节模标以动词性、形容词性的居多，名词性的较少。动词性的最为常见，表示动作、行为；形容词性的表示性质、状态；区别词性的表示事物的属性和分类；名词性的由于对模槽成分起修饰、限定作用，因此往往表示某种性质。例如：

动词性的：

扮× 炒× 吃× 打× 导× 哈× 禁× 裸× 跑× 陪×
趋× 晒× 涉× 玩× 秀× 展× 走×

形容词性的：

大× 高× 酷× 老× 冷× 热× 软× 新× 洋× 硬×

名词性的：

吧× 商× 网×

一部分模标是区别词性词语的标志，例如“多×”、“非×”、“双×”等。

（2）双音节模标未见动词性成分，以名词性、区别词性的居多，形容词性的较少，它们的作用都是对模槽成分进行修饰、限制。例如：

名词性的：

草根× 电话× 电脑× 电视× 电子× 环境× 黄金× 快餐×
垃圾× 泡沫× 情感× 群体× 傻瓜× 山寨× 生态× 数字×
网络× 文化× 问题×

区别词性的：

超级× 低端× 高端× 绿色× 纳米× 新新× 隐性× 中端×

形容词性的：

放心× 新潮×

2. 从模槽显示的语法特性看

根据模标的语法特性，能够进入单模标前置型词语模模槽中的成分有下列几种情况：

（1）如果模标是名词性词语，那么能够进入模槽的成分可以是名词性的，与模标构成定中关系；也可以是动词性的，与模标构成状中关系。如“电脑×”生成的词语：

模槽成分是名词性的：

电脑卡　电脑族　电脑贼　电脑裁缝　电脑地图　电脑红娘　电脑教练
电脑大夫　电脑医生　电脑警察　电脑账簿

模槽成分是动词性的：

电脑排版　电脑彩扩　电脑点菜　电脑犯罪　电脑绘画　电脑配餐
电脑算命　电脑验光　电脑照排　电脑征婚

(2)如果模标是动词性成分，那么能够进入模槽的成分可以是名词性的，也可以是动词性的，与模标构成动宾关系。例如"禁×"生成的词语：

模槽成分是名词性的：

禁毒　禁赛　禁渔　禁摩　禁电(电动自行车)　禁白(白色污染)

模槽成分是动词性的：

禁放　禁鸣　禁钓　禁播　禁行　禁宰(宰杀活禽)

(3)如果模标是形容词性成分，那么能够进入模槽的成分可以是名词性的，与模标构成定中关系；也可以是动词性的，与模标构成状中关系。例如"大×"生成的词语：

模槽成分是名词性的：

大巴　大款　大龄　大墙　大礼拜　大排档　大工业　大农业　大教育
大经济　大科技　大科学　大粮食　大水利　大卫生　大文化　大市场
大政工　大环境　大卫生　大气候　大社会　大处方

模槽成分是动词性的：

大出血　大甩卖　大跳楼　大流通　大排行　大广播　大旅游

(4)如果模标是区别词性成分，那么能够进入模槽的成分可以是名词性的，也可以是动词性的，与模标构成定中关系。例如"隐性×"生成的词语：

模槽成分是名词性的：

隐性失业　隐性杀手　隐性收入　隐性广告　隐性行业　隐性课程
隐性需求　隐性信息　隐性成本　隐性污染　隐性知识　隐性效应
隐性资源　隐性疾病　隐性决策人　隐性不文明现象

模槽成分是动词性的：

隐性采访　隐性持仓　隐性就业　隐性涨价　隐性投资　隐性监督
隐性渎职　隐性欠薪

(5)如果模标是数词性成分，那么能够进入模槽的成分可以是名词性的，也可以是谓词性的，与模标构成定中等关系。例如"零×"生成的词语：

模槽成分是名词性的：

零价 零铅 零差错 零风险 零关税 零机会 零距离 零库存 零利润 零缺陷 零事故 零首付 零团费 零误差 零效益 零隐患 零负债率 零能见度 零所得税 零职业病 零安全事故 零不满意项 零流动资金 零运营资本 零重大事故率

模槽成分是动词性的：

零报告 零操作 零辐射 零干扰 零换乘 零贿赂 零接触 零宽容 零冒险 零排放 零起步 零忍耐 零伤害 零损耗 零投诉 零消费 零违规 零占有 零招待 零支出 零增长 零租借

模槽成分是形容词性的：

零烦恼 零忧伤 零郁闷

（三）单模标前置型词语模所生成词语的特点

1. 所生成词语的组合模式以“1＋1/1＋2”和“2＋2”居多

（1）单音节模标跟模槽成分组合后生成的词语常见的是双音节的“1＋1”模式，许多词语都出自这种模式，如“涉×”只能生成“涉案、涉老、涉农、涉工、涉股、涉侨、涉商、涉险、涉医、涉爆、涉赌、涉毒、涉恶、涉黑、涉黄、涉密、涉枪、涉税、涉性”等。三音节的“1＋2”模式也比较常见，如“准×”生成的“准博士、准新娘、准新郎、准妈妈、准爸爸、准婆婆、准岳母、准亲家、准儿媳、准空姐、准现房、准富人、准业主、准系统、准学术”等。小部分是“1＋多”模式，如“非×”生成的“非处方药、非典型肺炎、非对称作战、非致命武器、非接触作战、非婚生子女、非企业法人、非条件反射、非再生资源、非对抗性矛盾、非传统安全威胁”等。

（2）双音节模标跟模槽成分组合后生成的词语大部分是四音节的“2＋2”模式，这是最能产的模式，如“明星×”生成的“明星单位、明星城市、明星学校、明星企业、明星乡镇、明星股票、明星基金、明星基民、明星彩民、明星教师、明星白领”等；一部分是“2＋多”模式，如“明星驾驶员、明星农民工、明星营业员、明星营销员、明星推销员、明星服务员、明星乘务员、明星乡镇企业”等；还有一小部分是“2＋1”模式，如“明星脸、明星村、明星镇”等。

（3）三音节模标跟模槽成分组合后生成的词语大部分是多音节的“3＋2”模式，如“多媒体×”生成的“多媒体通信、多媒体站点、多媒体技术、多媒体教学、多媒体课件、多媒体广播、多媒体教室、多媒体软件、多媒体制作、多媒体系统、多媒体设计、多媒体讲台、多媒体作品、多媒体搜索”等；小部分是“3＋多”模式，如“多媒体计算机、多媒体播放器、多媒体技术平台”等。

2. 所生成的词语有名词性、动词性和区别词性等类别

（1）大多数名词性模标构成的词语都是名词性的，因为前置的名词性模标

往往表示事物的性质，它后面所限定、修饰的成分往往是名词性成分或已经名词化了的成分。例如：

商×：

商机　商海　商函　商圈　商潮　商誉　商流　商德　商风　商格
商演　商贷　商点　商徽　商检　商片　商儒　商厦　商亭　商友

电子×：

电子病历　电子贺卡　电子函件　电子汇款　电子货币　电子警察
电子竞技　电子钱包　电子签名　电子商务　电子图书　电子伪装
电子信箱　电子邮件　电子政务　电子音乐

新概念×：

新概念英语　新概念小说　新概念作文　新概念学校　新概念电脑
新概念空间　新概念车型　新概念航空器　新概念行政法
新概念数码望远镜

(2)大多数动词性模标构成的词语都是动词性的，也有一些既可以构成动词性词语，也可以构成名词性词语，取决于模标与模槽的结构关系。如果模标对模槽成分起支配作用，所生成的词语就是动词性的；如果模标对模槽成分起修饰、限定作用，所生成词语就是名词性的。例如“秀×”生成的词语：

动词性的：

秀生活　秀时装　秀身材　秀脸蛋　秀肌肉　秀性感　秀文化　秀优雅
秀浪漫　秀时尚　秀个性　秀气质

名词性的：

秀服　秀场　秀味　秀约　秀档　秀男

(3)大多数形容词性模标构成的词语都是名词性的，也有一些既可以构成名词性词语，也可以构成谓词性词语，取决于模槽成分的语法特性。模槽成分是名词性的，所生成词语就是名词性的；模槽成分是谓词性的，所生成词语就是谓词性的。例如“热×”生成的词语：

名词性的：

热点　热岛　热线　热码　热键　热舞　热焰火　热启动

动词性的：

热评　热卖　热炒　热映　热销　热播

(4)有些模标构成的词语可以是区别词性的，也可以是动词性的，取决于模槽成分的语法特性。模槽成分是名词性的，所生成词语就是区别词性的；模槽成分是动词性的，所生成词语就是动词性的。例如“双×”生成的词语：

区别词性的：

双面　双效　双色　双向　双功能

动词性的：

双规　双飞　双选　双赢　双输　双拥　双通

再如“多×”生成的词语：

区别词性的：

多元　多级　多口　多极　多面　多层次　多功能　多品种　多组织　多形式　多视角　多角度　多方位　多渠道　多媒体　多线条　多路径　多格式　多侧面

动词性的：

多选　多赢

(5)数词性模标构成的词语都是名词性的，例如上文所列“零×”生成的词语。

(四)单模标前置型词语模模标、模槽的文字体态特点

与单模标后置型词语模相比，单模标前置型词语模，其模槽成分的文字体态绝大多数都是汉字型，也可以是字母、数字或汉字杂陈型，但这类情况为数不多，如“二手 cpu”、“非常 6+1”、“傻瓜 DC”、“新新 Q 人类”等。模标的文字体态主要有下列两种情况。

1. 汉字型

绝大多数模标都属于这一类型，由于模槽基本上都是汉字，因此构成“汉字+汉字”模式。例如：

打×：

打私　打拐　打非　打假　打黑　打黄　打恐　打骗　打扒　打偷　打诈　打托　打走私

环境×：

环境权　环境战　环境壁垒　环境武器　环境标志　环境标准　环境风险　环境激素　环境伦理　环境难民　环境容量　环境退化　环境承载力　环境友好材料

2. 字母型

这一类型模标成分是字母，与模槽成分构成“字母+汉字”模式。例如：

Q×：

Q吧　Q版　Q币　Q播　Q车　Q点　Q哥　Q妹　Q网　Q屋
Q舞　Q讯　Q族　Q表情　Q空间　Q品牌　Q时代　Q时尚
Q饰品　Q手机　Q音乐　Q一族

E×：

E吧　E家　E网　E文　E邮　E友　E部落　E都市　E风尚
E服饰　E概念　E广告　E教学　E美食　E设计　E社区　E生活
E时代　E世纪　E天空　E物流　E小说　E行动　E营销　E语言
E账本　E制造　E住宅　E网情深　E度空间　E语惊人

T×：

T台　T区　T恤　T型

三、多模标套叠型词语模及其特点

多模标套叠型词语模指在一个词语模内部存有两个或两个以上模标的词语模，这些模标在词语模中的位置固定，它们的整体组合构式具有层次性。其特点如下。

（一）多模标套叠型词语模模标的音节特点

多模标套叠型词语模的各个模标以单音节的居多，双音节的较少。例如：

1.模标都是单音节的

吃×饭　非×化　哈×族　去×化　高×度　低×度　可×性　准×族

2.模标有单音节、双音节之分的

超×意识　超×主义　泛×主义　后×时代　后×主义　零×工程
新×时代　新×主义　×主义风　×主义热　新×主义现象

3.模标都是双音节的

新新×主义　×主义现象

（二）多模标套叠型词语模模标、模槽的语法特性

1.从模标显示的语法特性看

与单模标前置型和单模标后置型词语模相比，多模标套叠型词语模的模标都是两个或三个模标同时出现在一个词语模中，呈现出明显特色。

（1）模标大多数是两个，少数是三个，按照线性排列的顺序，可以称作模标1、模标2、模标3。例如：

两个模标的：

吃×饭　哈×族　去×化　超×意识　超×主义　泛×主义　后×时代

三个模标的：

新×主义现象　新新×主义

(2)模标1绝大多数是单音节的，包括动词性的、形容词性的、区别词性的、数词性的等；位置在前的双音节模标较为少见。动词性的表示动作、行为，形容词性的表示性质、状态，区别词性的表示事物的属性和分类，名词性的表示事物的名称。例如：

动词性的：

吃×饭　哈×族　去×化　超×意识

形容词性的：

高×度　低×度　新×时代

区别词性的：

准×族　新新×主义

名词性的：

后×时代

数词性的：

零×工程　一×1式×2

(3)模标2一部分是单音节的，一部分是双音节的，基本上都是名词性成分。存有模标3的情况较少见。例如：

单音节模标2：

低×度　可×性　准×族

双音节模标2：

新×时代　新×主义

双音节模标3：

新×主义现象

2.从模槽显示的语法特性看

可以进入多模标套叠型词语模模槽的成分，其语法特性须根据它与模标的组合层次来考察。第一，看模槽成分首先与哪一个模标组合，它的直接组成成分是模标1还是模标2或是模标3。第二，看作为直接组成成分的那个模标的语法特性，该模标的语法特性决定了模槽的语法特性。

(1)如果直接组成成分是名词性模标，那么能够进入模槽的成分可以是形容词性的，也可以是动词性或名词性的，模标与模槽成分之间基本上都是定中关系。例如“低×度”，其中模标2“度”是名词性成分，充当模槽“×”的直接组成成分;模标1"低"处于上位层次,是"×度"的直接组成成分,即"低+(×+度)","低"与"(×+度)"构成定中关系。所生成词语如:

模槽成分是形容词性的:

低暗度　低密度　低细度　低粗糙度　低复杂度　低光洁度　低集中度
低灵敏度　低清晰度　低危险度　低忠诚度

模槽成分是动词性的:

低关注度　低介入度　低解析度　低能见度　低认知度　低失真度
低信任度　低知名度　低置信度　低行业集中度

模槽成分是名词性的:

低美誉度　低诚信度　低噪音度

(2)如果直接组成成分是动词性模标,那么能够进入模槽的成分就是名词性的,模标与模槽成分之间是动宾关系。例如"哈×族",其中模标1"哈"是动词性成分,充当模槽"×"的直接组成成分;模标2"族"处于上位层次,是"哈×"的直接组成成分,即"(哈+×)+族","(哈+×)"与"族"构成定中关系。所生成词语如:

哈彩族　哈车族　哈法族　哈狗族　哈韩族　哈辣族　哈美族　哈日族
哈赛族　哈台族　哈网族　哈鲜族　哈衣族　哈移族　哈me族

(3)如果直接组成成分是数词性模标,那么能够进入模槽的成分既有名词性的,也有动词性的以及少数形容词性的,模标与模槽成分之间的关系比较复杂。[①] 例如"零×工程",其中模标1"零"是数词性成分,充当模槽"×"的直接组成成分;模标2"工程"处于上位层次,是"零×"的直接组成成分,即"(零+×)+工程","(零+×)"与"工程"构成定中关系。所生成词语如:

零案工程　零铅工程　零辍学工程　零故障工程　零话费工程
零换乘工程　零距离工程　零库存工程　零利润工程　零排放工程
零贫困工程　零欠薪工程　零缺陷工程　零失业工程　零死亡工程

---

① 周日安在《数词"零"的缀化倾向》(西北师大学报社会科学版,2003年第3期)中分析:大凡能进入"N为零"格式的名词,就可以出现"零N"组合。零修饰动词的情况比较复杂,从来源上看主要有:(1)名词游离(N为零的)　V/(N的V)　为零→零N‖V→N‖零V→零V1。N和V有陈述关系,V和N有支配关系,名词从结构中游离出来作主语。如:污水为零的排放——零污水排放——污水零排放——零排放。(2)依附动宾式词(V的)　N为零→零N‖V→零(V2N)→零V3。如:增加的薪水为零——零薪水增加——零增薪。(3)省略量词(零+M)+V→零V4。如"零换乘"省略了量词"次";"零投诉"既可看成省略了名词(人),也可视为省略了量词(次)或复合量词(人次)。(4)直接依附动词:零V7。零直接加在动词前,如"零增长、零损耗、零修饰"等。

零投诉工程　零拖欠工程　零现金工程　零泄漏工程　零学费工程
零隐患工程　零郁闷工程

（三）多模标套叠型词语模所生成词语的特点

1. 所生成词语的组合模式以"模标 1+（×+模标 2）"居多

在我们搜集到的语料中，多模标与单模槽组合的词语模最常见的是"模标 1+（×+模标 2）"模式，其次是"（模标 1+×）+模标 2"模式，其他模式不多见。

（1）模标 1+（×+模标 2），如吃×饭、去×化、高×度、低×度、准×族、超×意识、超×主义、泛×主义、后×时代、后×主义、新×时代、新×主义等。以"去×化"为例：

去蒋化　去罪化　去功能化　去国家化　去领土化　去数学化
去苏联化　去性别化　去政府化　去政治化　去殖民化　去中间化
去互联网化　去毛泽东化　去意识形态化　去中华民国化
去靖国神社化　去唯物史观化　去马克思主义化　去 IT 化　去 java 化
去 nike 化

（2）（模标 1+×）+模标 2，如哈×族、可×性、零×工程等。以"可×性"为例：

可测性　可读性　可视性　可塑性　可听性　可译性　可娱性
可参与性　可操作性　可持续性　可传递性　可访问性　可观赏性
可继承性　可接近性　可接受性　可扩展性　可模仿性　可伸缩性
可调整性　可学习性　可移植性　可预测性　可重用性　可追踪性

（3）（×+模标 1）+模标 2，如×主义风、×主义热、×主义现象等。以"×主义风"为例：

都市主义风　怀旧主义风　简洁主义风　禁欲主义风　浪漫主义风
美味主义风　拿来主义风　女权主义风　奢侈主义风　时尚主义风
素食主义风　未来主义风　唯美主义风　形式主义风　休闲主义风
自然主义风　经济民粹主义风　D 大调奢华主义风

（4）[模标 1+（×+模标 2）]+模标 3，如新×主义风、新×主义现象等。以"新×主义风"为例：

新表现主义风　新东方主义风　新古典主义风　新浪漫主义风
新休闲主义风　新牛仔主义风　新女性主义风　新本本主义风
新奢华主义风　新务实主义风　新自然主义风　新甜美靓丽主义风

语料中还出现了双模标与双模槽组合的词语模，即(模标 1＋×1＋模标 2)＋×2，如“一×1 式×2”：

一表式注册　一窗式受理　一件式长裙　一户式管理　一楼式服务
一门式服务　一线式服务　一厅式办公　一网式政府　一列式轮滑鞋
一步式锚杆系统　一网式办公平台　一纸式人生规划　一插式家庭影院
一触式电动天窗　一船式操作模式　一步式水处理设备
一按式自动切菜机　一网式办公平台　一段式煤气发生炉
一罐式钻井液循环设备

2.所生成词语有名词性、动词性等类别

(1)如果模标 1 是动词性成分，它就起支配、关涉作用。不同的支配对象造成两种组合结果：一种是“V＋(×＋N/后缀)”模式，所生成词语可以是动词性的，如“吃×饭”、“去×化”等；也可以是名词性的，如“超×意识”、“超×主义”等。一种是“(V＋×)＋N”模式，所生成词语是名词性的，如“哈×族”、“可×性”等。

(2)如果模标 1 是形容词性成分，它就起修饰、限定作用，所生成词语是名词性的，如“高×度”、“低×度”、“新×时代”等。

(3)如果模标 1 是区别词性成分，它就起表示事物属性的作用，所生成词语是名词性的，如“新新×主义”等。

(4)如果模标 1 是名词性成分，它就起表示时间、次序的作用，所生成词语是名词性的，如“后×时代”、“后×主义”等。

(5)如果模标 1 是数词性成分，它就表示“空的、空位”和“不、没(有)、无(需)”等含义，所生成词语是名词性的，如“零×工程”等。

(四)多模标套叠型词语模模标、模槽的文字体态特点

从我们搜集的语料看，多模标套叠型词语模，其模标成分的文字体态基本上都是汉字型，其模槽的文字体态主要有下列两种情况。

1.汉字型

绝大多数模槽成分都属于这一类型。例如：

非＋(×化)：

非党化　非粮化　非霸权化　非程序化　非大路化　非电视化
非法典化　非范畴化　非犯罪化　非父权化　非公共化　非公益化
非管理化　非国有化　非和平化　非互助化　非货币化　非集权化
非结构化　非军事化　非老年化　非类型化　非伦理化　非模块化
非农民化　非品行化　非群体化　非世俗化　非实例化　非刑罚化

非行政化　非学术化　非艺术化　非英雄化　非营利化　非庸俗化
非娱乐化　非正义化　非政治化　非主流化　非专业化
(×＋主义)＋现象：
霸权主义现象　拜金主义现象　本位主义现象　个体主义现象
恐怖主义现象　乐观主义现象　民粹主义现象　女性主义现象
书法主义现象　消费主义现象　享乐主义现象　学历主义现象
种族主义现象　泛女性主义现象　地方保护主义现象
经济民族主义现象　信息殖民主义现象　保健品殖民主义现象

2. 杂陈型

这一类型模槽成分是汉字、字母或数字。例如：

哈×族：
哈 me 族　哈 Q 族
后×时代：
后甲 A 时代　后 SARS 时代　后 911 时代
新×时代：
新 E 时代　新 DOS 时代
准×族：
准"G 族"准 T 族　准 OL 上班族

四、熟语型词语模及其特点[①]

熟语型词语模指利用成语形式或语句形式构成的词语模。这类词语模能产度较高，大多源自一个众所周知的既存格式，所造词语的构成成分在语义上的结合特别紧密。与多模标套叠型词语模相比，熟语型词语模表面上似乎也有多个模标，但实际上其模标成分是一个处于同一层面上的固定结构，不具有层次性，如"×言×语"是将一个模标"言语"拆分开来、间错使用(这种格式早已有之，创造的词语如自言自语、只言片语、流言蜚语、千言万语、三言两语、甜言蜜语、胡言乱语、豪言壮语等，但在当代其使用频率与能产度远远高于以往)，"X 什么别 XY"中的"什么"与"别"也并不是可以独立运用的两个模标。多模标套叠型词语模则不同，如"非＋(×化)"可以拆分为"非"与"化"两个能够独立运用的模标，其结构具有层次性："×"与"化"先组合，"非"与"×化"再组合。熟语型词语模的模槽成分被镶嵌在框架的空位上，与模标组合后生成一个具有整体意

① 周荐在《"语模"造语浅说》中首次提出"熟语模"概念，见《语文研究》2008 年第 1 期。

义的语句。

(一)熟语型词语模的来源

熟语型词语模的来源较多,有名人名言、俗语、成语、广告语、影视作品或歌曲、网络流行语等。例如:

"X 不是请客吃饭":出自毛泽东 1927 年《湖南农民运动考察报告》中的名言"革命不是请客吃饭,不是做文章,不是绘画绣花,不能那样雅致,那样从容不迫,文质彬彬,那样温良恭俭让"。如:婚礼不是请客吃饭、民主不是请客吃饭、监督不是请客吃饭、从政不是请客吃饭、法理不是请客吃饭、消费维权不是请客吃饭。

"X 自己的 Y,让别人说去吧!":出自但丁《神曲》中的名句"走自己的路,让别人说去吧!"如:作自己的秀,让别人说去吧! 结自己的婚,让别人说去吧! 丢自己的脸,让别人说去吧! 减自己的肥,让别人说去吧! 卖自己的猪肉,让别人说去吧!

"X 什么别 X+Y":出自俗语"有什么别有病,没什么别没钱"。如:拼什么别拼命、丢什么别丢人、伤什么别伤感情、亏什么别亏自己、欠什么别欠人情、错过什么别错过爱情。

"X 言 X 语":出自古已有之且能产度很高的固定格式。如:车言车语、疯言疯语、囧言囧语、酷言酷语、慧言智语、酷言炫语、猫言狗语、贤言圣语。

"今天你 X 了(没有)吗?":出自乐百氏奶 1994 年家喻户晓的广告语"今天你喝了没有?"。如:今天你秀了没有? 今天你囧了没有? 今天你"偷菜"了没有? 今天你感恩了吗? 今天你解套了吗? 今天你微笑了吗?

"都是 X 惹的祸":出自台湾歌手张宇 1999 年的作品《都是月亮惹的祸》——"我承认都是月亮惹的祸,那样的月色太美你太温柔,才会在刹那之间只想和你一起到白头。"如:都是天使惹的祸、都是奶粉惹的祸、都是博客惹的祸、都是酒精惹的祸、都是春运惹的祸、都是免费惹的祸。

"哥 X1 的不是 X2,是寂寞":出自 2009 年 7 月百度贴吧里出现的一男子吃面条的图片,其文字说明是"哥吃的不是面,是寂寞"。如:哥抽的不是烟,是寂寞。哥上的不是网,是寂寞。哥写的不是博客,是寂寞。哥发的不是帖,是寂寞。哥种的不是菜,是寂寞。哥泡的不是姐,是姐的寂寞。

(二)熟语型词语模的构式特点

成语形式的熟语模结构上较为规整,语义上相得益彰。如"×言×语"的模标"言语"本是一个词,在构式中被拆分并间错使用,模槽是两个修饰性成分,分别被镶嵌在框架的空位上,这种构式能够起到调配音节、均衡结构、凸显语意、多角度传递信息、增强表达效果的作用。如:在"疯言疯语、秀言秀语、炫言炫语”中，处于模槽位置的是同一个名词或形容词性修饰成分，整个词语在结构上不能扩展，在语义上互文见义，如“疯言”义同“疯语”；在“慧言智语、酷言炫语、香言艳语”中，处于模槽位置的是两个不同的名词或形容词性修饰成分，整个词语在结构上不能扩展，在语义上互补见义，如“酷言”与“炫语”互相补充才能构成整个词语的语义。

语句形式的熟语模结构上允许扩展，语义上有所变异。“×不是请客吃饭”的衍生格式是“×就是请客吃饭”，如“革命就是请客吃饭、生活就是请客吃饭、工作就是请客吃饭、恋爱就是请客吃饭、社交就是请客吃饭、检查就是请客吃饭、做销售就是请客吃饭”等。

（三）熟语型词语模的语法特性

由于熟语型词语模的模标难以具体分析，所以此处主要分析模槽的语法特性。可以进入模槽位置的成分十分庞杂，例如“都是×惹的祸”中的“×”表示造成某一结果的原因，进入“×”位置的可以是下列成分：

名词性的：

都是天使惹的祸　都是酒精惹的祸　都是山寨版惹的祸

动词性的：

都是上网惹的祸　都是扩容惹的祸　都是抢反弹惹的祸

形容词性的：

都是空虚惹的祸　都是可爱惹的祸　都是郁闷惹的祸

代词：

都是自己惹的祸　都是他们惹的祸　都是“那个”惹的祸

字母词：

都是 QQ 惹的祸　都是 DJ 惹的祸　都是 MSN 惹的祸

（四）熟语型词语模所生成词语的特点

从词汇化程度看，熟语型词语模生成的词语多为即兴仿造，具有临时在线组合的特点，因此词汇化程度普遍不高。从语体风格看，熟语型词语模生成的词语通俗易懂，且带有明显的谐谑色彩，往往运用于口语与书面语结合的网络语体。从传播途径看，熟语型词语模生成的词语主要借助网络媒体传播，呈现出人人都可以创造、使用，传播速度快，覆盖面广等特点。从文字体态来看，模标成分都是汉字，模槽成分大部分是汉字，也可以是字母词，如“e 言 e 语、Q 言 Q 语、Cool 言炫语”、“很 Q 很中国、很乐很 OPEN”、“将 DIY 进行到底、将 EVD 进行到底”等。

□小　结

本节的分析以当代汉语词语模框架的结构为主，以模标的音节数量、所生成词语的特点、模标与模槽显示的语法特性以及模标和模槽的文字体态特点等方面为辅。

1. 从模标的数量及其在词语模中所处的位置来看，可以分为单模标后置型、单模标前置型、多模标套叠型等类型。

2. 从模标的音节数量来看，单音节模标、双音节模标最为常见，三音节模标较为少见。单音节模标和双音节模标的组合能力最强，三音节模标以及单、双音节套叠型模标的组合能力相对较弱。模标与模槽的强势组合形式是单音节模标＋模槽、模槽＋单音节模标、双音节模标＋模槽、模槽＋双音节模标。

3. 从模标显示的语法特性来看，能够进入模标位置的成分，单模标后置型以名词性成分最为常见，单模标前置型以名词性、动词性、形容词性、区别词性最为常见。多模标套叠型以动词性、形容词性最为常见。

4. 从模槽显示的语法特性来看，能够进入模槽位置的成分，单模标后置型可以是名词性、动词性、形容词和区别词性等成分；单模标前置型可以是名词性、动词性等成分，具体必须受到模标成分的制约。多模标套叠型词语模模槽中的成分，其语法特性必须根据它与模标的组合层次来考察。

5. 从所生成词语的组合模式来看，单模标后置型以“2＋1”、“2＋2”和“2＋3”模式最为常见，单模标前置型以“1＋1/1＋2”、“2＋2”、“3＋2”模式最为常见，多模标套叠型以“模标 1＋(×＋模标 2)”最为常见。

6. 从所生成词语的性质来看，单模标后置型主要有名词性、区别词性等类别，单模标前置型主要有名词性、动词性和区别词性等类别。多模标套叠型主要有名词性、动词性等类别。

7. 从模标、模槽的文字体态来看，单模标后置型的模标基本上都是汉字，模槽的文字体态主要有汉字型、字母型、数字型、杂陈型几类。单模标前置型的模标绝大多数是汉字型，也可以是字母型，模槽成分绝大多数都是汉字型，也可以是字母、数字或汉字杂陈型。

8. 熟语型词语模指利用成语形式或语句形式构成的词语模。这类词语模能产度较高，大多源自一个众所周知的既存格式，所造词语的构成成分在语义上的结合特别紧密。

第三节　当代汉语词语模的特殊构式类型

自从2008年“范跑跑”一词出现并迅速走红后，当代汉语词语模逐渐衍生出一个面貌非同以往的新品种——“XYY”构式，它创造了一大批反映社会热点问题的新词语，如“郭跳跳、姚抄抄、躲猫猫、做梦梦、吃饭饭、纸铐铐、死角角、楼倒倒、墙脆脆、桥糊糊、路塌塌”等。本节从结构框架、构式类别、意义特征等方面分析“XYY”构式词语模的特点。

一、“XYY”构式是当代汉语词语模的特殊类型

当代汉语词语模，指的是语言的创造者和使用者为了满足表达的需要，在认知规律和语用因素的相互作用下，利用类推方式，即时生成并且便捷地传播新词语的一种模块化装置。一般意义上的词语模都是由模标和模槽两个部分构成的，模标是已知的、固定性的成分，一般起类别标示作用；模槽是未知的、非固定性的成分，起填充替换作用。语言的创造者和使用者可以根据表达的需要，在模槽里填上一定的语言成分——语素、词或短语，从而创造出新的词语。例如词语模“另类×”中的模标是“另类”，指“非正统的、与众不同的人或事物”，具有类别意义，在模槽位置填入不同成分，就可以创造出“另类读物、另类生活、另类时装、另类图片、另类音乐、另类作家、另类美女、另类解读、另类足球、另类时空、另类电影、另类壁纸、另类语言、另类空间”等新词语。

“XYY”构式是当代汉语词语模的特殊类型，其特殊性在于：一般意义上的词语模构式，无论哪一种类型，其模标都具有固定性，只有模槽位置的成分才具有可变性，人们只需在模槽的空位上替换相关成分就可以创造出一个新词语，也就是说，一般的词语模构式必须有一个已知成分。但“XYY”构式却非常独特，它并没有一个已知的、固定不变的模标，它提供的只是一个纯粹的构式，这一构式内的“X”与“Y”两个成分都是未知的、可以被替换的，这样就消解了“模标”与“模槽”的概念。我们之所以把“XYY”看作词语模的一个特殊类别，是因为这种构式的运作机制与那些具有固定模标的词语模完全相同。所谓构式就是形式与语义的匹配，构式语法研究的代表性人物之一Goldberg(2004)认为，构式就是形式与功能之间规约的匹配关系，包括词素或词、习语、部分的或完整的短语结构。任何一种语言形式，只要它的形式或功能不能从它们的组成成分或其他的构式中预测出意义，就可以被称为构式。构式可以是一个词素，比如-ing，也可以是相关条件从句，比如the ×er the ×er，等等。词语模“构式”本身

是一个固定不变的框架，它从整体上制约着其内部成分的语义指向、语法结构和语用功能，其内部成分具有语法类别和语义类别的确定性，人们只需要在构式的空位上替换相关成分就可以创造出一个新词语。可见，“XYY”这种构式作为“词语模”的身份并没有改变，其存在价值仍然是迅速、批量、随时随地地创造新词语。例如对“范跑跑”进行替换后，便生成了“郭跳跳、姚抄抄、胡飚飚、叶告告”等系列新词语。

二、“XYY”构式不同于现代汉语中的“ABB”式

当代汉语词语模“XYY”构式与现代汉语“ABB”式表面上似乎相同，它们的内部都由一个单音节成分加上一个重叠的双音节成分构成，但实质上却有着本质的区别。“XYY”构式是创造新词语的一种动态模式，它的结构是一种具有开放性和可复制性的“模”，可以大量地、迅速地、随时随地地创造出新的词语。“ABB”式则是对词内部构成成分的静态分析，即对既成词的结构作语法分析，说明词内部结构中语素的组合方式。

内部结构属于“ABB”式的词语比较庞杂：(1)形容词，这是最常见的“ABB”式，主要用于写人、叙事、状物、绘景，如“笑呵呵、兴冲冲、乐融融、胖乎乎、稀溜溜、红扑扑、白皑皑、金灿灿、明晃晃”等。(2)名词，主要用于称谓某些人、事物或某种行为，如“姑奶奶、姑姥姥、姑爷爷、老公公、老奶奶、老婆婆、老太太、老爷爷、姨姥姥、姨奶奶、姨太太、大猩猩、黑猩猩、水鸪鸪、洋娃娃、山窝窝、山沟沟、香饽饽(比喻受欢迎的人或物)、小九九(乘法口诀；比喻心中的算计)、过家家(一种儿童模仿成年人角色的民间传统游戏)”等。(3)动词，表示动作行为，如“打哈哈(开玩笑)”等。(4)拟声词，其主要功能是描摹声音、映衬环境、增强语言乐感，如“叮铃铃、嘀铃铃、咕嘟嘟、轰隆隆、呼啦啦、哗啦啦、扑啦啦、淅沥沥、扑棱棱”等。(5)叹词：表示强烈的感情，如“哎呀呀(惊讶、埋怨、不耐烦、惋惜、为难)、哎哟哟(惊讶、痛苦、惋惜)”等。

从比较的角度看，以上“ABB”式词语中实际上只有(2)(3)可以纳入此处所讨论的范围。在语用功能方面，“ABB”式词语跟“XYY”构式所生成的词语明显不同：第一，“ABB”式词语主要用于称谓某些人、事物或某种行为，“XYY”构式所生成的词语则都是专指性质的词语，主要是标记一个公共事件。所谓公共事件是指能够引起社会普遍关心并引发议论以及社会波动的事件，例如：“躲猫猫”指云南被拘押者李乔明非正常死亡事件，警方最初称李与同监室人员在看守所天井里玩“躲猫猫”游戏时遭到踢打并不小心撞到墙壁而死。“姚抄抄”指上饶市高中女生、“才女作家”姚牧云被曝多篇文章多处抄袭白先勇、玛格丽特·杜拉斯等中外名家作品一事；“楼脆脆”指 2009 年 6 月 27 日上海市闵行区

“莲花河畔景苑”小区一栋在建的13层住宅楼向南侧整体倾倒一事，上述事件都因涉及公民权利保护、公共权力监督、公共秩序维护和公共道德伸张等一系列重大社会公共问题而引起全社会的高度关注。第二，“XYY”构式所生成的词语与“ABB”式词语相比，更具有形象色彩和感情色彩，如“范跑跑”、“躲猫猫”等词语都相当生动形象，具有“调侃、戏谑、讽刺、揶揄”等意味。

三、“XYY”构式的类别及其特征

“XYY”族新词语源自近年来轰动全国的公共事件，这些事件促成了“XYY”构式的形成。下面根据“XYY”族新词语的不同缘起进行分类并分析其构式特征。

（一）行为主体的姓氏＋行为特征，构成主谓结构

这一类别以“范跑跑”系列词语为代表。“范跑跑”是个地地道道的新词语，它是所有“XYY”族新词语的源头，是“XYY”构式形成的原型。“X”是行为主体的姓氏，“YY”是主体的行为特征，构成主谓结构，用作某一公共事件的名称，创造的新词语如“范跑跑、郭跳跳、姚抄抄、胡飚飚、吕传传、何逛逛、周逃逃”等。例如：

“范跑跑”：本名范美忠，四川都江堰光亚学校教师，2008年5月12日汶川大地震发生时丢下学生独自跑出教室。5月22日在天涯上发帖，细致描述了当时的所作所为和自己的价值观念：“我从来不是一个勇于献身的人，只关心自己的生命，你们不知道吗？上次半夜火灾的时候我也逃得很快！”“我是一个追求自由和公正的人，却不是先人后己勇于牺牲自我的人！在这种生死抉择的瞬间，只有为了我的女儿我才可能考虑牺牲自我，其他的人，哪怕是我的母亲，在这种情况下我也不会管的。因为成年人我抱不动，间不容发之际逃出一个是一个，如果过于危险，我跟你们一起死亡没有意义；如果没有危险，我不管你们你们也没有危险，何况你们是十七八岁的人了！”5月23日，著名网络写手“五岳散人”在博客上发表《自由与道德——从“范跑跑”事件说起》一文，“范跑跑”一词自此诞生，国外网友称之为“Runner Fan”。

“胡飚飚”：本名胡斌，2009年5月7日晚驾驶非法改装车辆超速行驶，撞飞走在斑马线上的浙江大学毕业生、计算机工程师谭卓，造成谭卓颅脑损伤而死亡，事发路段限速50公里/小时。次日，杭州警方召开事故通报会，称“肇事车辆是否存在改装”、“死者是否走在斑马线上”不详，车速为“70码”。一时间，各大媒体以及浙江大学学生均对这起事故给予极高关注，网民发起强大攻势，质疑“胡飚飚”和警方事故通报。后经公安机关现场勘查和委托鉴定，事发时胡斌车速为84.1－101.2公里/小时，对事故负全责。最终，警方就数据失实公开道

歉，胡斌因交通肇事罪被判处有期徒刑3年。这一事件还产生了网络新物种“欺实马”。

这类词语实际上是本名之外的、他人所取的绰号，绰号的使用不取决于当事者本人的意愿。以“行为主体的姓氏＋行为特征”给他人命名，“范跑跑”等并非首创，古今都可找到例证：明代荆州知府张宏，拒不接待拉关系走门路者，时人赠号“闭门张”；1926年国民革命军北伐，时任第1师第1团团长的孙元良因临阵脱逃，且屡次有擅离部队独自逃跑的经历，获绰号“孙飞将”、“孙飞贼”；原长春市市委书记、市长米凤君严重违法违纪，绰号“米老鼠”、“米大扒”；原郴州市纪委书记、被称为“纪委书记第一贪”的曾锦春，绰号“曾剃头”；原安徽省副省长王怀忠是高级领导干部集政治蜕变、经济贪婪、生活腐化、作风专横于一体的全方位腐败的典型，人称“王坏种”。

与上述例子有所不同，“范跑跑”系列词语具有独特个性——“X”与“YY”的组配形式比较新颖，尤其是“YY”的重叠。“YY”是动词的重叠，但与通常所说的汉语单音节动词重叠形式“AA”式有所不同。第一，“AA”式后一音节读轻声，“YY”的后一音节一般不读轻声。第二，“AA”式与“YY”虽然都表示能够被行为主体在主观上加以控制的行为，属于动作性较强的自主动词，但“AA”式表示“短暂”、“尝试”、“反复多次”等语法意义，如“看看、说说、听听、想想、歇歇、笑笑”等；“YY”则不表示上述语法意义，其重叠的功能一是强调、放大某种行为，二是出于韵律构词的需要，与“X”组配后成为名词，整个词语表示一个由个人行为生发的引起全社会广泛关注的热点事件。

“范跑跑”的次衍生格式是“XY”，“X”为姓氏或名称，“Y”不是重叠形式，而是双音节谓词性词或短语。例如：“杨不归”指2008年9月温州市鹿城区区委书记杨湘洪带队赴法国考察托病未归事件；“林卡脖”指2008年10月29日晚深圳海事局党组书记、副局长林嘉祥涉嫌卡小女孩脖子且在被人质问时态度恶劣、出言不逊事件；“刘内裤”指2008年10月30日晚海南省农业厅处级干部刘某醉酒后身穿内裤到处追打医务人员事件；“忻不回”指2008年10月上海市卢湾区副区长忻伟明率队到法国考察未按时归国事件。

（二）动作行为＋支配对象，构成动宾结构

这一类别以“躲猫猫”系列词语为代表，“X”是主体的行为，“YY”是主体行为支配的对象，构成动宾结构，用作某一公共事件的名称，创造的新词语如“躲猫猫、做梦梦、洗澡澡、吃饭饭、撞墙墙、睡觉觉”等。例如：

“躲猫猫”：2009年2月8日，因盗伐森林被拘押的24岁男子李乔明，在云南省晋宁县看守所因伤送医，4天后不治身亡，死因为“重度颅脑损伤”。2月12日，当地警方解释，李乔明受伤是因与同监室狱友玩“躲猫猫”游戏时遭到踢打并不小心撞到墙壁所致。这一说法引发了死者家属及广大网友的强烈质疑，最终谎言被拆穿：李乔明是被同监房在押人员多次体罚、虐待和殴打致死。此后，公安机关相关领导和民警被问责，殴打人致死的牢头狱霸被追究刑事责任。

“吃饭饭”：2009 年 3 月 31 日，佛山市高明监狱服刑男子刘玉山意外死亡，副监狱长解释，死者生前因违规曾被人摁倒控制之后，在监区严管队里被人喂着吃饭，饭没吃完就脸色发白，头朝地倒下，抢救无效死亡。中山大学法医鉴定中心的尸检鉴定结论是：刘玉山符合钝性外力作用造成软组织广泛损伤，导致挤压综合征致急性肾功能衰竭而亡。检察机关查明，同监狱两名罪犯的殴打是导致刘玉山死亡的主要原因。

与“范跑跑”系列词语不同，“躲猫猫”不是一个新词语，它被纳入“XYY”构式，应该说是一种巧合。“做梦梦、洗澡澡、吃饭饭”等词语可能出现在成人与幼儿、幼儿与幼儿沟通的语境，它们的字面意义都是指日常生活中的行为。但当它们根据“躲猫猫”一词类推出来，即纳入“XYY”构式后，就被赋予新的语义：最普通的日常行为借口下的非正常死亡。这类词语属于组合形式虽旧但意义全新的词语，代表着警方最初给出的、造成一个嫌犯或罪犯非正常死亡的令人生疑的原因以及由此引发的全社会广泛关注的热点事件。

从构式特征看，“躲猫猫”中的“YY”是名词的重叠，但与通常所说的汉语单音节名词重叠形式“AA”式有所不同：汉语普通话的名词一般不能重叠，少数兼有量词性的单音节名词重叠后表示“每一”，如“家家、人人、天天、队队”等；有些单音节名词重叠后表示“众多”、“泛指”，如“条条、框框、杠杠”等；有些单音节名词重叠后有比较明显的“喜爱”、“亲切”、“幼稚”色彩，后一音节可读轻声，重叠后可单用，也可前加表示动作的词或修饰性词语，如“穿衣衣、戴帽帽、吃果果、小手手、小脚脚”等。“躲猫猫”这类词语中的“YY”不能剥离“XYY”构式，比如“躲猫猫”在构式中已经超越了“捉迷藏”这一表层含义，其深层含义是指权力机构对事实真相的掩盖。

（三）修饰、限定成分＋借代的事物，构成定中结构

这一类别以“死角角”系列词语为代表，“X”是起修饰、限定作用的成分，“YY”是起借代作用的事物，构成定中结构，用作某一公共事件的名称，创造的词语如“死角角、纸铐铐、鞋带带”等。

“死角角、纸铐铐、鞋带带”：这三个词出自同一事件。2009 年 10 月 7 日凌晨，昆明市小南派出所辖区一商铺被盗。12 月 11 日，失主及亲属将正在销赃的邢鲲抓获并扭送派出所。12 日凌晨，邢鲲被带入派出所候问室，当日清晨，被发现在候问室自缢身亡。当晚，昆明市公安局召开新闻通报会，称监控摄像头存在死角，没有拍摄到当时的具体情况。16 日，昆明市检察院与昆明市公安局联

合召开新闻通报会，称邢鲲系用纸币捅开手铐，用鞋带自缢身亡。事件发生后，关于嫌疑人自杀的种种疑问众说纷纭。

这类词语源自对“躲猫猫”格式的类推，但“躲猫猫”等是动宾结构，“死角角”等是定中结构。“纸铐铐、死角角、鞋带带”都是“事件中的疑点”的借代物，分别代表邢鲲自杀事件的不同疑点，借代手法起凸显事件疑点、吸引公众注意力的作用。

从构式特征看，这一类型所造词语都是定中结构，可以将重叠形式还原为非重叠形式“纸铐、死角、鞋带”，重叠主要出于类推的需要以及语用色彩方面的考虑。

(四)行为客体＋性状或行为结果，构成主谓结构

这一类别以“楼脆脆”系列词语为代表，“X”是跟主体行为有关的当事，“YY”是当事的性状或主体行为导致的结果，构成主谓结构，用作某一公共事件的名称，创造的词语如“楼脆脆、桥糊糊、墙歪歪、路塌塌、屋漏漏、床垮垮”等。例如：

“楼脆脆”：2009 年 6 月 27 日，上海市闵行区“莲花河畔景苑”小区一栋在建 13 层住宅楼向南侧整体倾倒，造成一名工人死亡。这座住宅楼由上海众欣建设有限公司承建，开发商为上海梅都房地产开发有限公司。事件发生后，网友称之为“楼脆脆”或“楼倒倒”。

“桥糊糊”：2008 年 6 月竣工的南京汉中门大桥的老桥改造工程耗资 3559 万元人民币，曾获“2009 年南京市市级优秀工程勘察设计奖”二等奖。2009 年 12 月初，市政监督人员根据群众举报，经现场检查，发现大桥的数十根栏杆出现裂缝，最大处可以伸进手指，随即责成相关单位修复。施工单位竟连夜用结构胶将裂缝糊上，形成一道道欲盖弥彰的“伤疤”。事件发生后，网友把这起事故讥讽为“桥糊糊、桥粘粘、桥裂裂”。

这类词语都是主谓结构，源自对“范跑跑”格式的类推，但内部结构又有所不同。“范跑跑”系列词语中的“X”是发出行为的主体，“YY”是主体的行为特征。“桥糊糊”系列词语中的“X”不是行为的发出者，而是跟主体行为有关的当事者。“YY”又分两种情况：第一种，“YY”是形容词的重叠，用于描写“X”的性质或状态，如“楼脆脆、墙歪歪”等。第二种，“YY”是及物动词的重叠，用于表示主体行为导致的结果，如“桥糊糊、路塌塌、屋漏漏、床垮垮”等。

“楼脆脆”的次衍生格式是“楼 X”、“桥 X”，以“楼氏家族”居多，如“楼歪歪”指 2009 年 7 月成都“校园春天”小区两栋楼房在大雨后倾斜导致“亲密接触”事件；“楼薄薄”指 2009 年 9 月浙江桐乡汇宇都市花园的楼板厚度被业主发现明显不达标事件；“楼高高”指武汉市江汉北路省供销社仓储运输总公司经济房，

规划部门批建12层,业主单位擅自建到20层事件;“桥填填、桥塞塞”指2009年12月28日,启用不到一年的上海河南路桥被发现桥墩柱表面出现开裂,显露出承包商以蛇皮袋、泡沫塑料等废弃物填埋于桥体事件;“桥断断”指2010年1月,南京幕府西路一高架桥被发现一处10多厘米宽、近20米长的巨大裂缝事件。

四、“XYY”族新词语的符号学意义

“XYY”构式类似于一个空筐结构,语言的创造者和使用者可以利用这个构式进行新的创造。当然,“空筐结构”虽空,但毕竟是有边际有范围的,并非什么都可以填入。在“XYY”构式中,被填入者需要满足一定的条件,我们不仅要考察“X”与“Y”的组配结构以及“YY”重叠的韵律效果等,而且要研究“符号与符号所指对象的关系”以及“符号与符号解释者的关系”。[①] “XYY”构式所生成的新词语已经成为一个个具有丰富象征意义的符号,在符号学的视野里,一个物体一旦由具象上升为富有象征意义上的符号,其意义和价值就会超过原始的和本来的价值。

(一)“XYY”族新词语是一种事件性符号

从语义内容看,“XYY”族新词语用以指称某个已经形成了高度社会认知的、一般表示负面意义的公共事件,主要涉及价值观念、行为准则和道德良知,法律的公正性、约束力,权威部门的公信力、执行力等方面。例如“范跑跑”、“姚抄抄”事件是对道德底线等方面的触探,“躲猫猫”、“做梦梦”事件是对社会良知等方面的质疑,“楼倒倒”、“桥糊糊”事件是对重大工程安全质量等方面的拷问。这些事件起初都是个案,但最终都成为公共事件。个案之所以成为公共事件,首先取决于个案中所包含的特殊因素与社会普遍心理之间暗合的适合、仿效,尤其是同感三者之间的相互作用。其次,各类媒体在个案成为公共事件中起着不可或缺的主导作用。第三,当个案成为公共事件时,社会一般不再关心个案本身以及相关的事实真相,而是转而关注其他目的以及倾向于宣泄非理性情绪。[②] 例如范美忠的逃跑言行及其对立面的代表郭松民的暴跳如雷都引起网民的极大争议,痛心疾首者有之,表示理解者有之,借题发挥者有之,一种在生死关头弃他人于不顾的个人逃离行为于是演变为一场道德伦理大批判的公共事件,“范跑跑”、“郭跳跳”两词也成为极具道德观念和价值取向意义的符号。

---

① 美国哲学家莫里斯在《符号理论基础》(1938)中指出,任何符号都是由三部分组成的实体,即符号载体、符号的所指及解释者。这三部分之间的关系构成符号学的三个方面的意义,即言内意义(符号与其他符号的关系)、所指意义(符号与所指对象的关系)以及语用意义(符号与解释者的关系)。

② 李公明:《2004年中国最佳讲座》,长江文艺出版社2005年版。

“XYY”族新词语突出了个案之间的关联性，并且在格式、意义、功能等方面对事物进行组合归类，把一系列有悖于传统的观念、道德和不容于法律、民心的行为范畴化为高度浓缩的一类：“XYY”。

（二）“XYY”族新词语是一种转喻性符号

从认知模式看，“XYY”族新词语的认知模式是转喻。认知语言学认为，转喻是人类重要的思维方式之一，是人类认识客观世界和丰富语言的重要手段。一种事物、一种现象可能会有很多方面的属性，但人的认知往往更多地注意到其最凸显的属性。对事物凸显属性的认识源于人们心理上识别事物的凸显原则。再者，转喻是相互关联的事物之间的替代关系，常常用具体的有关联的事物代替抽象的事物，因此同一事物可以对应若干不同的名称，不同的词语可能指称同一事物。“XYY”族新词语是对某种行为、某种社会现象的“重新命名”，这种重新命名与一般对人或事物的命名有所不同，常常借助具体的有关联的事物作为凸显本体的显著标识，以便更直接、更具体地反映人或事物的区别性特征，因此更具有认知价值。“XYY”族新词语的语义建立在事物相关性的基础上，往往以人物的行为、事物的性状或事件的起因等为命名理据，强调某一特征而淡化其他特征，使语义信息通过转喻得以显露。例如：“何逛逛”出自 2009 年 6 月一名何姓甲型 H1N1 流感患者入境时隐瞒病情，且多次乘坐公共交通工具，出入饭店、宾馆等公共场所，无视公共健康安全的“闲逛”行为；“撞墙墙”出自 2009 年 6 月 29 日，河北定兴县农民张庆因儿子与人斗殴被带到派出所接受调查半小时后身亡事件，该县政法委称死因系撞墙；“床垮垮”出自 2009 年 10 月重庆市合川区政府采购中心为辖区两所中学统一招标采购的一批新木床人一睡上去就垮，造成大量学生无奈打地铺事件。

（三）“XYY”族新词语是一种描述性符号

“XYY”族新词语既然是针对某种行为、某种社会现象的“重新命名”，它就不会像人的大名那样，一般只带有积极的或中性的评价意义（与旧时农村为孩子取贱名以消灾避难的习俗性质不同），而是允许体现负面的评价意义。一般来说，自己命名，蕴涵丰富而含蓄；他人命名，则可极尽嬉笑怒骂之能事。“XYY”族新词语呈现的是一种主观评判，其核心在于对是与非的判断、对社会良知的认定以及对职责意识、道德意识、法律意识等的呼唤。这类词语既包括明确的显性意义——特定的公共事件，又包括隐性意义——语用主体的立场、观点以及传播的目的等，“隐在的意义层次往往是意识形态话语介入最活跃的层次”。[①] 作为一种事件性符号，“XYY”族新词语充分表达了语用主体的态度、

① 蔡骐、谢莹：《文化研究视野中的传媒研究》，传媒学术网，2004 年 3 月 22 日。

立场和诉求，具有鲜明生动的语用色彩。首先，“YY”的重叠使用可以起到强调语意、放大事件、引人注目的作用。第二，“XYY”能够形成整齐的形式和有规则的节奏，起到韵律悦耳、朗朗上口、易于传播的作用。第三，汉语“AA”式名词性词语“穿衣衣、戴帽帽”等具有口语色彩和形象色彩，带有“喜爱、亲切、幼稚”等意味，常见于谈话语体及文艺语体。“躲猫猫、死角角、楼脆脆”一类词语虽然也具有口语色彩和形象色彩，但并不带有“喜爱、亲切、幼稚”等意味，而是带有“调侃、讽刺”等意味。“XYY”族新词语形同小儿语，其语用功能除具有指称意义外，还具有描述意义，能够将人的认知机制中具体可感的视觉、味觉、触觉等方面的物理经验通过事物之间的相关性作用于抽象概念，从而实现“XYY”构式与语义之间的凝固化——对负面公共事件的调侃、戏谑、怀疑、讽刺、无奈。“XYY”族新词语主要见于口语色彩与书面语色彩兼而有之的网络语体，其性质是对某个事件的描述，因此在官方正式文本中恐难出现，官方正式文本更适于使用陈述性词语而非描绘性词语。下面两例均未使用“躲猫猫”或“胡飚飚”：

“李乔明系看守所内牢头狱霸以玩游戏为名，殴打致死。”云南省检察院新闻发言人刘小凯二十七日下午在云南省政府新闻办召开的新闻发布会上称。（中新社 2009 年 2 月 27 日）

7 月 20 日下午 3 时 30 分，杭州市西湖区人民法院对“5·7”交通肇事案进行了一审公开宣判，以交通肇事罪判处被告人胡斌有期徒刑三年。被告人胡斌亲属，被害人谭卓亲属、生前同事等各界群众 60 余人旁听了宣判。（中新网 2009 年 7 月 20 日）

（四）“XYY”族新词语是一种经由网络媒体传播的草根性符号

“XYY”族新词语的创造者、使用者和传播者主要是人数日趋众多的网民，他们可能是生活在社会底层的草根民众，也可能是持有草根立场的社会精英，草根的基本特征就是它强大的生命力——顽强性、创新性、广泛传播性。第一，草根性代表着语用主体公民意识的觉醒和话语权的平民化。在当代社会，人民群众尤其是广大网民越来越积极主动地、锲而不舍地行使着参与权、拷问权、监督权。在“躲猫猫”事件中，媒体代表、网民以及社会各界人士代表甚至与相关部门人员组成了联合调查组前往事发地调查真相，这充分说明了时代的变迁、社会的进步、文化的多元以及文明程度的提高。每当新事件发生，立即就会产生一个新词语，例如 2010 年 2 月 18 日，河南鲁山县男子王亚辉因涉嫌盗窃被公安机关带走，3 天后其亲属被告知王亚辉已在看守所内死亡。亲属查看尸体时发现死者身上有多处伤痕。当地警方解释，犯罪嫌疑人是在提审时喝开水突然发病死亡的。此事一经报道，立刻引起广泛质疑，“喝水水”“喝水死”等词随即诞生,成为又一起非正常死亡事件的民间称呼。第二,具有草根性的"XYY"族新词语是民众对某一公共事件的非官方性质的称呼。官方称呼具有权威性和正式性,民间称呼则具有灵活性和生动性。"范跑跑"之后出现了与之对应的"郭跳跳",随后,"胡飚飚、姚抄抄、何逛逛、周逃逃"等相继成为对不道德或违法行为的指称。"躲猫猫"与"范跑跑"虽然内部结构不同,但因其韵律上的偶合,它们也被创造性地归为一类,于是"做梦梦、掉床床、吃饭饭、纸铐铐、死角角"等便成为对非正常死亡真相的质疑,"楼倒倒、桥糊糊、屋漏漏、墙脆脆、床垮垮"等便成为对工程质量或商品质量的追问。第三,与众多新词语相同,"XYY"族新词语的传播路径是由网络媒体向传统媒体延伸,可以在一夜之间传遍每一个角落并且迅速汇入流行语之列。我们在 2010 年 2 月对"百度"的搜寻显示,"范跑跑"的相关网页约 2340000 篇,"躲猫猫"的相关网页约 6940000 篇,"楼脆脆"的相关网页约 973000 篇。可见,这种草根性符号一旦进入网络,便获得了最快捷的传播速度以及最广大的覆盖面。

□ 小　结

1."XYY"构式是当代汉语词语模的特殊类型。一般意义上的词语模必须有一个已知成分,只有模槽位置的成分才具有可变性,但"XYY"构式并没有一个已知的、固定不变的模标,它提供的只是一个纯粹的构式,这一构式内的"X"与"Y"两个成分都是未知的、可以被替换的。之所以把"XYY"看作词语模的一个特殊类别,是因为这种构式的运作机制与那些具有固定模标的词语模完全相同,其存在价值仍然是迅速、批量、随时随地地创造新词语。

2.当代汉语词语模"XYY"构式与现代汉语"ABB"式表面上都由一个单音节成分加上一个重叠的双音节成分构成,但实质上却有着本质的区别。"XYY"构式是创造新词语的一种动态模式,它的结构是一种具有开放性和可复制性的"模",可以大量地、迅速地、随时随地地创造出新的词语。"ABB"式则是对词内部构成成分的静态分析,即对既成词的结构作语法分析,说明词内部结构中语素的组合方式。与"ABB"式的名词、动词相比,"XYY"构式所生成的词语在指称对象和语用色彩等方面都有所不同。

3."XYY"构式分为下列几类:(1)行为主体的姓氏+行为特征,构成主谓结构,以"范跑跑"系列词语为代表。(2)动作行为+支配对象,构成动宾结构,以"躲猫猫"系列词语为代表。(3)修饰、限定成分+借代的事物,构成定中结构,以"死角角"系列词语为代表。(4)行为客体+性状或行为结果,构成主谓结构,以"楼脆脆"系列词语为代表。

4."XYY"族新词语具有符号学意义:从语义内容看是事件性符号,从认知模式看是转喻性符号，从命名理据看是描述性符号，从传播特点看是经由网络媒体传播的草根性符号。

第四节　当代汉语词语模的语义类型

当代汉语词语模的语义类型是从模标角度进行的划分，之所以将模标的语义作为观测点，是因为某一词语模所统辖的词语群是以某一模标的语义为中心而形成的聚合体。确定是否属于同一个词语群的前提条件之一，就是看模标是否具有相同或相近的意义(此外还要看模标所处的位置)。我们发现，能够充当词语模"模标"的语言单位，其语义有的可以在一般辞书里检索到，例如"×盲"中的"盲"，《现代汉语词典》1998 年版增加了"比喻对某种事物不能辨别或分辨不清"。又如"×工程"中的"工程"，《现代汉语词典》1998 年版增加了"泛指某项需要投入巨大人力和物力的工作"这一新义项。还有一些模标的语义尚未被现有辞书所收入，例如"×领"中的"领"，指"从事某种职业或某种工作的人"，2007 年版《现代汉语词典》尚未收录承载这一语义的"领"及其词语群，2003 年出版的《新华新词语词典》收录了"白领、粉领、黑领、金领、蓝领、红领、钢领"等词语。再如"×奴"中的"奴"，其模标义并不是指"旧社会中受压迫、剥削役使而没有人身自由等政治权利的人"，而是指"为各种沉重的经济压力、精神压力所苦的人"，这一新义项在 2007 年版《现代汉语词典》中尚未被收录，在《2006 汉语新词语》一书中收有"白奴、车奴、房奴、墓奴、节奴、证奴"等词语，后来又相继产生了"窑奴、血奴、婚奴"①和"班奴、娃奴"②等词语。以上例子说明，当代汉语词语模的模标具有一种特定的语义——"模标义"。本节将对当代汉语词语模的"模标义"进行考察，并在此基础上将当代汉语词语模分为模标语义虚化程度较高的词语模，模标语义趋于虚化、泛化的词语模，以及模标语义尚未虚化、泛化的词语模几类。

一、词语模的"模标义"

(一)"模标义"是模标在词语模构式中的意义

我们在此讨论的"模标义"，是指在词语模构式中充当模标成分的语言单位

① 教育部和国家语委发布的《中国语言生活状况报告 2007》，中国高等教育学生信息网，2008 年 11 月 14 日。

② 教育部和国家语委发布的《中国语言生活状况报告 2008》，求是理论网，2009 年 10 月 22 日。

的意义，也就是模标这种语言单位的构式意义。脱离了构式，这种意义有的可以成为一个独立的义项，如“跑×”中的“跑”，其语义为“为某种事务而奔走”，即使脱离了“跑×”构式，这个意义也是可以独立的，旧词语有“跑码头、跑材料、跑买卖、跑单帮”等，新词语有“跑关系、跑工作、跑官司、跑上访、跑投诉、跑资金、跑项目、跑市场、跑业务、跑赞助、跑房子、跑奖项、跑科研经费”等。有的构式意义在脱离构式之后不能成立，如“×领”中的“领”，在构成“白领、蓝领、金领、银领、粉领、红领、绿领”等词语时，其语义为“从事某种职业的人员”，但如果脱离了“×领”这一构式，它的语义便不再具有上述含义，一般的辞书也不会把“从事某种职业的人员”列为独立的义项。就拿“领”来说，作为普通名词，它的语义一是“颈；脖子”，如“领巾”；二是“领子”，如“衣领”；三是“领口”，如“圆领儿”；四是“大纲；要点”，如“提纲挈领”，这四个义项都不能涵盖“从事某种职业的人员”的意思。以上例子说明，无论脱离构式后语义是否独立，只要是处在一个词语模的构式之中，模标就具有一个“构式义”，即作为模标所表示的意义。

需要指出的是，模标义并不一定是单一的，同一个词语模构式中的模标，也可能会表现为几个相互关联的有一定差异的义项，这是因为模标与模槽组合之后所创造的新词语会产生一种整体意义。例如“高×”中的模标“高”是个表示性质的形容词，其词汇意义一般与“低”相对，但是它在具体词语中的意义却有些差别：在“高效益、高质量”中指“好”；在“高频率、高速度”中指“快”；在“高风险、高难度”中指“大”；在“高收入、高回报”中指“多”；在“高污染、高能量”中指“强”；在“高品位、高学历”中指“等级在上”；在“高技术”中指“处于前沿”；在“高收入”中指“在一般标准或平均水平之上”；在“高姿态”中指“宽容厚道”。

（二）“模标义”的具体内容有时受到模标所处位置的制约

处于不同词语模构式的不同位置的模标，其意义有两种情况：一种是模标位置不同，模标义相同。例如，在“吧×”与“×吧”中，模标“吧”的语义都是指“出售酒水、食品或供人从事某些休闲活动的场所”，分别生成“吧女、吧妹、吧主、吧友、吧客、吧台、吧厅、吧室、吧费、吧座”和“陶吧、布吧、网吧、股吧、茶吧、琴吧、话吧、车吧、啤吧、书吧”等。一种是模标位置不同，模标义也不同。例如，“热”在“热×”构式中是一个前置的模标，其语义是“受到众多人欢迎或引起众多人关注的；热烈的、充满激情的”，如“热购、热货、热门、热线、热舞、热评、热买、热卖、热炒、热映、热销、热播”等；而在“×热”构式中则是一个后置的模标，其语义是“形成的某种热潮”，如“汉语热、文凭热、股票热、气功热、京剧热、周易热、考研热、旅游热、健身热、经商热、自学热、MBA 热、ELITE 热、卡拉 OK 热”等。“×热”中的“热”，语义实际上已经泛化。以上例子说明，一个模标所处的位置有可能影响这个模标的具体含义。

（三）模标义形成的过程就是词语模逐渐形成并不断产出新词语以及词语群不断发展、壮大的过程

随着某一语言成分的有规律地重复使用以及造词范围的不断扩大，这一成分便会有规律地出现在多个词语之中，最终形成属于特定词语模的“模标义”。换句话说，模标义只有在构成新词语的过程中得到高频使用，才得以发展、定型，如果不以高频率参与新词语的创造，而只存在于个别合成性词语之中，那么模标义是不会形成或发生变化的。例如“智商”的“商”，其语义原为“商数的简称，指除法运算中被除数除以除数所得的数”，最初只有这么一个词，后来人们仿拟出“情商”，继而又逐渐类推出“财商、胆商、德商、健商、灵商、逆商、体商、心商、性商、意商、志商、成熟商、发育商、心灵商、人缘商”等，随着这些新词语的被创造和被使用，“×商”这一词语模构式便一次一次地被复制被传播，模标“商”的语义也发展为“泛指一个人所具有的某方面的能力和水平”，这个过程是渐进的，是与新词语的出现同步发展的。

二、当代汉语词语模模标的语义类型

下面从模标的词汇意义、语法意义和色彩意义等角度讨论当代汉语词语模模标的语义问题。

语义是指用语音形式所表现出来的语言和言语的全部内容。一个语言单位的意义主要包括词汇意义、语法意义和色彩意义等。语言中的每一个语言单位都是语音和语义的结合体，所谓词汇意义是指语言单位的内容，即语言单位本身所含有的人们对客观事物概括反映所形成的意义。所谓语法意义是指语言单位的性质，即语言单位和语言单位之间在组合中所形成的各种关系意义以及语言单位与客观现实之间形成的各种关系意义。所谓色彩意义是指语言单位在特定语言环境中所体现出来的附加意义，“词的色彩意义表现为词义中所蕴含的某些独特的情调、倾向、韵味、气息等相对空灵而又独具特色的内容，常常伴随着词汇意义的改变而改变”。①

我们可以从当代汉语词语模模标的词汇意义是否虚化、泛化的角度出发，结合语法意义、色彩意义讨论当代汉语词语模模标的语义类型。在当代汉语词语模中，词汇意义完全虚化的模标只有极少数，大部分模标的词汇意义比较实在，或者正处于由实向虚转化的过程之中，不同类型的词语模创造新词语的能力不尽相同。

---

① 杨振兰：《现代汉语词彩学》，山东大学出版社 1996 年版。

(一)模标语义虚化程度较高的词语模

语义虚化程度较高的模标大致可以与传统的“词缀”概念相对应，指的是位置固定，主要起构词作用，可以表示某种语法意义和附加意义的语言单位。长期以来就存在着的词语模“×子”、“×儿”、“×头”、“阿×”、“老×”，这些构式中的模标语义虚化程度比较高(此处不涉及具有实在意义的“子”，如“才子、父子、分子、甲子”等)。

“子”、“儿”、“头”、“阿”、“老”都可以充当词缀。根据史存直先生的研究成果，“子”的词尾化过程始自汉代，完成于南北朝；“儿”、“头”的词尾化过程完成于南北朝至唐宋时期；“阿”作为词头始于汉代；“老”作为加在姓氏前、亲属名称前、动物名称前的词头始于唐代。在现代汉语中，“×子”中的“子”可以加在名词性、动词性、形容词性成分之后充当名词后缀，如“帽子、桌子、胖子、乱子、掸子、垫子”等，也可以充当量词后缀，如“一下子、这档子(事)”等。

“×儿”中的“儿”主要充当名词后缀表示“小”、使具体事物抽象化或使动词、形容词成分名词化，如“盆儿、小车儿、门儿、根儿、盖儿、卷儿、亮儿、尖儿”等，也可以充当少数动词的后缀，如“玩儿、火儿”等。“×头”中的“头”可以充当名词后缀出现在名词性、动词性、形容词性成分之后，如“木头、苗头、念头、看头、准头、甜头”等，也可以充当方位词后缀，如“前头、上头”等。“阿×”中的“阿”是个前缀，可一般用于排行、小名、姓氏或某些亲属名称前，如“阿六、阿宝、阿潘、阿哥”等。“老×”中的“老”也是前缀，一般用来称呼人、排行顺序以及某些动物，如“老王、老三、老虎”等。

“×子”、“×儿”、“×头”、“阿×”、“老×”在漫长的岁月中创造了大量词语，相比较而言，“×子”的词汇化程度和能产度都是最高的，“×头”次之，“老×”再次之。根据《汉语正序·倒序多用词典》收录的词语统计，“×子”有800余条，“×头”约50条，“老×”14条。受方言化、口语化、临时性等因素的影响，“×儿”和“阿×”类词语的词汇化程度不高，能产度未能在相关辞书中得到充分体现，但在口语中却为数不少，从笔者在网上搜寻的语料看，“×儿”在千条以上，“阿×”在百条以上。

然而，这几个传统词缀在当代汉语新词语的创造活动中却多数呈现出萎缩趋势(见表4-1)，萎缩程度最强的是“头”和“阿”，几乎丧失了造词能力，“子”和“儿”也只是零星造词。当代汉语词语模的模标，语义虚化程度较高的、学术界少有争议的、仍能保持一定创造力的只有“老×”中的“老”，它的语法意义、色彩意义都产生了一定的变化，我们将在第六章中进行分析。

表 4-1

新词语出处	模标				
	子	儿	头	阿	老
新华新词语词典①(20世纪90年代以来)		托儿			老外 老记 老总
汉语新词新语年编②2003—2005	腥子 粽子	伴儿 车虫儿 车托儿			
中国当代流行语全览(1978—2006)③	路子 条子 帖子	傻帽儿			老班 老编 老记 老鸟
笔者搜集的语料					老记 老便 老总 老编 老班 老包 老推 老倒 老票 老插 老下 老外 老美 老欧 老港 老广 老爸 老妈 老舅 老哥 老姐 老马 老叶 老克 老奥 老癌 老肝 老奖 老迪 老国 老乡 老个 老抠 老包 老插 老倒 老艾滋

(二)模标语义趋于虚化、泛化的词语模

所谓语义"趋于虚化",是指词语的概念义即词汇意义逐渐空灵乃至消失的现象。虚化是一种动态的过程,如果一个语言单位的词汇意义处于一个不断虚化的过程之中,那么它就有可能走向虚化的终端,成为典型的词缀。比如那些传统的典型词缀"阿"、"子"、"儿"、"头"等,它们处于虚化的终端,其词汇意义已经无从概括,概念义已经基本消失。汉语的词缀大都是汉语的实词或词根虚化而来的。所谓语义"趋于泛化","是指体现了概念的词在意义演变过程中发生的概念内涵上部分消失的现象,即词在保持越来越少的原有语义特征的情况下不断产生新的使用方式将越来越多的对象纳入自己的指标范围的过程"。④ 例如"×库"中的模标"库","库"作为名词,本是"储存大量东西的建筑物"的意思,如"水库、粮库"等。但是在新词语中,"库"的意义已经泛化,不再指具体可感的建筑物,而是泛指"具有储蓄或库存功能的地方",如"信息库、知识库、思想库、

① 商务印书馆辞书研究中心:《新华新词语词典》,商务印书馆2003年版。
② 宋子然、杨小平主编:《汉语新词新语年编(2003—2005)》,巴蜀书社2006年版。
③ 夏中华主编:《中国当代流行语全览》,学林出版社2007年版。
④ 张小平:《当代汉语词汇发展变化研究》,齐鲁书社2008年版,第175页。

数据库、软件库、企业库、小说库、图片库、电影库、美食库、字体库、品牌库、人才库、资源库、试题库、血库、精子库、英语语料库、政策法规库”等。

语义趋于虚化、泛化的模标大致可以与现在某些学者使用的“类词缀”概念相对应，指的是“在语义上没有完全虚化，有时候还以词根的面貌出现”[①]的语言单位，我们在第一章第三节讨论过汉语的词根与词缀之间存在着的过渡成分问题。在当代汉语中，模标语义趋于虚化、泛化的词语模数量较多，能产度较高，这也是学术界争议最多的问题之一。所谓语义“趋于虚化”和“趋于泛化”是相对而言的，一般来说，“虚化”的开端是“泛化”，但“泛化”的结果不一定是“虚化”，此处我们不再作详细的划分。这一类模标为数不少，例如：

×度　×风　×感　×化　×界　×客　×库　×力　×令　×盲

×门　×迷　×奴　×气　×圈　×热　×人　×式　×坛　×型

×性　×族　超×　吃×　大×　多×　反×　非×　高×　后×

看×　可×　冷×　零×　趋×　热×　软×　硬×　准×　走×

×工程　×一族　×主义　×族群　绿色×　迷你×

模标语义趋于虚化、泛化的词语模在当代汉语新词语的创造活动中创造了颇为壮观的词语群，它们是能产度最高的词语模类型。下面以“×族”、“×门”、“×客”、“×吧”、“×令”为例加以说明(见表4-2)。

表 4-2

新词语出处	模标				
	族	门	客	吧	令
新华新词语词典(20世纪90年代以来)	波波族　飘族　追星族		黑客 灰客 红客	水吧 网吧 泡吧 氧吧	
汉语新词新语年编2003—2005年	背包族　本本族　不婚族 不夜族　草莓族　蹭课族 肥臀族　哈哈族　库索族 快闪族　拇指族　弃档族 窝居族　校漂族　走班族 QQ族		博客 红客 灰客 蓝客 闪客	彩吧 餐吧 话吧 饮吧 乐吧	

① 吕叔湘:《汉语语法论文集》，商务印书馆1984年版，第517页。

续表

新词语出处	模标				
	族	门	客	吧	令
2006年新词语①	奔奔族 吊瓶族 合吃族 急婚族 啃椅族 赖校族 乐活族 慢活族 陪拼族 捧车族 试药族 洋漂族 装嫩族 网络晒衣族	电话门 监控门 解说门 骷髅门	换客 掘客 拼客 晒客 威客 印客	痛快吧	2时歇业令
2007年新词语②	毕婚族 晒黑族 拒电族 爱邦族 难民族 考碗族 转存族 试客族 帮帮族 炒乌族 掏空族 懒婚族 晒卡族 淘券族 砸星族 代排族	女友门 翻新门 艳女门 歧视门 国旗门 违法门	职客 试客 淘客 绿客 e摘客 群租客 刷书客	爽吧 嚼吧 眼吧 熨吧 自驾吧 手工吧 K客吧	禁胶令 禁高令 限批令
2008年新词语③	泡良族 抢抢族 抠抠族 野鹅族 土食族 酱油族 山寨族 恐年族 住车族 走粉族 啃薪族 宅内族 Emo族 抛抛族 闪闪族 脑残族 爱券族 背奶族 单眼族 囤粉族 飞单族 卧槽族 宅生族 纵狗族 扒手族 枪迷族 家里蹲族 职业敲族 爱钯一族 家务甩手族 QQ隐身族	艳照门 融资门 迟到门 牵手门 返航门 洗牌门 水源门 补妆门 富通门 检举门 帐篷门 群殴门 资料门 增发门 复牌门 潜逃门 竞价门 香烟门 番茄门 房产门 高薪门 结石门 瞌睡门 外泄门 国籍门 暴炒门 口罩门 牛肉门 负担门 禁赛门 秋裤门 杀邮门 涉黑门 赎身门 改龄门 请假门 泄漏门 毒奶酪门	追客 叮客 布客 拼饭客	雪吧 奥运吧	限塑令 一件令 禁液令 禁塑令 禁跑令 免裁令 瘦臀令 冬跑令 长跑令

由上表可见，“×族”、“×门”、“×客”、“×吧”、“×令”等模标语义趋于虚化、泛化的词语模，在当代汉语新词语的创造活动中呈现出相当高的能产度。“×族”在20世纪90年代进入汉语，本来自港台或借自日语，原指具有共同属性的事物分类，在构式中指具有某种共同行为特征或志趣爱好的一类人，是能产度最高的词语模之一。“×门”源自英语中的“-gate”，从“水门事件（water gate）”的“地名”发展为专指“高层的、重大的事件或丑闻”。“-gate”译为“门”进入汉语之后，其语义逐渐泛化，在构式中可以用来泛指一切“丑闻、丑事、丑行”

① 周荐主编：《2006汉语新词新语》，商务印书馆2007年版。

② 教育部和国家语委发布的《中国语言生活状况报告2007》，www.moe.gov.cn，2008年。

③ 教育部和国家语委发布的《中国语言生活状况报告2008》，新华网，2009年。

乃至"绯闻、风波、闹剧、纠纷"等,不少学者注意到"门"的这种语义变化并进行了细致的分析。① "×门"也保持着相当高的能产度。"×客"于20世纪90年代进入汉语,它是在汉语原有的"×客"的基础上,融入人们在吸收外来语时选用的让人望文生义的"客"字而构成的更新换代的词语模,在构式中指"具有某种特征的人或事物",能产度较高。"×吧"中的"吧"源自英语的"bar",最初见于"酒吧间"一词,表示一个相近的汉语读音,但不具备创造新词语的能力。现在"吧"已经成为一个自由语素,其语义可以指出售酒水、食品或供人从事某些休闲活动的场所,也泛指网络中的虚拟社区,是交流思想、分享信息与资源的平台。"×令"出现于2006年,"令"原指"依照有关法律规定发布行政法规和规章的命令"。现今的"×令"并不是指法定的领导机关或领导人对下级发布的一种具有强制执行效力的指挥性公文,而是一种概括的说法,泛指"管理机构或管理者宣布的对相关行为进行约束、禁止、提倡的要求与规定",其能产度呈上升趋势。

(三)模标语义尚未虚化、泛化的词语模

相对于语义虚化程度较高或趋于虚化、泛化的模标而言,语义尚未虚化、泛化的词语模也占一定比例,这一类模标又可分为两种情况。

1.模标的语义在构式中虽然完全没有虚化、泛化,但脱离构式之后模标不能独立使用

这种模标的定位性比较强,所构成的新词语词汇化程度有的较高,有的较低,能产度总体上比较高。例如:

"竞×",模标义是"竞争;竞赛",在构式中意义完全没有虚化、泛化,模标"竞"处于词语前位,脱离构式之后"竞"不能独立使用。"竞×"能产度较高,所构成的新词语词汇化程度较高,一般为动词性词语。如:

竞标　竞猜　竞彩　竞答　竞岗　竞价　竞买　竞卖　竞拍　竞聘
竞投　竞试　竞速　竞销　竞饮

"×容",模标义是"面貌",在构式中意义完全没有虚化、泛化,模标"容"处于词语前位,脱离构式之后"容"不能独立使用。"×容"能产度较低,所创造的

---

① 周日安、邵静敏的《美英式原型标记"一门"的类化和泛化》概括了"门"的语义发展轨迹:"一门"从"水门事件"中提取出来,并且剥离了本义,进行语义的浓缩,这是"专化";"一门"作为原型标记与其他词语组合构成"×门"族词语,并且赋予这些词语新的含义,这是"类化";当"一门"进入汉语后,其应用范围从"高层丑闻"扩大到"一般的带有贬义的事件、风波乃至花边新闻",原来"一门"的语义特征开始脱落,但仍保留了"丑闻"这一基本语义特征,这就是"泛化"。这种泛化的结果,必将导致"一门"的进一步的虚化,"一门"使它有可能发展为真正的后缀。"从专化,到类化,再到泛化,这样一步一步地虚化,或者叫作语法化,实际上也是实词发展演变为虚词或虚词性语素的基本规律"。(《外国语》2007年第4期)

新词语词汇化程度较低，一般为名词性词语。如：

市容　厂容　校容　店容　车容　街容　村容

“超级×”，模标义是“超出一般等级的”，在构式中意义完全没有虚化、泛化，模标“超级”处于词语前位，脱离构式之后不能单独使用。“超级×”能产度较高，所创造的新词语词汇化程度较低，一般为名词性词语。如：

超级旋风　超级教师　超级舞者　超级解霸　超级巡警　超级马力
超级异能　超级农民　超级访问　超级学生　超级女生　超级情人
超级女声　超级搞笑　超级男女　超级骗子　超级男生　超级玩家
超级美女　超级跑车　超级转换秀　超级显微镜　超级豪华轿车
超级同居时代　超级星光大道

2. 模标的语义在构式中完全没有虚化、泛化，且脱离构式之后模标能够独立使用

这种模标的定位性不太强，在脱离构式之后既可以作为独立的语言单位使用，又可以与其他语言单位构成一个新的语言单位，这种构式的能产度总体较高，所创造的新词语词汇化程度有的比较低，有的比较高。例如：

“×秀”与“秀×”，模标义都是“表演；演出”，在构式中意义完全没有虚化、泛化。模标“秀”既可以处于词语前位，又可以处于后位，脱离构式之后能够单独使用。例如：

欢迎来秀吧秀你的新家！
秀一秀你的手机。
你在秀你的哪一面？

“×秀”与“秀×”所创造的新词语词汇化程度都比较低，但能产度都比较高，分名词性、动词性两类。如：

“×秀”：
作秀　选秀　看秀　爆秀　QQ秀　e秀　模仿秀　时装秀　泳装秀
生活秀　脱口秀　脱衣秀　真人秀　状元秀　传情秀　宠物秀　宝贝秀
内衣秀　发型秀　汽车秀　外援秀　园艺秀　数码秀　舞蹈秀　婚纱秀
生活秀　身材秀　文化秀　浪漫秀　个性秀　超级模仿秀　超级宝宝秀
“秀×”：
秀男　秀女　秀服　秀场　秀味　秀约　秀档　秀生活　秀时装
秀身材　秀脸蛋　秀肌肉　秀性感　秀文化　秀优雅　秀浪漫　秀时尚
秀个性　秀气质　秀一把　秀一回　秀一场　秀一番　秀一次

“×模式”，模标义是“某种事物的标准形式或使人可以照着做的标准样式”，在构式中意义完全没有虚化、泛化，“模式”在脱离构式之后能够单独使用。例如：

模式还可分成抽象的和具体的两种形式。
这是一个模式教育的问题。
中国模式就是不止一个模式。

“×模式”能产度较高，所创造的新词语词汇化程度较低。如：

安全模式　主题模式　空间模式　管理模式　经营模式　营销模式
学习模式　商业模式　社区模式　温州模式　深圳模式　成功者教育模式
农村社区教育模式　人文奥运经营管理模式　Blended Training 模式
E-Learning 模式　E-Tutoring 模式

□ 小　结

当代汉语词语模的语义类型是从模标角度进行的划分。能够充当词语模“模标”的语言单位，具有一种特定的语义——“模标义”。这种“模标义”有的可以在一般辞书里检索到，有的尚未被现有辞书收入，但它们都实实在在地存在于词语模的构式之中。我们可以从当代汉语词语模模标的词汇意义是否虚化、泛化的角度出发，结合语法意义、色彩意义讨论当代汉语词语模模标的语义类型。在当代汉语词语模中，词汇意义完全虚化的模标只有极少数，大部分模标的词汇意义比较实在，或者正处于由实向虚的转化过程中。充当模标的语言成分可以是典型的词缀或词根，也可以是非典型的词缀或词根。汉语的词缀都是在词根意义虚化的基础上发展而来的，而词根意义的虚化实际上是一个由实到虚的连续统。

1. 模标语义虚化程度较高的词语模。语义虚化程度较高的模标大致可以与传统的“词缀”概念相对应，指的是位置固定、主要起构词作用、可以表示某种语法意义和附加意义的语言单位。“子”、“儿”、“头”、“阿”等传统词缀，在当代汉语新词语的创造活动中多数呈现萎缩趋势，萎缩程度最强的是“头”和“阿”，几乎丧失了造词能力，“子”和“儿”也只是零星造词，只有“老×”中的“老”仍能保持一定的创造力，但它的语法意义、色彩意义都产生了一定的变化。

2. 模标语义趋于虚化、泛化的词语模。语义趋于虚化、泛化的模标大致可以与现在某些学者使用的“类词缀”概念相对应，指的是在语义上没有完全虚化、有时候还以词根的面貌出现的语言单位。实际上，“虚化”与“泛化”有所不同：所谓语义“趋于虚化”，是指词语的概念义即词汇意义逐渐空灵乃至消失的现象；所谓语义“趋于泛化”，是指体现了概念的词在意义演变过程中发生的概念内涵部分消失的现象。在当代汉语中，模标语义趋于虚化、泛化的词语模的数量比较多，它们的能产度总体上相对最高。

3. 模标语义尚未虚化、泛化的词语模。相对于语义虚化程度较高或趋于虚化、泛化的模标而言，语义尚未虚化、泛化的词语模也占一定比例。这一类模标又可以分为两种情况：一种情况是模标的定位性比较强，其语义在构式中虽然完全没有虚化、泛化，但脱离构式之后模标不能独立使用，这种模标所构成的新词语的词汇化程度双音节的比较高，能产度也较高，例如“竞×”词语群；多音节的能产度比较低。另一种情况是模标的定位性不太强，其语义在构式中虽然完全没有虚化、泛化，但脱离构式之后模标是能够独立使用的。这类模标的能产度总体上也比较高，它们所构成的新词语，其词汇化程度有的比较低，但有的也比较高。

第五节　当代汉语词语模的源流类型

对于当代汉语词语模的来源，我们既可以从时间角度，也可以从空间维度进行考察。从时间角度看，根据词语模产生的时段，当代汉语词语模可以分为承继性词语模和新出现的词语模两类；从空间维度看，当代汉语词语模可以分为四类：来自方言的词语模、来自港台社区词语的词语模、来自外来语的词语模、来自行业术语的词语模，前三类依据的是地域，第四类依据的是语用范围。众所周知，时间是由过去、现在、将来构成的连绵不断的系统，是物质的运动、变化的持续性、顺序性的表现，空间是由长度、宽度和高度构成的体系，是物质存在的广延性和伸张性的表现。由于时间与空间之间是可以相互影响、相互变换、相互结合的关系，所以，我们将综合考虑当代汉语词语模的时间跨度、地域范围、行业范围等因素，首先从时间角度分析承继性的词语模，包括既有的在新时期沿用下来的词语模和承继与创新相结合而形成的词语模（既有的词语模在新时期因融合了新成分而比较活跃的词语模）；然后重点分析新出现的词语模，包括源自方言的词语模、源自外来语的词语模、源自港台社区词语的词语模以及来自行话术语的词语模。

一、承继性词语模产生的原因及其特点

（一）承继性词语模产生的原因

考察各个时期新词语的产生方式，可以发现一部分新词语是基于词语模创

造出来的。词语模是语言的创造者和使用者为了满足表达的需要，在认知规律和语用因素的相互作用下，利用类推方式，即时生成并且便捷地传播新词语的一种模块化装置。李宇明指出，“语言在每一时期都拥有许许多多的词语模，有些词语模随着语言的发展变化而逐渐萎缩或丧失造词功能，而有些则依然保持着旺盛的生殖能力”。① 语言始终处于不断发展演变的状态之中，语言的发展离不开传统，语言的进步需要传承。共时条件下不同成分的借用，历时条件下各种元素的承继，都是语言发展不容忽视的重要因素。语言就是在这种不同成分的碰撞和新旧元素的融合中不断得以丰富发展、接续传承的。语言的承继性使得语言不可能出现断层，因此承继与创新原本没有一个清晰的界限，而且正是由于这种承继性的创新发展，才能够生动地体现出汉语的传承力、凝聚力和创造力，积淀并保存合理的内核，并且裂变或聚变而成为新的内核，在当代汉语这一历史发展时期形成薪火相传、融合创新的崭新局面。

与语音和语法相比较而言，语汇跟社会生活的关系更加直接、更加密切，社会生活的发展变化，首先会体现在语汇的变化当中，语汇是语言结构系统各个成分中最活跃、最容易变化的要素。语汇与语义的发展是跟社会的发展以及人们对事物和现象认识的变化紧密联系在一起的。新词语的产生、旧词语的消亡、语音和语义的演变等等，都是语汇与语义发展变化的重要内容。然而语汇和语义的发展与变化也不是随心所欲、毫无规律可言的，它必然要受到社会约定和语言系统的影响制约，只有这样，才使得语汇既能够不断地增殖与更新以满足社会生活发展变化的种种需求，又能够维持其基本成分和整体系统的承继与平衡以保证社会交际的正常进行。

从词语模的源流角度以及我们所搜集的语料来看，活跃于当代汉语新词语创造活动中的承继性词语模，其中的一部分是对产生于以往历史阶段的词语模的继承，如“×民”、“老×”等；另一部分则是对产生于以往历史阶段的词语模的发展，因此呈现出鲜明的新旧融合的时代特征，如“×客”、“×霸”等。

（二）承继性词语模模标的语义变化

1. 比较纯粹的承继性模标的语义变化

一般来说，如果是一个比较纯粹的承继性的词语模，其模标的词汇意义就不大可能发生什么大的变化，但是作为处于词语模构式中的模标而言，其词汇意义的重心可能会有所偏重，除此之外，模标的语法意义和色彩意义也可能会发生一定的变化，这是由模槽成分的不同所决定的。例如，“×民”是一个早已存在的词语模，指的是“某一种人”，在过去的历史时期内，一般可以指某个民族

---

① 李宇明：《词语模》，载邢福义主编：《汉语语法特点面面观》，北京语言文化大学出版社 1999 年版。

的人，如"藏民、汉民、回民"等；也可以指从事某种职业的人，如"农民、牧民、渔民"等；还可以指具有某种特征，属于特定范围的人，如"饥民、良民、难民、侨民、市民"等。从当代汉语词语模"×民"所构成的新词语来看，"×民"的语义重心明显有别于以往，已经不再用来指称某个民族的人，也很少用于指称从事某种职业的人。当代汉语中的"×民"，具体说来，一可以指属于特定范围的人，如"网民（互联网用户）、卡民（信用卡用户）、险民（投保的客户）"等；二可以指具有某种共同行为特征或共同爱好的人，如"茶民（①指'茶农'；②指嗜茶善饮的'茶迷'；③指因茶而交往的'茶友'）、酒民（喜欢饮酒的人）、食民（泛指与饮食相关的一般消费者，与'吃客'意义基本相同，与'食客'有所不同，'食客'主要指在餐馆、饮食店里用餐的顾客）、毒民（吸毒者）、赌民（赌博者）、麻民（①喜欢打麻将的人；②编织麻线并用来交易的人）、烟民（吸烟者）"等；三可以指各种各样的投资者，如"彩民（彩票投资者）、股民（股票投资者）、房民（房产投资者）、汇民（外汇投资者）、基民（基金投资者）、期民（期货投资者）、邮民（邮票投资者）"等等。因此，从词汇意义角度来看，当代汉语中的"×民"承继了先前的表达"某一种人"的语义，既可以指称具有某一特征的群体，也可以指称群体中的个体，但显然它的内涵更加丰富，范围也更加宽泛。

从语法意义角度来看，"×民"的组合能力没有发生变化，模标都能够与单音节的名词性或动词性模槽成分组合，但模标的搭配对象却发生了一定的变化。上面所列举的"民"可以用来指称具有共同爱好的人以及各类投资者，便是"×民"当代特征的体现。

从色彩意义的角度来看，先前的"×民"族词语具有比较浓郁的书面语色彩，当代汉语中的"×民"族词语则体现出书面语色彩与口语色彩兼备的特点。在感情色彩方面，当代汉语中的"×民"承继并且强化了它的中性特征，例如将"喜欢饮酒的人"称作"酒民"，这便不同于贬义的"酒鬼"一词；将"赌博者"称作"赌民"，也不同于贬义的"赌徒"一词。

2. 承继与创新相结合的模标的语义变化

如果是一个承继与创新相结合的词语模，其模标的词汇意义也不大可能发生质的变化，但是模标的语法意义和色彩意义则可能会发生一定的变化，这也取决于模槽成分的不同。例如，"×客"是一个长期以来就存在着的一个词语模，其中的"客"，《现代汉语词典》解释为"对某些奔走各地从事某种活动的人的称呼"，这一解释不大确切。因为《现代汉语词典》所列举的"说客、政客、侠客"的"客"固然可以解释为"奔走各地从事某种活动的人"，但是"辩客（为某种主张辩护的人）、镖客、房客、门客、骚客"中的"客"，若理解为"奔走各地从事某种活动的人"则显得比较牵强。可见"客"的意义应该更具有概括性，它指的是"具有某种特征的人”。当代汉语中的“×客”族词语，最先出现的是外来词“黑客(hacker)、骇客(cracker)”等，这些词被译成汉语时，人们选择了“客”作为其中的音译成分，由于汉字的表意性，就形成了音译与意译兼得的效果，也就是说，“客”指的是具有某种特征或某种行为的人，后来的“博客(blog，blogger)、播客(podcast)、极客/奇客(geek)、维客(wiki)、乔客(jekoe)、沃客(work)、拓客(tookeen)、威客(witkey)、掘客(digg)”等等都属于新产生的“×客”族词语，“红客、蓝客、灰客”等则是对“黑客”的仿拟。可见，“×客”是一个比较典型的承继与创新相结合的词语模，它承继了“×客”所表示的“具有某种特征或某种行为的人”的语义，同时又利用“客”这个汉字的表意功能将外来语中的音译成分语素化，既不失于传统的承继性，又充盈着当代的时尚感，这使它成为当代汉语中相当能产的词语模。

从语法意义角度来看，当代汉语中的“×客”的组合能力发生了一定变化。第一，在过去，模标“客”与单音节名词性或动词性模槽成分组合的情况较为常见，如今“客”跟双音节模槽成分组合的词语也为数众多，而且模槽成分除动词性、名词性外，还出现了形容词性成分，如“酷客、趣客、炫客、逍遥客、自由客”等。第二，模标“客”的搭配对象也发生了一定的变化，在过去，能够跟“客”搭配的一般是某种人的特征或行为，跟某种事物搭配的比较少见，如“镖客、刀客、门客”等。如今，跟某种事物搭配的情况已属常见，如“烟客、网客、图客、红酒客、背包客”等，甚至还可以跟某个地点搭配，如“徽客、都市客、街头客、校园客、山野客”等。

从色彩意义的角度来看，先前的“×客”族词语的书面语色彩比较浓，当代汉语中的“×客”族词语则体现出书面语色彩与口语色彩兼备的特点，而且大量见于网络用语，体现出建立在诸多媒体相互叠加并且高度融合基础之上的多维传播时代的特点。例如，“博客”指的是“一种简易的个人信息发布方式，任何人都可以注册，完成个人网页的创建、发布和更新”，“晒客”指的是“热衷于用文字和照片将私人物件以及私人生活放在网上曝光的网友”，“换客”指的是“通过互联网交换物品，享受资源互惠的人”，“赛客”指的是“利用互联网记录、分享、交流相关知识，联系其他科研工作者乃至科研机构，强调团队协作精神的非传统意义上的科研人员”。

(三)承继性词语模的能产度较高，词汇化程度较高

相对于“×子”、“×头”等如今已经不再能产的老牌词语模来说，“老×”、“洋×”、“×化”、“×性”“×式”等词语模虽然也产生于当代以前，但是却表现出相当高的能产度，创造了大量新词新语。

例如，“洋×”产生于近代，泛指来自外国的人或事物，在过去创造了“洋人、

洋奴、洋商、洋文、洋财、洋行、洋货、洋务、洋灰、洋火、洋油、洋纱、洋布、洋车、洋房、洋枪、洋炮、洋服、洋钱、洋葱、洋蜡烛、洋八股、洋娃娃、洋大人"等词语,在当代汉语中仍然十分活跃,又创造了大量新词语。如:

洋吃 洋瓜 洋鸡 洋节 洋酒 洋烟 洋伯乐 洋插队 洋打工
洋倒爷 洋道理 洋顾客 洋规矩 洋教师 洋教练 洋节日 洋居民
洋快餐 洋冒进 洋脾气 洋文化 洋学者 洋学子 洋饮料 洋跃进
洋专家 洋作风 洋腐败 洋漂族

再如"×化",表示转变成某种性质或状态,在现代汉语中创造了"丑化、毒化、僵化、净化、绿化、美化、欧化、蜕化"等词语,在当代汉语中也创造了大量新词语。如:

亮化 内化 膨化 商化 热化 软化 外化 细化 优化 智化
白领化 边缘化 城市化 低龄化 电脑化 电算化 高龄化 格式化
国有化 华侨化 荒漠化 集约化 空心化 老龄化 民营化 年轻化
牛步化 品牌化 人性化 沙漠化 私营化 私有化 属地化 数字化
无害化 无纸化 信息化 妖魔化 一体化 有序化 字母化
高学历化 富营养化 无公害化 经济全球化

应该注意的是,老牌词语模在当代汉语中是否被承继而沿用下来,要受到社会语用环境以及语用主体等因素的制约。从《现代汉语词典》、《新华新词语词典》等辞书所收录的新词语来观察,在语义虚化的一部分老牌词语模中,"老×"的能产度相对最高,"×儿"次之,如"老帽儿、老蔫儿、老记、老外、老总(尊称有总工程师、总经理、总编辑等头衔的人)、托儿、腕儿"等;"×子"、"×头"则几乎没有创造出什么新词语。从我们所搜集的语料来观察,"老×"最为能产,"×儿"也有一定的能产度,除上述辞书所列之外,还有"老包、老插、老倒、老迪、老干、老解、老推、老奖、老抠、老美、老欧、老国、老三、老民、老私、老个、老便、老编、老班、老票、老港、老左","大腕儿、丢份儿、没准儿、大牌儿、掉份儿、使绊儿、傻帽儿、盖帽儿、擦边儿、模特步儿"等。由此可见,相对而言,"老×"和"×儿"在当代还有一定的能产度,而"×子"和"×头"则已基本丧失了创造新词语的功能。

再以上文提到的承继与创新相结合的词语模"×客"为例。"×客"的能产度比较高,它所创造的新词语的词汇化程度也比较高。2001 年出版的《中国网络语言词典》中收录了"黑客、白客、红客、骇客"等词语;①2003 年出版的《新华

① 于根元主编:《中国网络语言词典》,中国经济出版社 2001 年版。

新词语词典》收录了“黑客、红客、灰客、蓝客”以及相关的“骇客、闪客”等词语；[①] 2006 年出版的《汉语新词新语年编》收录了“博客、红客、灰客、闪客”等词语；[②] 2007 年出版的《2006 汉语新词语》收录了“换客、掘客、拼客、晒客、威客、印客”等词语。[③] 可以预计，还将有许多“×客”族新词语被陆续创造出来。

二、新出现的词语模产生的原因及其特点

（一）源自方言的词语模产生的原因及其特点

1. 源自方言的词语模产生的原因

语言是一个开放的系统，语汇系统更是一个不断演变和进化的系统。方言是相对于民族共同语来说的，吸收原本流行于方言地区的词语，这是丰富民族共同语语汇的重要途径之一。那些已经被民族共同语吸收了的方言词，有的学者称为“方源词”。[④] 现代汉民族共同语以北方方言为基础方言，因此普通话从方言中吸收词语，比较多地来自北方方言，来自非基础方言的比较少。在现代汉语词汇的发展史上，非基础方言中相对强势的方言——上海话中的词语曾经被共同语大量吸收，例如“陌生、名堂、弄堂、瘪三、扯皮、蹩脚、货色、打烊、白相、揩油、做生活、拆烂污、赤脚医生”等。此外，现代汉语里的许多外来词也直接来自上海话，如“沙发（sofa）、时髦（Smart）、蹩脚（bilge）、卡片（card）、拷贝（copy）、康乐球（Corner ball）、水门汀（cement）、麦克风（Microphone）、‘门槛’精（Monkey）、席梦思（Simons）、太妃糖（taffy）、白兰地（Brandy）、模特儿（Model）、安琪儿（Angel）、茄克衫（jacket）、高尔夫球（golf）”等。但是在 20 世纪 70 年代末中国改革开放之前，源自方言的词语基本上没有能够形成批量创造新词语的词语模。

当代社会的迅速发展，使得人与人之间、地域与地域之间的交往越来越频繁，经济与文化的接触与交流也同样日趋频繁。在这种广泛的经济、文化接触和交流的过程中，人们的语言观念大大开放，大众传播的方式也发挥着越来越重要的作用。随着新事物、新观念、新现象的与日俱增，那些指称新事物、新观念、新现象的新词语源源不断地涌现出来，汉民族共同语——普通话也相应吸收了一批意义新颖鲜活、表现力生动形象的方言词语，例如源于粤方言的“公

---

① 商务印书馆辞书研究中心：《新华新词语词典》，商务印书馆 2003 年版。

② 宋子然、杨小平主编：《汉语新词新语年编（2003—2005）》，巴蜀书社 2006 年版。

③ 周荐主编：《2006 汉语新词新语》，商务印书馆 2007 年版。

④ 刘叔新区分了“方言词”与“方源词”，认为“凡存在于具体方言中，有不同于共同语及其他（所有或绝大多数）方言的特殊含义、特殊构造材料或构造方式的词，是方言词；而来源于方言、称为共同语词汇单位的词，可称为方源词。”（《汉语描写词汇学》，商务印书馆 1990 年版，第 245 页）

关、发廊、冰柜、早茶、打工仔、外来妹、发烧友、电饭煲、大哥大”，源于北京话的“大款、倒爷、侃爷、小蜜、托儿、傻帽、蹭饭、宰人、侃大山、傍大款、玩深沉”，源于上海话的“发嗲、断档、解套、割肉、马大嫂、大兴货、捣糨糊”，源于四川话的“雄起”等等，这些源自方言的新词语以其浓郁的地方色彩和独特的表现力丰富了当代汉语的语汇系统。

在当代汉语语汇的发展过程中，普通话主要从当代强势方言——北方方言区的北京话和南方方言区的粤方言中汲取新鲜养分，这是由这两种方言的特殊地位所决定的。

北京方言词语进入普通话主要有两个原因：一是因为北京历来是我国的政治中心，北京方言位于普通话的基础方言——北方方言的中心，可以说北京方言具有更多的进入普通话的机会和便利条件，也更容易得到人们的认同和仿效。二是因为北京是我国的文化中心，20 世纪 80 年代以来，“京派”作家文学作品中的“京味儿”词语，不仅通过书刊等纸质媒介加以传播，更重要的是借助电视这一现代化媒介的普及而在全国各地迅速传播，这些词语生动形象地展示出当代北京的风土人情。

粤方言词进入普通话主要是经济因素的影响。20 世纪 70 年代末我国开始了巨大的变革，由于紧邻港台地区，地处粤语地区的广州和深圳便成为改革开放的最前沿，这一地域的社会经济得到空前迅猛的发展，这就使得过去很少进入普通话的粤语词语，伴随着令人眼花缭乱的各色各样的“广货”大举北上，迅速进入人们日常生活的各个领域。

吸收方言词语，丰富共同语词语，历来是汉语词汇发展的重要途径之一。我国在改革开放之后，政治稳定、经济发展、交通便捷、交往频繁，这一时期普通话吸收方言词的重要特点之一就是批量创造新词语的方源词语模应运而生，主要来自北京方言和粤方言。例如源自北京方言的“×爷”、“侃×”、“×侃”、“玩×”；源自粤方言的“晒×”；源自其他方言的词语模，比较典型的是来自闽南方言的“哈×”，这些词语模创造了为数众多的、别具一格的方源新词语。

2. 源自方言的模标具有独特的意义与情采

源自方言的词语能够进入普通话，主要是因为它们具有某种特殊的色彩，在表义和修辞上起着特殊的表现作用，而且普通话往往没有完全相当的词语来表达。下面以源自北京方言的模标“侃”为例加以说明。

“侃”，在《说文》中是这样解释的：“侃，刚直也，论语曰子路侃侃如也”。由此可见，“侃”最初是个形容词。作为形容词的“侃”，有三个意义：①刚毅正直的样子。《三国志・魏书・杨阜传》：“阜常侃然以天下为己任。”《后汉书・向栩传》：“侃然正色，有官惮之。”欧阳修《与高司谏书》：“侃然正色，论前世事。”②从容不迫的样子。成公绥《延宾赋》:"訚訚侃侃,娱心肆情。"成语"侃侃而谈"就是用来形容说话时理直气壮,从容不迫。③和乐的样子,《汉书·韦贤传》:"我徒侃尔,乐亦在而。"北方方言中有"侃快"一词,《实用方言词典》[①]和《东北方言词典》[②]都解释为"直爽",如"你的话侃快,真叫人心窝子发热。/他办事没比了,侃快利索"。

"侃"在方言中还有一个名词用法,即儿化为"侃儿(也作坎儿)",指隐语、暗语,如"这是他们古玩行的侃儿"。

"侃"的动词用法有三个意义:①戏弄。这个意义可以追溯到宋元时期。"胡侃"即"无聊地戏弄",王实甫《西厢记》第三本第二折有"你那隔墙酬和都胡侃,证果的是今番这一简"之句。[③] "浪侃"与"胡侃"意义相仿,是"随便调笑,开玩笑"的意思,《望江亭》第一折有"只愿他肯肯肯做一心人不转关,我与他守守守白头吟非浪侃"之句。《现代汉语词典》收录了"调侃"一词,是"用言语戏弄;嘲笑"的意思。②说。例如:"我就明侃了吧,你办的这事,损人不利己"。③闲聊;吹牛。这两个义项都是北方方言中的用法。较常见的词语是"侃大山(也作砍大山)",这一词语起初多用于北京地区,《实用方言词典》释为"聚众聊天儿、吹牛",《现代汉语词典》1977 年版未收此词,1996 年版收录并释为"漫无边际地闲聊;闲聊"。当代多种新词语词典都收录了这个词,《汉语新词新义词典》释为"漫无边际地闲聊",[④]《当代新词语大辞典》释为"长时间地、漫无边际地闲聊,高谈阔论,一般带有吹牛意味",[⑤]《新词新语词典》释为"指没有中心话题,漫无边际地闲聊",[⑥]《中国当代流行语全览》释为"闲聊。北京土话"。[⑦]

"侃"作为动词性成分进入普通话,大约是在 20 世纪 90 年代。随着王朔等新京派作家"侃"出的《渴望》、《编辑部的故事》等电视连续剧的热播,"侃大山、侃爷、侃客、海侃、神侃、开侃"等词语陆续走向全国,并且逐渐形成了"侃×"与"×侃"词语群。这些新词语以其独特的词汇意义和丰富的色彩意义与普通话原有的"说、谈、闲聊、吹牛"等词语形成了近义关系,可以运用于不同语境,例如可以放在某个词语前面的位置上,组成"侃吃、侃喝、侃钱、侃物、侃工作、侃文凭、侃女人、侃房子";也可以放在某个词语后面的位置上,组成"海侃、神侃、开侃、戏侃、妙侃、暴侃、杂侃、歪侃"。这些词语不仅具有鲜明的口语色彩和戏谑

---

① 韩品夫:《实用方言词典》,天津人民出版社 1996 年版。

② 马思周、姜光辉:《东北方言词典》,吉林文史出版社 2005 年版。

③ 龙潜庵:《宋元语言词典》,上海辞书出版社 1985 年版。

④ 闵家骥、韩敬体、李志江、刘向军:《汉语新词新义词典》,中国社会科学出版社 1991 年版。

⑤ 文会、汪澎、李本刚:《当代新词语大辞典》,大连出版社 1992 年版。

⑥ 李行健、曹聪孙、云景魁:《新词新语词典》,语文出版社 1993 年版。

⑦ 夏中华:《中国当代流行语全览》,学林出版社 2007 年版。

色彩，而且情态传神、形象感丰满、表现力独特，无论是从词汇意义、色彩意义的角度还是从语法搭配、音节组合的角度，这些词语中的“侃”都是不能够轻易被“说、谈、闲聊、吹牛”等词语所替换的。

3. 源自方言的词语模能产度较高，但词汇化程度较低

源自方言的词语模虽然从数量上看并不占优势，但若从能产度角度看，它们则属于比较活跃、能产的一类。我们仍以“侃”为例。

“侃”是一个自由语素，既可以单独使用，也可以在词语的前位或后位充当构词成分，“侃×”所创造的新词语有“侃价、侃爷、侃风、侃姐、侃妹、侃兄、侃弟、侃客、侃资”等，“×侃”所创造的新词语有“海侃、神侃、开侃、戏侃、妙侃、暴侃、杂侃、歪侃”等。

在“侃×”生成的词语中，“侃”是一个动词性成分，它的后面可以加上名词性成分，构成定中结构，如“侃姐、侃客”等；也可以加上动词性成分，构成动宾结构，如“侃吃、侃喝”等。再从音节配合角度来看，“侃”既能跟单音节组合，如“侃兄、侃弟”等，也能跟双音节组合，如“侃工作、侃女人”等。

在“×侃”生成的词语中，“侃”也是一个动词性成分，跟位于它前面的成分构成状中结构。出现在它前面的成分可以是形容词性的，如“妙侃、歪侃”等；也可以是动词性的，如“开侃、戏侃”等；甚至还可以是名词性的，如“海侃”等，不过，“海”在此处的词义是“海阔天空”的缩略，“海”是“侃”的状语。

我们从语料中发现，无论是“侃×”还是“×侃”，虽然生成的新词语都比较多，但是这些新词语的词汇化程度却都比较低。所谓词汇化程度是指“词组逐渐凝固或变得紧凑而形成复合词的过程”，[①]汉语中的许多词语都是由原来句法上的短语转变而来的，如“陪老（陪伴、照顾老年人）、反黑（反对、打击黑社会性质的犯罪集团）、傍大款（崇拜、追随并依赖有钱人）”等。“侃×”和“×侃”词语群中的新词语，大多数还处于词组或者叫短语阶段，其中的一些可能会逐渐凝固或变得紧凑而形成复合词，而另外一些也许不可能形成复合词。目前完成了词汇化进程的词语并不多，“×侃”族新词语几乎都未被词典收录，“侃×”族新词语也只有为数不多的几例。例如：

侃价：买卖双方讨价还价。

侃爷：喜好闲聊、吹牛的人。

侃风：聊天、清谈的风气。

侃资：藉以聊天儿的资料。

再如“哈×”生成的新词语有“哈日、哈韩、哈美、哈法、哈德、哈西、哈衣、哈

---

① 徐时仪：《“一味”的词汇化与语法化考探》，《语言教学与研究》2006年第6期。

帽、哈鞋、哈狗、哈猫、哈鼠、哈兔、哈 Q、哈社保”等，其中只有下面几例已被词典收录：

哈日：疯狂崇拜、迷恋和追随日本的时尚和流行文化。

哈韩：疯狂崇拜、迷恋和追随韩国的时尚和流行文化。

哈 Q：疯狂迷恋 QFII（Qualified Foreign Institutional Investors，意为合格的境外投资者）。

（二）源自外来语的词语模产生的原因及其特点

1. 源自外来语的词语模产生的原因

外来语是指通过一定的方式从其他民族语言中吸收到本民族语汇的词语，这种吸收是以不同民族之间在政治、经济、文化等方面的相互接触、相互影响、相互渗透为前提的。在第二章第一节中，我们讨论了汉语发展史上标示外来事物的词语模的情况。先秦两汉时期，汉语从西域各族和匈奴语言中吸收养料，这一时期产生的标示外来事物的词语模如“胡×”等。汉末魏晋南北朝至唐宋时期，汉语从以梵语为主的印度古典语言中吸收养料，这一时期产生的标示外来事物的词语模如“佛×、禅×、魔×”等。近代尤其是五四运动以来，汉语从欧美各国语言以及日语中吸收养料，这一时期产生的标示外来事物的词语模如“西×、洋×”等。外来语是当代汉语语汇中的重要成员之一，20 世纪 70 年代末，随着对外政策的解禁和对外交流的频繁，我国以空前开放的姿态开始了与国际接轨的进程，当代汉语也以空前广阔的胸襟开始了对外民族语言成分的兼收并蓄。新事物、新思想、新观念不断涌入，社会生活的氛围不断宽松，语用主体的语用心理趋新趋异，人们的外语水平以及全民文化水准日益提高，这些因素造就了外来语的大量产生，催生出一批时代特征鲜明、能产度相当高的词语模。由于英语是一种国际通用语言，加之许多新事物、新思想、新观念来自欧美等西方国家，又由于近代以来日语与汉语长期处于互相吸收互相借鉴的状态，加之日本位列“亚洲四小龙”之首，因此，从模标的来源方面来看，源自英语的为数最多，源自日语的也有不少。例如：

亚（sub）×：

亚健康　亚别墅　亚婚姻　亚家庭　亚单身　亚情人　亚爱情　亚情感　亚工作　亚学习　亚生活　亚生存　亚工作状态　亚学习状态　亚生活状态　亚生存状态

×啤（beer）：

干啤　扎啤　生啤　黑啤　白啤　棕啤　冰啤　果啤　麦啤　菠萝啤　苹果啤

×物语：

爱情物语 成长物语 婚恋物语 婚庆物语 女性物语 青春物语
情感物语 时尚物语 童心物语 校园物语 星座物语 休闲物语
音乐物语 心灵物语 贪官物语 儿童物语 美女物语 穷人物语
理财物语 投资物语 白领物语

×族：

飘族 青春族 打工族 上班族 工薪族 追星族 持卡族 红唇族
银发族 夜购族 浅尝族 解套族 拾荒族 开店族 刷卡族 预支族
闯关族 烧钱族 售屋族 哈移族 晚睡族 垃圾族 方格族 负翁族
红眼族 流星族 飞雪族 QQ族 IT族 SOHO族 BOBO族
CK族 DIY族 FIY族 QQ族 HAM族 SoSo族 Kidult族
Unija族 ISO9000族

当代汉语词语模中的一些外来模标是通过港台地区的中转而进入大陆的，这与现代汉语里许多外来词直接来自上海方言的情况明显不同，这是由于我国改革开放的进程是从南至北，在地理位置上得天独厚的港台地区紧邻深圳、广州等特区，其经济与文化的发展处于强势地位，这使得这一地区必然成为外来事物、外来现象的登陆点，也使得这一地区成为外来词语进入中国内地的中转站。例如源自英语的“吧×、×吧、×巴、秀×、×秀、的×、×的”，源自日语的“×屋、×族、×达人、×物语”等，都是先进入港台地区，再进入中国内地的。

2.源自外来语的模标引进方式多样

外来语产生的方式跟社会风气、语用主体的语用心理以及文化素质等因素密切相关，汉语吸收外来语的方式主要有音译、意译、形译等。从模标产生的方式角度来看，外来模标的引进方式也包括上述几种。

(1)意译。这类模标构成的词语模为数较多，形成的方式也各不相同。有的是从整体上意译，构成的词语模如“电脑×、概念×、网络×、×情结”等；有的是直译，如“软×、硬×、零×、干×、草根×、泡沫×、傻瓜×、×快餐、×达人”等。

(2)音译。这类模标的语音和语义完全借自外来语，但在翻译的过程中已经对原语音形式进行了改造，构成的词语模如“吧×、×吧、×巴、的×、×的、×啤”等。

(3)音义兼译。这类模标兼顾了外语原词语音和语义两个方面，既译音又译意，构成的词语模如“秀×、×秀、多媒体”等。

(4)谐音别解。这类模标巧妙地利用汉字的表意特点，能够使人“望文生义”，构成的词语模如“迷你×”等。

(5)形译。这类模标又分成两个小类:一类是来自日语的汉字词,构成的词语模如"×屋、×族、×一族、×物语"等;一类是直接借用外文字母的字母词,构成的词语模如"e×(E×)、Q×"等。以外文字母为模标是一种新生事物,丰富了模标的文字体态,这与当代汉语中字母词的大量增加密切相关,同步发展。字母模标都是采用简缩方式形成的,具有较高的能产度,例如"e×(E×)",模标"e"是"electronic 电子"的首字母,生成的新词语如:

e化　e族　e人　e概念　e广告　e世纪　e账本　e行动　e住宅
e教学　e时代　e社区　e人类　e产品　e服务　e教室　e校园
e生活　e美容　e类精英　e-mail(电子邮件)　e-commerce(电子商务)
e-business(电子商务)　e-book(电子图书)　e-learning(网络教育)

3. 源自外来语的模标能产度高,词汇化程度相对较高

从模标的能产性角度来看,外来语形成的模标往往具有强大的生成能力,而且它所生成的新词语词汇化程度相对较高。《2006 汉语新词语》[①]共收新词新语 172 个,利用外来成分所创造的新词语大约有 35 个,所占比例高达 20.8%,其中利用词语模创造的新词语就达 29 个之多,"×族"最能产,有 15 个词语;"×客"次之,有 6 个词语;再次为"×门",有 4 个词语。

例如"×门",这一词语模的源头可以追溯到 20 世纪 70 年代美国历史上最不光彩的政治丑闻"水门事件"的曝光,该事件最终导致尼克松政府的下台。水门事件(Watergate scandal)对美国本国历史以及整个国际新闻界都有着长远的影响。"-gate"原指高层名人的政治丑闻,后来被广泛用以表示任何新发生的丑闻或新闻(不一定是丑闻,只要具有新闻效应,能够引起公众的关注和兴趣即可),如"伊朗门"、"拉链门"、"虐囚门"、"电话门"、"情报门"等。在当代社会网络媒体的促动下,形形色色的"门"类事件得到极其迅速、广泛的传播,"门"也随之被汉语吸收,并且衍生出一个庞大的词语群。盘点近年来人们社会生活中的多个热门话题,不难发现许许多多"×门"族新词语。例如:

解说门:指 2006 年 6 月 27 日凌晨,意大利队在世界杯八分之一决赛中对阵澳大利亚队,中央电视台足球评论员黄健翔过于激情的解说引发的一场轩然大波。

老虎门:指 2007 年 10 月 12 日,陕西省林业厅发布了猎人周正龙用数码相机和胶片相机拍摄的华南虎照片,随后照片的真实性受到来自部分网友、华南虎专家和中国科学院专家等方面的质疑并引发了全国性争议的事件。

---

① 周荐主编:《2006 汉语新词语》,商务印书馆 2007 年版。

艳照门：指 2008 年 1 月，网上盛传香港艺人陈冠希与若干女艺人的激情照片，从而引发了对香港娱乐圈迄今为止最为震撼的冲击的事件。

奶粉门：也称“三鹿门”，指 2008 年国内最大的奶粉生产企业三鹿集团生产的奶粉受三聚氰胺污染，导致多名婴儿患结石病被揭露的事件。

香烟门：指 2008 年末网友以媒体公开报道的照片为证，质疑某官员抽天价烟、戴名贵表，从而引发了利用网络监督公务员的利弊、是否应禁止天价烟销售等话题热议的事件。

失火门：指 2009 年 2 月 9 日晚，由于燃放烟花造成中央电视台新址大楼的配楼发生火灾的事件。

凡此种种，都是在网络媒体的巨大推动力下进行的“滚雪球”式的创造，词语群也就随之越来越壮大。

（三）源自港台社区词的词语模产生的原因及其特点

1.源自港台社区词的词语模产生的原因

社区词是社会区域词语的简称，是从不同地域社会形态的角度说明词语的差异，它属于跟古语词、地域方言词、外来词同一层次的社会方言词，与阶级习惯语、行业语、隐语等构成并列关系，是当代汉语语汇一般词语的组成部分和重要来源之一。社区词的差异不同于地域方言之间的差异，社区词基本上以通用语素作为构词语素，而地域方言词则可以用方言语素构词，用方言字记音。最早提出“社区词”概念的学者田晓琳（1993）将社区词定义为“由于社会背景不同，社会制度、政治、经济、文化的背景不同，以及由于社会背景不同带来的人们的不同心理因素，由此而产生的适应本地社会区域的词语”。[①] 使用汉语的社会区域其主体是中国内地，除此之外还包括台湾地区、香港特别行政区、澳门特别行政区，新加坡（以汉语为正式语言之一）以及东南亚、欧美等地的华侨、华裔聚居地。

在当代汉语语汇的发展过程中，普通话从香港和台湾吸收了不少新鲜词语，这是因为香港和台湾是运用汉语的两个重要社会区域。香港是进出中国内地的门户，又是台湾产品转口进入内地的中心，担当着两岸之间经济交往的中介角色，在推动三地经济交流发展中起着不可或缺的重要作用。台湾扼西太平洋航道的中心，是太平洋地区各国海上联系的重要交通枢纽，也是世界环球海运航线上的重要节点。大陆与香港和台湾虽然在政治制度、经济制度、社会制度上互不相同，但中华民族割舍不断的血缘关系、文化关系和经济关系一直维系着两岸关系。20 世纪 70 年代末 80 年代初，中国实行改革开放政策以来，大

---

① 田小琳：《再论香港地区的语言文字规范问题》，中国论文下载中心，2008 年。

陆与香港、台湾之间数十年相互隔绝和封闭的状态被打破，三个社会区域的语汇开始了大规模的碰撞、交流与吸收。如今，香港、澳门早已回归祖国怀抱，台湾海峡两岸的交流、访问也呈现出逐年增多、形式多样的特点，高层对话、基层交往、文化搭台、经济唱戏，政党互动、民众互访等沟通方式都促使内地与港台地区在政治、经济、文化等各方面的关系日益加深。港台社区词反映出香港和台湾社会多年来政治、经济、文化等各方面的社会特征以及人民使用词语的心理因素，伴随着改革开放的大潮进入大陆人们的社会生活并广泛传播流行，其中的一部分逐渐被普通话吸收。下面列举一些音序为"A、B"起头的已经进入普通话语汇的新词语或具有了新义的词语：

安保　安检　安全套　按揭　案例　八卦(原指我国古代的一套由阴爻阳爻构成的有象征意义的符号，新义形容某人好管闲事，喜欢打听并散播别人隐私)　吧女　吧台　把脉(原指医生用手按在病人腕部动脉上，根据脉搏的变化来诊断病情，新义比喻对某事物进行调查研究并作出分析判断)　斑马线　扮靓　包装(原指用专用的纸张、薄膜等包裹商品或把商品装进盒子、瓶子等容器，新义比喻对人或事物的形象给予装扮、美化，使更具有吸引力和商业价值)　煲电话粥　曝光(原指胶片或感光纸在一定条件下感光，新义比喻把隐私或不光彩的事情公开出来)　爆棚　崩盘　比对　飙车　表征　播报　博彩　不归路　不争

港台社区词渗入普通话，其主要原因首先是中国当代经济社会的发展。同粤方言对普通话前所未有的影响一样，随着港台实业家的投资、港台商品的进入，那些表达各种经济活动的社区词便逐渐进入大陆。第二个原因是两岸三地之间文化交流的日益频繁。随着港台文学、港台影视剧、港台通俗歌曲的大量涌入，那些表达各种文化娱乐方面的社区词随即也为人们，尤其是年轻的一代所接受。第三个原因是当代社会各种媒体的发展。港台社区词借助报纸、电视、网络等媒体迅速渗入大陆的普通话。普通话从港台词语吸收了不少新鲜成分，当然，港台地区也从普通话中吸收了一些有用的成分。

需要说明的是，港台地区受外来语的影响吸收了不少外来词，香港华裔人口中主要使用粤语，台湾居民中70%的祖籍地源于闽南地区，使用闽语。因此，港台社区词与外来词和粤、闽方言词之间体现出一种交叉关系，此处讨论的港台社区词主要指港台社区自创的反映社会生活中各种新事物、新现象、新观念的词语。

当代汉语对港台社区词的借用和吸收，是社会语言学和汉语语汇学研究的一个重要课题。从词语模的角度来看，港台社区词为普通话提供的非外来性、非方源性词语模有"问题×"、"×家庭"、"新潮×"、"山寨×"、"明星×"、"垃圾

×”等。

2. 源自港台社区词的模标语义明白晓畅

大陆汉语和港台汉语同种、同文，使用的都是汉字、汉语，在当代都产生了大量新词语。从语言结构的层面上看，大陆新词语和港台新词语在衍生机制、结构规律、造词理据等方面都呈现出比较一致的共性(但是在词语的指称对象、表义内容与倾向性等方面又存在着明显的社会区域性差异，这是因为大陆和港台社会在政治、经济、文化、观念等方面存在着一定的差异)。因此，源自港台社区词的模标都是从民族共同语的语素库中选择出来的成分，往往意义显豁，尽管是在港台社区流通的词语，但在一定的语境中却具有明显的共享性，还是很容易被大陆以及其他社区说汉语的华人所理解的，人们有时甚至感觉不到它们原本不是大陆汉语中的词语。这一点与上述原本不属于民族共同语的方源模标有所不同，其他华人社区的社区词也是这样。例如“垃圾×”词语群中的“垃圾虫、垃圾股、垃圾邮件、垃圾电邮、垃圾广告、垃圾食品、垃圾零食”，模标“垃圾”是个比喻性用法，理解起来完全没有障碍。再如“×家庭”词语群中的“标准家庭、传统家庭、单亲家庭、丁克家庭、丁宠家庭、二一家庭、复合家庭、核心家庭、联合家庭、两制家庭、破损家庭、双低家庭、无孩家庭、主干家庭、空巢家庭”等，虽然模标“家庭”的外延比传统意义上的“包括父母、子女和其他共同生活的亲属在内”更加宽泛，但是其内涵“以婚姻和血统关系为基础的社会单位”却还是显而易见的，倒是起修饰、限定作用的模槽成分有时需要作些解释，如“丁克家庭”指“夫妻均有收入并自愿不生育子女的家庭”，“丁宠家庭”指“不生育孩子，把宠物当孩子养的家庭”。

一些源自港台社区词的模标，其语法意义在词语模构式中发生了一定的变化，这种变化也很容易被人们所接受。例如“新潮”，原先多用作名词，一般处于被修饰、限定的中心成分位置，例如在“文艺新潮”中指“事物发展的新趋势；新的潮流”。现在受港台社区词的影响，在词语模构式“新潮×”中用作形容词，表示“符合新潮的；时髦的”。如：

新潮发型　新潮家园　新潮服饰　新潮歌曲　新潮约会　新潮交友
新潮图片　新潮电影　新潮数码　新潮购物　新潮网名　新潮手机
新潮音乐　新潮美女　新潮杂志　新潮饰品　新潮名字　新潮时装
新潮影视　新潮女装　新潮卷发　新潮商人

3. 源自港台社区词的词语模能产度较高，但词汇化程度较低

与源自方言的词语模一样，源自港台社区词的词语模从数量上看并不占优势，但是如果从能产度角度看，它们也是属于比较能产的一类。

例如“问题×”。作为一个修饰、限定性成分，“问题”参与构成的新词语，在

香港社区起初有“问题儿童、问题少年、问题少女、问题家庭、问题银行、问题汽车”等，后来在大陆先是出现了“问题裁判”(指吹黑哨的裁判)一词，后来，各种各样的“有问题的人或事物”都可以被纳入词语模“问题×”构式中，从而创造出“问题菜、问题肉、问题油、问题车、问题房、问题股、问题奶粉、问题住宅、问题裁判、问题青年、问题球迷、问题球员、问题影片”等新词语。

再如“山寨×”。“山寨”亦作“山砦”。“寨”有以下几个含义：①防守用的栅栏。②旧时驻兵的地方。③强盗聚居的地方；山寨。④四周有栅栏或围墙的村子。“山寨”在古代汉语中指“筑有栅栏等防守工事的山庄”，《宋史・岳飞传》：“飞指画甚大，令已至伊洛，则太行一带山砦必有应者。”“山寨”在宋元时期主要指“绿林英雄在山边所筑的营寨”，《水浒传》第二回：“如今近日上面添了一伙强人，扎下个山寨，在上面聚集着五七百个小喽啰，有百十匹好马。”“山寨”一词在现代汉语中有两个意义：①在山林中设有防守的栅栏的地方。②有寨子的山区村庄。1994 年出版的《当代港台用语词典》和 2000 年出版的《港台用语与普通话新词手册》收录了“山寨”的新意义：“山寨”是一个主要在香港地区使用的词语，意思是“杂牌小厂家”，亦作“山寨厂”，如“有不少酒家的点心，大都是向‘山寨’进的货，又便宜，又省功夫”。[①] “山寨”的这一意义是个比喻义，看起来脱胎于“绿林草莽占山为王，与官方分庭抗礼”的意思，具有“非正规的；仿制的”等引申意味。“山寨”一词在中国内地最早被用来描述我国改革开放的先行地区——珠江三角洲地区一些厂家生产的手机——“山寨机”，这种手机使用了台湾研制的低价芯片，融合了市面上主流手机的所有先进功能并有所创新，因价格极其低廉而迅速占据了内地低端手机市场的大部分份额。如今，这种廉价和仿冒产品的生产与消费，除了存在于手机等电子消费品领域之外，还普遍存在于服装、箱包、鞋帽和日用品领域，山寨产品成为中国低收入人群日常生活主要消费品的来源。近年来，“山寨”因其仿造性、快速化、平民化的特点，已经形成了一种由民间力量发动起来的产业现象，即以极低廉的成本模仿主流品牌产品的外观或功能并加以创新，最终在外观、功能、价格等方面全面超越这个产品。随着各式各样的山寨产品的不断涌现，“山寨”迅速地由最初的一种生产方式演变为一种文化模式，从一种经济现象扩展为一种社会文化现象。在大众媒体和网络的推波助澜下，作为一种新的流行文化现象，“山寨”在 2008 年时已经成为中国内地众多流行文化中的佼佼者，渗入到社会生活的方方面面。“山寨”也由原先单一的“杂牌小厂家”的意思逐渐扩大为立体的、多层次的、具有极强概括力的多义词，如

---

① 朱广祁：《当代港台用语词典》，上海辞书出版社 1994 年版；朱广祁：《港台用语与普通话新词手册》，上海辞书出版社 2000 年版。

“盗版的；仿制的；假冒伪劣的；民间的；草根式的；反精英的；非主流的；反权威的；反垄断的；难以被官方所控制的；颠覆传统观念的；调侃的；恶搞的；结构性的；自娱自乐的”，等等。“山寨×”及其衍生物“山寨版×”创造的新词语如：

山寨×：

山寨吧　山寨网　山寨帮　山寨人　山寨货　山寨机　山寨版　山寨年
山寨化　山寨文化　山寨现象　山寨精神　山寨行为　山寨事件
山寨新闻　山寨语境　山寨风暴　山寨广告　山寨手机　山寨相机
山寨电脑　山寨软件　山寨歌曲　山寨游戏　山寨品牌　山寨礼服
山寨厂商　山寨电影　山寨影视　山寨明星　山寨名人　山寨美女
山寨网站　山寨白宫　山寨春晚　山寨晚会　山寨笔记本　山寨一条街
山寨麦当劳　山寨电视台　山寨电视剧　山寨百家讲坛　山寨诺贝尔奖

山寨版×：

山寨版手机　山寨版火车　山寨版春晚　山寨版鸟巢　山寨版明星
山寨版大熊猫　山寨版张柏芝　山寨版周杰伦　山寨版红楼梦
山寨版派出所　山寨版五角大楼　山寨版“阿里巴巴网站”
山寨版中央电视台新闻报道

（四）源自行话术语的词语模产生的原因及其特点

1. 源自行话术语的词语模产生的原因

行话指某一社会集团或职业集团所使用的专门用语，术语指某一学科领域中的专门用语。与港台社区词语一样，行话术语也属于社会方言词语，是从词语的使用范围的角度说明词语的差异，它指的是各种行业各门科学为了适应交际的需要而创造使用的专用语汇，跟全社会都普遍使用的通用语汇相对应，一般只在某些领域中或某一部分人中使用，是当代汉语语汇一般词语的重要组成部分。由于社会分工不同，各种行业各门科学都有自己的专门用语，例如“车身、洗车台、车溜板、前照灯、备胎架、车身衬里、活性炭罐、车载天线、差速器壳、化油器回火、碳排放量指数、调频干扰自动抑制”是汽车行业用语；“开低、持仓、套牢、崩盘、利多、牛市、成长股、跌停板、换手率、蓝筹股、空头市场、日 k 线图、波浪理论、成交笔数”是股市行话；“芯片、鼠标、光标、软盘、菜单、病毒、网页、数据库、浏览器、快捷方式、电子邮件、超级链接、搜索引擎、远程登录、中央处理单元、超文本传输协议”是计算机专业术语；“开球、点球、角球、手球、射门、红牌、黄牌、前锋、后卫、任意球、倒钩球、乌龙球、小禁区、巡边员、帽子戏法、越位战术、技术犯规”是足球专业术语。

行话术语之所以能够成为词语模,主要有两个原因。

第一个原因是某一行业或某一学科领域在当代中国发展较快,新事物、新现象较多,因此用以指称这些新事物、新现象的词语大量增生。例如"×产业"中的"产业"是一个经济学术语,指构成国民经济的各个行业和部门。第二次世界大战以来,在西方国家的经济学和统计学中,广泛使用的是三次产业分类法。1985年,为了适应建立国民生产总值统计的需要,国家统计局首次规定了我国三次产业的划分范围。2003年,为了准确反映经济发展的客观实际,国家统计局颁布了新制定的《三次产业划分规定》:第一产业包括农、林、牧、渔业;第二产业包括采矿业,制造业,电力、燃气及水的生产和供应业,建筑业;第三产业包括除第一、二产业以外的其他行业,具体包括:交通运输、仓储和邮政业,信息传输、计算机服务和软件业,批发和零售业,住宿和餐饮业,金融业,房地产业,租赁和商务服务业,科学研究、技术服务和地质勘察业,水利、环境和公共设施管理业,居民服务和其他服务业,教育、卫生、社会保障和社会福利业,文化、体育和娱乐业,公共管理和社会组织、国际组织等。我国改革开放30多年来,随着社会经济的发展和科学的进步,国民经济各部门的产值与就业人员的比例不断发生变化,国民经济快速发展,经济总量迅速增长,产业结构渐趋合理,总体符合产业发展的一般规律,虽然我国第三产业存在着总量偏小和行业结构不合理等问题,但增长速度非常快,这些发展变化可以从"×产业"所创造的大量新词语中窥见一斑。例如,"夕阳产业"指趋向衰落的传统产业(纺织、钢铁、造船等);而"朝阳产业"则指日趋兴盛的新兴产业(电子计算机、生物工程等);"文化产业"指从事文化产品生产和提供文化服务的经营性行业(出版、广播影视、文物和文化遗产保护、图书馆、文化社会团体活动等);"创意产业"指那些从个人的创造力、技能和天分中获取发展动力的企业,以及那些通过对知识产权的开发而创造潜在财富和就业机会的活动(广告、建筑艺术、艺术和古董市场、手工艺品、时尚设计、动漫、软件及计算机服务、旅游、体育等);"绿色产业"指积极采用清洁生产技术,采用无害或低害的新工艺、新技术,大力降低原材料和能源消耗,实现少投入、高产出、低污染,尽可能把对环境污染物的排放消除在生产过程之中的产业。再如下列新词语都体现出当代中国产业结构的时代特色:

信息产业　数字产业　支柱产业　动漫产业　新兴产业　酒店产业
体育产业　环保产业　保健产业　健康产业　节能产业　通信产业
光电产业　手机产业　教育产业　旅游产业　游戏产业　娱乐产业
物流产业　幼稚产业　IT产业　住宅产业　生物产业　养老产业
高科技产业　新媒体产业　互联网产业　高新技术产业　文化创意产业

第二个原因是一些专用的行话术语被其他行业或学科借用,有的已经转化为通用词语，这就使得这类词语的适用范围扩大、使用频率增加，从而形成词语模。学科之间术语的借用并不罕见，专用行话术语转化为通用词语，主要原因有三：第一，从语汇系统内部来看，语汇内部的组成部分具有层级性，行话术语这类专用语汇具有动态变化的特性，因此它与通用语汇之间并不是完全对立的，我们很难把专用的行话术语与通用的词语截然区分开来，它们之间的界限往往是比较模糊的。在语汇发展的过程中，它们往往会相互渗透、相互影响、相互转化，专用语汇的成员可能转化为通用语汇的成员，通用语汇的成员也可能转化为专用语汇的成员，在专用与通用之间，还应该存在着一种中间状态。专用语汇中的一些词语，在一定语用条件的作用下逐渐具有了普遍性和稳固性，就可能转化为通用词语，融入到通用语汇中去。第二，从语汇发展的外部条件来看，行话术语通常只在某一行业或某一学科的范围之内使用，全民性程度不高，但是，随着社会的不断进步、科学技术的迅速普及、人际交往的日益频繁、人们知识水平的逐渐提高与多元化、社会各个领域之间的相互渗透与协作化、信息量的大量增加和各种媒体的传播推动，一些行话术语便逐渐走出它们原来所属的狭窄领域而进入人们的日常生活之中，逐渐转化为全民性的通用词语，其应用范围也就逐渐扩大到日常生活范围，这已成为历史发展的必然。行话术语进入通用语汇，使得专用语汇突破了原有的固定含义和适用范围，许多词语从单义变为多义，所以，这也是扩大词汇、丰富语义的一条重要途径。第三，从语言使用者的社会心理来看，将某一行业或某一专业的词语用于超常的、特殊的语言环境之中，充分体现出语言使用者的"求新"心理。这种追求语言运用陌生化的心理，使得人们在交际中能够通过对不同语言形式的选择或变异使用，赋予语形和语义以陌生感，从而实现表达新颖化的语言追求，获得特殊的心理体验。在日常生活中使用行话术语，还能够体现出语言使用者的"求雅"心理。行话术语比较严谨精确，有比较浓郁的书面语色彩，品位也比较高，符合当代人的精神追求和交际需求，当它们被借用于非专业领域时，仍然保留了一定的书面语色彩，这就使得人们的语言表达更细腻、更到位，容易产生独特的语用效果。例如，"孵化"一词是一个生物学术语，原指昆虫、鱼类、鸟类或爬行动物的卵在一定的温度和其他条件下变成幼虫或小动物，由于它指的是在母体外发育成新个体的过程，因此，如今常常被用来比喻"培育，培养，使发展出新事物"，如"中移动四大举措超常规孵化 3G 应用"、"海淀区中关村动漫游戏孵化基地启动"、"厦门创业园形成梯次孵化格局"等。再如，"接轨"本是一个交通行业术语，原义专指分别修筑的两条或两条以上的道路或铁路轨道并轨连接起来，现今用来比喻"使不同的体制或做法一致起来；纳入统一的规范"，如"天然气计量单位与国际接轨"、"大盘调整迎接'双重接轨'"、"改变企业接轨上海的滞后现象"等。

同样道理，也有一些通用词语在一定语用条件的作用下被相关学科或行业借用而成为专门术语，如“菜单、窗口、文件、桌面、笔记本、垃圾清理”等已成为计算机术语，“套、割肉、清仓、抢帽子、抬轿子、坐轿子”等已成为股市术语。

在当代社会，越来越多的行话术语突破原来的狭窄领域，进入人们的日常交际领域，其中一些逐渐成为构成新词语的要素，相应的词语模也就应运而生了。例如，“群体”原本是一个生物学用语，指“由许多在生理上发生联系的同种生物个体组成的整体”，如动物中的海绵、珊瑚和植物中的某些藻类。后来“群体”被其他学科借用，比如在社会学中指“人们通过某种社会关系联结起来，进行共同活动和感情交流的集体”，在心理学中则指“一群在感情、思想和行为上相互传染和暗示，并且在利益上相互联系，相互依存，为了达到某些共同的目标而结合在一起的有一定组织的人员”。如今“群体”一词已被用于更大的范围，一般用来泛指“本质上有共同点的个体组成的整体”，既可以指人，也可以指物，1998年出版的《现代汉语词典》收录了这一意义。“×群体”所创造的新词语如：

别墅群体　建筑群体　雕塑群体　花卉群体　城市群体　乡村群体
产业群体　工业群体　企业群体　商铺群体　旅游群体　英雄群体
弱势群体　强势群体　明星群体　贵族群体　精英群体　社会群体
特殊群体　消费群体　参照群体　初级群体　同辈群体　利益群体
受众群体　边缘群体　大学生群体　农民工群体　非正式群体
非农业群体　暴富者群体　高收入群体　新失业群体　农业建筑群体
初级社会群体　城市弱势群体　目标消费群体　政治腐败群体
发现型人才群体　自然景观群体　大农业复合生态群体

从所涉及的范围来看，源自行话术语的词语模主要集中在以下几个领域：

经济学：×产业　×经济　×消费
计算机技术：电脑×　数字×　多媒体×
物理学、化学：×效应　电子×
生态学：×污染　生态×
生物学：×群体　群体×
医学：×病　×综合征
心理学：×情结　×意识
饮食业：×快餐　×套餐
商业：×市场　商×
数学、心理学：×商(商数)
数学、经济学：×指数

地质学、股市：×板块

工程学：×工程

人类学：×族群

哲学：概念×

高新技术：纳米×

由此可见，源自行话术语的词语模覆盖面相当广泛，主要涉及经济、科技、日常生活等各个领域以及多门学科，这些词语模都十分活跃，创造了大量新词语。

2.源自行话术语的模标的词汇意义特点

行话术语类词语模的模标，从词汇意义角度来看，主要有三种情况：

(1)有些词语模的模标并没有改变它特定的专业含义，仍然具有行话术语的身份，它的词汇意义仍然保持着它的单义性，这是因为术语的基本特征就是它的单义性、精确性和统一性。每门学科中的专门术语都自成系统，为避免多义、歧义和模糊性，术语的语义必须单一而且精确，所以，当模标作为行话术语使用时，它的单一、精确的含义不会发生变化。例如上文所举的"×产业"，虽然创造了众多的新词语，可以用来指称各种各样人们前所未闻的新兴产业，但是"产业"的"构成国民经济的各个行业和部门"这一语义并没有发生什么变化，这充分体现出行话术语的概括性与客观性。

(2)有些词语是由某一行业或学科向另一行业或学科的扩展，并且进一步扩展到通用领域，从而转化为通用词语，这就与仍然作为行话术语使用的模标有所不同。作为不同行业或学科的专门词语，它们的语义各不相同，但是作为通用词语，它们的语义则往往会在保持原有意义的基础上发生一定的变化，形成常用的"模标义"，这样就改变了行话术语意义的单义性，从而衍生出新的义项。例如"指数"，在数学领域表示"一个数自乘若干次的数字"；在经济学中指"某一经济现象在某时期内的数值和同一现象在另一个作为比较标准的时期内的数值的比数"；在词语模"指数"构式中，其意义所指范围已经超出经济领域，扩展到生活的各个领域，可以指"具体的数值"，如"股票指数、房产指数"，也可以指"抽象的数值"，如"信心指数、魅力指数"，而且增加了"几率"这一新的义项，如"成功指数、夺金指数"等。张小平(2008)就行话术语的衍生义问题进行了分析："原属于某一特定行业、特定人群的表达方式或表达术语，通过某种临时用法用于其他行业或日常交际之中。这种临时的用法很快就被大众所接受，突破其专业语义，并在此基础上衍生出非专业语义的新义。而且新义在言语交际中，复呈率和地位大多超过原有义项，成为常用义项，处于强势地位，原有的专业语体色彩在新义项中已经消失。"[①]具体体现为以下几种情况：

一是语义范围引申扩大。有些行话术语原来的意义概括范围比较小，特指具体的、特定的人或事物，但是作为词语模的模标，它所概括的范围则比以前有所扩大，应用的范围也就比以前广泛，这就是所谓"泛指"。它所指的是普遍的、不确定的人或事物，"即在原义基础上，用原来指称个别领域事物的词，去扩指与其有共同特点的更多类型或各种类型的事物，并从而产生新义的方法"。[②] 例如，"×工程"中的"工程"本是一个自然科学用语，它的语义是"土木建筑或其他生产、制造部门用比较大而复杂的设备来进行的工作"，如"土木工程、采矿工程、冶金工程、水利工程、交通运输工程"等，也可以指"具体的建设工程项目或工程学"。但是在"×工程"构式中，"工程"的意义已经泛化，它"泛指某项需要投入巨大人力和物力的工作"，这一义项已经被《现代汉语词典》修订本等工具书所收录。"×工程"所创造的新词语，不仅可以指称自然科学，而且可以指称社会科学；不仅可以指称具体可感的事物，而且可以指称抽象概括的事物。例如：

形象工程　满意工程　双优工程　慈善工程　实事工程　安居工程
扶贫工程　富民工程　富裕工程　胡子工程　解冻工程　绿色工程
民心工程　放心工程　素质工程　温饱工程　希望工程　阳光工程
造星工程　折子工程　知识工程　康居工程　德政工程　纪念工程
政绩工程　尾巴工程　烂尾工程　亮光工程　灯光工程　粉妆工程
豆腐渣工程　刮胡子工程　半拉子工程　菜篮子工程　蛋白质工程
送温暖工程　再就业工程　凝聚力工程　献爱心工程　五个一工程
马拉松工程　体育温饱工程　金卡配套工程　学生减负工程
师德建设工程　三五工程　211工程　382工程　522工程　666工程
百千万工程　一二三家庭读书工程

二是产生了比喻、借代等非专门性的普通义。行话术语都具有一种由汉字和汉字记录的书面语所体现出来的词的本来意义，进入通用领域之后，有些行话术语在本义的基础上发展、派生出新的意义，这种发展和派生，可以统称为"引申"。词义的引申是词义发展变化的根本途径，也是多义词产生的重要原因。在行话术语模标化的过程中，词义的引申通常经历了从具体到抽象、从个别到一般的过程。因修辞而产生的临时意义使用得比较普遍，约定俗成后就会形成新的固定性的词义，比喻和借代是两种常见的修辞手段，它们在运用的过

---

① 张小平：《当代汉语词汇发展变化研究》，齐鲁书社2008年版，第195页。

② 郭伏良：《新中国成立以来汉语词汇发展变化研究》，河北大学出版社2006年版，第117页。

程中比较容易产生新的词义。

词语的比喻义是修辞上的比喻用法逐渐固定下来所形成的意义，它是通过事物之间的相似性联系产生新义的方式。例如，"板块"本是一个地质学术语，原指"由地质上的活动地带划分的岩石圈的构造单元"，现今用来比喻"构成整体的若干具有内在联系又相对独立的事物"，这一比喻义衍生了众多的"×板块"族新词语。"板块"被借用在股市行话中，是一个使用频率相当高的词语，用来指称各种各样的股票类别，如"商业板块、创业板块、医药板块、钢铁板块、煤炭板块、地产板块、新股板块、军工板块、热点板块、风险板块、潜力板块、概念板块、领涨板块、零售板块、次新股板块、电脑市场板块"等。"板块"在其他领域中也不断地被应用，房地产业的某个区域的楼盘可以冠以"板块"，如"湖东板块、城北板块、淞南板块、南湖板块、望江板块、市中心板块、徐家汇板块、陆家嘴板块、大五角场板块、松江新城板块"等；一些媒体的节目和栏目也可以被称为"板块"，如"新闻板块、交通板块、手机板块、学英语板块、学电脑板块、公共安全应急教育节目板块、QQ 板块、QQ 炫舞板块、QQ 非主流板块、QQ 空间交流板块、QQ 空间 Flash 板块"等。

词语的借代义是由修辞上的借代用法固化而来的意义，它是通过事物之间的相关性联系产生新义的方式。例如，"纳米"(英文 Nanometer 的音译，符号为 nm)本是长度的度量单位，原称毫微米，即 10 亿分之一米，100 万分之一毫米。纳米科学与技术的研究对象是结构尺度在 1 至 100 纳米范围内材料的性质和应用。当代科学技术的发展带动了包括纳米医学、纳米化学、纳米生物学、纳米电子学、纳米材料学、纳米机械学等与纳米相关的许多新兴学科，"纳米"也不再是一个冷冰冰的科学词语，它已经成为"纳米科学与技术"的代称，并且走出实验室，渗透到人们的衣、食、住、行之中，词语模"纳米×"也就随时代潮流而出现，创造了大量的新词语。例如：

纳米盘　纳米银　纳米丝　纳米管　纳米杯　纳米材料　纳米技术
纳米产品　纳米药物　纳米医学　纳米抗癌　纳米服装　纳米陶瓷
纳米金属　纳米涂料　纳米塑料　纳米助剂　纳米净化　纳米卫星
纳米 T 恤　纳米书包　纳米玩具　纳米洗衣机　纳米防护液
纳米机器人　纳米光触媒　纳米乳胶漆　纳米能量杯　纳米保健枕
纳米珍珠粉　纳米美白面膜　纳米稀磁牙刷　纳米喷镀技术
纳米节能防晒玻璃

(3)一般情况下，各种行业各门学科所使用词语的界限比较清晰，但有时出于社会交际的需要以及语用心理方面的追求，人们往往有意跨界使用不同行业不同学科领域的词语，这种跨界使用，可以为言语表达效果增色添彩。从语义色彩角度来看，来自行话术语的词语模所创造出来的新词语变化不大。来自行话术语的模标由于出自某个行业或某个专业，都具有概括性和专业性等特点，因此具有比较鲜明的中性色彩、庄重色彩和书面语体色彩，其色彩意义附着在词语的理性意义之上，表示某种附加意义。这部分模标所创造出的新词语一般只表示人们对客观事物的认识，不带褒贬色彩。它们通常适用于书面语体，体现出比口语语体典雅凝练、细腻准确的特点。

3. 源自行话术语的模标的语法功能特点

行话术语只限于特定的行业或学科范围内使用，不具有普遍性，但是当行话术语成为模标之后，其类别意义以及语法功能就可能会发生一定的变化。例如“族群”一词，在人类学中指“由共同语言、宗教、信仰、习俗、世系、种族、历史和地域等方面的因素构成的社会文化群体”。20 世纪 80 年代，“ethnic group”一词进入我国，台湾学者最先使用“族群”一词，并影响了大陆学者。值得注意的是，“族群”这一术语进入当代汉语之后，不但在学术界广泛运用并引起连绵不断的争议，而且迅速进入通用领域，其词汇意义也泛化为“具有某些共同特点(拥有相近生活习惯、人生态度等)的一群人”，比如被冠以“都市新族群”之称的特定人群就包括“房奴、晒客、博客、换客、超女、快男、小私、小资、淘宝族、相亲族、月光族、考碗族、套牢族、SOHO 族、奔奔族、候鸟族、草莓族、装嫩族、乐活族、脑残族、反粉丝、宅女、宅男、腐女、干物女、过劳模、年度人物、知道分子”等，而直接以“族群”为模标的“×族群”新词语更是随处可见。

从语法功能角度来看，作为人类学专业术语的“族群”，在组合时既可以充当定语，主要跟名词、动词组合，如族群组织、族群认同、族群文化、族群冲突、族群撕裂，也可以充当中心语，主要跟表示民族类别的名词组合，如华夏族群、百越族群、苗瑶族群、突厥族群、蒙古族群。而作为通用领域“×族群”中的模标，“族群”则处于定中短语中的中心语位置，它不能够充当修饰、限定性成分，它的组合能力也得到了扩展，不仅能跟名词组合，而且扩展到跟动词、形容词和区别词组合；不仅能跟词组合，而且可以跟短语组合。例如：

与名词性成分组合：

品牌族群　白领族群　精英族群　都市族群　网络族群　单身族群
空巢族群　商务族群　弱势族群　新极客族群　小眼镜族群
纪录片族群　“结婚狂”族群　同性恋族群　80 后族群　QQ 族群
soho 族群　e 时代新族群　城市户外族群　青少年空巢族群

与动词性成分组合：

适婚族群　已婚族群　未婚族群　难产危险族群　影像创作族群

与形容词性、区别词性成分组合：

年轻族群　流行族群　时尚族群　特异族群　新新族群

可见，作为专门的行话术语，一般构词能力比较弱，但是在跨界使用后，随着使用范围的扩大，这些专门用语的复现频率也大为提高，从而具备了相应的能产力，词语模也就随之而产生了。源自行话术语的词语模能产度高，词汇化程度也相对较高。

□小　结

从词语模的出现时间来看，当代汉语词语模的模标分为承继性的与新出现的两类，其中新出现的占大多数。

1. 承继性的词语模。所谓"承继"是一种相对的说法，承继与创新原本没有一个清晰的界限，一个词语模在当代汉语中是否被承继而沿用下来，要受到社会语用环境以及语用主体等因素的制约。语言始终处于不断发展演变的状态之中，在各个历史阶段都产生了一些词语模，随着语言的不断发展变化，一些词语模逐渐退隐，另一些则体现出经久不衰的创造力。活跃于当代汉语新词语创造活动中的承继性词语模，其中的一部分是对产生于以往历史阶段的词语模的继承，另一部分则是对产生于以往历史阶段的词语模的发展，呈现出鲜明的新旧融合的时代特征，其中包括既有的在新时期沿用下来的词语模以及承继与创新相结合而形成的词语模(既有的词语模在新时期因融合了新成分而比较活跃的词语模)。承继性的词语模，其模标的词汇意义、语法意义和色彩意义都可能会发生一定的变化，这是由模槽成分的不同而决定的。承继性词语模的能产度相当高，所创造词语词汇化程度也相对较高。

2. 新出现的词语模。新出现的词语模来源较广，主要有四类：第一类来自汉语方言；第二类来自外来语；第三类来自港台社区词语；第四类来自行业术语。这些词语模的出现，与社会的开放程度、全民文化素质的提高、各种媒体的推动以及人们求新求异的语用心理等因素息息相关。

(1)吸收方言词语，丰富共同语词语，历来是汉语词汇发展的重要途径之一。我国改革开放之后，普通话从方言词语中吸收养分的重要特点之一就是产生了批量创造新词语的方源词语模，主要脱胎于当代强势方言——北京方言和粤方言。这些词语模创造了为数众多的、别具一格的方源新词语，它们在表义和修辞上起着特殊的表现作用，而且能产度较高，但所创造词语的词汇化程度相对较低。

(2)外来语是当代汉语语汇中的重要成员之一。伴随着中国改革开放的大潮，当代汉语中一大批时代特征鲜明、能产度相当高的词语模应运而生。这些词语模的模标主要来自英语和日语，其中一些模标是通过港台地区的中转而进入大陆的。外来模标的引进方式主要包括意译、音译、音意兼译、形译等。源自外来语的模标能产度高，所创造词语的词汇化程度也相对较高。

（3）香港和台湾是运用汉语的两个重要社会区域，港台社区词反映出香港和台湾社会多年来的政治、经济、文化等各方面的社会特征以及人们使用词语的心理因素，它们随着改革开放的洪流进入大陆人们的社会生活并且传播流行，因此港台社区词也是当代汉语语汇一般词语的组成部分和重要来源之一。源自港台社区词的词语模，其模标的语义明白晓畅，体现出不同的风格情调。这类模标的能产度较高，但所创造词语的词汇化程度相对较低。

（4）行话术语指的是各种行业各门科学为了适应交际的需要而创造使用的专用语汇，是当代汉语语汇一般词语的重要组成部分。由于当代中国社会的飞速发展，一些行话术语在专业领域得到了充分的运用，形成了词语模；一些原本属于专用领域的行话术语在一定的语用条件下逐渐被其他行业或学科借用，有的已经转化为通用词语，这就使得这类词语的适用范围扩大，使用频率增加，从而形成词语模。源自行话术语的模标，其词汇意义和语法功能都可能发生一定的变化，它们的能产度高，所创造词语的词汇化程度也相对较高。

第五章　当代汉语词语模“模群”现象研究

综观当代汉语词语模现象，可以发现，那些形形色色、错落杂陈的词语模，其中大部分属于分布纷乱无序的“散模”，另一部分则可以总结出一定的规律，如语义关系错综复杂的“近义模”；语义对应成组的“对应模”；模标所处位置不同的“易位模”等，这些词语模形成了别有洞天、独具情韵的“模群”现象。本章在语料分析的基础上探讨当代汉语词语模“模群”现象的类别、特点及其形成动因，以求从新的角度观测、把握当代汉语词语模现象。

第一节　近义模

所谓“近义模”，是指模标语义相近但关系交叉错综的一组词语模。近义模是就不同词语模之间模标语义的相近关系而言的，孤立的词语模无所谓近义模，不同词语模所生成词语的词义，其概括反映的对象必须相同或基本相同。在汉语的发展过程中，“×者、×人、×民、×员、×家、×工、×手、×师、×匠”等词语模所创造的词语都用来指称各种各样的“人”，这些词语模中的绝大部分在当代汉语中都不再活跃，其能产度已经萎缩，如“×者、×工、×匠”等，只有个别仍然比较活跃，如“×人、×民”等。在当代汉语中，“×人、×民、×领、×客、×达人、×族、×友、×盲、×虫、×迷、×奴”等都是活跃而且比较能产的词语模，其中一些是以往就有的，一些是新出现的。它们的模标义一般比较接近，都用来指称“某一类人”，既可以指称整体，也可以指称个体，它们也都具有相同的结构，这是它们的共性。它们之间也存在着一些个性差异，这些个性差异有的显而易见，有的则比较隐蔽，需要仔细辨析。模标义的相近是构成近义模的基础，模标义的同中见异则是近义模真正的价值所在，这种同中见异给不同近义模的辨析提供了可能。“近义模”所创造的新词语能够比较准确地反映事物之间的细微差别，比较细腻地表达人们对客观事物的情感态度，为人们运用语言提供了选择的可能。本节选取用以泛指形形色色的人（或物）的一组词语模“×人、×民、×族、×客”，重点从语义范围、组配条件以及语用色彩等方面呈现其特色，辨析其异同。

一、“×人、×民、×族、×客”特质分析

（一）“×人”

1.“×人”模标的语义特征

“×人”是一个比较古老的词语模，它在当代汉语中创造的新词语一般用来称呼整体，也可以指称个人。模标“人”指“某一类人”，主要包括以下几层意思。

（1）指从事某种职业或某种工作的人，即“……界的人”。如“音乐人、舞蹈人、电影人、电视人、广播人、影评人、广告人、传播人、IT 人”等。

（2）指具有某种特殊身份，负有特殊职责的人（或组织机构）。如“担保人、管理人、统筹人、托管人、纳税人、申诉人、被诉人、年金管理人、基金发起人”等。

（3）指具有某种特征的一类人。如“法人、边缘人、道德人、国际人、经济人、科学人、平面人、芒果人、香蕉人、蜘蛛人、自然人”等。

（4）对以某种载体联系起来的人的整体称呼。如“海尔人、联想人、烟草人、国税人、建行人、清华人、北大人、复旦人、同济人、交大人、工大人、师院人、网络人、互联网人”等。

第一层意思在过去并不多见，有两种情况：一种是所指称对象的职业或工作比较具体，如“猎人”指以打猎为生的人，“牧人”指以放牧牲畜为生的人，“报人”指编辑、记者等新闻工作者。一种是所指称对象的职业或工作比较宽泛，如“匠人”泛指手艺工人；“贾人、商人”泛指做买卖的人；“艺人”泛指戏曲、曲艺、杂技演员（现也包括影、视、歌、舞等演员），还可以指某些手工艺工人。新词语所指称的对象一般都比较宽泛，如“电影人”狭义上指导演、著名演员及电影主创人员，广义上泛指一切从事和电影有关的工作的人员，如电影经纪人、策划人、配音师、剪辑师、放映师等；“广告人”狭义上特指在广告行业有所成就的从业人员和研究人员，广义上泛指从事广告行业的人员，如广告策划创意人员、设计制作人员等。第二层意思在旧有词语中比较常见，多指个人，如“保护人、保证人、发言人、公诉人、公证人、监护人、见证人、证婚人、主婚人”等。值得注意的是，与旧词语单指“人”明显不同，这类新词语中的“人”可以指个人，可以兼指个人

或组织机构,也可以单指组织机构,这种新用法拓展了“人”的指称范围。如“托管人”指受他人委托,为他人代管某些贵重物品的个人或机构,多数情况下指银行或信托公司代客户保管资产如基金、认股证,提供托管证券服务等,但并不包括管理投资组合;“管理人”指人民法院审理破产案件时由人民法院指定的,即人民法院裁定受理破产申请的机构,一般由有关部门、机构的人员组成的清算组或者依法设立的律师事务所、会计师事务所、破产清算事务所等社会中介机构担任。第三层意思在过去也比较常见,如“蠢人、歹人、好人、坏人、红人、佳人、狂人、美人、穷人、雅人”等,但旧有词语往往侧重于性状的描述,其模槽成分是形容词性的,所指称的对象比较宽泛,没有一种比较严格的界定,通常泛指某一类型的人。而新词语则侧重于概念的定义,其模槽成分是名词性的,所指称的对象往往有一定范围,通常指某一特定的社会群体或其中的个体,如“法人”指具有民事权利能力和民事行为能力,依法独立享有民事权利和承担民事义务的组织,即具有民事权利主体资格的社会组织;“边缘人”指游离于主流社会之外,不受关注、缺少归属感的社会群体。第四层意思属于当代汉语中的新用法,是对以某种载体联系起来的人的整体称呼,此处的载体一般体现为一个单位名称的简缩形式,又分两种情况:一种是简缩后的单位名称不会引起歧义,如“海尔人、清华人”;一种是简缩后的单位名称会导致多种解释,需要借助具体语境才能避免歧义,如“交大人”中的“交大”可以指“西安交通大学、上海交通大学、北京交通大学、西南交通大学、新竹交通大学、兰州交通大学、华东交通大学、重庆交通大学、大连交通大学”等。所谓载体还可以指计算机网络,即用通信线路和通信设备将分布在不同地点的多台自治计算机系统互相连接起来,按照共同的网络协议,共享硬件、软件和数据资源的系统,如“网络人、互联网人”等。

2.“×人”的组配特征

从组配特征来看,“×人”所创造的词语具有以下特征:

(1)“×人”的模标“人”是名词性成分,处于模槽位置的绝大部分是名词性成分,构成“名+人”定中结构,如上文列举的“音乐人、电视人、边缘人、香蕉人、烟草人、复旦人”等;但用来指称“具有某种特殊身份、负有特殊职责的人”时,其模槽成分都是动词性的,构成“动+人”定中结构,如“托管人、统筹人”等。

(2)“×人”的模槽成分可以是单音节的,构成“单+人”结构;也可以是双音节的,构成“双+人”结构;还可以是多音节的,构成“多+人”结构。其中以双音节模槽成分最为常见,单音节的和多音节的较为少见,如“法人、资金托管人、基金托管人、行李托管人、基金管理人、破产管理人、商标管理人、基金发起人、企业年金托管人、交易品种管理人”等。

(3)“×人”的模标是名词,所生成的词语也都是名词。

(4)“×人”新词语的理据性较强,但若是以比喻手法指称具有某种特征的一类人则需了解模槽成分的具体含义,如“蜘蛛人”是悬在高楼外作业的清洗工的别称,也是在无保护条件下徒手攀爬高楼者的别称。

3.“×人”词语的色彩特征

从色彩特征来看,“×人”所创造的词语具有以下特征:

(1)一部分为专门术语,主要用于法律、经济贸易、社会学等领域,如“法人、申诉人、经济人、自然人、社会人、道德人”等,具有典型的书面语色彩和中性色彩。

(2)一部分指称具有某种特征的一类人的词语具有鲜明生动的形象色彩,多采用比喻手法,将抽象概括的事物化为形象可感的事物。如“香蕉人”指在文化上已经西化,只是在生理特征上还保留着东方人特点的人,通常指一些华裔外国人或留学生。它最初指美国华人的后代ABC(American Born Chinese),即“美国出生的华人”,现在泛指海外华人社会中从小受西方教育、不会讲中文,思想、观念、文化、语言等完全西化的华裔后人——果皮黄,果肉白。“芒果人”则指对中国的历史、文化知之较多,在接受西方教育的同时也拥有中国传统文化的华裔后人——果皮黄,果肉黄。

(3)用作“对某个单位成员的整体称呼”时,带有比较明显的认同感和集体荣誉感,具有一定的感情色彩。如:

> 海尔人告诉发达国家的人,中国不再是那个只会造烟花的国家了,中国不再是只会输出原材料、廉价商品、低质商品的国家了,中国过去能靠自己的力量制造万吨水压机、两弹一星、核潜艇绝不是偶然的,这种神奇的原创性能量正被以海尔人为代表的中国人延续着,光大着,更新着。海尔人在机器人、纳米技术、电脑芯片等尖端领域也一定会大有作为的。(人民网2001年8月8日)

> 认同灵动变幻的“北大精神”,但不迷信现实生活中具体的权威,这是北大人有信仰而又多怀疑的原因。北大百年庆典时,曾有不少记者希望我用一句话来概括“北大精神”。面对此类热切的追问,我从来都是答非所问,转而介绍起“北大精神”是如何被一代代北大人所建构起来的。(人民网2001年5月18日)

（二）“×民”

1.“×民”模标的语义特征

与“×人”相同，“×民”也是一个比较古老的词语模，它在当代汉语中创造的新词语一般用来称呼整体，也可以指称个人，模标“民”指“某一类人”，主要包括下列几层意思：

（1）指某一种技术、产品、服务的使用者。如“网民、卡民”等。

（2）指从事某种商贸交易的投资者。如“股民、彩民、汇民、邮民、基民、期民、房民、炒民、炒股民、炒房民、炒基民”等。

（3）指特别喜欢消费某种商品的人。如“食民、茶民、烟民、酒民”等。

（4）指对某事上瘾的人。如“麻民、毒民、赌民”等。

以上几层意思都是在当代汉语中出现的新用法，这一点跟旧词语大不相同。“×民”族旧词语主要包括：从事某种职业的人，如“牧民、渔民”；某一民族的人，如“汉民、回民”；不同社会等级的人，如“贱民、良民、贫民、顺民”；具有特殊身份的人，如“选民、移民、逸民、游民”。显而易见，“×民”族新词语与当代社会的飞速发展密切相关，第一层意思与第二层意思集中体现了时代的进步与科学技术的昌达，及时记录了大量的新生事物。如“网民”指互联网的用户，“卡民”指信用卡的使用者，“股民”指股票市场上的个人投资者，“彩民”指彩票市场上的个人投资者。第三层意思一般是一种泛指说法，如“食民”泛指与饮食相关的一般消费者，“酒民”泛指饮酒的人。第四层意思泛指那些上瘾成性的人，如“毒民”指吸毒者，“赌民”指赌博者。可见，当代汉语中的“×民”承继了先前的表达“某一种人”的语义，但它的内涵更加丰富，范围也更加宽泛。

2.“×民”的组配特征

从组配特征来看，“×民”所创造的词语具有以下特征：

（1）“×民”的模标“民”是名词性成分，处于模槽位置的绝大部分是名词性或动词性词语的简缩成分，简缩之后成为名词性成分，构成“名＋民”定中结构，如“卡民”之“卡”是名词“信用卡”的简缩，“彩民”之“彩”是动宾短语“投资彩票”的简缩，“烟民”之“烟”是动宾短语“吸烟”的简缩等。动词性模槽成分限于“炒”，构成“动＋民”定中结构，如“炒民、炒房民”等。

（2）“×民”的模槽成分可以是单音节的，构成“单＋民”结构，也可以是双音节的，构成“双＋民”结构。其中以单音节模槽成分最为常见，双音节的较为少见，如“炒股民、炒基民”等。

（3）“×民”新词语的理据性较强，其模槽成分多为词语的简缩形式，需还原才能了解原意，如“基民”指基金投资者，“房民”指炒房的人等。

3."×民"词语的色彩特征

从色彩特征来看,"×民"所创造的词语具有以下特征:

(1)一般在书面语体和口语语体中都可以使用。

(2)一般具有中性色彩,不具有明显的感情色彩。如"酒民"泛指喜欢饮酒的人,不同于贬斥意义明显、嗜酒贪杯醉生梦死的"酒鬼";"烟民"泛指有吸烟习惯的人,不同于嗜烟如命、遭人埋怨的"烟鬼";"赌民"泛指参与赌博的人,不同于赌博成性并以此为生的"赌棍"。下例中的"酒民"就不能替换为"酒鬼","烟民"也不能替换为"烟鬼"。

酒民当中,虽经常喝酒,但没有形成习惯的(成瘾),以中青年人士居多,约占65%以上;嗜酒如命,喝酒成瘾的酒民,以中老年居多,约占28%以上;仅在特定场合喝酒的,以知识分子居多,包括其他类型的状况,仅占7%左右,但总体而言,能喝"烈性"(高度酒)的人群在逐渐减少。(价值中国网2006年1月10日)

上海出台控制公共场所吸烟条例,在非烟民中获得了93.85%的压倒性支持。市民黄先生在接受调查时表示,烟草有害健康,大家都应该"珍爱生命,远离烟草"。在被调查的202位烟民中,此条例也获得了65.84%的支持率,其中还有26.24%的烟民选择了"说不清"的态度,明确表示"不支持"的仅占7.92%。(《东方早报》2009年9月21日)

(3)"×民"的模标是名词,所生成的词语也都是名词。

(三)"×族"

1."×族"模标的语义特征

"×族"是一个新出现的从日语中引进的词语模。日语中的"族"源自古代汉语,它保留了"祖先相同的一类人"和"同类"这两种意思。1947年,日本作家太宰治在其代表作《斜阳》中描写了第二次世界大战期间因社会变动而日趋没落的贵族阶级——"斜阳族","族"从此被赋予"具有共同思想和行为的人"的意思。此后,日语中产生了一系列"×族"词语,如"社用族、原宿族"等。台湾地区较早出现了"×族"词语,如"上班族、红唇族"等。由于汉语与日语的接触以及台湾华语对大陆的影响,大陆也逐渐出现了指称各种人的"×族"词语。模标"族"指"具有共同特征的一类人",主要包括下列几层意思:

(1)指具有共同行为特征的人。如"炒族、不夜族、快闪族、炒更族、持卡族、打工族、打农族、快餐族、爬格族、开店族、穷忙族、跳蚤族、走班族、Kidult族"等。

(2)指具有共同理念或共同生活方式的人。如"波波族、不婚族、年清族、月光族、袋鼠族、乐活族、刷卡族、预支族、晚睡族、夜购族、DIY 族、FIY 族、最 in 族"等。

(3)指具有共同志趣爱好的人。如"哈狗族、哈韩族、哈日族、辣奢族、追星族、追潮族、追车族、追款族、QQ 族、HAM 族"等。

(4)指具有共同生活境遇的人。如"飘族、傍老族、奔奔族、本本族、负翁族、工薪族、啃老族、海归族、蜗居族"等。

(5)指具有共同外在形象特征的人。如"肥臀族、红唇族、银发族、拇指族"等。

(6)指具有共同内在心理特征的人。如"草莓族、袋鼠族、柿子族、水蜜桃族"等。

(7)指具有共同职业特色的人。如"IT 族、SOHO 族、家庭办公族"等。

"×族"是一个全新的词语模。"族"在现代汉语中原指事物有某种共同属性的一大类,不用来指称"人",如"水族"是生活在水中的动物的总称;"语族"指根据同一语系的关系疏密来划分的,在语音、词汇、语法规则之间具有某些对应关系的语群;"芳香族化合物"指分子中含有苯环的有机化合物。在当代汉语词语模构式中,"族"指具有共同特征的一类人,一般用来称呼整体,也可以指称个人,模标"族"的概括性相当强,只要具有某一共同特征就可以自成一族,因此"×族"新词语十分庞杂,上文只能说是一种大致的分类。

2."×族"的组配特征

从组配特征来看,"×族"所创造的词语具有以下特征:

(1)"×族"的模标"族"是名词性成分,处于模槽位置的成分可以分为两类,一类是名词性成分,构成"名+族"定中结构,如"背包族、本本族、草莓族、单身族、银发族、月票族"等;另一类是动词性成分,构成"动+族"定中结构,这一类占有相当大的比例,而且模槽的内部结构比较复杂,如动宾结构的"傍老族、持卡族、打工族、归巢族、啃椅族、爬格族";主谓结构的"年清族、校漂族、月光族";状中结构的"快闪族、闪婚族、蜗居族"等。

(2)"×族"的模槽成分可以是单音节的,构成"单+族"结构;也可以是双音节的,构成"双+族"结构;还可以是多音节的,构成"多+族"结构。其中以双音节模槽成分最为常见,单音节的和多音节的较为少见,如"炒族、飘族、水蜜桃族、三明治族、农忙打农族、农田代管族、农事代耕族、农务换工族、自由打工族"等。

(3)"×族"的模槽成分除汉语词之外还可以是字母词,又分三种情况。第一种,模槽成分是一个完整的外语单词,如"Freeter 族",Freeter 是英语 free(自由)和德语 arbeiter(工人)的结合词,指没有固定职业,经常从事兼职等非全日临时性工作的年轻人。第二种，模槽成分是外语单词的缩写形式，如“SOHO族”，即 Small office、Home office(小型办公室，家庭办公室)，指基于互联网，能够按照自己的兴趣和爱好自由选择工作，不受时间、地点制约，不受发展空间限制的自由职业者。第三种是汉英合璧成分，由汉语词与字母词组合构成，如“都市 3H 族”，3H 是 High consumption，High education，High sensibility 的简缩形式，指具有高消费、高学历、高感度[①]特质，追求时尚，敢于创新，讲究生活品质，注重消费品的品牌、质量和科技含量的人群。

(4)“×族”的模标是名词，所生成的词语也都是名词。

(5)“×族”新词语一部分理据性较强，但一部分比喻性词语以及带有字母词的词语理据性就不太强。如“啃椅族”指在快餐厅内久坐而长时间占座位的人；“BoBo 族”译自法语 Bourgeois(布尔乔亚)和 Bohemian(波西米亚)，指拥有较高学历、收入丰厚、追求生活享受、崇尚自由解放、积极进取的具有较强独立意识的一类人。

3.“×族”词语的色彩特征

从色彩特征来看，“×族”所创造的词语具有以下特征：

(1)在口语语体和书面语语体中都比较常见。需要指出的是，与“×族”比较相似的是“×一族”，“一族”指“一群人，一类人”，源自台湾。“×族”与“×一族”的模槽成分基本上可以相互替换，二者都兼具书面语色彩和口语色彩。另有两个词语模“×族群”、“×群体”，“族群”指有共同特点的一类人或社会阶层，“群体”泛指本质上有共同点的个体组成的整体。这两个词语模的模槽成分有时可以跟“×族”、“×一族”互换，如“上班族、上班一族、上班族群、上班群体”等，一般都能够总括“×族”或“×一族”。这种总括用法似跟“族群”与“群体”原本是专门术语有关，因此它们更偏重于书面语色彩，而“×族”与“×一族”则更偏重口语色彩。

(2)具有外来色彩。“×族”源自日语，经由台湾传入大陆后，显示出惊人的传播速度和创造能力，这与当代社会语言的创造者和使用者趋新求异的语言心理以及大众传媒的大力推动密切相关。

(3)不少词语具有明显的形象色彩。指称具有共同外在形象特征的人以及具有共同内在心理特征的人的词语，形象色彩相当鲜明生动。有的采用比喻手法，将抽象概括的事物化为形象可感的事物，喻体清新别致；有的采用借代手法，往往借人的形体特征代本体，使本体的特点得到了具体而且鲜明的突出。例如，“草莓族”比喻像草莓一样外表光鲜、内里绵软，心理承受力弱、抗挫折能

---

① 高感度，指高科技和新产品的最先尝试者，高品质生活的追求者和创造者。

力差的年轻人，也称“柿子族”或“水蜜桃族”，还用来形容因对环境过敏、新陈代谢不佳、心理压力过大等原因导致面部生满粉刺、痤疮的人；“袋鼠族”指那些到了就业阶段，仍然以工作难找、薪水不高、上班不够自由等为由，依赖父母供养而迟迟没有走向社会的“成人小孩”；“银发族”代指老年人；“拇指族”代指频繁使用手机进行上网阅读、发信、玩游戏等活动的人。

（四）“×客”

1.“×客”模标的语义特征

当代汉语词语模“×客”是在当代社会背景下，以汉语原有的“×客”为基础，融入人们在吸收外来语时选用的让人望文生义的“客”，由此得到更新的产物。“海外来客”融入“本土熟客”的框架之中，使得模标“×客”的内涵与外延发生了一定的变化。模标“客”指“具有共同特征的一类人或事”，主要包括下列几层意思：

(1)一般用来指人，即具有某种行为特征的群体或群体中的一员。如“黑客、骇客、搜客、聊客、租车客、兼职客、搜索客、淘金客、好搜客”等。

(2)用来指物，即某种类型的网络技术模式。如“维客、播客（渐可指人）”等。

(3)既可以用来指物，也可以用来指人。如“博客、掘客”等。

汉语中原有的“×客”只能指人，如“房客、过客、来客、旅客、熟客、说客”等。当代汉语中的“×客”是一个兼容并蓄的词语模，“×客”族词语可以指网络时代具有某种行为特征的群体或群体中的一员，也可以指与网络有关的事物。“×客”族旧词语一般都具有可分析性，组合后基本上可以推知整个词语的意义，如“迁客”指古代流迁或被贬谪到外地的人；“外客”指关系较远的客人。相比之下，一些新词语中的模标成分与模槽成分同样具有可分析性，组合后基本可以推知整个词语的意义，如“搜客”指习惯使用网络搜寻各类资讯、知识的人；“淘客”指喜欢在淘宝网、当当网等在线购物类网站寻找“物超所值”的东西的人。但那些带有音译成分的新词语则不一定能推知外语原词的意义，使用“谐音别解”方法翻译的新词语更是与外语原词的意义没有关联。例如“肩客”一词，外语原词为 Johnker，是一个人的名字，汉语引进时采用谐音别解法译为“肩客”，“肩”指担任（中间人），“客”是具有某种特征的人，组合后指通过互联网把自己的智慧、知识、能力、经验转换成实际收益的人。显然，它们各自的字面意义以及组合而成的整体意义与 Johnker 的本来意义没有什么关联。

2.“×客”的组配特征

从组配特征来看，“×客”所创造的词语具有以下特征：

(1)“×客”的模标“客”是名词性成分，处于模槽位置的成分可以分为三类：

第一类是动词性成分，构成“动＋客”定中结构，如“拍客、换客、拼客、淘客、哈客、秀客”等，这一类占有相当大的比例。第二类是名词性成分，构成“名＋客”定中结构，如“彩客、魅客、漫客、校园客、山野客、背包客、文字客”等。第三类是形容词性成分，构成“形＋客”定中结构，如“酷客、趣客、炫客、逍遥客、自由客”等。

(2)“×客”的模槽成分可以是单音节的，构成“单＋客”结构；也可以是双音节的，构成“双＋客”结构；还可以是多音节的，构成“多＋客”结构。其中以单音节模槽成分最为常见，双音节的和多音节的相对少些，如“软件客、直播客、数码客、好搜客、爱音客、智能客、必杀客、红酒客、背包客、南方都市客”等。

(3)“×客”的模槽成分除汉语词之外还可以是字母词，又分三种情况：第一种，模槽成分是一个完整的外语单词，如“in 客”，即“印客”，教育部 2007 年 8 月公布的 171 个汉语新词之一，指以互联网为平台，把互联网用户所创作的文字或图片印制成个性印刷品，通过特定网站进行销售的人。第二种，模槽成分是外语单词的缩略形式，如“logo 客”，logo 是 logotype 的缩略形式，意思是“标识，标志，徽标”，“logo 客”指给需要设计标志的客户(包括机构，企业，公司，网站或者个人)和标志设计师提供的在线交易平台。第三种是汉英合璧成分，由汉语词与字母词组合构成，如“音乐 high 客”，high 在此是“爽快地、尽情地、疯狂地、无拘无束地”的意思，“音乐 high 客”指歌手倾情演唱、歌迷激情互动、主持人诙谐幽默的互动性电视栏目。

(4)“×客”的模标是名词，所生成的词语也都是名词。

(5)“×客”新词语模槽成分为双音节的理据性较强，单音节的尤其是来自外语词的就不太强，如“调客”指专门做市场调查的人；“粉飞客”即 Fanfic，英文“fans(粉丝)与 fiction(小说)”的缩写，指影视剧或小说等虚构作品的铁杆迷，他们喜欢根据原著人物和情节进行续写或改写。

3.“×客”词语的色彩特征

从色彩特征来看，“×客”所创造的词语具有以下特征：

(1)在口语语体和书面语语体中都比较常见。

(2)具有外来色彩和网络时代色彩。“×客”族词语中相当一部分源自计算机网络，同时也借助计算机网络迅速传播并且不断丰富自己的内涵，不断衍生出一系列新词语，如“博客(blog，blogger)”指一种简易的个人信息发布方式，即网络日志，后又可以指网络日志的撰写者，甚至可以指撰写网络日志的行为。再如，有了“博客”就会有“访客”；有了“淘宝网”就会有帮助淘宝卖家推广商品赚取佣金的“淘宝客”，就会有热衷于将个人在淘宝网上所购买的私人物件以及私人生活放在网上曝光且获得返现的“返客”，就会有致力于向广大消费者提供最便捷的网购入口、让用户轻松找到低价正品的网络营销平台“购物客”，等等。

（3）一些词语具有鲜明的褒贬色彩，例如“黑客、红客、蓝客、灰客、白客、绿客、粉客”的模槽成分都是颜色词，其色彩象征意义不同便形成了不同的“客”：“黑客”指某些热衷于计算机和网络技术、技能高超、非法入侵他人计算机系统的人；“红客”指那些具有很高爱国热情和激进民族主义精神的中国黑客；“蓝客”指某些标榜自己只热衷于纯粹的互联网技术而不关心其他事物、我行我素的黑客；“灰客”指某些对计算机和网络安全感兴趣，初步了解网络安全知识，能够利用某些黑客软件或初级手法从事黑客行为的人；“白客”是网络安全的防护者；“绿客”是那些热爱生活，崇尚健康时尚，酷爱户外运动，支持公益事业，善待自己也善待环境的人的自称；“粉客”指具有一定技术水平的“职业粉丝”，他们的任务是去热门网站发帖子，为选手制作个人网页、博客，扩大选手的影响面。

二、“×人、×民、×族、×客”异同比较

以上对泛指各种各样人（或物）的近义模“×人、×民、×族、×客”进行了分析，上述词语模的异同可以用表 5-1 说明。

表 5-1

	语义特征	组配特征 词性	色彩特征	词汇化程度 能产度
×人	1. 指从事某种职业或某种工作的人 2. 指具有某种特殊身份，负有特殊职责的人 3. 对某个单位成员的整体称呼 4. 指具有某种特征的人，通常指某一社会群体	1. 名词性＋人　多见 动词性＋人 2. 定中结构 3. 双音节＋人　多见 4. 汉语词＋人 5. 生成名词性词语 6. 理据性较强	1. 口语、书面语色彩 2. 中性色彩 3. 形象色彩	1. 专业术语词汇化程度高 2. 能产度较高
×民	1. 指某一种技术、产品、服务的使用者 2. 指从事某种商贸交易的投资者 3. 指特别喜欢消费某种商品的人 4. 指对某事上瘾的人	1. 名词性＋民　多见 动词性＋民 2. 定＋中 3. 单音节＋民　多见 4. 汉语词＋人 5. 生成名词性词语 6. 理据性较强	1. 口语、书面语色彩 2. 中性色彩	1. 词汇化程度不是很高 2. 能产度较高

续表

	语义特征	组配特征 词性	色彩特征	词汇化程度 能产度
×族	1.指具有共同行为特征的人 2.指具有共同理念或共同生活方式的人 3.指具有共同志趣爱好的人 4.指具有共同生活境遇的人 5.指具有共同外在形象特征的人 6.指具有共同内在心理特征的人 7.指具有共同职业特色的人	1.名词性+族 动词性+族　多见 2.定+中 3.双音节+族　多见 4.汉语词+族　多见 字母词+族 5.生成名词性词语 6.部分词语理据性较强	1.口语、书面语色彩 2.外来色彩 3.形象色彩	1.词汇化程度较高 2.能产度非常高
×客	1.指具有某种行为特征的群体或群体中的一员 2.指某种类型的网络技术模式 3.指物、指人兼顾	1.动词性+客　多见 名词性+客 形容词性+客 2.定+中 3.单音节+客　多见 4.汉语词+族　多见 字母词+族 5.生成名词性词语 6.部分词语理据性较强	1.口语、书面语色彩 2.外来色彩 3.网络时代色彩 4.褒贬色彩	1.词汇化程度较高 2.能产度较高

(一)"×人、×民、×族、×客"词语模的共同特质

1.从语义特征上看,都可以用来指称"某一类人";一般指称整体,也可以指称个体。

2.从组配特征上看,都具有"名词性/动词性+模标"结构,形成"汉语词+模标"的组合,所生成的词语都是"定+中"结构的名词性词语。

3.从色彩特征上看,都具有鲜明的时代色彩以及口语、书面语色彩。

4.从能产度上看,都具有较高的能产度。

(二)"×人、×民、×族、×客"词语模的不同特质

1.从语义特征上看,"×民"与"×族"的指称范围都是"人",而"×人"与"×客"的指称范围已经扩大,可以指人、指物,或兼指人和物。

2.从组配特征上看,"×人"与"×民"的模槽成分,以名词性的最为常见,"×族"与"×客"的模槽成分,以动词性的最为常见。从音节上来看,"×人"与"×族"的模槽成分以双音节的最为常见,"×民"与"×客"的模槽成分以单音节的最为常见,

3.从色彩特征上看,"×人"以中性色彩和形象色彩见长,"×民"以中性色

彩见长，“×族”以外来色彩和形象色彩见长，“×客”以外来色彩和网络时代色彩见长。

4.从词汇化程度上看，“×族”与“×客”的词汇化程度最高，“×人”与“×民”次之。

□小　结

1.近义模指模标语义相近但关系交叉错综的词语模。一个具有相近意义的“模群”内部不同成员之间的关系是平行的、相容的，属于同一近义模群的不同词语模具有语义、组配、色彩、构词能力等方面的相似性和交叉性。“×人、×民、×族、×客”属于形式上平行排列、等级相当、模标语义相近但关系交叉错综的词语模，它们因其明显的共性而聚合成群，又因各自的区别性特征而互补对立。

2.近义模产生的原因：一个“模群”内部的成员分工不同，这是语汇精细繁博、丰富多彩的体现，也是语言能够进行细腻表达的重要条件。“×人、×民、×族、×客”各自有着自己的统辖范围，在一定范围内可以相互替代使用，但多数情况下会因其意义和用法上的诸多差别而不能等同替代。它们各自存在的价值便是更加精细地划分人群，更加细腻地区分不同人群的特征，使汉语的感染力更强，表达方式更多样化，交际值体现得更充分。

3.模标义的相近是构成近义模的基础，模标义的同中见异正是近义模真正的价值所在。近义模所创造的新词语所指称的对象相近或相似，它们在词汇意义、组配条件、语用色彩等方面具有种种细微差异，在运用时不能任意替换。

第二节　对应模

所谓“对应模”，指的是模标语义对应成组的词语模。“语义对应成组”是指不同模标的语义之间具有相反或相对应的关系，构成一组词语模之间对应关系的基础是它们具有共同的意义领域，也就是说，不同的模标处于同一个语义场之中，形成一个“类”的聚合。系统性是语义场最重要的特点，一个语义场就是一个小的词义系统，在这个系统中，意义领域被划分为若干部分并以不同的词语命名，这些词语以一种互补的方式对同一意义领域进行呈现。在一个语义场内部，所有的语义都相互联系，相互制约，因为语义场就是由语义关系本身联系着的以及由句法关系联系着的语言单位的聚合。处于同一个语义场中的模标具有共同的语义特征，这些模标在言语活动中常常会在同类环境中出现，并创造出各自的词语群。例如，在当代汉语词语模所创造的新词语当中，既存在着“软×”词语群，也存在着“硬×”词语群；既存在着“高端×”词语群，也存在着“低端×”词语群以及“中端×”词语群，其中的模标“软”、“硬”在“性质、状态”这一语义场中对应成组，“高端”、“低端”、“中端”在“属性”这一语义场中对应成组。通过对“对应模”的考察，我们可以进一步认识客观世界既矛盾对立又相互统一的现象，从语义系统角度把握语义之间的相互影响、相互制约在词义形成和发展演变过程中所起的作用，从而更全面地了解词义形成和发展演变的原因。“对应模”可以分为“对义模”和“类义模”两类，下面分别加以说明。

一、对义模

对义模指一组词语模的模标义处于不相容的两个极端，形成完全相反的对立关系，二者之间不出现中间状态，对义模以逻辑上的矛盾关系为基础。下面举例分析。

（一）“软×”与“硬×”

1.“软×”与“硬×”的语义特征

“软×”与“硬×”的模标在“人或事物的性质、状态”这一语义场中构成一对词语模。

“软”在《现代汉语词典》中的相关义项有：①物体内部的组织疏松，受外力作用后容易改变形状，如“软木”。②柔和，如“软风”。③软弱，如“欺软怕硬”。④能力弱；质量差，如“功夫软”。⑤容易被感动和动摇，如“心软”。以上义项都比较难以涵盖词语模“软×”中的“软”。在“软×”构式中，“软”的模标义相当宽泛，例如，在“软件、软盘、软设备”中指“不固定在计算机内，存取方便的”；在“软指标、软任务”中指“弹性较大，没有具体质量、数量指标以及时间限制”；在“软技术、软科学、软学科”中指“综合性强，智能性高”；在“软包装、软罐头”中指“塑料、铝箔等软质材料”；在“软人才”中指“管理、策划等工作”；在“软新闻”中指“非事件性的”；在“软广告”中指“跟一般广告表现形式不同的，比较隐蔽的”；在“软饮料”中指“不含酒精的”；在“软武器”中指“非杀伤性的”，等等。

“硬”在《现代汉语词典》中的相关义项有：①物体内部的组织紧密，受外力作用后不容易改变形状，如“硬木”。②（性格）刚强；（意志）坚定，如“硬汉子”。③（能力）强；（质量）好，如“硬手”。以上义项也比较难以涵盖词语模“硬×”中的“硬”。在“硬×”构式中，“硬”的模标义也很宽泛，例如，在“硬件、硬盘、硬设备”中指“固定在计算机内的”；在“硬指标、硬任务”中指“有具体质量、数量指标以及时间限制”；在“硬广告”中指“直接介绍商品、服务内容等的传统形式”；在“硬着陆”中原指“人造卫星、宇宙飞船不经减速而以较快速度（降落到星体表面)”，比喻“过急的，过猛的(做法)”；在“硬包装”中指“镀锡铁、玻璃瓶等硬质材料”；在“硬武器”中指“具有直接杀伤性的”，等等。

可见，“软×”与“硬×”的模标义都是隐喻性质的，已经出现了不同程度的泛化，泛化的原因是它们在语言生活中的高频使用。

2.“软×”与“硬×”的组配特征

(1)“软×”与“硬×”的模标都是形容词性成分，处于模槽位置的成分大部分是名词性的，构成“软/硬＋名”定中结构，如“软任务、软人才、软资源、硬环境、硬设备、硬武器”等；还有一部分是动词性的，构成“软/硬＋动”状中结构，如“软挂钩、软损耗、硬杀伤、硬着陆”等。

(2)“软×”与“硬×”的模槽成分可以是单音节的，构成“软/硬＋单”结构，也可以是双音节的，构成“软/硬＋双”结构，其中以双音节模槽成分最为常见，单音节的较为少见，如“软盘、软件、软解、硬盘、硬件”等。

(3)“软×”与“硬×”的模标是形容词，但所生成的词语基本上都是名词性的，“软着陆、硬着陆、软挂钩”等也可以作动词使用。

(4)“软×”与“硬×”词语的词汇化程度较高，可见于各种新词新语词典。

(5)所生成词语理据性一般较强，因为它们的模槽成分大多属于表意比较明确的双音节词语，但因模槽成分往往是简缩成分，再加上模标的隐喻性质，所以有些词语的意义难以通过字面意义推演出来，如“软饮料”指“乙醇含量小于0.5%的饮料制品，如汽水、橘子汁等”；“硬解”指采用速度快，不占用CPU资源的硬件解码。

3.“软×”与“硬×”词语的色彩特征

(1)一部分为专门术语。如计算机领域的“软解、硬件、软磁盘、硬拷贝”，军事领域的“软武器、软杀伤、硬武器、硬杀伤”等，具有典型的书面语色彩和中性色彩。

(2)具有比较鲜明生动的形象色彩。“软”与“硬”都是一种隐喻，一种形象性说法，例如“软环境”指的是物质条件以外的环境，如政策、法规、管理、服务、人员素质等方面的状况。与之对应的“硬环境”则指“交通、电力、通讯、供水、工业厂房等物质性的基础设施和生活服务设施”。

(3)一部分词语具有外来语色彩，由外语词直译而成。如“软件(software)、软科学(soft science)、软通货(soft currency)、硬盘(hard disk)、硬广告(hard advertisement)、硬着陆(hard landing)”等。

4.“软×”与“硬×”的能产度较高，对应性较强

“软×”与“硬×”是一对比较能产的词语模，不少“硬×”词语在“软×”词语的带动下出现并且逐渐产生了意义上的泛化。例如“广告”，过去一般指“通过

报刊、电视、广播、招贴等形式直接向公众介绍商品、服务内容或文娱体育节目的一种宣传方式”，后来人们逐渐意识到，通过新闻报道或影视节目中的情节、道具乃至人物对话等形式都可以传递广告信息，间接发挥广而告之的作用，于是创造出“软广告”一词。为了强调不同广告形式的差别，同时也出于音律调谐的需要，人们又比照“软广告”的构成成分、结构形式和意义创造出与之相匹配的“硬广告”一词。当然，“软”与“硬”也可能相互影响、相互促进，最终形成“软×”与“硬×”词语群。

一组对义模所创造出来的新词语可能不会一一相对，多种当代汉语词典对“软×”族新词语收录得较多，对“硬×”组词语收录得较少。但是从我们所搜集的语料来看，“软×”与“硬×”词语的对应程度还是比较高的，例如：

软盘/硬盘　软件/硬件　软解/硬解　软磁盘/硬磁盘　软包装/硬包装
软广告/硬广告　软环境/硬环境　软任务/硬任务　软设备/硬设备
软通货/硬通货　软武器/硬武器　软着陆/硬着陆　软指标/硬指标
软饮料/硬饮料　软杀伤/硬杀伤　软科学/硬科学　软能力/硬能力
软资源/硬资源　软人才/硬人才　软新闻/硬新闻　软技术/硬技术
软专家/硬专家　软损耗/硬损耗　软原则/硬原则　软挂钩/硬挂钩

显而易见，“软×”与“硬×”构成的词语呈现出相对整齐的对应现象。应该说，还有一些“软”与“硬”对应的新词语仍然处于潜隐状态。

（二）“×女”与“×男”

1.“×女”与“×男”的语义特征

“×女”与“×男”的模标在“某一类人”这一语义场中构成一对词语模。一般用来称呼整体，也可以指称个人，模标“女”指“某一类女子”，“男”指“某一类男子”。主要包括以下几层意思。

(1)指外形引人注目且观念时尚新潮的女性/男性群体或个人。如“靓女、索女、潮女、酷男、型男”等。

(2)指根据年龄层次与内心成熟度划分的女性/男性群体或个人。如“熟女、轻熟女、亚熟女、熟男、轻熟男、亚熟男”等。

(3)指具有某种生活理念和生活方式的女性/男性群体或个人。如“宅女、干物女、润物女、草食女、肉食女、宅男、干物男、润物男、草食男、肉食男”等。

(4)指参加某种选秀比赛的女性/男性选手。如“超女、快女、超男、快男”等。

(5)指处于某种境遇的女性/男性群体或个人。如“没女、剩女、剩男、孔雀女、凤凰男”等。

(6)指从事某种职业的女性/男性群体或个人。如“吧女、三陪女、按摩女”等。

(7)指某个媒体炒作事件的女性/男性主角。如“艾滋女、奥巴女、酱油男、蚊子男”等。

在《现代汉语词典》第5版中，“女”被释为表属性的形容词，意思是“女性”，跟“男”相对，如“女工”。“男”也被释为表属性的形容词，意思是“男性”，跟“女”相对，如“男学生”。我们认为上述解释不够全面，从上面所列举的例子看，“女”和“男”实际上都是区别词，因为在上例中它们都只能充当限定、修饰性成分，作定中结构的定语。但是从词语模的角度看，“女”和“男”都可以充当被限定、被修饰性成分，作定中结构的主语，例如：“淑女”指美好的女子，“婢女”指有钱人家雇佣的女孩子，“舞女”指以伴人跳舞为职业的女子，“修女”指天主教或东正教中出家修道的女子，“丁男”指成年的男子，“少男”指未婚的少年男子。可见，“×女”中的“女”指“某一类女子”，“×男”中的“男”指“某一类男子”，这两个模标都是名词性成分，语义比较实在，但其内涵与以往相比有很大不同。严格地说，“×男”是在当代汉语中才出现的词语模，“×女”虽然早已存在，但过去多侧重于年龄、职业、才貌等方面，上面列举的(1)(3)(4)(5)(7)几层含义就是以往所不具备的。例如，“索女”指在外形、气质方面都让人身心愉快的女子。“酱油男”源于广州电视台记者就“艳照门”事件随机采访市民，一男子答道：“俺不知道，不关俺的事，俺就是出来打酱油的。”自此“酱油男”一词迅速占领网络，甚至派生出“酱油族、酱油党”等网络用语，用来指称对热门事件漠不关心或不愿发表言论的人。

2.“×女”与“×男”的组配特征

(1)“×女”与“×男”的模标都是名词性成分，处于模槽位置的成分一部分是名词性的，构成“名＋女/男”定中结构，如“吧女、干物女、润物男、蚊子男”等；一部分是形容词性的，构成“形＋女/男”定中结构，如“猛女、熟女、酷男、快男”等，这两种最为常见。其他还有少部分是动词性的，构成“动＋女/男”定中结构，如“没女、剩女、剩男、食肉男”等；也有个别是区别词性的，构成“区＋女/男”定中结构，如“超女、超男”等。

(2)“×女”与“×男”的模槽成分可以是单音节的，构成“单＋女/男”结构，也可以是双音节的，构成“双＋女/男”结构，两种情况都比较常见，如“潮女、轻熟女、型男、草食男”等。模槽成分还可以是多音节的，如“简单方便女、经济适用男、水晶凤凰精英男”等。

(3)“×女”与“×男”的模标是名词，所生成的词语也都是名词性的。

(4)“×女”与“×男”词语的词汇化程度比较高，可见于各种新词新语词典。

(5)所生成词语理据性一般较强,但因模槽成分往往是简缩性的或隐喻性的,所以有些词语的意义难以通过字面意义推演出来。如"快女"指参加"快乐女声"比赛的选手;"肉食男"指具有肉食性动物某些特征的男性,他们对爱情采取积极主动的态度,浪漫多情,不甘寂寞。

3."×女"与"×男"词语的色彩特征

(1)具有比较鲜明生动的形象色彩,往往采用比喻手法。如"孔雀女"是城市女孩的统称,她们是在父母溺爱下长大的娇娇女,从小到大生活顺心如意,也用来比喻打扮出色的女子。与之相对的"凤凰男"则指集全家之力于一身,发愤读书十余年,终于成为"山窝里飞出的金凤凰",从而为一个家族蜕变带来希望的男子。他们娶了"孔雀女",过上了城市生活,但原先的农村身份打下的烙印,使得他们与孔雀女的爱情、婚姻和家庭产生了种种问题。

(2)一部分词语来自网络创意营销、漫画或影视作品,具有鲜明的时代色彩。如"蚊子男"出自南京青年宁楠在淘宝网上做起的惊爆眼球的"蚊子"生意,他在网上卖蚊子尸体,意在炒作,红遍各大论坛。"干物女"来自日本漫画改编的电视剧《萤之光》,女主角雨宫萤在外是个靓丽可人事业有成的白领,在家却是个生活懒散,不修边幅,认定恋爱没有睡觉来得重要的女人。

(3)一部分词语具有外来语色彩。这些词语绝大部分来自日语,如"草食男",指像食草动物一样友善温和,在婚恋关系上不积极主动追求,保持不温不火态度的男子。日本记者深泽真纪 2006 年在网络专栏中首次使用"草食男子"形容日本当前年轻男性的生活状态,两年后又在日本女性杂志上推出"草食男子"专题。2008 年,森冈正博出版《草食系男子的恋爱学》一书,牛窪惠出版《草食系男子(小男人)将改变日本》一书,此后"草食系男子"成为日本最时髦的用语之一,进入汉语后简称为"草食男"。"肉食女"与"草食男"相对,出自日语"肉食系女子",指以"草食男"为目标,主动出击,积极追求恋爱与性爱的女子。"型男"的"型"出自英语"Style",原有风格、款式、类型、格式、样式、型式等意思,在港台地区意译为"型","型男"指相貌、身材和气质都具有吸引力的男子。

4."×女"与"×男"的能产度较高,对应性较强

有趣的是,在 21 世纪之前,"×女"族词语比较多见,"×男"族词语则为数极少,《同义词词林》与《辞海》收有"丁男",指成年的男子;《现代汉语词典》收有"少男",指未婚的少年男子。[①] 与此情况类似,港台社区词语中也是"女"多"男"少,例如《当代港台用语词典》中收录的"×女"族词语有:"吧女[港]"指酒吧女招待,"打女[港、台]"指武打片中的女角色,"人家女[台]"指已结婚或已订婚的

① 《现代汉语词典》收有"儿男"一词,是男子汉或男孩儿的意思,属于并列结构,与"丁男"并非同类。

女子，“社女[港]”指受黑社会保护的私娼，“细路女[港]”指小女孩，“油脂女[港]”指装束花哨奇特的少女，“在室女[港]”指处女或未婚女子。而“×男”族词语只有：“人家男[台]”指已结婚或已订婚的男子，“未役男[台]”指尚未服过兵役的男性青年，“在室男[港]”指未婚男子或参加竞选的候选人。[①]

然而，在当代汉语普通话中，不仅“×女”族，而且“×男”族新词语正在发展壮大，尤其是“×男”族新词语在数量上已逐渐与“×女”族不相上下。例如，20世纪80—90年代间出现了“吧女、靓女”，2003—2005年间出现了“猛女、索女、超女、潮女、没女、熟女”和“色男、型男”，2006年出现了“轻熟女、剩女”，2007年出现了“宅女、干物女”和“快男、宅男”，2008年出现了“润物女”和“食草男(草食男)、酱油男、蚊子男、肉食男”。[②] 还有一些是工具书尚未收录的，如“霉女(美女)、快女、三陪女、亚熟女、失婚女”和“酷男、菌男(俊男)、猛男、超男、剩男、亚熟男、失婚男、肉松男”，甚至还有“三高女、黄金女、物质女、拜金女、简单方便女、清汤挂面女”和“拜金男、三低男、钻石男、经济适用男”等。“×男”词语群的壮大，与当代社会女性地位的上升以及人群的细致划分有关。

“×女”与“×男”族新词语呈现出互补分布的特点。一种情况是模槽成分没有变化，只有模标变化，这种情况占多数。如：

猛女/猛男　超女/超男　熟女/熟男　快女/快男　宅女/宅男
剩女/剩男　轻熟女/轻熟男　亚熟女/亚熟男　干物女/干物男
润物女/润物男　草食女/草食男　肉食女/肉食男

一种情况是模槽成分与模标都发生变化。如：

靓女/俊男　索女/型男　霉女/菌男　孔雀女/凤凰男

值得注意的是，一些外来词语进入当代汉语后又被国人巧妙利用创造出新的词语，如“干物女”即日语的“ひものおんな”，指都市中生活得有如干物般死气沉沉的女人，国人根据“干物女”创造出“干物男”，又创造出指代那些相信爱，懂得爱，在工作之余进健身房，做美容，与闺密逛街，进培训班充电，生活得有声有色的白领“润物女”，以及生活得有滋有味、潇洒滋润的“润物男”。

二、类义模

类义模指一组词语模的模标义虽然并不相容，各自独立，但已经出现了表

---

① 以上各例见于朱广祁编著：《当代港台用语词典》，上海辞书出版社1994年版。

② 以上各例见于李行健、曹聪孙、云景魁主编：《新词新语词典》，语文出版社1993年版；宋子然、杨小平主编：《汉语新词新语年编》，巴蜀书社2006年版；周荐主编：《2006汉语新词语》，商务出版社2007年版；教育部和国家语委发布的《中国语言生活状况报告2007》、《中国语言生活状况报告2008》。

示中间状态的词语模，类义模以逻辑上的反对关系为基础。下面举例分析。

（一）“热×”、“冷×”、“温×”

1.“热×”、“冷×”、“温×”的语义特征

“热×”、“冷×”、“温×”的模标在“人或事物的性质、状态”这一语义场中构成一组词语模。

“热”在《现代汉语词典》中的相关义项有：①温度高；感觉温度高，如“热水”。②情意深厚，如“热心肠”。③受欢迎的，如“热货”。以上义项都比较难以涵盖词语模“热×”中的“热”。在“热×”构式中，“热”的模标义比较宽泛。例如，在“热炒、热购、热销、热卖”中指“热烈地、大张旗鼓地”，在“热污染、热效应”中指“热能”，在“热播、热映、热评”中指“高频次地；积极地”，在“热舞”中指“热烈而充满激情的”，在“热码”中指“多次出现的”，在“热门儿”中指“吸引力较大；广受欢迎的”，等等。

“冷”在《现代汉语词典》中的相关义项有：①不热情；不温和，如“冷面孔”。②生僻的；少见的，如“冷字”。③不受欢迎的；没人过问的，如“冷门”。④乘人不备的；暗中的；突然的，如“冷箭”。以上义项也比较难以涵盖词语模“冷×”中的“冷”。在“冷×”构式中，“冷”的模标义比较宽泛。例如，在“冷兵器”中指“不带爆炸或燃烧物质”，在“冷处理”中比喻“事情发生后暂时搁置起来”，在“冷加工”中指“常温之下”，在“冷点”中指“不引人关注”，在“冷和平”中指“不稳定”，在“冷销”中指“不受欢迎”，在“冷谜语、冷笑话、冷幽默”中指“在不经意间自然流露，让人回味”，等等。

“温”在《现代汉语词典》中的相关义项有：①不冷不热，如“温水”。②性情平和；温柔，如“温情”。词语模“温×”中的“温”，模标义基本上是“不冷不热”的意思，处于“冷”与“热”的过渡阶段，如“温点、温卖、温炒、温销、温码、温启动”等。

可见，“热×”与“冷×”的模标义都已经出现了不同程度的泛化，泛化的原因是它们在语言生活中的高频使用，“温×”的模标义则比较单一。这三个模标义都是隐喻性质的。

2.“热×”、“冷×”、“温×”的组配特征

(1)“热×”、“冷×”、“温×”的模标都是形容词性成分，处于模槽位置的成分一部分是名词性的，构成“热/冷/温＋×”定中结构，如“热键、热焰火、冷岛、冷线、温点、温码”等；一部分是动词性成分，构成“热/冷/温＋×”状中结构，如“热评、热卖、冷映、冷播、温炒、温销”等。

(2)“热×”、“冷×”、“温×”的模槽成分可以是单音节的，构成“热/冷/温＋单”结构；也可以是双音节的，构成“热/冷/温＋双”结构。两种情况中以第一种

最为常见，如“热门、热购、冷评、冷播、温卖、温炒”等。

(3)“热×”、“冷×”、“温×”的模标是形容词，所生成的定中结构的词语是名词性的，状中结构的词语是动词性的。

(4)“热×”词语的词汇化程度比较高，“冷×”次之，“温×”最低。

(5)所生成词语理据性一般较强，但因模槽成分往往是简缩性的，再加上模标的隐喻性质，所以有些词语的意义难以通过字面意义推演出来，如“热键”指系统软件或应用软件中的一个特殊键，它可以使用户快速调动程序执行某个指令，以代替一系列的菜单选择操作；“冷和平”指国际间继冷战之后出现的不稳定的和平状态。

3.“热×”、“冷×”、“温×”词语的色彩特征

(1)不少词语属于专门术语，具有典型的书面语色彩和中性色彩。如属于计算机领域的“热键、温码、温启动”，属于军事领域的“冷兵器”，属于社会学领域的“冷暴力”等。

(2)具有比较鲜明生动的形象色彩。“热”、“冷”、“温”通常表示物体冷热的程度，即“温度”，但在词语模构式中却往往表现为人们对某一客观事物或现象“冷、热”程度的感知，这是一种隐喻用法。具体物体的温度可以引起人们的心理联想，人们可以在具体物体的温度这一暗示之下感知、体验、想象、理解某一客观事物或现象。例如，彩票投资者为了探寻彩票中奖规律，按号码出现的频率将之分为三种：“热码”指“彩票中奖号码中多次出现的号码”，“冷码”指“彩票中的冷门号码”，“温码”指“出现次数在热码与冷码之间的彩票号码”，所谓“热码、冷码、温码”都是一种隐喻性的说法。

4.“热×”、“冷×”、“温×”的能产度与对应性呈现出一定差异

这一组词语模中，“热×”与“冷×”都比较能产，而“温×”的能产度则比较低，三者呈现出不对应发展的现象。此处所谓的“对应”是指词语模构式下的对应，否则就是不严格的对应。如“热点”指“某一时期引人注目的地方和问题”，它的对应词语是指“某一时期不受人关注的地方和问题”的“冷点”，并不与“冰点”对应，“冰点”指“水的凝固点，即水和冰可平衡共存的温度”。

“热×”、“冷×”、“温×”三者的对应：

热点/冷点/温点　热码/冷码/温码　热卖/冷卖/温卖　热炒/冷炒/温炒
热销/冷销/温销　热启动/冷启动/温启动

“热×”、“冷×”二者的对应：

热岛/冷岛　热线/冷线　热键/冷键　热焰火/冷焰火　热鲜肉/冷鲜肉
热播/冷播　热映/冷映　热评/冷评　冷兵器/热兵器(临时可用)

冷暴力/热暴力(临时可用)　冷和平/热和平(临时可用)

“热×”、“冷×”族新词语多，“温×”族新词语较少，这是因为，就模标而言，“热”与“冷”处于两端，“温”则处于中间状态。相对来说，模标“热”与“冷”凝聚的词语较多，“温”则较少，因为“温”作为中间状态，似乎没有一个明确的界限，“温”可能偏向于“热”，也可能偏向于“冷”。理论上，我们不能排除“温”族词语较多显现的可能，但是它们将来是否会显现，什么时候显现，显现之后是否能够得以流传，都取决于它们是否会被我们所在的语言社团因表达的需要而利用和开发。

(二)“高端×”、“低端×”、“中端×”

1.“高端×”、“低端×”、“中端×”的语义特征

“高端×”、“低端×”、“中端×”的模标在“等级、档次、价位等”这一语义场中构成一组词语模。

“高端”是一个区别词，既可以指物，也可以指人。在《现代汉语词典》中的相关义项有：①等级、档次、价位等在同类中较高的，如“高端技术”。②指高层官员或负责人，如“高端会议”。在“高端×”构式中，“高端”的模标义大致体现在以下方面：在“高端官员、高端论文、高端日语、高端媒体、高端设计、高端培训、高端营销”中指“高级别的；高水平的”，在“高端礼品、高端旅游、高端物业、高端住宅、高端服务、高端软件、高端汽车、高端操作系统”中指“高档次的；高价位的”，在“高端访谈、高端会议、高端论坛、高端对话”中指“高层次领导人”。

“低端”也是区别词，一般指物。在《现代汉语词典》中的义项是“等级、档次、价位等在同类中较低的”，如“低端品牌”。在“低端×”构式中，“低端”的模标义主要体现在“低档次的；低价位的”等方面，如“低端渠道、低端用户、低端市场、低端白酒、低端手机、低端软件、低端电脑配置、低端操作系统、低端数码相机”等。

“中端”也是区别词，一般指物。在《现代汉语词典》中的义项是“等级、档次、价位等在同类中处于中等的”，如“中端产品”。在“中端×”构式中，“中端”的模标义主要体现在“中等档次的；中等价位的”等方面，如“中端渠道、中端用户、中端市场、中端电器、中端笔记本、中端数码相机、中端游戏显卡、中端 CUP、中端 MP3”等。

汉语中的“高端”一词来自两个英语词，一个是“summit”，作名词是“顶点；极点；最高的官阶(尤指外交上所称政府首脑级)；最高级会议”的意思，作形容词是“政府首脑级的；最高级的”的意思，作动词是“参加最高级会议”的意思。起初在港台地区译作“高峰”，意思是“领导人中的最高层”，充当修饰语，如“高峰会议”，简称“峰会”。大陆吸收了“高峰”一词的新含义，又译作“高端”，如“高

峰会议/高端会议、高峰对话/高端对话、高峰访谈/高端访谈、高峰论坛/高端论坛”等，以上每一组词语语义相同。另一个是“high-end”，意思是“高档；高端”，汉语译为“高端”。汉语中的“高端”涵盖了“高峰”，“高峰”之“高”侧重于“级别”，指“高层首脑或高层首脑参加的会议”，“高端”之“高”则除“级别”之外还包括“档次、价位”等方面。“低端(low-end)”主要指“低档次的；低价位的；计算机的低阶产品”。“中端”一词，《新华新词语词典》注为“medium-end”，[①]意思是“中等档次的；中等价位的”。“高端、低端、中端”在汉语中成为一组词，但“高端”比“低端”、“中端”的内涵深一些，外延广一些。

2.“高端×”、“低端×”、“中端×”的组配特征

(1)“高端×”、“低端×”、“中端×”的模标都是区别词性成分，处于模槽位置的成分都是名词性的，构成“高端/低端/中端＋×”定中结构，如“高端游戏、高端产业、高端电脑配置、低端品牌、低端网卡、低端显卡补丁、中端主板、中端耳机、中端服务器”等。

(2)“高端×”、“低端×”、“中端×”的模槽成分没有单音节的，可以是双音节的，构成“高端/低端/中端＋双”结构，也可以是多音节的，构成“高端/低端/中端＋多”结构，两种情况都比较常见。

(3)“高端×”、“低端×”、“中端×”的模标都是区别词，所生成的定中结构的词语都是名词性的。

(4)“高端×”、“低端×”、“中端×”词语的词汇化程度都相当低。

(5)所生成词语理据性一般较强，这是因为“高端×”、“低端×”、“中端×”的模标都是表示事物属性，起分类作用的区别词，它们直接修饰名词做定语。再加上模槽成分都是双音节或多音节词语，它们所表示的语义比较显豁，因此大部分词语的意义都可以通过字面意义推演出来，如“高端论坛”指高层人员参加的因某个主题或某类主题而召开的会议，“低端市场”指根据消费群体差异而划分的低档次的消费市场。

(6)模槽成分除汉字外，还可以是字母词或字母、数字、汉字混合的成分，如“高端 CPU、低端 MP3、中端 3G 手机”等。

3.“高端×”、“低端×”、“中端×”词语的色彩特征

(1)“高端×”、“低端×”、“中端×”都是新近出现的词语模，它们所创造的词语主要集中在电子计算机等高新技术领域以及市场营销等方面，具有典型的书面语色彩和中性色彩，如属于计算机领域的“高端软件、高端网站、低端网卡、低端操作系统、中端主板”，属于市场营销领域的“高端品牌、高端商务、低端用

---

① 英语中“medium-end”不同于“end of medium”，后者是“媒体结束；媒体末端；介质末端”的意思。

户、低端汽车、中端手机、中端耳麦、中端显卡”等。

(2)具有外来语色彩,如前所述,“高端×”、“低端×”、“中端×”的模标是英语词的意译,汉语中原有的“高档、低档、中档”也是新词语,[①]用以描述产品、商品质量的优劣和价格的高低,如“高档家具、低档食品、中档茶叶”等。“高档、低档、中档”侧重于“档次与价位”,“高端、低端、中端”则兼顾了“等级、档次、价位”等方面,两组词语的内涵与外延均有所不同。

4.“高端×”、“低端×”、“中端×”的能产度与对应性呈现出一定差异

这一组词语模都比较能产,三者呈现出基本对应发展的状况。例如:

高端市场/低端市场/中端市场　高端品牌/低端品牌/中端品牌
高端产品/低端产品/中端产品　高端技术/低端技术/终端技术
高端人才/低端人才/终端人才　高端用户/低端用户/中端用户
高端设计/低端设计/中端设计　高端培训/低端培训/终端培训
高端营销/低端营销/中端营销　高端商务/低端商务/中端商务
高端电脑/低端电脑/中端电脑　高端 CPU/低端 CPU/中端 CPU
高端 MP3/低端 MP3/中端 MP3

由于“高端”具有“级别高的”的语义,因此“高端×”所创造的某些词语就可能没有与之对应的“低端×”、“中端×”词语,如“高端日语、高端网站、高端媒体、高端对话、高端俱乐部”等。

□ 小　结

1. 对应模指模标语义对应成组的词语模,包括两种情况:对义模指一组词语模的模标义处于不相容的两个极端,形成完全相反的对立关系,二者之间不出现中间状态,对义模以逻辑上的矛盾关系为基础。类义模指一组词语模的模标义虽然并不相容,各自独立,但已经出现了表示中间状态的词语模,类义模以逻辑上的反对关系为基础。

2. 对应模产生的原因。在语言体系的发展过程中,会出现缺位和不平衡情况,语言体系能够进行自我调节,弥补这些空位,力求达到一种平衡。“人们意欲强调同类事物或现象间的区别,建立一个与原有概念相对立的新概念”,[②]这样才能在变动的过程中保持一种动态平衡。对应模所创造出来的新词语会相互影响、相互促进,形成各自的词语群。

3. 语义对应是一组对应模的基本特征,但一组对应模所创造出来的新词语

---

① 这三个词 1977 年版《现代汉语词典》未收录,1993 年修订版已收录。

② 张博:《反义类比构词中的语义不对应及其成因》,《语言教学与研究》2007 年第 1 期,第 44 页。

却可能不是一一相对的，有的是基本对应，有的是部分对应。[①] 其原因是：(1)客观事物本身存在着不对称现象和发展变化不均衡现象，不可能有“正”必有“反”(或中间状态)，有“是”必有“非”(或中间状态)。(2)一组对应模的模标在各自的具体义项上可能存在着不对称现象，因此作为对应面的词语不一定会存在。(3)那些已经成对或成组匹配的词语，它们之间的对应是“显性”的，那些至今形只影单的词语，应该说它们在理论上具有“潜性”的匹配对象，那些“隐性”的词语是否会露面，主要取决于语用主体的表达需要、语汇体系的内部平衡和大千世界的发展变化。

第三节 易位模

所谓易位模，是指同一个模标因所处位置不同而形成的一对词语模。易位模是就词语模模标的位置而言的，一对易位模的模标义所概括反映的对象的范畴必须相同或基本相同，否则不能视为易位模。例如：

商×：
商霸 商潮 商贷 商德 商风 商海 商检 商圈 商演 商誉
商缘 商战
×商 1：
港商 台商 外商 美商 日商 韩商 英商 德商 瑞士商 零售商
经销商 批发商 皮包商
×商 2：
智商 情商 财商 健商 德商 体商 性商 意商 心商 逆商
法商 职商 挫折商 人缘商 成熟商 发育商

“商×”中的“商”，在构式中具有“商业；经商；商人；商品”等意思，“×商 1”中的“商”是“商人”的意思，“商×”与“×商 1”可以看作属于同一范畴的一组易位模。但“×商 2”中的“商”原为商数的简称，现“泛指一个人所具有的某方面的能力和水平”，显然，“商×”与“×商 2”不属于同一范畴，不能视之为易位模。

“在现代汉语中呈现相对固定的语素序、词序，历来都是作为区别语义关系和句法关系、确认语言单位及其同一性的重要手段之一来加以运用的”。[②] 所谓“易位”是指语言单位排列的位置发生了变化，如果模标相同但所处位置不同，

---

① “部分对应”如“大×”与“小×”词语群，见本书第六章第二节。

② 吴为章：《语序重要》，《中国语文》1995 年第 6 期。

那么模标与模槽组合后的语义、结构关系以及语用特征就可能有所不同，模标在词汇意义、语法意义、语用意义等方面就有可能发生一定的变化，如范围的大小、强调的重点、程度的深浅、词性的变化以及组配对象的变换等。语言单位排列的顺序包括语法的、语义的和语用的几种情况，[①]这种排列顺序不是一种自足的手段，其制约因素包括语言本体因素、认知因素和语用因素。

语言单位排列顺序的变化受到许多条件的制约，人们最容易注意到的就是语义上的制约，本节主要从模标词汇意义的角度进行分类并对比分析。

一、模标词汇意义相同的易位模

(一)“吧×”与“×吧”

1.“吧×”与“×吧”的语义特征

“吧”源自英语“bar”，“bar”在英语中指“(旅馆、饭店的)酒吧间；餐柜”。汉语的“吧”最初见于“酒吧间”一词，表示一个相近的汉语读音，但不具备创造新词语的能力。当代汉语中的“吧”迅速完成了语素化过程，其语义也由原先所指的“酒吧”发生了泛化，《现代汉语词典》释为“出售酒水、食品或供人从事某些休闲活动的场所”；《新华新词语词典》释为“泛指某些具备特定功能或设施的休闲场所”，如“网吧、茶吧、氧吧”、“吧女、吧姐、吧客”等。从语料来看，“吧”还可以指网络中的虚拟社区，即交流思想、分享信息与资源的平台，如“百度贴吧、百度百科吧、士兵突击吧、浅尝人生吧”等。可见，作为汉语语素的“吧”不仅仅指“酒吧；餐柜”，其语义已经泛化为表示“处所”——实体的或虚拟的处所。“吧×”与“×吧”的模标“吧”，其词汇意义完全相同，但它们各自所创造的新词语则有所不同，“吧×”族新词语既可以指人，也可以指物；“×吧”族新词语只可以指物。例如：

指人：

吧女　吧娘　吧妹　吧姐　吧主　吧友　吧员　吧客　吧仔

指物：

吧台　吧厅　吧室　吧凳　吧门　吧架　吧费　吧座

指物：

冰吧　餐吧　茶吧　迪吧　股吧　果吧　剪吧　烤吧　泡吧　啤吧
棋吧　琴吧　球吧　水吧　陶吧　贴吧　玩吧　网吧　玻璃吧　彩妆吧
功夫吧　怀旧吧　健身吧　芦荟吧　玩具吧　温泉吧　英语吧　游戏吧
音乐吧　休闲吧　花卉吧　咖啡吧　零点吧　射箭吧　直播吧　考研吧

---

① 文炼、胡附：《汉语语序研究中的几个问题》，《中国语文》1984年第3期。

考试吧 小说吧 摩托吧 股票吧 基金吧 露天吧

2."吧×"与"×吧"的组配特征

当代汉语中"吧"的独立性越来越强,已经成为一个自由语素,可以出现在词语后或词语前,虽然一般不能单用,但是也出现了"泡了三天吧"、"逛各式各样的吧"、"玩了一天吧"等说法,这说明"泡吧、逛吧、玩吧"可以被看作"离合词",两个构成语素的结构联系已经比较松散,中间允许插入一定的成分。

"吧×"的模标是名词性成分,能够进入"吧×"构式的模槽成分都是名词性的,表示模标所修饰、限制的对象,模标成分与模槽成分之间是定中关系,如"吧女、吧主、吧友、吧客、吧厅、吧室、吧门、吧架、吧费、吧座"等。

"×吧"的模标也是名词性成分,能够进入"×吧"构式的模槽成分多数是名词性的,表示模标的性质,与模标成分构成定中关系。模槽成分也可以是谓词性的,又分两种类型:一类表示某种事物,对模标的类属进行修饰、限定,因此与模标成分构成定中关系,如"贴吧、烤吧、剪吧、怀旧吧、考研吧"等;一类表示动作行为,与模标构成动宾关系,如"泡吧、逛吧、玩吧"等。

在"吧×"与"×吧"中,模标与模槽成分的位置不能逆序置换,例如"吧女"不能置换为"女吧","吧凳"不能置换为"凳吧","茶吧"不能置换为"吧茶","音乐吧"不能置换为"吧音乐"。

3."吧×"与"×吧"的语用特征

从表达方面看,"吧×"与"×吧"的模标在信息出现的时间和空间上有先后之分,其语义侧重点也不同,因此具有不同的表达功能和限定条件。在"吧×"中,模标起修饰、限定作用;在"×吧"中,模标则是被修饰、限定的中心成分。"吧×"的语义重心是"×","×吧"的语义重心是"吧",模标位置的不同,意味着表达重点的转移。从能产度方面看,"吧"位置在前,只是一个修饰、限定性成分,其能产度较低;"吧"位置在后,则是一个中心成分,只要是某种具备特定功能或设施的休闲场所,就可以以"吧"称之,因此"×吧"能产度较高。从词汇化程度方面看,"吧×"与"×吧"族新词语的词汇化程度都比较低。从色彩角度看,由于模标"吧"是个音译的外来成分,因此"吧×"与"×吧"族新词语都具有外来色彩,洋溢着"洋"且"新"的现代气息,比较而言,"店、馆、铺、厅、院、室、房"等偏于通俗,"居、阁、楼、榭、斋、苑、堂、轩、庭、亭"等偏于古雅,而且不似"吧"那样可以泛指具备特定功能或设施的休闲场所。

(二)"快餐×"与"×快餐"

1."快餐×"与"×快餐"的语义特征

"快餐"一词源自英语"quick meal"或"fast food",指餐馆中专门提供的可以快速食用的食物。《现代汉语词典》释为"能够迅速提供顾客食用的饭食,如汉堡包、盒饭等”，港台一带译作“速食、即食”，日语为“便当”。“快餐”是预先加工好的、大众化的、节时的、方便的、可以充当主食的食物。在“快餐×”与“×快餐”中，“快餐”都是比喻性用法，喻指通俗、节时、简易、大众化的文化现象或生活方式。这种比喻义的产生与当今的时代特征有关，当代社会的飞速发展使得人们对文化的消费需求往往表现为崇尚个性、猎奇求新，追随时尚而缺乏持久力，这种快餐式的文化消费使人们的文化生活趋于通俗化、浅表化和功利化。例如“文化快餐”用来比喻形式短小、内容通俗的文化产品，《新华新词语词典》收有“快餐文化”一词，“比喻追求速成、通俗、短期流行，不注重深厚积累和内在价值的文化思潮和文化现象”。

2.“快餐×”与“×快餐”的组配特征

“快餐×”的模标是名词性成分，能够进入构式的模槽成分可以是名词性的，也可以是动词性的，表示模标所修饰、限制的对象，模标成分与模槽成分之间是定中关系。模槽成分为名词的如“快餐文化、快餐情感、快餐新闻”，模槽成分为动词的如“快餐恋爱、快餐评论、快餐阅读”等。

“×快餐”的模标也是名词性成分，能够进入构式的模槽成分多数是名词性的，也可以是动词性的，表示模标的性质，模槽成分与模标成分之间是定中关系。模槽成分为名词的如“电影快餐、文学快餐、历史快餐”，模槽成分为动词的如“恋爱快餐、阅读快餐、评论快餐”等。

在“快餐×”与“×快餐”中，模标与模槽成分的位置有的不能逆序置换，例如“快餐时代”除作为餐饮公司名称外很少用作“时代快餐”，“精神快餐、科普快餐、知识快餐、国学快餐”一般也不能置换为“快餐精神、快餐科普、快餐知识、快餐国学”。这两个构式模标与模槽成分的位置大部分可以逆序置换，构成一对意义侧重点不同的新词语。例如：

快餐文化/文化快餐　快餐电视/电视快餐　快餐电影/电影快餐
快餐文学/文学快餐　快餐恋爱/恋爱快餐　快餐爱情/爱情快餐
快餐旅游/旅游快餐　快餐情感/情感快餐　快餐感情/感情快餐
快餐评论/评论快餐　快餐新闻/新闻快餐　快餐阅读/阅读快餐
快餐历史/历史快餐　快餐阅读/阅读快餐

3.“快餐×”与“×快餐”的语用特征

从表达角度看，“快餐×”与“×快餐”的模标位置不同，其语义侧重点也不同。在“快餐×”中，模标起修饰、限定作用，在“×快餐”中，模标则是被修饰、限定的中心成分。“快餐×”的语义重心是“×”，“×快餐”的语义重心是“快餐”。从能产度方面看，“快餐×”与“×快餐”的构成成分在很多情况下可以逆序置换，因此它们都比较能产。从词汇化程度方面看，“快餐×”与“×快餐”族新词语多为临时性组合,其词汇化程度都比较低。从色彩角度看,模标"快餐"来自餐饮业,具有行业术语色彩。改革开放以来,我国餐饮业飞速发展,1978 年零售额为 54.8 亿元,1999 年为 750 亿元,2008 年已突破 15000 亿元大关,"快餐"一词也迅速由属于特定行业的术语扩展到通用领域,由物质文化领域扩展到精神文化领域,其语义在保持原有意义的基础上,通过事物之间的相似性联系而生发出比喻义,原有的专业语体色彩在新义项中已经消失,这与生活节奏加快、快餐文化盛行、娱乐浮躁之风甚重的时代特征相吻合。因此,"快餐×"与"×快餐"族新词语除具有中性义"通俗、简单、方便"外,还具有"肤浅的拼盘式的内容,'无厘头'式的消解与解构"等贬义色彩。

(三)"泡沫×"与"×泡沫"

1."泡沫×"与"×泡沫"的语义特征

"泡沫"的本义指"聚在一起的许多小泡",在"泡沫×"与"×泡沫"中,模标"泡沫"的词汇意义相同,都用来"比喻某一事物所存在的表面上繁荣、兴旺而实际上虚浮不实的成分",《现代汉语词典》第 5 版增加了这一义项。这一比喻义源自英语的"泡沫经济(bubble economy)",指过度投机造成经济过热的虚假繁荣现象。英语"bubble"一词有"泡影,妄想"的意思,18 世纪初著名的英国殖民公司南海公司在南美进行股票投机的骗局就被称为"South Sea Bubble"。由于当代社会各种经济现象受到人们的广泛关注,比喻性的"泡沫"越来越频繁地被使用,它可以单独充当句子成分,如"股市中存在泡沫即证券价格与其实际内在价值的背离是不可避免的,关键在于泡沫的程度和泡沫的性质(人民网 2002 年 1 月 15 日)";也可以作为构词成分生成名词性词语,如"泡沫邮市、泡沫楼市"、"学术泡沫、房地产泡沫"。当代社会经济领域中各种"泡沫"现象的产生与宽松的投资环境以及社会对泡沫经济的形成和发展缺乏约束机制等因素有关。

2."泡沫×"与"×泡沫"的组配特征

"泡沫×"的"泡沫"是名词性成分,能够进入构式的模槽成分一般都是名词性的,表示模标所修饰、限制的对象,模标成分与模槽成分之间是定中关系,如"泡沫文化、泡沫股市、泡沫政绩"等。

"×泡沫"的"泡沫"也是名词性成分,能够进入构式的模槽成分一般都是名词性的,表示模标的性质,模槽成分与模标成分之间是定中关系,如"心理泡沫、话语泡沫、学术泡沫"等。

在"泡沫×"与"×泡沫"中,模标与模槽成分的位置有的不能互相置换,例如"泡沫病、泡沫化"不能置换为"病泡沫、化泡沫","商品泡沫、房地产泡沫"一般也不能置换为"泡沫商品、泡沫房地产"。这两个构式模标与模槽成分的位置大部分可以逆序置换,构成一对意义侧重点不同的新词语。例如:

泡沫心理/心理泡沫　泡沫经济/经济泡沫　泡沫工程/工程泡沫
泡沫股市/股市泡沫　泡沫楼市/楼市泡沫　泡沫文化/文化泡沫
泡沫新闻/新闻泡沫　泡沫政绩/政绩泡沫　泡沫科技/科技泡沫
泡沫学术/学术泡沫　泡沫资产/资产泡沫　泡沫房价/房价泡沫
泡沫爱情/爱情泡沫

3.“泡沫×”与“×泡沫”的语用特征

从表达角度看,“泡沫×”与“×泡沫”的模标位置不同,其语义侧重点也不同。在“泡沫×”中,模标起修饰、限定作用,在“×泡沫”中,模标则是被修饰、限定的中心成分。“泡沫×”的语义重心是“×”,“×泡沫”的语义重心是“泡沫”。从能产度方面看,“泡沫×”与“×泡沫”在很多情况下可以逆序置换,因此它们都比较能产。从词汇化程度方面看,“泡沫×”与“×泡沫”族新词语多为临时性组合,其词汇化程度都比较低。从色彩角度看,由于“泡沫”的模标义是比喻性用法,因此具有具体可感、生动形象的色彩。“泡沫”既是对事物形貌的描绘,也是对事物本质的概括,给人以生动的形象感、立体感。同时由于“泡沫”虽五光十色却一触即破,因此这一类词语具有“虚假的、表象的、华而不实的”等贬义色彩。

二、模标词汇意义有所变化的易位模

(一)“热×”与“×热”

1.“热×”与“×热”的语义特征

在“热×”与“×热”中,由于模标“热”所处位置的变化,其词汇意义也发生了一定的变化。“热×”中的“热”对所指称的客观对象的归纳概括能力比较强,它所指称的同类事物较多,表义比较细致,因此义项虽多,但都具有一定的相关性,可以指“高频次地”,如“热播、热映”;可以指“热烈地”,如“热炒、热评”;可以指“受人欢迎地”,如“热卖、热销”;可以指“引起众多人关注的”,如“热线、热榜”;可以指“热烈的、充满激情的”,如“热舞”。“×热”中的“热”语义已经泛化,指“形成的某种热潮”,如“股票热、京剧热、考研热、健身热”等,1994 年的《现代汉语词典修订本》就已经增加了这一义项。“热”本指“温度高”,模标“热”是一种作为人类重要认知方式的概念隐喻,是一个命题或意象图式从某一认知域投射到另一认知域的相应结构。客观事物都不是孤立存在的,它们之间存在着千丝万缕的联系,因此人们认识客观事物从感觉、知觉到表象的过程也是各种感觉器官相通的过程。“热×”与“×热”中的“热”与人的基本感知有关,空间、颜色、感情、味觉、嗅觉、触觉(温度、压力)、亲属关系等都属于基本认知域,人们往往从自身出发,用身体和物质经验去表达一些抽象的概念。因此,表示“温度”

的触觉范畴可以向其他感官范畴的认知域映射，可以用来进行抽象事物的概念化、理解和推理。如"热点"用来概括"某时期引人注目的地方或问题"，"股票热"用来概括"从事买卖股票活动的投资者增多而形成的热潮"。

2."热×"与"×热"的组配特征

"热×"的"热"是形容词性成分，起修饰、限定作用，能够进入"热×"模槽位置的成分可以是名词性的，表示模标所修饰、限制的对象，模标成分与模槽成分之间是定中关系；模槽成分也可以是动词性的，表示模标所修饰、限制的对象，模标成分与模槽成分之间是状中关系。例如：

名词性模槽成分：

热榜　热词　热点　热货　热线　热舞　热焰火　热启动

动词性模槽成分：

热评　热议　热谈　热卖　热购　热炒　热映　热销　热播

"×热"中的"热"是名词性成分，能够进入"×热"模槽位置的语言单位可以是名词性语素或短语，也可以是动词性语素或短语，它们都对"热"起修饰、限定作用，模槽成分与模标成分之间是定中关系。例如：

名词性模槽成分：

汉语热　气功热　国学热　彩票热　宠物热　开发区热　张爱玲热

电子词典热　英语口语热　官场小说热　GRE 热　MBA 热

卡拉 OK 热

动词性模槽成分：

读书热　减肥热　收藏热　健身热　出国热　选美热　考研热　投机热

私人购车热　出国学习热　公务员报考热

在"热×"与"×热"中，模标与模槽成分的位置基本上不能互相置换，例如"热线、热播"不能置换为"点热、播热"，"文凭热、收藏热"也不能置换为"热文凭、热收藏"。

3."热×"与"×热"的语用特征

从表达角度看，"热×"与"×热"模标的位置不同，其语义有一定变化。在"热×"中，"热"是形容词性用法，起修饰、限定作用。在"×热"中，"热"则是名词性用法，是模槽成分限定、修饰的对象。从能产度方面看，"热×"的能产度相对低些，"×热"由于模标意义的泛化，其能产度比较高。从词汇化程度方面看，"热×"族新词语的词汇化程度相对较高，"×热"族新词语多为临时性组合，其词汇化程度较低。从色彩角度看，模标"热"具有沟通不同感官、将日常经验里对具体温度的触觉、视觉等感觉借助联想转移到抽象的认识活动中的功能，可以使各种感觉互相映照，互相补充，从而具体、细致、多方面地反映出认知对象的本质属性。因此，“热×”与“×热”族新词语都具有生动形象、易于感知的色彩特征。

（二）“秀×”与“×秀”

1.“秀×”与“×秀”的语义特征

“秀”源自英语“show”，“show”在英语中的义项很多，进入汉语后最初在台湾地区被译为“秀”，具有“演出，节目；表演；戏剧性场面”等意思。“秀”可以单用，如“在纽约的秀也连演五周才下档”；也可以作为构词语素构成名词性词语，如“秀档（演期）、秀服（演出服）、秀味（戏剧性）”。“秀”进入大陆汉语后，能产度大为增强，逐渐形成“秀×”、“×秀”词语群。模标“秀”的词汇意义基本相同，主要指“表演；展示”，所生成词语除名词性的一类外，还增加了动词性的一类，如“汽车秀、园艺秀、模仿秀、脱口秀、超级模仿秀”、“秀魅力、秀生活、秀时装、秀青春、秀一把”等。

2.“秀×”与“×秀”的组配特征

“秀×”族新词语可以分为两类，一类是“秀”作为动词，起支配作用，与名词性成分、形容词性成分构成动宾结构，与数量短语构成动补结构。例如：

名词性模槽成分：

秀文化　秀个性　秀气质　秀脸蛋　秀肌肉　秀身材

形容词性模槽成分：

秀优雅　秀浪漫　秀性感　秀时尚　秀高雅

数量短语性模槽成分：

秀一把　秀一回　秀一场　秀一次　秀一番

一类是“秀”作为名词，起修饰、限定作用，与名词性模槽成分构成定中结构。例如：

秀场　秀服　秀味　秀约　秀男　秀档

“×秀”族新词语也可以分为两类，一类是“秀”作为名词，是被动词性模槽成分所支配的对象。例如：

作秀　选秀　看秀　爆秀

一类是“秀”也作为名词，但却是名词性、动词性、形容词性模槽成分所修饰、限定的对象，与模槽构成定中结构。例如：

名词性模槽成分：

泳装秀　个性秀　状元秀　宠物秀　宝贝秀　内衣秀

动词性模槽成分：

模仿秀　脱口秀　脱衣秀　传情秀

形容词性模槽成分：

浪漫秀　时尚秀　幸福秀　精彩秀

三音节动宾结构的“秀×”族词语和三音节定中结构的“×秀”族词语大多可以在结构上互相转换，转换后模标位置不同，语义重心也不同。例如：

秀生活/生活秀　秀时装/时装秀　秀个性/个性秀　秀文化/文化秀
秀婚纱/婚纱秀　秀浪漫/浪漫秀　秀时尚/时尚秀　秀幸福/幸福秀
秀美丽/美丽秀　秀精彩/精彩秀

3.“秀×”与“×秀”的语用特征

从表达角度看，“热×”与“×热”模标的位置不同，其语义有一定变化。在“秀×”中，“秀”大部分情况下是动词性用法，起支配作用；少数情况下是名词用法，起修饰、限定作用。在“×秀”中，“秀”则是名词性用法，充当动词性模槽成分所支配的对象或模槽成分所修饰、限定的对象。从能产度方面看，“秀×”与“×秀”在很多情况下可以逆序置换，因此它们都比较能产。从词汇化程度方面看，“秀×”与“×秀”族新词语多为临时性组合，因此它们的词汇化程度较低。从色彩角度看，由于模标“秀”的“展示、表演”一义出自英语，因此“秀×”与“×秀”族新词语都具有外来色彩。又由于用以记录“show”的汉字“秀”原有“生长；优异”等意思，因此，这两类词语在一般情况下都具有褒义或中性义，但一些词语也可用作贬义，如“作秀”可以指展示、宣传活动，也含有夸大其词和做表面文章的意思。

□ 小　结

1.如果从交际功能、表达效果方面来考察，词语模的“易位现象”与交际环境、对象、目的等因素密切相关，模标的位置不同，它所凸显的焦点就有所不同，并且在语义表达、风格色彩、感情态度、修辞效果等方面都可能存在着细微但重要的差别。

2.有些易位模的模标，其词汇意义完全相同，如“吧×”与“×吧”中的“吧”，但这类词语模各自所创造的新词语则可能有所不同，“吧×”族新词语既可以指人，也可以指物；“×吧”族新词语只可以指物。又如“明星×”与“×明星”中的“明星”，其词汇意义和词性都没有发生变化，但“明星×”的模标处于修饰语位置，既可以指人，也可以指物，如“明星脸、明星教师、明星营销员”、“明星村、明星城市、明星股票”等；而“×明星”的模标则处于中心语位置，一般指人，起初指称著名演员、运动员，现常泛指在某一方面出众的人，如“电视明星、文艺明星、体育明星、公关明星、抗癌明星、科技明星”等。

3.有些易位模的模标，其词汇意义会因为位置的不同而产生一定的变化，如“热×”中的“热”所指称的同类事物较多，表义比较细致，形成了具有一定相关性的多个义项；而“×热”中的“热”语义则比较单一，泛指“形成的某种热潮”。

第六章　当代汉语词语模个案研究

对当代汉语词语模的个案，学界已有不少研究成果，本章选取比较典型的词语模——语义虚化程度较高的“老×”，语义已经开始泛化进程的“大×”，以及在吸收外来语时对传统模式进行套用更新的“×客”，并对其进行多角度、多方位的分析，以求更深入地剖析当代汉语词语模现象。

第一节　宝刀不老的“老×”

在当代汉语词语模中，“老×”是语义虚化程度较高的、学术界较少有争议的、从古至今一直能够保持一定创造力的老牌词语模。虚化是汉语词汇发展过程中的一种重要的语言现象，汉语中的虚词大都与实词有着千丝万缕的联系，其形成大都经过了一个虚化的过程。汉语词缀的形成同样也经历了一个虚化的过程。词缀的形成是一个连续的动态的过程，汉语中有的词经历了由实词到虚词、由虚词到意义更空灵的词缀这样一个发展过程。在汉语词汇系统中，“老”既是一个具有实在词汇意义的词根，又是一个只能附加在词根上的不表示实在词汇意义的词缀，词语模“老×”指的是后一种情况。

一、古代汉语中的“老×”

“老”最初为具有实在意义的实词，本义为“年老，衰老”，《说文》：“老，考也。七十曰老。从人、毛、匕，须发变白也。”“老”可以用作形容词、名词、动词、副词，这一点古今没有变化。“老”字虚化为词头，六朝已有萌芽，成书于唐代的《晋书·郭奕传》中有“大丈夫岂当以老姊求名”之句，其中的“老姊”即“姐姐”，“老”在此还带有“年长”的意思，并未完全虚化。《晋书·石勒载记下》中有“孤往日厌卿老拳，卿亦饱孤毒手”之句，其中“老拳”意为“重拳”，与“毒手”相对，后有“饱以老拳”一词，此处的“老”意义进一步抽象，也未完全虚化。唐代以来，“老”作为一个词汇意义虚化程度相当高的构词成分，主要用于表示人、物的称谓语之中。

(一)加在名词前的“老”

根据王力先生的研究，词头“老”是由形容词的“老”逐渐虚化而成的，可用于人和动物两方面，这两种“老”字都产生于唐代。[①] 史存直先生也认为用于姓名前、亲属名称前、动物名称前的“老”都始自唐代。[②] 例如：

1.用于表示称谓的语素前

老兄——也要老兄定当。(唐·曹山本寂《抚州曹山元证禅师语录》)

老弟、老哥——那人见牛玉圃，唬了一跳，说道：“原来是老弟”。牛玉圃道：“原来是老哥”。(清·吴敬梓《儒林外史》第二十二回)

“老兄、老哥、老弟”用以称呼非亲属关系的人，具有亲近色彩。

老师——伯安入小学，颖悟非凡貌。属句有夙性，说字惊老师。(金·元好问《示侄孙伯安》)

老公——脚踏浮萍手拿空，劝你莫图它做老公，它毕竟是个鬼头风。(南宋·九山书会才人《张协状元》第二十七出)

老婆——什么好的，老婆是墙上的泥坯，去了一层又一层。(明·兰陵笑笑生《金瓶梅词话》第七十五回)

“老师”最初指“年老资深的学者”，后用以尊称传授文化、技术的人，现在泛指在某方面值得学习的人，具有敬重色彩。“老公”、“老婆”中的“老”，最初的含义也是“年老”，后来泛化为“丈夫”、“妻子”的俗称，具有亲昵色彩。这几个词中的“老”都由原先表示实在意义的语素逐步虚化为词缀。

值得一提的是，“老”与亲属称谓组合，还可以表示“排行最小”的意思。如：

老女儿——我那太公有个老女儿，年方二十岁，更不曾配人。(明·吴承恩《西游记》第十八回)

---

① 王力：《汉语史稿》，中华书局1980年版，第223—225页。

② 史存直：《汉语词汇史纲要》，华东师范大学出版社1989年版。

2.用于单音节姓氏前

老元——每被老元偷格律，苦教短李伏歌行。（唐·白居易《编集拙诗成一十五卷因题卷末戏赠元九、李二十》"老元"指元稹）

老包——包贵，宣城人，善画虎，名闻四远。世号老包也。（宋·郭若虚《图画见闻志》）

3.用于人名前

老坡——快读老坡秋望赋，大千风月一毫端。（宋·范成大《寄题永新张教授无尽藏》"老坡"指苏东坡。）

老可——老可能为竹写真，小坡今与石传神。（宋·苏轼《题过所画枯木竹石三首》"老可"指文与可）

4.用于动物名前

老鼠——大虫老鼠，俱为十二属。（唐·朱揆《谐噱录》）

老虎——老虎穴中卧，猎夫不敢窥。（宋·苏辙《湖阴曲》）

老鸹——众人笑道："这更奇了！天下老鸹一般黑，岂有两样的。"（清·曹雪芹《红楼梦》第五十七回）

(二)加在数词前的"老"

"老"出现于数词前，主要用于表示人的排行。如：

老三——纪老三满面春风，一团和气，就置酒相待。（明·凌蒙初《二刻拍案惊奇》）

老六——杨执中定睛看时，便是他第二个儿子杨老六。（清·吴敬梓《儒林外史》第十一回）

(三)加在形容词前的"老"

"老"出现于形容词之前，主要用于表达人物的绰号。如：

老悭——孝武狎侮群臣，随其状貌，各有比类，多须者谓之羊。颜师伯缺齿，号之曰齴。刘秀之俭吝，呼为老悭。（梁·沈约《宋书·王玄漠传》）

老伧——柳元景、垣护之并皆北人，而玄漠独受"老伧"之名。（梁·沈约《宋书·王玄漠传》）

老馋——老馋自觉笔力短，得一忘十真堪咍。（宋·陆游《剑南诗稿·戏咏乡里食物示邻曲》）

老饕——盖聚物之夭美，以养吾之老饕。（宋·苏轼《老饕赋》）

“悭”、“伧”、“馋”、“饕”都是形容词，“悭”意为“吝啬”，“老悭”指“悭吝的人”；“伧”意为“粗野，鄙陋”，“老伧”指“粗野的人”；“馋”意为“想吃、爱吃好的食物”，“老馋”指“嘴馋贪吃的人”；“饕”意为“贪婪”，“老饕”指“贪吃的人”。

以上的“老”，从字面上看犹如“很”或“特别”，对后面的形容词起程度修饰作用，但从语义结构上看，“老”后面的形容词应是“……的人”的简称，即名词性成分。此处的“老”程度意义不太明显，可以当作一个虚化程度不特别深的表示称谓的成分，它所蕴含的“以……为特征”的语义仍依稀可辨。

由此可见，“老”在上古时期是一个具有实在语素意义的形容词，六朝起“老”有了语法化迹象，但词义虚化程度不高，尚未摆脱其“年长”的语素义。六朝之后，“老”作为词缀运用较广，其语法化程度又进了一步，语素意义虚化的程度也较高，而且由它构成的词语内部已经分析不出结构关系。

二、现代汉语中的“老×”

“老”作为一个前缀，在现代汉语中与在古代汉语中的用法几乎没有什么区别。

(一)加在名词性成分前的“老”

1.用于表示称谓的语素前

“老”放在表示称谓的语素前，构成称谓语，如“老哥、老兄、老弟、老百姓”等。同古汉语用法一样，“老”可以加在亲属称谓前表示“排行最小”的意思，如“老姑、老叔、老儿子、老闺女、老妹子”等。

> 老儿子——老王太太的做靰鞡匠的老儿子，凭着耍手艺，积攒了一点私蓄，娶了一个小富农姑娘。兄弟娶亲了，哥哥还是跑腿子。老王太太成天惦念这件事。(周立波《暴风骤雨》)

2.用于单音节姓氏前

“老”放在单音节姓氏前，构成称谓语，语气比直呼姓名亲切，具有自然、亲近的语用色彩，如“老王、老李、老张、老刘”等。

> “老Q，”赵太爷怯怯的迎着低声的叫。“锵锵，”阿Q料不到他的名字会和“老”字联结起来，以为是一句别的话，与己无干，只是唱。“得，锵，锵令锵，锵！”(鲁迅《阿Q正传》)

3.用于动物名前

“老”用于动物名前，构成对动物的称呼，具有惧怕、厌恶的语用色彩，如“老虎、老鼠、老鹰、老鸦、老雕”等。

老鹰——行人们，有的见了鬼似的乱跑，有的扬着脸把一只老鹰误认作飞机，热心的看着。（老舍《蜕》）

从总体上看，现代汉语“老×”词语大多与古汉语相同，新创造的词语或产生了新义的词语较为少见，如：①

老八路——在解放战争时期，王老得了个称号叫“老八路”。按理说，王老是1943年参军的，不管是资历还是年龄，当时都谈不上老，那为什么还会得一个“老八路”的称号呢？（南宁电视台2009年7月30日）

“老八路”是人民群众对共产党领导的抗日战争时期武装部队八路军和其他武装部队指战员的尊称。

老三篇——“文革”时几乎人人都得背“老三篇”，即使到今天，30多年过去了，我差不多还能从头到尾背下来呢。（《大学人文》第1辑，广西师范大学2004年版）

“老三篇”是20世纪60年代和“文化大革命”时期用语，毛泽东《为人民服务》、《纪念白求恩》、《愚公移山》三篇文章的合称。

老五篇——从识字始，不论是学校发的课本，还是课外阅读的书籍，主调都是一个，就是领袖的思想。从《毛主席语录》、“老三篇”、“老五篇”，到《毛泽东选集》四卷，以及“文革”中流传的毛泽东正式出版的著作《毛泽东思想万岁》，都是最先接受的基本信息。（丁冬《共和国阅读史：从主流到非主流》，《南方都市报》2009年12月20日）

“老五篇”是“文化大革命”时期用语，毛泽东《为人民服务》、《纪念白求恩》、《愚公移山》、《反对自由主义》、《关于纠正党内的错误思想》五篇文章的合称。

老乡——解放军478医院4名眼科专家再次参加在我国开展的最大防盲行动——“视觉第一中国行动”医疗队，从昆明出发前往新平彝族傣族自治县贫困山区，为当地老乡免费实施白内障复明手术。（《云南信息报》2008年10月23日）

老百姓——瓮安事件：请老百姓讲实话　为老百姓办实事（新华网2008年7月11日）

“老乡”指：①同乡；②八路军、解放军对农民的亲切称呼。“老百姓”指：①人民；②居民（区别于军人和政府工作人员）。两例中的义项②都是新产

---

① 这几例均见于李行健，曹聪孙，云景魁主编：《新词新语词典》（增订本），语文出版社1993年版。

生的。

(二)加在数词前的“老”

能与“老”组合的数词限于二到十,表示排行。“老”加在“大”前表示排行第一,加在“幺”前表示排行最末。如“老大、老二、老三、老幺”等。这一时期产生了一个具有时代色彩和轻蔑色彩的词语:

老九——梁漱溟先生“文革”打油诗:十儒九丐古时有,而今又名臭老九。古之老九犹叫人,今之老九不如狗。专政全凭知识无,反动皆因知识有。倘若马列生今世,也需揪出满街走。(百度百科)

“老九”指知识分子,“文化大革命”时期用语。知识分子属于专政对象,居于地主、富农、反革命、坏分子、右派、叛徒、特务、走资本主义道路的当权派之后,位列第九,也作“臭老九”。

(三)加在形容词前的“老”

“老”加形容词,构成名词,表示人物的特征。如“老土、老粗、老蔫儿”等。

虽然因不爱说话而得了“老蔫儿”的绰号,他可是个大高个子,浑身是胆。(老舍《无名高地有了名》)

三、当代汉语词语模“老×”的特点

与古代汉语、现代汉语中的“老×”相比,当代汉语中的“老×”在语法意义、色彩意义以及所构成的词语等方面都呈现出新的特点,下面具体分析。

(一)模标“老”的语法意义产生了新变化

语法意义指语言单位与语言单位之间在组合中所形成的各种关系意义以及语言单位与客观现实之间形成的各种关系意义。“老”作为一个老牌词缀,在当代汉语这一新时期里可谓宝刀未老,其组合能力、搭配的对象比过去更广,显示出一定的创造能力。

与古代汉语、现代汉语中的前缀“老”相比,当代汉语词语模模标“老”的用法已经发生了一些变化,分析如下。

1. 老+名词性简缩成分,表示“某一种或某一类人或事物”

(1)表示“某一种或某一类人”

老+职业、职务的简缩形式:

老记(记者)——三个老记一台戏 中国记者节戏曲演唱会在京举行(中国新闻网 2008 年 11 月 6 日)

老总(尊称有总工程师、总编辑、总经理等头衔的人)——“企业老总任第一书记”，是岳阳市君山区开展解放思想，率先探索的一条村企和谐共建党组织新模式。（中国新闻网 2008 年 9 月 10 日）

老便（便衣警察）——他，是 4 次荣立一、二、三等功的全国优秀特级人民警察胡雪林，江苏警界有名的反扒高手，声名威震沪宁线的镇江神探，扒手眼里的厉害“老便”。（《法制日报》2007 年 7 月 5 日）。

老编（编辑）——温家宝答华文媒体“老编”：我只能做好不能做坏（中国新闻网 2008 年 9 月 25 日）

老班（班主任）——“老班”不老，甚至算得上年轻，时间似乎格外眷顾她，从刚开学的相识到现在的即将毕业，“老班”的脸依旧是那样……可爱。之所以叫她“老班”，也不过是个亲切的称呼罢了。（学乐中国网 2009 年 5 月 15 日）

老＋地域的简缩形式：

老外（外国人；外行）——一年一度的全国“两会”即将来临，中央电视台经济频道国际组，将携手多方力量倾力打造两会特别报道：“老外看两会”。我们将以独特的视角、独家的观察、独到的见解，聚焦两会热点问题。（新浪网，2007 年 3 月 2 日）

老美（美国人）——加拿大跃居世界上最适合居住的国家　比老美富有（出国移民网 2009 年 6 月 29 日）

老欧（欧洲人）——丰田作为日本汽车老大，多年来一直苦心经营，总算保住了世界五大巨头之一的席位。眼看着自己的同胞铃木、三菱、五十铃、富士、日产、马自达一个个被老美、老欧“侵蚀”，他当然不能坐以待毙。（中国汽车新网 2000 年 8 月 24 日）

老港（香港人）——老港的“老广”生活（金羊网 2007 年 6 月 26 日）

老广（广东人）——广东业界力挺沪港迪士尼　老广乐享两地“迪趣”（中国新闻网 2009 年 11 月 4 日）

老＋亲属称谓，构成对亲人、朋友、熟人的称谓语：

老爸——老爸退休前，是沈阳药科大学的教授，挥洒三尺讲坛 50 年，堪称“桃李满天下”。可是，老爸从来都不是“两耳不闻窗外事”的书呆子。他生性开朗好动，争强好胜，自幼就是个体育迷，尤其钟爱绿茵大战。（沈为《我的球迷老爸》，《人民日报海外版》2002 年 1 月 23 日）

老妈——女儿有时喊我老妈，有一天我就开玩笑地跟她说：“你不要老是叫我老妈，老妈的，都把我给叫老了！”“那还不是等我长大了，你就变成老妈了，”女儿说，“嗯，是的，等你长大了再叫吧！”我说，过了一会儿，女儿又来一句“老妈，哦，不对，等下又说把你叫老了，那就叫年轻老妈！”（肖安琪《年轻“老妈”》，安康家园 2009 年 1 月 4 日）

这一类型又如“老舅、老姐”等。

老＋外国人姓氏的简缩形式，多指外国名人：

老马（马克思）——有人说，有批判精神的年轻人必须走过那段和马克思搏斗的道路。但对我来说，阅读马克思不只是成长过程中的浪漫，然后在融入现实社会后就把他扬弃。我相信，在老马结合着热情与冷静的铿锵文字中，你永远可以学到战斗的力量。（张铁志《寻找马克思》，《南方周末》2009 年 7 月 13 日）

老柴（柴可夫斯基）——柴可夫斯基音乐会爆满　“老柴”成了圣诞老人（《华商报》2002 年 12 月 26 日）

老叶（叶利钦）——叶利钦生前对于中国感情深厚。不少俄罗斯媒体在报道时，经常提及他与江泽民之间深厚的个人友谊，以及不少中国人都称这位首任俄罗斯总统为“老叶”。（中国新闻网 2007 年 4 月 26 日）

老克（克林顿）——克林顿抵达郑州参观演讲　商界精英争会老克（《郑州晚报》2005 年 9 月 8 日）

老奥（奥巴马）——福布斯 2009 年最有权力人物排行榜，胡主席全球第二，老奥第一（bbs. hefeiwomen. com2009 年 12 月 14 日）

老＋疾病名称的简缩形式：

老癌（癌症患者或患癌症时间较长的人，也可以指癌症）——“这些被医院判了死刑的老癌们，凭着坚强的信念和乐观的精神练郭林气功，2 年，5 年，8 年，不都活得好好的！”（蒋忠民、凌杰《微笑着送走死神》，抗癌在线 2006 年 3 月 21 日）

老肝（肝病患者或肝病）——某厂销售部人来人往，小高生怕别人随便用他的杯子喝水，便在杯盖上贴一标签，上书“我是肝炎患者”。一日，小高出去办事，回来刚进办公室，正见一客户端起他的杯子喝水。这位客户向小高微笑致歉道：“对不起。不过我喝了不碍事，我也是‘老肝’。”（《健康时报》2003 年 11 月 20 日）

(2)表示“某一类事物”

老＋事物名称的简缩形式：

老莫（莫斯科餐厅）——“1954 · 莫斯科餐厅”，曾经是中国最神圣的红色西餐厅，吸引过无数艳羡的目光，被当时的干部子弟们亲切地称为“老莫”——这称呼就像招呼一个高贵而亲近的朋友，不经意间流露出一种特殊的骄傲和自满。（新浪网 2004 年 10 月 14 日）

老迪（戏称迪斯科舞）——DISCO，中文音译是“迪斯科”，各地有不同的俗称，南京人带点怜爱和亲切地称：老迪。（李强《DJ 论道》福建人民出版社 2005 年版）

老＋单位性质的简缩形式：

老乡（乡镇企业）——浦东企业家协会组团赴江阴市取经“老大”出门向“老乡”学习（维普资讯网 1994 年 1 月 12 日）

老公（公家的；公有制性质的）——一些不法分子为了偷逃车辆营业税和使用税，纷纷找门路嫁“老公”，私车挂起公家车牌照，致使国家税收大量流失。（《中国青年报》1997 年 8 月 12 日）

老个（个体私营者）——因为在当时，人们眼里的个体户就是俗称的“老个”，是社会的坏分子，不务正业，专干投机倒把生意。（《云南信息报》2008 年 10 月 29 日）

老三（第三产业或三资企业）——国营大中型企业与“老乡”“老三”活力比较：为什么全民所有制大中型企业活力不足，而乡镇企业和三资企业却有活力？（郑金条《国营大中型企业与”老乡”“老三”活动比较》，《国内外经济管理》1991 年第 10 期）

这一类型又如“老国（国营企业）、老民（民营企业）、老私（私营企业）”等。

2. 老＋动词性简缩成分，表示具有某种特征的一类人

老＋特殊经历或特殊职业的简缩形式：

老插（“文化大革命”期间上山下乡的知识青年）——报载北京开了个“老插酒家”，惹得一批“插兄”、“插姐”大为动情，携儿带女，来此重温那段“峥嵘岁月”。（云南旅游网 2010 年 1 月 4 日）

老推（长期从事农业技术推广工作的人）——不知什么时候，搞农业技术推广工作的人有了个大号叫“老推”。这个土里土气的名称很符合他们的工作。（宋连斌《农技推广急待解决的问题——“老推”心态扫描》，《农机推广与安全》1994 年第 2 期）

老包（承包人）——福建浙江 10 家“老包”呼吁延长承包轨道（高嵩山《福建浙江 10 家“老包”呼吁延长承包轨道》，《生产力之声》1994 年第 6 期）

老倒（从事商品倒买倒卖的人）——几天的疯狂采购下来，胡君和团里的一些老倒混得特铁，这些老外也暗自高兴这次能碰上一个对中国市场如此精通的陪同，他领的地方不但商品对他们的口味，而且都是些外国人还

未大量涌入的市场，想买的东西价格也便宜得多。（何学林《创业大策划》，中国工人出版社2006年版）

3.老＋形容词性简缩成分，表示具有某种特征的一类人

老＋行为特征的简缩形式：

老抠（抠门的人）——“老抠”是我的朋友，很抠。确切地说，是很会算计。（张晓晖《“老抠”趣事》，凌通价值投资网2009年10月23日）

老左（思想守旧，性情固执，遇事不肯变通的人）——老百姓使用老左的传统话语，并不是要退回去，而是对改革中利益分配满意。不能用极少数人的极左话语，掩盖老百姓的正当利益诉求。（杨帆《完整准确理解“坚持改革”的思想》，《中国改革论坛》2006年3月19日）

4.老＋数词，表示排行（限于二到十）

老＋数词，除了可以表示“兄弟姐妹的排行”之外，在当代汉语中，还可以在排行前面加上“千年”用来表示运动员在体育比赛中名次的排行或其他方面的排行，这是当代汉语中才出现的用法。例如：

特拉梅尔是刘翔最主要的对手之一，职业生涯最好成绩是悉尼和雅典奥运会银牌，2006年和2007年世锦赛上也两度摘银。因为总在世界大赛中获得第二名，他因此获得了“千年老二”的称呼。（http://sports.sina.com.cn 2009年2月9日）

中国古典式摔跤不可谓没有实力，此前参加奥运会夺得第三名就说明了这点。只是在诸多强队面前，摔跤运动普及程度不高的中国，难免有些“既生瑜何生亮”的落寞和无奈。以至于最好成绩多年来没有突破，“千年老三”的帽子一直没有摘掉。而以“黑马”姿态杀进决赛的常永祥，银牌的成绩超越曾经在1992年至2000年间三届奥运会上连续获得铜牌的盛泽田，不仅摘掉了中国在此项目上“千年老三”的帽子，自己也成为中国古典式摔跤创历史的人。（《齐鲁晚报》2008年8月14日）

来自中国汽车工业协会的统计数字表明，今年前两个月，长安集团的总体汽车销量已经超过东风集团，跻身行业“三甲”，而它的增长速度则排名第二。据了解，今年1月份是自2004年以来，长安汽车单月销量首次超过东风汽车。在此之前，长安汽车因销量长期低于上汽、一汽、东风，被业内戏称为“千年老四”。（http://auto.sohu.com/2009年3月4日）

夏普以42.6%的市场份额位居第一，但与去年8月同期45.1%的市场占有率相比，其垄断化优势有所削弱；东芝则由去年同期10%的市场份额，跃居到今年8月的16.5%；松下则由去年同期的18.1%，下降到了今

年的15.5%;索尼由去年的15.6%下降到今年的14.4%,位居第四位;日立则由去年同期的3.9%,下降了0.1个百分点,仍然占据着"千年老五"的位次。(《中国企业报》2009年9月12日)

可见,从语法意义角度看,"老"有了新的突破。首先,传统词缀"老"只能出现在名词、数词、形容词前面,现在则可以出现在动词前面,如"老插、老推、老倒"等。第二,过去能够进入模槽的成分相对比较少,现在则变得复杂多样,如"老+职业的简缩形式"、"老+疾病名称的简缩形式"、"老+单位性质的简缩形式"等组合都是当代汉语中所特有的。第三,除"老+亲属称谓"这一格式构成的"老爸、老妈"等外,当代的"老",其模槽成分往往是一个词或短语的简缩形式,如"老倒"的"倒",取自短语"从事商品倒买倒卖的人"。下面再用表格加以说明。

表 6-1

"老"的用法		示例		
		古代汉语	现代汉语	当代汉语
加在名词前	老+表称谓的语素	老弟　老师	老哥　老百姓	老爸　老姐
	老+姓氏	老元　老包	老王　老李	老克　老奥
	老+人名	老坡　老可		
	老+动物名	老鼠　老虎	老鹰　老雕	
	老+人的排行	老三　老六	老大　老幺	(千年)老×
	老+物的排行			(千年)老×
	老+职业的简缩形式			老记　老编
	老+地域的简缩形式			老外　老美
	老+疾病名称的简缩形式			老癌　老肝
	老+事物名称的简缩形式			老奖　老迪
	老+单位性质的简缩形式			老国　老民
加在形容词前	老+行为特征的简缩形式	老悭　老伧	老土　老粗	老抠　老左
加在动词前	老+特殊经历的简缩形式			老插　老下
	老+特殊职业的简缩形式			老包　老倒

(二)模标"老"的色彩意义更加丰富

色彩意义主要包括感情色彩、语体色彩、形象色彩、地域色彩、时代色彩和社会文化色彩等等，比如感情色彩传达出人们对客观事物或现象的主观评价和态度，有褒义色彩、贬义色彩和中性色彩之分；语体色彩主要根据词语是否经常在特定的文体或交际环境中出现，有口语色彩和书面语色彩之分；形象色彩主要指那些反映具体事物形象状态的词语，如声音、形貌、感觉等；文化色彩是指那些负载着民族文化含义的词语。

从色彩意义角度看，传统的词缀“老”比较单纯，在口语中一般置于单音姓氏前，用作称呼，表示“亲近”、“亲切”的色彩，如“老王、老李、老张”等。“老总”是旧时对一般军人和警察的称呼，有一定的“畏惧”色彩，但在新中国成立后多用于尊称中国人民解放军的某些高级领导人（多和姓连用，如称呼朱德为“朱老总”），有明显的“尊敬”色彩。在当代汉语中，“老”仍然保持着浓烈的口语色彩，常见的是表示“亲近”、“亲切”的色彩，如“老爸、老妈、老便（便衣警察）、老编（编辑）、老记（记者）、老班（班主任）”等；也有的表示“尊敬”色彩，如“老总”是对有总工程师、总编辑、总经理等头衔的人的尊称。除此之外，又增加了“诙谐”、“戏谑”等新的色彩意义。例如：

老抠：吝啬鬼的戏称。

老左：对那些思想守旧，性情固执，遇事不肯变通的人的戏称。

老插：对“文化大革命”期间上山下乡的知识青年的谑称。

老国：对国有企业的谑称。

老民：对民营企业的谑称。

老外：对外国人的谑称。

老叶：对俄罗斯总统叶利钦的谑称。

老癌：对癌症、癌症患者或久患癌病的人的谑称。

当代的“老”的这种“亲近、亲切”、“诙谐、戏谑”的色彩意义，使得“老×”族词语不能用于特别庄重、正式的场合，一般用于口语语体和非正式场合，具有很强的表现力和临时性特征。同时，这种色彩意义也灵敏地反映出时代的变迁、社会的进步、人们的社交心态和交往关系的变化，例如“老爸、老妈”反映出平等、自由的家庭关系；“老外、老叶”反映出开放、友好地对待外国人的态度；“老倒、老癌”反映出调侃、戏谑的潇洒心态，等等。

（三）“老×”所生成词语的特点

1.“老×”所生成词语具有即兴性和非固定性

传统的词缀“老”生成的词语具有比较明显的封闭性。例如，用于表示动物的名称，只有“老虎、老鼠、老鹰、老雕”等几种动物；表示兄弟的排行，则限于二到十。

当代的“老×”生成的词语大多数是随机的、即兴的，还处于由不稳定到半稳定到稳定的状态之中，是否能够成为定型的词语，还有待于语用主体的筛选。上文所列“老×”族新词语，有的整个词语尚未被词典收录(占多数)，有的整个词语虽然已被收录但有些新意义或新义项尚未被收录。例如：

老外：①外行。②外国人(含诙谐义)。③外资企业。

“老外”是个新词语，《现代汉语词典》第5版未收义项③；《新华新词语词典》则收录了上述三个义项。

老记：记者的谑称。

“老记”是个新词语，最早见于港台地区，《现代汉语词典》第5版未收录；《新华新词语词典》已收录。

老大：①排行第一的人。②木船上主要的船夫，也泛指船夫。③某些帮会或黑社会团伙对首领的称呼。④对国有企业的谑称。

“老大”义项④《现代汉语词典》第5版未收录。

老公1：丈夫。
老公2：公家，公有制。
老乡1：①同乡。②对不知姓名的农民的称呼。
老乡2：乡镇企业。

老公2和老乡2《现代汉语词典》第5版均未录。

老总：①旧时对一般军人和警察的称呼。②对中国人民解放军的某些高级领导人(多和姓连用)的尊称。③对有总工程师、总编辑、总经理等头衔的人的尊称。

“老总”义项③《现代汉语词典》第5版和《新华新词语词典》均已收录。

造成上述现象的主要原因，一是语用主体对语用效果的考虑；二是这类词语本身所具有的口语色彩的制约；三是当代汉语词语模结构的开放性。正如张小平(2008)所分析的那样，“一般来说，因为这些新词既不是出于给对应事物命名，也不是出于经济目的，而是为了使表达生动活泼，且多用于口语中；它们大都有正统的词语对应着，在这些正统词语的排斥、挤压下，它们作为正规的词被固定到现代汉语词汇系统内也许还需经过一段很长的历程”。[①]

① 张小平：《当代汉语词汇发展变化研究》，齐鲁书社2008年版，第115页。

2."老×"族词语形式与意义的关系不再简单地一一对应

从"老×"所创造词语的整体词汇意义来看,传统的"老×"族词语,其语音形式与意义内容之间基本上是一一对应的,即一形一义,如"老鼠"是"鼠的通称(多指家鼠)";"老兄"是"男性的朋友或熟人相互间的尊称";"老幺"指"排行最末的人",等等。一形多义的只有"老大":①指排行第一的人;②指木船上主要的船夫,也泛指船夫。

当代的"老×"族词语的语音形式与意义内容之间的关系有所发展,趋于多样。词语的搭配组合本质上是意义的选择和组合,新的意义选择必定带来新的搭配组合,分析如下。

(1)一形一义

这类词语的语音形式一般只对应一个义项,大多数"老×"族词语都属于这一类,如"老编(编辑)、老下(下岗工人)、老欧(欧洲人)、老国(国有企业)"等。

(2)一形多义

这类词语的语音形式一般对应两个或两个以上的义项,几个义项之间有一定的联系。也就是利用固有词语来表达另一个与原词语所表达的概念相关的概念。例如:

"老外'有三个义项:①外行。②外国人。③外资企业。"外"的基本义是跟"内"、"里"相对的方位,"外行"可对"内行";"外国人"、"外资企业"都是在基本义基础上的引申推演。

"老大"有四个义项:①排行第一的人。②木船上主要的船夫,也泛指船夫。③某些帮会或黑社会团伙对首领的称呼。④对国有企业的谑称。"大"在四个义项中都是"排行第一"的意思,其中义项③和义项④都是随着社会的发展而新增加的。值得注意的是,在义项增加的同时,"老大"的指称范围也由原来的"指人",扩大为可以"指物"。"老二"也是同样的情况:①兄弟中的排行。②体育比赛名次的排行。③其他方面的排行。

这种指称范围的扩大比较普遍,比如传统的"老×"族词语在指称人时,主要用于单音姓氏、某些亲属称谓语、表示兄弟的排行、表达某些人物的特征等方面,如"老李、老王、老兄、老弟、老大、老三、老土、老粗"等;当代的"老×"族词语则主要用于从不同角度指称某一种人或某一类人,如"老左、老记、老便、老包、老推、老票、老下、老外、老美、老马"等。再比如传统的"老×"族词语除指称一些动物外,是不能指称事物的;当代的"老×"族词语则可以指称事物,如表示某一种或某一类事物的"老奖、老迪、老国、老民、老私"等。

(3)同形异义

这类词语是语音形式相同但意义之间没有联系的一组词,也就是利用固有词语来表达另一个与原词语所表达的概念不相关的概念。例如：

老三 1：①排行第三。②第三产业。

老三 2：三资企业。

老公 1：丈夫。

老公 2：公家或公家的。

老乡 1：①同乡。②对不知姓名的农民的称呼。

老乡 2：乡镇企业。

此处的每一组词都属于同形异义词，与上文所述的一形多义现象不同。

□ 小　结

当代汉语词语模“老×”是语义虚化程度较高的、从古至今一直能够保持一定创造力的老牌词语模，创造了一批具有特殊情采的新词语。“老×”创造的词语，古今比较一致的特征是都属于称谓语，不同之处主要体现在：

1. 从语法意义角度看，当代汉语词语模的模标“老”有了新的突破。首先，传统词缀“老”只能出现在名词、数词、形容词前面，当代则可以出现在动词前面，如“老插、老下、老倒”等。第二，过去能够进入模槽的成分相对比较少，现在则变得复杂多样，出现了一些新的组合形式，如“老＋疾病名称的简缩形式”等。第三，当代的“老×”，其模槽成分往往是一个词或短语的简缩形式，如“老国”是“国有企业”的简称。

2. 从色彩意义角度看，传统的词缀“老”比较单纯，可以表示“亲近”、“亲切”、“畏惧”、“尊敬”等色彩。在当代汉语中，“老”仍然保持着浓烈的口语色彩，除主要表示“亲近”、“亲切”、“尊敬”等色彩外，又增加了“诙谐”、“戏谑”等新的色彩，如“老癌”等。

3. 从“老×”所生成词语的特点看，首先，传统的“老×”生成的词语具有比较明显的封闭性；当代的“老×”生成的词语大多数是随机的、即兴的，还处于由不稳定到半稳定到稳定的状态之中，是否能够成为定型的词语，还有待于语用主体的筛选。第二，传统的“老×”族词语，其语音形式与意义内容之间基本上是一一对应的，即一形一义，一形多义的较为少见；当代的“老×”族词语的语音形式与意义内容之间的关系则有所发展，趋于多样，如一形一义、一形多义、同形异义等。

第二节 大而有当的“大×”

词语模“大×”是一个比较能产的构式，从古至今，“大×”在不同历史时期创造了许多词语，在当代汉语中也十分活跃，“大×”创造的新词语如：

大敌 大法 大龄 大牌 大盘 大片 大墙 大案 大巴 大餐
大球 大修 大奖 大款 大腕 大气 大潮 大动脉 大杂烩
大环境 大同乡 大五金 大工业 大农业 大市场 大科学 大粮食
大旅游 大卫生 大水利 大文化 大市场 大排行 大政工 大流通
大卫生 大社会 大处方 大教育 大经济 大科技 大智慧 大生活
大撒把 大卖血 大跳水 大跳楼

与古代汉语相比，当代汉语“大×”族新词语呈现出不同的特点，出现了语义泛化的用法，但仍然可以说是“大而有当”。下面从“大”的词汇意义、色彩意义、语法意义以及“大×”生成的词语等方面探讨当代汉语词语模“大×”的特点。

一、模标“大”的词汇意义部分已经开始泛化

“大”的甲骨文是个象形字，像人的正面轮廓形象，有手有脚。《说文》解释：“大，天大，地大，人亦大。故大象人形。古文大(他达切)也。凡大之属皆从大。”其本义与“小”相对，《说文》：“凡小之属皆从小。”

“大”用以形容体积、面积、数量、力量、规模、程度等方面超过一般或超过所比较的对象。如：

大饥——五穀不升为大饥。(《穀梁传·襄公二十四年》，大饥指大饥荒；严重的饥荒)

大宗——为人后者孰后？后大宗也。曷为后大宗？大宗者，尊之统也。(《仪礼·丧服》，“大宗”与“小宗”相对，指宗法社会的嫡系长房)

大事——故临崩寄臣以大事也。(诸葛亮《出师表》，大事指重大的事件；重要的事情)

大志——陶公少有大志，家酷贫，与母湛氏同居。(《世说新语·贤缓》，大志指超过一般的志向。)

大匠——大匠不为拙工改废绳墨。(《孟子·尽心上》，大匠指造诣高的人。)

大有——与人同者，物必归焉，故受之以大有。（《易·序卦》，大有：所有者大，所有者多也。）

大浸——大浸稽天而不溺，大旱金石流土山焦而不热。（《庄子·内篇·逍遥游》，大浸指大水）

大谏——犹之未远，是用大諫。（《诗·大雅·板》，大谏指竭力规劝。孔颖达疏：言大諫，谓其諫之深）

大白——潜休隐德见称於圣主，而大白於四方。（方孝孺《宋氏为善堂记》，大白指完全显露，彻底明白）

大有起色——皖省惟英、霍有零贼，余亦肃清，南中军务，大有起色。（张集馨《道咸宦海见闻录》，大有起色指明显地出现好转的样子，多指涣散的工作或较重的疾病）

大显身手——他三人辞了师父，在城外大显神通。（吴承恩《西游记》第八十九回，大显神通指充分显示出高明的本领）

在当代汉语"大×"构式中，"大"的语义呈现出两种不同的情况。

（一）"大"所构成的新词语能够与"小"形成对应，"大"的语义比较实在

与古代汉语相同，当代汉语"大×"构式中的"大"，其基本义也是"在体积、面积、数量、力量、强度等方面超过一般或超过所比较的对象，与'小'相对"，语义比较实在。例如：

大巴：大型轿车——小巴：小型轿车

大球：足球、篮球、排球等球类项目——小球：乒乓球、网球、羽毛球等球类项目

大环境：总体环境和条件——小环境：周围局部的环境和条件

大同乡：籍贯跟自己是同一个省份的人——小同乡：籍贯是同一县或同一村的人

大修：对房屋、机器、车船等进行全面彻底的检修——小修：对房屋、机器、车船等进行一般的小规模的检修

（二）"大"所构成的新词语不能与"小"形成对应，"大"的语义趋于抽象概括

此种情况又分两种类型：

一类是无法衡量"大"是否"在体积、面积、数量、力量、强度等方面超过一半"，甚至无法确定所比较的对象。例如"大款"指很有钱的人，但拥有多少钱才可以算作"大款"？"大牌"指某一领域内名气大、实力强的人，但具有多大名气、多少实力才可以算作"大牌"？这些都没有一个相对明确的衡量标准。再比如：

“大龄”之“大”指的是“超出某种年龄标准”；“大盘”之“大”指的是“证券市场交易的整体行情”；“大片”之“大”指的是“资金投入大、演员队伍强、制作手段先进、票房收入高”；“大赛”之“大”指的是“大型、级别较高”；“大开端、大结局”之“大”是一种表示强调或总括的用法；“大曝光”之“大”指“彻底地；无所顾忌地”；“大协作”之“大”指“大范围地”；“大包干”之“大”指“全面地”，这些“大”都没有与之对应的“小”，语义比较抽象概括。例如：

大款——男子白天冒充大款　晚上变身撬车大盗(《钱江晚报》2010年1月4日)

大龄——“大龄”人员实现再就业，除了自身要转变观念、不挑不拣、自强自立、提高自身素质外，用人单位也请转变观念。(《江阴日报》2009年5月21日)

大牌——在对墨西哥时，他还果断地将“大牌球星”鲁梅尼格换下场，扭转了战局，这都是贝肯鲍尔领兵的胆略。(《足球报》1986年6月29日)

大盘——美国股市周二收盘上涨　消费者信心指数推动大盘全线走高(金汇网2009年5月27日)

大赛——中央电视台主办的第12届中央电视台青年电视歌手大奖赛，目前已经进入启动阶段。(《新闻晚报》2006年2月17日)

大片——夏日“影”战　国产影片对抗多部美国大片(雅虎2005年5月27日)

大曝光——大曝光　解析汽修行业的“10大黑幕”(http://www.ic37.com 2007年8月3日)

大包干——北京铁路分局在大包干中加强了科学管理，安全生产持续稳定，截止到17日，实现安全生产500天。(《人民日报》1988年5月20日)

另一类“大”的语义已经发生了偏离或增殖，“大”具有了“广义的”、“宏观的”、“综合性的”等意义，必须从宏观方面加以考虑，甚至可以说必须从观念或理念的角度才能理解“大”的意义。这里所指的“大”已经开始了虚化的进程。例如“大农业”，它并不能等同于传统意义上的“大农业”——“农、林、牧、副、渔”五业，而是指一种观念：开拓可资利用的资源范围，推进生物资源的循环利用，实现农业生产的效益最大化与危害最小化，达到生产和环境保护相容的理想状态，从根本上降低经济活动对环境的破坏，保护并改善农业生态环境，实现经济的可持续发展，形成一个良性运转的农业“产业链”、“产业网”。显而易见，此处的“大”，其语义范围远远超出传统意义，已经涵盖了农业生产的流程、农业资源的开发与利用、农业生态环境的保护与发展等多方面的内容。再如：

大科学——正在举行的中外大学校长论坛上，中国科学院院士、中国科学技术大学校长朱清时就引起激烈争议的“大科学”项目作出回应：中国还是要做“大科学”。（东方网 2004 年 8 月 10 日）

“大科学”有两个义项：①指大科学研究（Big Science，Megascience，Large Science），特点是投资强度大、多学科交叉、需要昂贵而且复杂的实验设备、研究目标宏大。②指大科学大技术观念，即从系统的整体性观念出发，立足于哲学高度，将科学和技术置于自然界、人类社会和思维的大范围去考察、认识和研究。认为科学和技术不仅是人类的一种认识活动，同时也是一种不可忽视的社会现象，是社会这一大系统中的一个重要因素。

大粮食——大粮食的发展思路就是在有效利用传统农业资源的基础上，积极寻找开发利用新的生物资源，从而在食物需要的不断满足、生态环境的积极保护与粮食安全成本的有效降低之间实现动态的平衡。（《世界环境杂志》2008 年 10 月 14 日）

“大粮食”指对粮食的整个生产体系、生产过程、生产工具、土地与环境资源、存储运销、食用、使用、安全等诸方面要素进行通盘考虑和整体掌控，按照社会分工，各司其职，各负其责，确保有效供给和可持续发展，进而为国家民族的安定团结和国际秩序的平稳友好提供坚实基础与可靠保障。

大旅游——近年来，文登市委、市政府提出“大旅游、大产业、大市场”的战略构想，围绕文登“山、海、泉、城”的资源优势，以打造“金色海岸、温泉之都、李龙故里、进士之乡”等城市名片为目标，高起点规划，精品化建设，一体化促销，走出一条具有地方特色的旅游业发展之路。（《威海日报》2009 年 10 月 22 日）

“大旅游”指将国际与国内两个市场有机结合、互补互促，将省、市、县内的旅游景点、旅游项目开发、文化产业、重点工农产业、城市建设等逐步向旅游通道聚集。

大水利——即墨：坚持科学发展观　建设和谐大水利（青岛新闻网 2007 年 4 月 2 日）

“大水利”指“跳出农业干水利，面向全局求发展”的水利工作新思路和新举措。与传统水利重在工程本身建设，着眼解决农业灌溉、防洪、排涝不同，现代水利则全面关注制约经济社会发展的各类水问题，力求做到水利工程建设与保护水资源、改善水环境同步。

大教育——坚持开放性办学思想　构建大教育网络体系（立新在线

2003年9月29日)

"大教育"指社会化、科学化、产业化、系统化的教育。

大卫生——作为优质医疗资源相对集中的首都北京，其医疗卫生发展不能孤立于经济、文化等领域之外。鉴于此，北京市政府认为发展卫生事业应树立"大卫生"的观念，在"大"的基础上，还必须体现高水平。(健康报网2009年1月7日)

"大卫生"指实行职能有机统一的大部门卫生行政管理体制。

大色彩——中国流行色协会力推大色彩战略(中国服装财富网2007年10月8日)

"大色彩"指通过色彩的运用发挥人的创作潜能，并将色彩的视觉影响与创造理念切实地与产业经济结合起来，形成产业的影响力、品牌的竞争力、财富的创造力。

在第二种情况中，"大×"中的"大"已经发展出较为抽象概括的语义，一般也没有与之对应的"小"，也就是说，此处的"大×"所创造出来的新词语的整体语义已经不再能通过组成成分的语义和结构规则推测出来。虽然这些新词语的词汇化程度比较低，但人们显然是把它们作为一个整体概念去理解运用的，"大"表示的是一种高度抽象概括性质的意义，"大"与模槽成分之间一般也不会插入其他成分。这类词语已经不限于个例，而是一种常见的现象，如"大文化、大市场、大排行、大政工、大流通、大社会、大处方、大经济、大科技、大智慧、大生活"等新词语中的"大"，都呈现出逐渐虚化的态势，其语义范围都必须从宏观上去理解把握。

二、模标"大"的色彩意义有所增生

古汉语中"大"的色彩意义并不明显，"大手笔"①用以称赞著名作家、作品或称誉笔力雄健之作，有褒扬色彩。当代汉语"大×"中的"大"，从色彩意义角度看，"强化、夸饰"等色彩比较明显。例如：

大卖血——新辽足换血之前先大卖血　六大主力将遭无情甩卖(搜狐体育2006年12月12日)

大割肉——散户上周"大割肉"抄底大军或已全面出动(腾讯网2008年2月27日)

① 源自唐代令狐德棻:《晋书·王珣传》:珣梦人以大笔如椽写之。既觉，语人云:"自当有大手笔事。"俄而帝崩，哀册谥议皆珣草。后有"如椽大笔"一词。

大挥泪——美国继续降温的房地产市场充满了大挥泪出售广告(北京房地产网 2009 年 10 月 18 日)

大跳楼——精明的商家每当季节转换时就挂着“疯狂大减价”、“全场一折起”、“大跳楼”等促销字样,但究竟是不是真的这么便宜呢,记者带大家去看一看谜底。(东莞阳光网 2009 年 3 月 27 日)

大跳水——机票价格“大跳水”　高铁挤压下民航业仍被看好(中国新闻网 2009 年 10 月 27 日)

“大”在“大卖血、大割肉、大挥泪”中是“大量地”的意思,在“大跳楼、大跳水”中是“急速地”的意思,“大”都是与动词性成分组合,具有一种在程度上进行强化、夸饰的色彩,目的是突出事物的本质特点,给人以更深刻的印象和感受。“大”的这种强化、夸饰的色彩意义是在“大×”构成的新词语中体现出来的,在过去的词语中较为罕见。同时,由于在创造新词语过程中比喻手法的使用,“大出血、大卖血、大割肉、大挥泪、大跳楼、大跳水”等新词语,它们在整体上也体现出一种相当无奈,甚至有些戏谑的感情色彩以及生动鲜明、让人联想丰富的形象色彩。

三、模标“大”的语法意义呈现出一定的变化

古代汉语的“大×”词语主要有以下几种结构:

“大”作为形容词,与名词性成分组合,构成“形+名”结构,如“大事、大宗、大手笔”等。

“大”作为副词,表示“很,太,非常”等意义,与动词性成分组合,构成“副+动”结构,如“大谏、大白、大有起色、大显神通”等。

“大”还可以跟形容词性成分构成“副+形”结构,如“大好”一词的义项之一是“非常好”,[①]这种词语一般充当谓语或谓语中心语和定语。

在当代汉语“大×”构式中,模标“大”的用法基本分为两种情况:

(一)“大”作为形容词,与名词性模槽成分组合,构成“形+名”结构

这一类典型的如“大案、大鳄、大奖、大环境、大教育、大智慧”等,其模槽成分“温暖、悲哀、寂寞、孤独、愚昧、聪明”原本都是表示性质的形容词,但是在与模标“大”组合之后,它们已经不再表示性质,而是成为表示事物名称的名词,经常充当主语或宾语。也就是说,此处的“大”,其身份是形容词,“大”后面的“温暖、悲哀、寂寞、孤独、愚昧、聪明”等是名词。在“大+名”结构中,“大”既可以与

① 韩愈:《与冯宿论文书》:时时应事作俗下文字,下笔令人惭,及示人,别人以为好矣。小惭者亦蒙谓之小好,大惭者即必以为大好矣。

单音节名词组合，也可以与双音节名词组合，与古汉语相比，新词语中更常见的是“大”与双音节名词的组合，但这类组合词汇化程度不高，《新华新词语词典》收录的“大＋单音节”词语有“大鳄、大牌、大盘、大片、大腕”等；而“大环境、大教育、大智慧”等均未收录。

大鳄——近来的杭州楼市，出现一个热门词汇，那就是地产大鳄。（我的钢铁网 2006 年 7 月 28 日）

“大鳄”比喻很有势力或关系重大的人或事物。

大腕——《建国大业》大腕云集　周星驰或加盟成龙还有戏（搜狐网 2009 年 3 月 31 日）

“大腕”指有实力，名气大的人。

（二）“大”作为副词，与动词性模槽成分组合，构成“副＋动”结构

这一类有“大话、大撒把、大跳楼、大跳水、大出血、大卖血、大割肉、大逃亡”等。

大话——网易的《大话西游》几年来经久不衰，培育出回合制网络游戏数以百万计的玩家人群。在大举创新永远 1%成功率的时代，大量国产网游研发商瞄准大话西游，突进借势型研发路线。在经过一两年研发之后，2009 年，“借势型”研发开花结果，大量“大话”题材游戏开始面向市场，年末短短几月，就有三款同系列“大话”推出测试。（新浪网 2009 年 12 月 3 日）

“大话”指带有玩笑性地讲述；海阔天空、调侃式地谈论，《现代汉语词典》将“大话”作为名词收录，意为“虚夸的话”，但作为新词语的“大话”最初显然是个动词，《新华新词语词典》已收录。

大撒把——白头到老是一种美。而因为多种因素过不到一起，相视一笑，从容分手，也应该是一种美。而注定得不到的爱，像骑自行车一样痛苦地来一回“大撒把”，也是一种美。是一种拿得起放得下的达观之美。（新浪博客 2006 年 10 月 7 日）

“大撒把”意为“什么都不管，放任自流；拿得起放得下”。

不过，在“大＋动”结构中，过去产生的词语一般为“大”与单音节动词的组合，如“大选、大举、大庆、大赦”等，能产度较低，但词汇化程度比较高；在新词语中则大都表现为“大”与双音节动词的组合，能产度较高，但词汇化程度比较低，多数为随机性组合。

四、当代汉语"大×"所生成词语的特点

（一）从语义上看

从语义上看，"大×"所生成的词语有两种情况。一种情况是"大×"所创造出来的新词语，其语义的整体性更为明显，不能完全通过组成成分的语义和结构规则推测出来，例如上文所列举的"大农业、大教育、大卫生、大科技"等。另外一种情况是一批过去已有的词语产生了新的比喻义，造成语义的泛化，例如"大潮"原为天文学术语，现在用来比喻声势较大的社会潮流；"大出血"原为医学术语，现在用来比喻商家大幅度让利的行为；"大气候"原为气象学术语，现在用来比喻出现在较大范围内的某种政治、经济形势或思潮。

（二）从词汇化程度上看

从词汇化程度上看，"大×"所创造出来的新词语，双音节的词汇化程度较高，如"大鳄、大款、大奖"等；三音节的词汇化程度则相对较低，具有即兴性和非固定性，如"大教育、大卫生、大卖血"等。

（三）从模槽成分的音节特点看

从模槽成分的音节特点看，"大＋单音节"结构，其模槽多为简缩性成分或概括性成分，例如"大法"是"宪法或重要的法令、法则"的简缩；"大奖"是"奖金数额大的或荣誉高的奖励"的简缩；"大牌"是对"名气大、水平高、实力强的人"的概括；"大片"是对"投资大、制作成本高、影响面广并且由著名影星主演的影片"的概括。"大＋双音节"结构，其模槽多为非简缩性成分，例如"大市场、大排行、大政工、大流通、大处方"等。

□ 小　结

1. 当代汉语词语模的模标"大"的词汇意义部分已经开始泛化。一种情况是"大"所构成的新词语能够与"小"形成对应，"大"的语义比较实在；另一种情况是"大"所构成的新词语不能与"小"形成对应，"大"的语义趋于抽象概括。有的"大"，无法衡量出它是否"在体积、面积、数量、力量、强度等方面超过一半"，甚至无法确定所比较的对象。有的"大"，其语义已经发生了偏离或增殖，发展出较为抽象概括的语义，一般也没有与之对应的"小"，"大"与模槽成分之间一般也不会插入其他成分。

2. 当代汉语词语模的模标"大"的色彩意义有所增生。古汉语中"大"的色彩意义并不明显，但在"大×"构成的新词语中却体现出一种强化、夸饰的色彩意义，这在过去的词语中较为罕见。同时，由于在创造新词语过程中比喻手法

的使用,“大×”族某些新词语也呈现出一种无奈甚至有些戏谑的感情色彩,以及生动鲜明、让人联想丰富的形象色彩。

3.模标“大”的语法意义呈现出一定的变化。在当代汉语“大×”构式中,大多数情况下,“大”作为形容词,与名词性模槽成分组合,构成“形+名”结构。“大”既可以与单音节名词组合,也可以与双音节名词组合,更常见的是后者,但这类组合词汇化程度不高。“大”作为副词,可以与动词性模槽成分组合,构成“副+动”结构。新词语的这一结构大都表现为“大”与双音节动词的组合,能产度较高,但词汇化程度比较低,多数为随机性组合。

4.当代汉语“大×”生成的词语的特点可以从三个角度把握:从语义上看,“大×”所创造的有些新词语,其语义的整体性更为明显,不能完全通过组成成分的语义和结构规则推测出来,另一种情况是一批过去已有的词语产生了新的比喻义,造成语义的泛化。从词汇化程度上看,“大×”所创造的新词语,双音节的词汇化程度较高;三音节的词汇化程度则相对较低,具有即兴性和非固定性。从模槽成分的音节特点看,“大+单音节”结构,其模槽多为简缩性成分或概括性成分;“大+双音节”结构,其模槽多为非简缩性成分。

第三节　兼容并蓄的“×客”

词语模不是当代汉语特有的语言现象,在语言发展变化的每一个历史时期,人们都会利用词语模去创造新词语。有些词语模的造词功能可能会逐渐萎缩或丧失,有些则可能会在一定历史时期退隐而在另一历史时期被激活,还有一些则可能会一直保持着较强的繁衍生息能力。“×客”就是一个长期以来存在着的并且始终保持着较强繁衍生息能力的词语模,在当代社会人们的语言生活中,它显得十分活跃,创造了颇为壮观的新词语,如“黑客、骇客、红客、博客、威客、闪客、晒客、背包客、山野客、南方都市客”等。“×客”中的模标“客”是一个名词性成分,是模槽成分所修饰、限定的中心,这一点在过去与现在没有什么变化,但是在当代汉语中,由于人们在吸收外来语时选用了与外语原词语音相近,能够让人望文生义的“客”字,也由于人们在表达非外来事物时常常套用“×客”词语模,因此,一大批“客”族新词语迅速衍生出来,模标“客”的内涵与外延也随之发生了一些变化。换言之,“海外来客”融入“本土熟客”的框架之中,势必影响“×客”的既定内涵与外延,但这种影响和变化还不是根本性的、颠覆性的,否则,“海外来客”与“本土熟客”的性质就会完全不同。在此,我们将追溯作为模标的“客”的意义源头,分析新出现的外来“客”族词语以及非外来“客”族词语的种种情况，重点分析吸收外来语时对“×客”模式的套用归并与更新改进情况，比较“×客”族新、旧词语的异同，阐释造成当代汉语“×客”族词语群兴盛现象的社会环境、心理认知以及语汇发展本身的原因。

一、模标“客”的意义溯源

《说文解字》[①]收有“客”字：“客，寄也。从宀各声，苦各切。寄，讬也。从宀奇声，居义切。”可见，“客”本为动词。例如《战国策》中有“孟尝君客我”之句，白居易《夜雨有念》一诗有“吾兄寄宿州，吾弟客东川”之句。段玉裁注：“客，字从各。各，异词也，故自此托彼曰客，引申之曰宾客。宾，所敬也，客，寄也。”由此可见，“客”还经常作为名词来使用，用来指“某种人”。下面列举几种辞书中“客”的名词用法：

《古汉语常用字字典》[②]：①外来的人。《史记·秦始皇本纪》：“李斯上书说，乃止逐客令”。②特指请来的客人。李白《赠范金乡》：“爱客多逢迎”。③门客，食客。即寄食于贵族豪门并为他们服务的人。《战国策·齐策四》：“孟尝君出记，问门下客。”

《辞海》[③]：①来宾，客人。《礼记·曲礼下》：“主人敬客，则先拜客。”②门客。旧指寄食于贵族豪门的人。《史记·魏公子传》：“诸侯以公子贤，多客，不敢加兵谋魏十余年。”③指为别人奔走活动的人。如：说客；掮客。

《实用大字典》[④]：①寄也。见《说文》。②宾客也。《礼记·曲礼》：“主人敬客，则先拜客。”③外至之人曰客。《易需》：“有不速之客三人来。”④外来之寇曰客。《易系辞》：“重门击拆，以待暴客。”⑤泛称其人亦曰客。如曰侠客政客之类。

《古今汉语字典》[⑤]：①来宾。《易·需》：“有不速之客三人来，敬之终吉。”如：稀客、贵客。②对人的客气称呼。宋·王安石《集句诗·移桃花》：“山前邂逅武陵客。”③称从事某种活动的人。如：政客、刺客。④寄食于贵族豪门的人。《史记·魏公子列传》：“诸侯以公子贤，多客，不敢加兵谋魏十余年。”⑤一些行业对主顾的称呼。如：顾客、乘客。⑥佃户，庄客。宋·陆游《初夏闲居》诗之四：“陂塘移稻客相呼。”自注：“乡中谓佣耕者为客。”⑦新王朝对旧王朝后人的称呼。《左传·僖公二十四年》：“宋，先代之后也，于周为客。”⑧称外来的人。

---

① 许慎撰，徐铉校定：《说文解字》，中华书局1963年版。

② 《古汉语常用字字典》编写组：《古汉语常用字字典》，商务印书馆1979年版。

③ 辞海编辑委员会：《辞海》，上海辞书出版社1979年版。

④ 中华书局编辑部：《实用大字典》，中华书局1983年版。

⑤ 李润生：《古今汉语字典》，汉语大词典出版社1993年版。

秦·李斯《谏逐客书》:“此四君者,皆以客之功。”⑨战争中的一方(多指入侵者)。《公羊传·庄公二十八年》:“春秋伐者为客。”《老子》:“用兵有言,吾不敢为主而为客。”

《现代汉语词典》第5版:①客人(跟“主”相对):宾客。②客商:珠宝客。③顾客:乘客。④对某些奔走各地从事某种活动的人的称呼:说客、政客、侠客。

在汉语语汇发展的历史过程中,“×客”创造了大量词语,例如:谪客(被贬谪流放而寄居他乡的人)、寓客(寄居他乡的人;外来暂住的旅客)、庄客(旧时庄田中佃农和雇农的通称;旧中国公司、商店、工厂派往外埠采购或推销商品的人员)、滞客(长期处于下位不得升迁的人)、羽客(道士)、座上客(受到尊重礼遇的客人)、朱履客(《史记》载春申君门客三千余人,其上客,皆蹑珠履。后称权贵的门客为“朱履客”。朱,通“珠”)、脂粉客(油头粉面的风流子弟)、渔竿客(隐居者)、云水客(云游四方的人)。许多词语仍然活跃于当代社会,例如:

宾客:客人的总称。

常客:熟客,常来的宾客。

乘客:搭乘车、船、飞机等交通工具的人。

房客:向房东租房居住的人。

顾客:商店或服务行业对所服务对象的称呼。

过客:路过的客人;旅客。

来客:来访的客人。

旅客:旅行的人。

熟客:常来的客人;熟识的客人。

说客:善于用言语说服别人的人;帮人做劝说工作的人。

稀客:不经常来的客人;难得来的客人。

游客:游人;旅人。

政客:指从事政治投机、玩弄权术、谋取私利的人。

二、当代汉语新词语中的“海外来客”

当代汉语新词语中的“海外来客”,特指当代汉语吸收外来语时由于引进方式不同而产生的“×客”族新词语。

(一)外来的“×客”族词语的共同特征

1.有共同的模标元素。模标和模槽之所以组合在一起,是因为需要记录一个外语词。

2.处于组合中的模标元素可以分析出独立的意义,模槽元素有的可以分析出独立的意义，有的则是一个音译符号。

3. 模标与模槽构成的整个词语形式是一个看起来比较合理的语义组合，表达一个源自外语的词的意义。

4. “×客”族词语的产生、传播与运用的语境是网络。

(二)外来的“×客”族词语的不同类型

以下分类基于这样的考虑：不把“×客”族词语看作单纯词，而是看作利用词语模创造的新的复合性词语，它们的模标相同，模槽可以被替换，因此其构成成分可拆解可分析。

1. 从外来成分所对应的音节看

(1)原文两个音节，对应汉语两个音节。如：黑客(Hacker)、骇客(cracker)。

(2)原文一个音节，对应汉语两个音节。如：博客(blog)、奇客(geek)、掘客(dig)。

(3)原文一个音节，对应汉语两个音节，其中的“客”表示义类。如：闪客(flash)、晒客(share)。

2. 从模标的语义看

(1)模标“客”一般用来指人，即具有某种行为特征的群体或群体中的一员。如：黑客、骇客。

(2)模标“客”也可以用来指物，即某种类型的网络技术模式。如：维客、播客(渐可指人)。

(3)模标“客”既可以用来指物，也可以用来指人。如：博客、掘客。

3. 从译借外来成分的方式看

(1)模标是音义兼译，模槽是音义兼译或意译的

这种类型的特点是：第一，模标与模槽的字面都有意义，整个词语形式是一个看上去比较合理的语义组合。第二，模标与模槽各自的字面意义以及组合而成的整体意义与外语原词的本来意义有关联。

音义兼译+音义兼译：

> 黑客(hacker)：指某些热衷于计算机和网络技术、技能高超、非法入侵他人计算机系统的人。黑客一般以攻破其他电脑系统的防火墙、检验和提高自己的技术发现网络系统缺陷为主要目的，不会篡改、盗取他人资料，但会留下明显标记。动词 hack 引申为“干了一件非常漂亮的事”。

“黑客”的发音与英语的 hacker 比较接近，从语义上看可以分解为两个汉字两个语素，其中“黑”的含义是“非法的，秘密的，不公开的”，“客”的含义是“外来者，入侵者，具有某种行为特征的人”，可见，“黑”与“客”各自的字面意义以及组

合而成的整体意义与 hacker 的本来意义关联度较高。

意译＋音义兼译：

> 骇客(cracker)：指非法侵入他人电脑系统，破解软件，篡改或盗取对方资料甚至从事破坏活动，尽可能不留痕迹的人。

“骇客”也可以分解为两个汉字两个语素，其中的“客”是音义兼译，“骇”是个意译语素，crack 原义是“破解”，由于“骇客”着眼于破坏而不像“黑客”那样着眼于建设，所以引申为“让人惊骇”，可见，“骇”与“客”各自的字面意义以及组合而成的整体意义与 cracker 的本来意义关联度较高。

(2)模标是谐音别解，模槽是谐音别解、音译或意译的

这种类型的特点是：第一，模标与模槽的字面都有意义，整个词语形式是一个比较合理的语义组合。但它们的字面意义并不是外语原词的意义，而是各个单字作为音译符号串联在一起时，它们本来的意义恰好形成了有理组合。第二，模标与模槽各自的字面意义以及组合而成的整体意义与外语原词的本来意义没有关联。

谐音别解的“谐”是“和谐、融洽”的意思，《左传・襄公十一年》有“如乐之和，无所不谐”的句子。所谓谐音别解，就是利用汉字形、音、义相结合的特点进行语言运用的现象，原指在相声等喜剧艺术中，“利用语音形式的巧合，不按照词语的固有含义去理解和解释，或似懂非懂，或任意附会，使理解或解释与原意不一致或完全相反”的艺术手法”。[①] 对于在外来语借入汉语的过程中出现的谐音别解现象，我们认同杨锡彭的解释：“在音译过程中煞费苦心地选择音译用字，其结果可能使音译的词语在字面上形成有意义的组合，但字面意义与外语原词的意义根本不相干，这就形成了意义上的‘别解’。由于本意是音译，用以记音的汉字与所译外语词之间总有或显或隐、或多或少的语音上的联系，也就是谐音的关系，所以‘别解’是建立在谐音基础上的。因此，诸如此类的译借外来词的方式可以命名为‘谐音别解’。”[②]下面的“客”的字面意义便是外语原词所不具备的。

谐音别解＋谐音别解：

> 肩客(Johnker)：Johnker 本为人名，原指伦敦一位出色的互联网设计师，他擅长在网络上进行自我行销，Johnker 也因此衍化为一种模式。现在一般指通过互联网把自己的智慧、知识、能力、经验转换成实际收益的人。

---

① 苏溟：《谐音别解和相声的“笑”》，《湖州师范学院学报》1986 年第 3 期。

② 杨锡彭：《汉语外来词研究》，上海人民出版社 2007 年版，第 130 页。

“肩客”的发音与Johnker较为接近，语义与“掮客”接近，类似于古代的“掮客”，即买卖市场上的中间人，或称第三方。[①] “肩”音谐“John”，“客”音谐“ker”，“肩”有“担任（中间人）”之义，“客”是“具有某种特征的人”之义，它们各自的字面意义以及组合而成的整体意义与Johnker的本来意义没有什么关联。

音译＋谐音别解：

> 维客（wiki）：也译作“维基”，指一种超文本系统，即多人协作的写作工具，参与者也被称为维客。“维基”有时特指维基百科系列项目，即基于wiki技术的多语言百科全书协作计划，它是一个动态的、可自由访问和编辑的全球知识体。维客的概念1995年由Ward Cunningham在建立波特兰模式知识库时提出，据说WikiWiki一词来源于夏威夷语“wee kee wee kee”，原意为“快点快点”。

“维客”的发音与wiki近似，“维”是“wi”的音译成分，“客”是“ki”的谐音别解，是“具有某种特征的事物”之义，与外语原词的意义没有关系，它们各自的字面意义以及组合而成的整体意义与wiki的本来意义也没有什么关联。

意译＋谐音别解：

> 掘客（dig，digg，digger）：指一种文章投票评论模式，它会聚了书签、博客、RSS以及无等级的评论控制等功能，特点是没有职业网站编辑，而是发动网民进行新闻的挖掘、筛选和编辑，由网民民主投票来决定网站首页应该显示哪些新闻。2004年10月，美国人凯文·罗斯创办了第一个掘客网站http://www.digg.com/，最初定位于科技新闻的挖掘，现已扩展到其他门类。

“掘客”中的“掘”是个意译成分，原义为“挖掘，探索，钻研”，由于汉语引进外来语时有时会把原文只有一个音节的单词汉化为两个音节，因此“客”是“g”的谐音别解，是“具有某种特征的事物或人”之义，与外语原词的意义没有关系，模标与模槽组合而成的整体意义与dig的本来意义有一定关联。

（3）模标是谐音别解，模槽是音义兼译的

这种类型的特点是：第一，模标与模槽的字面都有意义，整个词语形式是一个看上去比较合理的语义组合。第二，模槽的意义与外语原词的意义有关联，因此，模标与模槽组合而成的整体意义与外语原词的本来意义也有一定关联。

---

① 目前国内对“肩客”与“威客”的区分尚无定论，不少人认为“肩客”与网络诈骗行为相关。“威客”不是外来词，它是2005年7月中科院硕士研究生刘锋对2000年以来出现的一种新的网络模式的命名，在网络上出卖自己无形资产（智慧和创意）而获得报酬的人就是威客。

播客(podcast/podcasting):它是苹果电脑“大容量音乐/视频播放器”(iPod)与“广播”(broadcast)的合成词,指一种数字广播技术,该技术允许个人进行创建与发布,用户可以录制网络广播等网络声讯节目并下载到自己的iPod或其他MP3播放器中随身收听,还可以自己制作声音节目并上传到网上与广大网友分享。

“播客”的发音与podcast近似,“播”是“pod”的近似音,其语义是“传播,播放”,属于音义兼译,“客”是“cast”的谐音别解,是“具有某种特征的事物或人”之义,与外语原词的意义没有关系,但模标与模槽组合而成的整体意义与podcast的本来意义则有一定关联。

博客(blog,blogger。但blogger是音义兼译+音义兼译)①:“博客”是继Email、BBS、ICQ之后出现的第四种网络交流方式,指一种简易的个人信息发布方式,任何人都可以完成个人网页的创建、发布和更新。Blog是Weblog的简称,Web指World Wide Web,即互联网,Log原义是“航海日志”,后指任何类型的流水记录,Weblog就是一种“网络日志”,但现今博客的内容早已超出流水账似的“日志”范围。汉语“博客”一词,既可作名词,分别指代“网络日志”(Blog)和“网络日志的撰写者”(Blogger),也可作动词,指撰写网络日志的行为。

“博客”的发音与blog近似,“博”是“blo”的近似音,其语义是“多,丰富”,指的是形形色色的参与者,复杂多元的发布内容,范围极广的超级链接,广博开放的平台,以及对人们生活方式、思想观念、社会经济等各方面的广泛影响等等,属于音义兼译;“客”是“g”的谐音别解,是“具有某种特征的人”之义,与外语原词的意义没有关系,模标与模槽组合而成的整体意义与blog的本来意义有一定关联。

(4)模标表示意义类别,模槽是意译或音义兼译或谐音别解的

这种类型的特点是:第一,模标与模槽的字面都有意义,整个词语形式是一个看上去比较合理的语义组合。第二,模标与外语原词没有语音上的对应关系,是一个出于汉化表意的需要而刻意增加的表示义类的语言成分。第三,增加义类之后,整个词语的语义由“指物”变为“指人”(不像“芭蕾舞”中的“舞”那样,表示“芭蕾”的类属,仍然指物),因此,模标与模槽组合而成的整体意义与外语原词的本来意义有一定关联。

意译+义类:

---

① blog/blogger,台湾译作“部落格”,马来西亚华语译作“部落客”,作家郑渊洁译作“勃客”,取“生机勃勃”之意。与大陆一样,这两个英语单词所对应的汉语音节不同,翻译方法也不同。

闪客(flash)：指制作、提供有个性的、风格独特的动漫作品的人，也可以指经常使用 flash 的人。

“闪客”中的“闪”是个意译成分，flash 本义为“闪光、闪现”，在网络时代指的是由美国 Macromedia 公司推出的电脑动画设计软件(通常包括 Macromedia Flash，用于设计和编辑 Flash 文档；Macromedia Flash Player，用于播放 Flash 文档)，也指电脑动画作品。“客”与外语原词没有语音、语义上的对应关系，是一个出于汉化表意的需要而刻意增加的表示义类的语言成分，意思是“具有某种特征的人”，模标与模槽组合而成的整体意义与 flash 的本来意义有一定关联。

音义兼译＋义类：

晒客(share)：指热衷于用文字和照片将私人物品以及私人生活放在网络上展示(包括曝光)、分享、交流互动的网民。

“晒客”中的“晒”发音与 share 近似，share 义为“分享，共用”，在汉语中原义为“在阳光下吸收光和热”，引申义为“展示(主动地)；曝光(被动地)”，属于音义兼译，“客”与外语原词没有语音、语义上的对应关系，是一个出于汉化表意的需要而刻意增加的表示义类的语言成分，意思是“具有某种特征的人”，模标与模槽组合而成的整体意义与 share 的本来意义有一定关联。

谐音别解＋义类：

米客：指从事域名事业，包括以投资、构想、注册、买卖、收藏等为主业或副业的群体。

“米客”的“米”指“域名”，即 domain name 的意译，谐音为“玉米”。“客”与外语原词没有语音、语义上的对应关系，是一个出于汉化表意的需要而刻意增加的表示义类的语言成分，意思是“具有某种特征的人”，模标与模槽组合而成的整体意义与 domain name 的本来意义有一定关联。

三、当代汉语新词语中的“本土熟客”

当代汉语新词语中的“本土熟客”，特指产生于当代社会的、非外来语成分的“×客”族新词语。所谓“熟”，一是指创造新词语时所使用的词语模是人们熟悉的、长期以来一直被沿用下来的；二是指模标与模槽都是原本就有的汉语成分，它们是利用本族语言原有的构词材料和构词规则创造出来的新词语，这些词的词汇意义直接来自本族语言。

(一)本土“×客”族词语的共同特征

1. 有共同的模标元素。模标和模槽之所以组合在一起，是因为需要称谓某种新的社会群体或群体中的一员。

2. 模标“客”一般用来指“具有某种特征的人”，不用来指某种事物。

3. 模标元素与模槽元素都可以分析出独立的意义，组合成复合性词语。

4. 模标与模槽构成的整个词语形式是一个看起来比较合理的语义组合，模槽成分多为某个词语的简缩形式。

5. “×客”族词语的产生、传播与运用的语境以网络为主。

（二）本土“×客”族词语的不同类型

1. 从模槽的音节看

（1）模槽为单音节的

彩客 叨客 读客 访客 飞客 粉客 哈客 红客 哄客 换客 灰客 砍客 酷客（酷已成为汉语语素） 蓝客 聊客 驴客 漫客 魅客 咪客 模客 拍客 拼客 贫客 乔客 视客 刷客 搜客 韬客 淘客 图客 网客 问客 习客 炫客 丫客 易客 印客 影客 优客 悠客

（2）模槽为双音节或双音节以上的

租车客 兼职客 搜索客 淘金客 投机客 好搜客 爱音客 测试客 自由客 逍遥客 智能客 青春客 都市客 街头客 校园客 新岛客 山野客 天堂客 红酒客 背包客 文字客 南方都市客（主要指有消费能力的上班白领一族，分布在广州、深圳）

2. 从语义上看

从语义上看，“×客”族词语主要指网络时代具有某种行为特征的群体或群体中的一员。例如：

拍客：用数码相机、手机、DV 等工具记录社会生活，表达心情感受，并将拍摄下来的视频、影像发表到网络上的群体或个人。

换客：在网络上以交换、易物、交友为目的，变废为宝，享受资源互惠的群体或个人。

搜客：狭义指互联网时代利用网络找出用户所需信息并将其反馈给用户的群体或个人。广义指根据用户提问，利用自身掌握的知识、专业技能、人际关系等资源，以网络、书籍、报刊杂志以及其他各种类型的文献为工具，找到与用户所需相匹配的信息并将其反馈给用户的群体或个人。

拼客：指几个人甚至成百上千人集中在一起共同完成一件事或活动，脱胎于“AA 制”，倡导“节约、时尚、快乐、共赢”的新型生活方式，目的是分摊成本、共享优惠、享受快乐，并可以从中交友、识友。

3. 从搭配结构上看

（1）动词性成分＋客：拍客、换客、拼客、淘客、哈客、秀客、搜客、聊客、租车客、兼职客、搜索客、淘金客、投机客、好搜客。

（2）名词性成分＋客：彩客、魅客、驴客、网客、图客、漫客、校园客、山野客、都市客、红酒客、背包客、文字客、青春客。

（3）形容词性成分＋客：酷客、趣客、炫客、逍遥客、自由客。

4. 从造词角度看

有一部分"×客"族新词语是根据吸收的外来词仿造的，这些词语并不是源自一个真正的或者说地地道道的外语词，而是源自汉语的使用者根据交际的需要而创造的外语词（一般为英语）。其创造路径是：巧妙地利用一个已经汉化了的、源自外语的词的字面意义仿造出一个新词语。例如 Hacker 被译为"黑客"，指某些热衷于计算机和网络技术、技能高超、非法入侵他人计算机系统的人。由于"黑"是一个表示颜色的具有象征色彩的词，因此，人们便借助"仿拟"的手法，相继创造出"红客、灰客、蓝客"等新词语，并且还赋予这些词语一个相应的外语形式。例如：

> 红客（redhacker）：指某些标榜自己正义、具有爱国主义情结，不回避自己政治色彩的"黑客"，是对"黑客"的仿拟。在中国，红色具有正义、道德、进步、强大等特定的价值含义，红客通常会利用自己掌握的技术去维护国内网络的安全，并对外来的进攻进行还击。
>
> 灰客（greyhacker）：指某些对计算机和网络安全感兴趣，初步了解网络安全知识，能够利用黑客软件或初级手法从事一些黑客行为的人。
>
> 蓝客（bluehacker）：指某些标榜自己只热衷于纯粹的互联网技术而不关心其他事物、我行我素的"黑客"。它们不喜欢"黑"和"骇"字，也不想称"红"，所以自称蓝客。①

四、"×客"族新、旧词语的比较

词语模"×客"在漫漫历史长河中创造了大量词语，在当代社会背景下，"×客"与时俱进，将"海外来客"与"本土熟客"融为一体，整合、更新为最具能产性的词语模之一。由于产生的时代不同，"×客"族新、旧词语虽然具有一些共性，但也存在着一定的差异，而且新词语之间也存在着一定的差异。我们把新词语

① "灰客"、"蓝客"的意义有不同解释，此处释义见《新华新词语词典》。

分为两个小类：一类是在吸收外语词的过程中，用外语词的汉化成分新造的词语(新词语 1)；一类是用固有的汉语成分新造的词语(新词语 2)。

(一)“×客”族新、旧词语的相同点

1. 从模标的位置看

从模标的位置看，新、旧词语的模标“客”都处于偏正式词语的后位——中心成分的位置，模槽处于前位，起限定、修饰中心成分的作用。例如：

旧词语：

醉客：喝醉酒的人；好饮酒的人。

坐谈客：缺乏实际能力的清谈客。

新词语 1：

赛客：利用互联网记录、分享、交流相关知识，联系科研者乃至科研机构，强调团队协作精神的非传统意义上的科研者。赛客源自 sciblog(ger)，是“赛先生(science)”与“博客”的结合。

摩客：快闪暴走族。flashmob 一词的来源有两个，一是 flashcrowd，指一群人为同一个目的同时进入一个网站。一是 smartmob，指一群有相同见解但互不相识的人利用互联网、手机等现代通信技术在无领袖状态下组织集会，然后在短时间内迅速消失。

新词语 2：

测客：喜欢在网上出题目对别人进行测试的人。

炒客：通过发表文章、发表帖子激发网友争议和讨论，增强媒体曝光率，提高某人知名度，从而得名或获利的人，可分为自我炒作和他人炒作两种。

2. 从搭配结构上看

从搭配结构上看，模槽与模标的组合基本上都是“名词性/动词性/形容词性＋客”的格局，以“动＋客”者居多。例如：

旧词语：

名＋客：

镖客　刀客　房客　港客　门客　座上客　朱履客　云水客

动＋客：

辩客　乘客　刺客　估客　过客　旅客　迁客　掮客　食客　说客　游客

形＋客：

暴客 豪客 娇客 清客 骚客

新词语 1:(此处指字面词性)

名+客:

摩客

动+客:

播客 掘客 晒客 闪客 秀客

形+客:

黑客 奇客 博客

新词语 2:

名+客:

网客 图客 漫客 彩客 驴客 都市客 背包客 红酒客 青春客 校园客 智能客

动+客:

拍客 叨客 换客 拼客 哄客 刷客 淘客 哈客 砍客 调客 租车客 兼职客 搜索客 淘金客 好搜客 爱音客 测试客

形+客:

黑客 红客 蓝客 灰客 酷客 贫客 逍遥客 自由客 神秘客

3. 从音节结构上看

从音节结构上看,模槽与模标的组合基本上都是"单音节/双音节+客"的格局,以"单音节+客"者居多,但新词语中"双音节+客"构成的三音节词语明显多于旧词语。

(二)"×客"族新、旧词语的不同点

1. 从模标成分与模槽成分的来源看

"×客"族旧词语和新词语 2 都是利用汉语固有成分构成的词语,如"宾客、门客、骚客"和"拍客、换客、网客"等。而新词语 1 则是利用外语词汉化成分构成的词语,如"黑客(hacker)、博客(blog)、闪客(share)"等。

2. 从模标、模槽与整个词语意义的关系来看

"×客"族旧词语和新词语 2 的模标成分与模槽成分都具有较强的可分析性,综合起来基本上可以推知整个词语的意义,如"乘客"指"搭乘车、船、飞机等交通工具的人","换客"指"通过互联网用闲置物品跟他人换取自己所需物品的人"。而新词语 1 的模标成分与模槽成分的可分析性则相对较差,除"意译"与"音义兼译"基本上可以推知外语原词的意义外,"音译"则不能推知外语原词的

意义，而“谐音别解”更是与外语原词的意义没有关联。虽然由于汉字是表意文字，新词语 1 中的绝大多数都具有一个字面意义，整个词语形式是一个看起来比较合理的语义组合，然而我们并不能单凭字面推断整个词义，上文所举的“维客、肩客”便是实例。

3.从模标“客”的指称范围来看

“×客”族旧词语一般都是指人，而新词语 1 和新词语 2 中的一部分则兼有“指人”与“指物”的功能。例如“博客”一词既可以指“网络日志”，也可以指“网络日志的撰写者”，还可以指撰写网络日志的行为。“指物”的范围较广，一般与网络有关。例如：

指称网站：

分类客（一个既能提供精准有效的生活信息，也可以通过自有发布信息的模式点对点互动沟通的强大的分类信息网站） 智能客（一个提供各种手机信息，分享各种手机资源的网站）

指称软件或信息载体：

彩客（一种可以将图片、音乐、flash 动画、文本等制作成彩信并发送到手机上的应用软件） 播客（一种由文字升级到声音和视频的信息载体） 魅客（一种可以制作电子相册、电子杂志等多种个性电子读物的工具）

指称电子杂志：

读客、麦客（二者都是提供各种在线阅读、电子杂志制作以及下载服务的电子杂志名称）

4.从语用角度来看

从语域和适用人群来看，“顾客、乘客、说客”等旧词语几乎适用于各种语域和人群；而新词语“晒客、博客、追客”等则产生于网络，流行于网络，其主要适用语域是网络，其主要言语主体是网民。

从色彩角度来看，“×客”族旧词语的中性色彩和本土色彩比较明显；而新词语则具有鲜明的褒贬色彩和外来色彩以及网络时代色彩，其中的一些甚至产生了象征意义。例如“黑客、红客、蓝客、灰客、白客”实际上都指发现或研究计算机和网络系统漏洞的人，其差异是：“黑客”指某些热衷于计算机和网络技术、技能高超、非法入侵他人计算机系统的人；“红客”指那些具有很高爱国热情和激进民族主义精神的中国黑客；“蓝客”指某些标榜自己只热衷于纯粹的互联网技术而不关心其他事物、我行我素的黑客；“灰客”指某些对计算机和网络安全感兴趣，初步了解网络安全知识，能够利用某些黑客软件或初级手法从事黑客行为的人。模槽成分颜色词的色彩象征意义不同，造就了不同“客”的丰富多彩与新颖生动。

5. 从词语数量来看

“×客”族旧词语是人们在较长的历史时期内、单个无意识地逐渐创造出来的，当代汉语中的“×客”族新词语则是人们有意识地利用词语模集中地、大批量地创造出来的。

五、当代汉语“×客”词语群繁盛的原因

当代汉语词语模“×客”是以汉语原有的“×客”为基础，融入人们在吸收外来语时选用的让人望文生义的“客”，由此得到更新的产物。“海外来客”融入“本土熟客”的框架之中，使得模标“×客”的内涵与外延发生了一定的变化，但也大大提高了“×客”的能产度，一大批“×客”族新词语迅速衍生出来。最早出现的源自外来语的新词语应该是“黑客”(hacker)，继而出现的是“骇客”(cracker)，这两个词中的“客”都是英语原词中 ker 的音义兼译，但后来出现的“博客、播客、掘客、威客”等词都不具备这样的音义对应关系，为什么能够被纳入“×客”构式呢？再者，“红客、灰客、蓝客、换客、拼客、晒客、印客”等汉语新造词语为什么能够在短时期内被大量创造出来呢？

(一)互联网时代和语汇发展的自我调节功能凸显了“×客”的识别、再造功能

王希杰指出，“在语言的发展演化过程中，语言自身并不是完全的消极无能的，并不是完全的被动的一切听取于语言之外的某物的。语言之外的某物对于语言的干扰不但是存在着的，而且是影响到语言的发展和演化的一个十分重要的因素”。[①] “×客”族新词语的繁盛应该归功于互联网的普及，也要归功于语汇发展的自我调节功能。是网络世界催生了各种各样的“客”，造成了对外交往的空前密切和频繁，借助于互联网，人们可以更加便利地对纷繁复杂的事物进行模式识别，这是人类的一项基本智能。人们对新事物的认知，总是要借助以往的知识经验，以便对所获得的感觉信息作出最佳解释。当人们需要对一种新的事物进行命名时，就会自然而然地将这种新事物与头脑中已经积累着的识别模式进行比照，词语模就是这样一种在人们头脑中已经积累着的模式。模标具有知觉时将少数知觉对象从其他对象中分离(或选择)出来的特性，模槽具有在人们的记忆里唤起一切跟模标有这样或那样联系的事物的功能。词语模构式就是这样，将原本无序杂乱的结构成分在大脑中进行加工组合与分类聚合，从而达到一种平衡和有序。

最早出现的“黑客”之“客”的翻译，启用了汉语中原有的组合模式，开发了

① 王希杰：《汉语的规范化问题和语言的自我调节功能》，《语言文字应用》1995 年第 3 期，第 11 页。

潜在的语言材料,具有一种导航、标识作用,其含义是"外来者,入侵者,具有某种行为特征的人",这一含义与古汉语中的"外来的人,入侵者,宾客"等意义一脉相承,其深层意义可以引申为"新出现者,具有某种特征者"。因此,后来当人们给那些主要生于网络、用于网络的新事物命名时,就会自然而然地将它们归入"×客"构式,以期借旧瓶装新酒,进而又将"租车客、兼职客、淘金客、智能客、青春客、都市客、红酒客、背包客、文字客"等不限于网络世界的词语也纳入"×客"构式,不仅使旧有的词语模焕发了青春,而且使"×客"成为最具能产性的词语模构式之一,这充分体现出语言系统内部神奇的自我调节、自我完善功能。

（二）汉语汉字的认知特点成就了"海外来客"与"本土熟客"的合二而一

汉字属于表意文字,从汉字的形、音、义之间的关系来看,一般是一个汉字对应于一个音节(儿化韵除外),一个汉字对应于一个语素——最小的语音语义结合体(联绵词、纯粹的音译词以及叠音词除外)。赵元任指出,汉语中绝大多数语素都是单音节的,单音节语素在数量上的绝对优势使得人们习惯于每个字每个音节都有意义,即使是没有意义的音节,也要让它变得有意义。[①] 汉语吸收外来语时是用汉语中的语音语义结合体做材料去记录外语词,而纯粹的音译词由只表示读音的音节组合在一起,字面上缺乏意义上的关联,所以难读难记,不能适应汉语汉字的认知习惯。"汉语汉字的认知习惯是每个字每个音节都有意义,所以即使是音译,译者也往往要精心选择音译用字,力求在字面上显示出与词义有关或无关的意义来。"[②]因此,利用音译用字的原有意义而形成字面上合理的有意义的组合是汉语吸收外来语的常用方法,如"可口可乐"字面上所包含的那种"既解渴又开心"的意思便是外语原词 coca-cola 所不具备的。上文提到的谐音别解、音义兼译、附加义类等方法都出自汉语汉字的这种认知习惯。也正因为如此,"hacker, craker, blog, podcast, dig, wiki, geek, jekoe, work, witkey, share"等词语,无论其构成成分与"客"在语音和语义上是否具有对应关系,它们在借入时大都经过了不同程度的汉化改造,进入"×客"构式后大都可以得到一个看上去较为合理的有意义的组合。

有趣的是,当代汉语"×客"族词语的兴盛,始自大批"海外来客"的频频造访。"黑客"首先光临,当代汉语利用固有的词语模"×客",巧妙地选择"黑"与"客"两个汉字,对 hacker 进行了成功的音义兼译。随后,"博客"(blog)的引进加大了语音汉化的力度,并开了"客"既可以指人又可以指物的先河,"晒客"(share)也由指动作行为而被汉化为指人。在网络的推动下,源自汉语固有成分

① 赵元任:《汉语口语语法》,商务印书馆 1979 年版,第 79 页。

② 杨锡彭:《汉语外来词研究》,上海人民出版社 2007 年版,第 51 页。

的本土"拼客、换客、拍客、淘客"等也纷纷出现，至此，"×客"完成了"海外来客"与"本土熟客"的归并、更新和升级，"×客"族新词语与旧词语在词形和词义上聚合成群，造就了同中有异、异中见同，风格独特且不断增殖的词语群。

(三)语用主体张扬个性、多元呈现的心理需求创造了形形色色的"客"

新词语的出现与繁盛是一种社会现象，受多种因素的影响，包括经济因素、科技因素、政治因素等，还有人们的心理欲望因素。因为只要有人和人群，就会有趋新、求异的追求欲望，就会有从众心理以及模仿行为的出现，这些心理需求和行为是导致新词语繁盛的主要因素。"×客"族词语群之所以声势浩大，作为语言创造者和使用者的语用主体起着相当重要的作用。在当代社会大变革、大发展的背景下，人们的语言观念空前开放，语言创新能力得到了空前的释放，人们的语用心理也呈现出时代所赋予的特点。生活在中国与世界都在高速发展、科技发达、信息畅达的时代，人们可以借助各种媒介传播信息、沟通他人，同时张扬个性、表现自我，并且使这种张扬和表现呈现出多元并举的态势。"×客"族词语的产生、流行与繁盛正是当代人张扬个性、求同存异、多元呈现心理的反映。

每个人在社会中都需要通过不同的方法和途径来表现自己的个性特征，求新、求异心理正可以彰显个性，展示自我。所谓"标新"就是跟以往不同，跟传统习惯不同，所谓"立异"就是表示与他人的不同，标新立异是当代人人格独立的一种反映。"×客"就好比是一个时尚元素，当代人借助网络这一平台，充分利用"×客"这一时尚元素来满足自己标新立异、崇尚自我、多元呈现的心理需求，可以说，"在互联网上，只要有自己的特色的某种网络群体，往往就被冠以'客'称"。[①] 例如"博客"可以尽情地展示强烈的自我意识；"晒客"可以恣意地展示自己的生活、经历和心情并与他人分享；"播客"可以利用 Podcast 将自己制作的"广播节目"上传到网上与他人分享；"掘客"可以自由地通过点击投票方式筛选推荐热点新闻；"秀客"可以通过设计 web 页面来展示自己；"威客"可以凭借自己的创造能力(智慧和创意)在互联网上帮助别人并获得报酬；"粉飞客"可以对自己喜爱的某部文学、影视作品任意进行改写、续写；"淘客"可以随心所欲地在各种购物类网站上寻找"物超所值"的东西……凡此种种，形形色色的"客"就这样不断地被创造，不断地被传播，不断地被关注，不断地被扩充，不断地被增殖。

□ 小　结

当代汉语词语模"×客"是一个承继与创新相结合的词语模，它是汉语与外

---

① 裴景瑞、于全有:《网络"客"族新词的产生机制与社会文化心理》,《柳州职业技术学院学报》2008年第4期。

民族语言碰撞、交流、融合的产物。当代汉语“×客”词语模具有以下特征：

1.模标“客”虽然有一定的表层语义差异，但仍然具有深层语义上的相关性，都具有类化作用，“客”既可以指人，也可以指物。

2.可以进入模槽位置的语言单位具有深层语义上的相关性，都表现出所指对象的特征，“客”可以指人的行为特征或事物的特征。

3.“×客”的组合能力发生了一定变化。在过去，模标“客”与单音节名词性或动词性模槽成分组合的情况较为常见，如今“客”跟双音节模槽成分组合的词语也为数众多；过去模槽成分较为常见的是动词性、名词性，形容词性的较为少见，如今除动词性、名词性成分之外，形容词性成分也比较常见。模标“客”的搭配对象也发生了一定的变化，在过去，能够跟“客”搭配的一般是某种人的特征或行为，跟某种事物搭配的比较少见。如今，跟某种事物搭配的情况已属于常见。

4.“×客”的色彩意义也发生了一定的变化。先前的“×客”族词语的书面语色彩比较浓，如今则体现出书面语色彩与口语色彩兼备的特点，而且大量见于网络用语，体现出建立在诸多媒体相互叠加并且高度融合基础之上的多维传播时代的特点。

5.当代汉语词语模“×客”是以汉语原有的“×客”为基础，融入人们在吸收外来语时选用的让人望文生义的“客”，由此得到更新的产物。“×客”族词语群之所以够如此繁盛，一是因为互联网时代以及语汇发展的自我调节功能凸显了“×客”的识别、再造功能。借助于互联网，人们可以更加便利地对纷繁复杂的事物进行模式识别，将那些相关的、主要生于网络、用于网络的新事物以及一些不限于网络世界的词语纳入“×客”构式，催生各种各样的“客”。二是因为汉语吸收外来语的常用方法是利用音译用字的原有意义而形成字面上合理的有意义的组合。在吸收外来语时，对于“客”的谐音别解、音义兼译、附加义类等处理方法都出自汉语汉字的认知习惯。三是因为语用主体心理需求的影响。“×客”族词语的产生、繁盛是当代人张扬个性、求同存异、多元呈现心理的反映。

结　　语

当代汉语词语模指的是语用主体为了满足表达的需要，在认知规律和语用因素的相互作用下，利用类推方式，即时生成并且便捷地传播新词语的一种模块化装置。在各种创造新词语的方法中，词语模十分活跃，是重要的、常见的方法之一。当代汉语词语模以结构的开放性、可复制性与产出的批量性、能产性见长，它可以在较短时期内类推出一个词语群，而且这个词语群仍然处于一个不断发展变化的动态过程之中。从当代汉语词语模的发展趋势来看，主要呈现出下列特点。

一、当代汉语词语模系统的内部发展不平衡

当代汉语中新产生的词语模，其中大部分属于全新创造型，另一部分属于类推仿造型。前者是“自生模”，即在人们的语言生活中自然生成的词语模，如“×门、×工程、阳光×、多媒体×”等；后者是“模生模”，有的在“承继模”基础上仿造，如由“×女”推出“×男”，由“热×、冷×”推出“温×”等；有的在“自生模”基础上仿造，如由“×吧”推出“吧×”，由“高端×”推出“低端×”和“中端×”等。这种类推仿造的结果并不一定平衡对应，周洪波在《新词语的预测》中指出：“语言是一个动态的开放的系统，它在隐性的层面上，成分之间是对称的，而在显性的层面上，成分之间又是不对称的，有许多缺环、空位，尽管有些缺环、空位所表示的事物是日常生活中不可缺少的，但我们并不因为它们的存在而感到交际的困难。可以这么说，潜在词语的显现是交际的需要，词语的缺环、空位同样也是交际中的正常现象。”可见，一个词语模什么时候显现，什么时候潜隐，什么时候复出，都取决于语言系统内部的调节和语言发展外部的社会文化背景以及语用

主体的交际需要、语用心理和语用能力等诸多因素。在上述因素的相互作用下，当代汉语词语模还将不断涌现出新的成员，而那些已经显现了的词语模则将继续存在或暂时潜隐。

二、当代汉语词语模的特殊构式已经显现

“特殊”主要指组合形式的特殊，熟语型词语模就属于特殊之列。从目前搜集的语料看，下列情况更为特殊，如能够充当模标的语言单位模标通常为名词性、谓词性和区别词性成分，但“被自杀、被幸福、被民主”中的“被”是介词、助词还是助动词？再如以“范跑跑”为代表的“XYY”构式，不仅模槽是空位，而且模标也是空位，这种特殊构式虽然尚属个案，但毕竟已经出现，而且颇具表现力，因此还有待于进一步的观察、研究。

三、当代汉语词语模所生成的词语有层次高低之分

当代汉语词语模的能产度较高，所创造的词语十分庞杂，一个词语模可能会创造出一些鲜活灵动的词语，也可能仿造出一些拙劣的、没有新意的、表义不明确的词语。如近年流行的“裸×”，模标义为：①露出，没有遮盖。②比喻没有附加成分或表示动作行为的性质和方式的一种伴随状态或结果。“裸”具有形象化色彩，但多少也有以低俗化来吸引眼球的嫌疑，如“裸机、裸妆、裸考、裸退、裸官、裸婚、裸分”等。

我们应关注并倡导那些交际值比较高的词语模，不应提倡拙劣的、低层次的模仿。例如“被”，过去可用于被动句，引出动作的施动者，如“帽子被风刮掉了”；也可用于动词前构成被动短语，表示受动，如“被批评”。但“被×”中的“被”则可以出现在动词性、名词性、形容词性成分前，“被×”族新词语表示受动者被强制接受的由施动者引起的某种结果、状态，这是新人耳目且有趣的用法，如“被就业、被自愿、被慈善、被小康、被开心、被和谐”等。

本书力求对当代汉语词语模现象进行比较系统的分析，但由于自身理论水平和写作篇幅的限制，所以在某些方面还未及探讨或讨论得不够深入，例如词语模的分布、能产度的定量分析、模标义的认知、交际值的优劣、语用主体创新能力的提高等问题以及目前尚未考虑到的一些问题，这些都需要进一步地研究和补充。

附录　当代汉语词语模所造新词语汇辑①

B

吧：出售酒水、食品或供人从事某些休闲活动的场所，也泛指网络中的虚拟社区。

吧×：

吧女　吧娘　吧妹　吧姐　吧主　吧友　吧员　吧客　吧仔　吧台　吧厅　吧室　吧凳　吧门　吧架　吧费　吧座

×吧：

陶吧　布吧　画吧　网吧　股吧　茶吧　琴吧　话吧　车吧　水吧　冰吧　果吧　餐吧　棋吧　氧吧　浴吧　迪吧　球吧　影吧　咖吧　啤吧　书吧　乐吧　彩吧　冷吧　森吧　性吧　图吧　石吧　街吧　路吧　贴吧　烤吧　剪吧　彩妆吧　英语吧　文化吧　漫画吧　书画吧　芦荟吧　温泉吧　玻璃吧　玩具吧　游戏吧　功夫吧　音乐吧　休闲吧　花卉吧　咖啡吧　零点吧　考试吧　小说吧　摩托吧　股票吧　基金吧　露天吧　怀旧吧　健身吧　射箭吧　直播吧　考研吧　百度贴吧　百度百科吧　士兵突击吧　浅尝人生吧

霸：①指强横无理、倚仗权势压迫人民的人。②在同类当中某个方面最好、

① 按照模标的音序排列。模标的释义参考：李行健、曹聪孙、云景魁主编：《新词新语词典》，语文出版社 1993 年版；商务印书馆辞书研究中心编写：《新华新词语词典》，商务印书馆 2003 年版；中国社科院语言研究所词典编辑室编：《现代汉语词典》第 5 版，商务印书馆 2007 年版。

最突出的个体。

×霸：

财霸　车霸　煤霸　油霸　市霸　血霸　球霸　电霸　路霸　水霸　鱼霸
词霸　图霸　声霸　视霸　影霸　浴霸　钢霸　力霸　毒霸　面霸　彩霸
译霸　搜霸　考霸　解霸　凉霸　速霸　超霸　强霸

板块：原指按地质上的活动地带划分的岩石圈的构造单元，现比喻具有某些共同点或联系的各个部分的组合。

×板块：

商业板块　创业板块　医药板块　钢铁板块　煤炭板块　地产板块
新股板块　军工板块　热点板块　风险板块　潜力板块　概念板块
领涨板块　零售板块　湖东板块　城北板块　南湖板块　望江板块
新闻板块　交通板块　手机板块　次新股板块　徐家汇板块
陆家嘴板块　学英语板块　学电脑板块　大五角场板块　松江新城板块
公共安全应急教育节目板块　QQ 板块　QQ 炫舞板块　QQ 非主流板块
QQ 空间交流板块

扮：装饰，打扮；扮演。

扮×：

扮靓　扮酷　扮嫩　扮乖　扮媚　扮雅　扮爽　扮时尚　扮天真　扮年轻
扮幼稚　扮清纯　扮妩媚　扮稚嫩　扮可爱　扮优雅　扮深沉　扮淑女
扮熟女　扮书女　扮处女　扮少女　扮少男　扮怨妇　扮绅士

病：原指生理上或心理上发生的不正常的状态，现泛指因现代生活环境和现代生活方式而引起的某种不正常的状态，既可用于指人的疾病，也可用于指社会的弊病。

×病：

冰箱病　城市病　地毯病　高楼病　空调病　舞厅病　职业病　电视病
电话病　汽车病　红眼病　奖金病　卡拉 OK 病　电子游戏病

被：表示受动者被强制接受由施动者引起的某种动作行为。

被×：

被就业　被自杀　被自愿　被意外　被会员　被有权　被代表　被健身
被生活　被恋爱　被道歉　被增长　被失踪　被辞职　被失踪　被开心
被代表　被民意　被民主　被慈善　被小康　被幸福　被繁荣　被和谐

被中奖 被捐款 被涨工资 被下等人

C

草根:源自英语“grass roots”。①指同政府或决策者相对的势力,如民间组织、非政府组织等草根阶层。②指同主流、精英文化或精英阶层相对应的弱势阶层,如一些不太受重视的民间、小市民的文化、习俗或活动等。喻指顽强的生命力和广大的生存空间。

草根×:

草根化 草根版 草根性 草根网 草根族 草根奖 草根年
草根导演 草根艺人 草根官员 草根教师 草根学者 草根记者
草根大众 草根英雄 草根世界 草根城市 草根经济 草根工业
草根企业 草根金融 草根银行 草根文化 草根力量 草根组织
草根精神 草根思想 草根意识 草根政治 草根气息 草根运动
草根球队 草根革命 草根情结 草根文学 草根作品 草根小说
草根阶层 草根阶级 草根博客 草根论坛 草根教育 草根设计
草根社区 草根娱乐 草根媒体 草根新闻 草根创业 草根营销
草根大会 草根春晚

产业:指构成国民经济的行业和部门。

×产业:

信息产业 朝阳产业 夕阳产业 支柱产业 文化产业 第三产业
创意产业 动漫产业 新兴产业 体育产业 环保产业 健康产业
通信产业 食品产业 汽车产业 教育产业 旅游产业 游戏产业
幼稚产业 高科技产业 高新技术产业 文化创意产业

超:超级;超出(一定的程度或范围)。

超×:

超生(超计划生育) 超市 超标 超值 超龄 超编 超员 超载 超前
超薄 超平 超强 超链接 超短裙 超短裤 超一流 超豪华
超视距空战 超大规模集成电路

超级:超出一般等级的。

超级×:

超级旋风 超级教师 超级舞者 超级解霸 超级巡警 超级马力
超级异能 超级农民 超级访问 超级学生 超级女生 超级情人

超级女声　超级搞笑　超级男女　超级骗子　超级男生　超级玩家
超级美女　超级跑车　超级转换秀　超级显微镜　超级豪华轿车
超级同居时代　超级星光大道

炒：①频繁地买进卖出，制造声势，从中牟利。②为扩大人或事物的影响而通过媒体反复作夸大的宣传。

炒×：
炒股　炒汇　炒煤　炒房　炒电　炒油　炒外汇　炒地皮　炒黄金
炒基金　炒权证　炒茶叶　炒药品　炒市场　炒商气　炒导演　炒演员
炒文章　炒事件　炒新闻　炒人气　炒名气　炒气氛　炒节日　炒假日
炒热点　炒冷点　炒热门　炒冷门

城：指以某一方面的经营为主的大型服务实体或专业市场。

×城：
股城　影城　车城　装饰城　家电城　娱乐城　电影城　大学城　教育城
电器城　辣椒城　儿童城　服装城　火锅城　健康城　美食城　图书城
动画城　小商品城

吃：依靠某种事物生活。

吃×：
吃贿　吃贫　吃富　吃公　吃私　吃海　吃会　吃名　吃灾　吃富户
吃公餐　吃会议　吃床铺　吃床腿　吃大项　吃名额　吃材料　吃洋荤
吃名牌　吃国饭　吃市政　吃劳保

虫：比喻具有某种特点的人；沉迷于某事的人；对某事精通的人。

×虫：
网虫　房虫　车虫　药虫　戏虫　画虫　烟虫　舞虫　饭虫　会虫　睡虫
垃圾虫　古玩虫　电脑虫　咖啡虫　办公虫　盯人虫　生意虫　QQ虫

出：从里面到外面；发生；往外拿；显露。

出×：
出笼（比喻义）　出炉（比喻义）　出票　出圃　出赛　出台　出摊　出逃
出线　出行　出局　出演　出展　出战　出警　出镜　出台　出偏　出具
出示　出新　出资　出彩　出展　出岔子　出份子

D

达人：指在某一领域专业素质高，业务能力出类拔萃的人物。

×达人：
恋爱达人　美丽达人　音乐达人　博客达人　拍拖达人　数字达人
企业达人　灌水达人　城市达人　分享达人　网络达人　网吧达人
手机达人　游戏达人　英语达人　日语达人　韩语达人　口语达人
健身达人　减肥达人　星座达人　时尚达人　美食达人　投资达人
理财达人　潮流达人　时尚达人　寄居达人

打：打击。

打×：
打私　打拐　打非　打假　打黑　打黄　打恐　打骗　打扒　打偷　打诈
打托　打走私

大：①在体积、面积、数量、力量、强度等方面超过一般的或超过所比较的对象（跟“小”相对）。②表示强调，具有宏观意义。未必有与之对应的“小”。

大×：
大案　大巴　大餐　大球　大潮（比喻义）　大奖　大款　大腕　大气
大修　大环境　大同乡　大五金　大出血（比喻义）　大动脉（比喻义）
大气候　大工业　大农业　大粮食　大市场　大旅游　大科学　大卫生
大水利

大使：原用以称呼外交官员，现引申指肩负某种使命的人。

×大使：
形象大使　亲善大使　乐业大使　爱心大使　微笑大使　护犬大使
善心大使　和平大使　纠错大使　宣传大使　交通大使　会议大使
香港学生大使　香港青年大使　摩托罗拉中国大使　西安旅游推广大使

导：引导。

导×：
导游　导吃　导读　导富　导购　导学　导医　导车　导诊　导厕　导路
导览　导展　导播　导储　导视　导阅　导食　导宿　导行　导爷　导嫂
导娘

低端：等级、档次、价位等在同类中较低的。

低端×：

低端渠道　低端用户　低端市场　低端白酒　低端产品　低端手机
低端软件　低端显卡　低端汽车　低端音箱　低端品牌　低端网卡
低端笔记本　低端电脑配置　低端操作系统　低端数码相机
低端显卡补丁

电脑：电子计算机。

电脑×：

电脑族　电脑贼　电脑卡　电脑彩扩　电脑裁缝　电脑地图
电脑点菜　电脑犯罪　电脑红娘　电脑绘画　电脑教练　电脑大夫
电脑医生　电脑警察　电脑排版　电脑配餐　电脑算命　电脑验光
电脑账簿　电脑照排　电脑征婚

电子：构成原子的粒子之一。现常指以计算机、互联网或其他电子设备为载体的技术。

电子×：

电子病历　电子贺卡　电子函件　电子汇款　电子货币　电子进攻
电子警察　电子竞技　电子钱包　电子签名　电子商务　电子图书
电子伪装　电子信箱　电子邮件　电子政务　电子音乐　电子出版物

度：程度。

×度：

额度　底度　力度　梯度　可靠度　可信度　满意度　美誉度　能产度
偏好度　认知度　认可度　识别度　透明度　新鲜度　信任度　信誉度
依赖度　知名度　忠诚度　准确度

多：数量大。

多×：

多元　多级　多口　多极　多面　多选　多赢　多层次　多功能　多品种
多组织　多形式　多视角　多角度　多方位　多渠道　多媒体　多种类
多类别　多线条　多路径　多格式　多侧面

多媒体：可用计算机处理的多种信息载体的统称，包括文本、声音、图形、图像、动画、视频等。

多媒体×：

多媒体通信　多媒体站点　多媒体技术　多媒体教学　多媒体课件

多媒体广播　多媒体教室　多媒体软件　多媒体制作　多媒体系统
多媒体设计　多媒体讲台　多媒体作品　多媒体搜索　多媒体计算机
多媒体播放器　多媒体技术平台

E

二手:间接的;辗转得来的(事物)。

二手×:
二手房　二手车　二手烟　二手网　二手车城　二手电脑　二手手机
二手摩托　二手家具　二手市场　二手论坛　二手显示器　二手笔记本
二手自行车　二手 CPU　二手交易网　二手数码相机
二手商品交易平台

F

反:反抗;反对;方向相背的。

反×:
反恐　反黑　反扒　反潜　反诬　反倾销　反腐败　反粒子　反物质
反季节　反卫星武器　反理性主义　反厄尔尼诺现象

放心:让人没有忧虑的。

放心×:
放心菜　放心米　放心面　放心肉　放心水　放心药　放心油
放心工程　放心食品　放心医院　放心早餐　放心粮油　放心农资
放心购物　放心消费　放心理财　放心装潢

非:表示不属于某种范围。

非×:
非婚　非农　非婚生　非人道　非党员　非地段生　非处方药
非职务犯罪　非典型肺炎　非对称作战　非致命武器　非接触作战
非婚生子女　非企业法人　非条件反射　非再生资源　非对抗性矛盾
非传统安全威胁

非常:异乎寻常的;特殊的。

非常×:
非常可乐　非常柠檬　非常男女　非常主播　非常档案　非常时期

非常夏日　非常周末　非常女警　非常高度　非常音乐　非常考题
非常手机　非常视觉　非常6+1　非常通缉令　非常QQ男女

风:作风、风气。

×风:
会风　路风　站风　行风　官风　党风　家风　政风　考风　教风　车风
邮风　说情风　假冒风　泄密风　吃请风　枕头风　送礼风　牛仔风
摊派风

服务:为集体(或别人的)利益或为某种事业而工作。

×服务:
专业服务　法律服务　公证服务　会计服务　审计服务　税务服务
产权服务　秘书服务　移民服务　保安服务　印刷服务　包装服务
猎头服务　通讯服务　IT服务　互联网服务　留学咨询服务
电话系统维修服务

G

概念:原指思维的基本形式之一,反映客观事物的一般的、本质的特征;现泛指体现新思维、新理念和超前意识的设计、构思等。

概念×:
概念机　概念车　概念股　概念手机　概念设计　概念规划　概念板块
概念产品　概念服饰　概念住宅　概念旅游　概念英语　概念音乐
概念绘画　概念营销　概念舞蹈　概念食品

感:感觉、心情。

×感:
动感　肤感　骨感　脚感　口感　实感　手感　肉感　质感　安定感
安全感　悲剧感　悲壮感　超脱感　层次感　成就感　断裂感　方向感
孤独感　归属感　幻灭感　惶惑感　节奏感　紧迫感　空间感　临场感
流动感　认同感　神秘感　失落感　时代感　使命感　危机感　现场感
幸福感　虚幻感　忧患感　幽默感　优越感　主体感

高:在一般标准和程度之上的;等级在上的;数量多的。

高×:
高工　高教　高酬　高格　高亏　高龄　高税　高优　高效　高薪　高烟

高知 高效率 高速度 高风险 高回报 高收益 高反差 高品位
高污染 高投入 高科技 高文化 高消费 高效益 高姿态 高品质
高收入 高起点 高保真 高热量 高能量 高容量 高流量 高产出
高赔付 高脂肪 高蛋白 高消费 高姿态 高层次 高平衡

高端:源自英语“summit”。等级、档次、价位等在同类中较高的;高层官员或负责人。

高端×:
高端官员 高端人才 高端人物 高端用户 高端客户 高端访谈
高端会议 高端论坛 高端对话 高端日语 高端网站 高端媒体
高端论文 高端设计 高端品牌 高端培训 高端技术 高端营销
高端礼品 高端产品 高端旅游 高端市场 高端物业 高端住宅
高端商务 高端服务 高端软件 高端电脑 高端汽车 高端游戏
高端产业 高端笔记本 高端化妆品 高端俱乐部 高端操作系统
高端电脑配置 高端数码相机 高端网站建设

哥:从事某种职业或具有某种特征的男子。

×哥:
空哥 的哥 商哥 纺哥 呼哥 护哥 网哥 托哥 帅哥 衰哥
犀利哥 深邃哥 雪碧哥

工程:泛指某项需要投入巨大人力和物力的工作。

×工程:
形象工程 解困工程 满意工程 双优工程 慈善工程 实事工程
安居工程 扶贫工程 富民工程 胡子工程 解冻工程 绿色工程
民心工程 放心工程 素质工程 温饱工程 希望工程 阳光工程
造星工程 折子工程 知识工程 康居工程 德政工程 纪念工程
政绩工程 尾巴工程 烂尾工程 亮光工程 粉妆工程 豆腐渣工程
刮胡子工程 半拉子工程 菜篮子工程 蛋白质工程 送温暖工程
再就业工程 凝聚力工程 献爱心工程 三五工程 五个一工程
马拉松工程 体育温饱工程 金卡配套工程 学生减负工程
师德建设工程 211工程 382工程 522工程 666工程 百千万工程
一二三家庭读书工程

股:股票。

股×:

股本　股改　股价　股经　股盲　股民　股评　股圈　股权　股群　股事
股势　股书　股运　股灾　股值　股指　股质　股种　股资
×股：
个股　公股　活股　港股　沪股　牛股　权股　软股　深股　私股　死股
旺股　险股　硬股　庄股

关怀：①全方位的关爱。②一整套的服务。

×关怀：
人文关怀　临终关怀　终极关怀　剩余关怀　客户关怀　员工关怀
生育关怀　别克关怀　方正关怀　诺和关怀　党内关怀　护理关怀
责任关怀　生命关怀　精神关怀　人性关怀　自我关怀　生命关怀
社会关怀　生活关怀　民生关怀　政治关怀　终极关怀　人文终极关怀

H

户：指家庭或个人的类别。

×户：
万元户　特困户　关系户　钉子户　拆迁户　专业户　多用户　个体户
工商户　困难户　贫困户　穷困户　示范户　养殖户　一孩户　无孩户

花：比喻年轻漂亮，具有一定代表性的女子。

×花：
警花　军花　院花　系花　班花　厂花　市花　县花　区花　村花

化：表示转变成某种性质或状态。

×化：
幻化　硬化　亮化　野化　e化　人化　软化　港化　沙化　膨化　净化
智化　优化　良化　西化　老化　熟化　劣化　内化　外化　弱化　泛化
序化　商化　边缘化　电算化　电脑化　老龄化　低龄化　高龄化
空心化　属地化　白领化　荒漠化　品牌化　信息化　智能化　沙漠化
集约化　年轻化　一体化　华侨化　标准化　数字化　城市化　流程化
城市化　校园化　超市化　微型化　富营养化　高学历化　无公害化
环境无害化

环境：周围的情况和条件。

环境×：

环境权　环境战　环境壁垒　环境武器　环境标志　环境标准
环境风险　环境激素　环境伦理　环境难民　环境容量　环境退化
环境承载力　环境友好材料

J

家庭:以婚姻和血统关系为基础的社会单位。

×家庭:
空巢家庭　标准家庭　传统家庭　单亲家庭　丁宠家庭　丁克家庭
二一家庭　复合家庭　核心家庭　联合家庭　两制家庭　破损家庭
双低家庭　无孩家庭　主干家庭

姐:对比较年轻的女子的称呼。

×姐:
空姐　星姐　亚姐　军姐　警姐　的姐　一姐　亚姐　港姐　世姐　沪姐
京姐　粤姐

界:指职业、工作或性别等相同的一些社会成员的总体。

×界:
医界　网界　法界　诗界　Q界　设计界　摄影界　收藏界　彩票界
汽车界　航运界　体育界　娱乐界　信息界　金融界　宠物界　科学界
文艺界　曲艺界　妇女界　会计界　律师界　时尚界

经济:经济学上指社会物质生产和再生产的活动,也指国民经济的各部门,如工业经济、农业经济等,现多指某一方面的经济活动和现象。

×经济:
知识经济　县域经济　泡沫经济　实体经济　奥运经济　彩票经济
草根经济　会展经济　旅游经济　气象经济　生态经济　庭院经济
网络经济　休闲经济　眼球经济　虚拟经济　假日经济　循环经济
美女经济　选美经济　求职经济　通道经济　辛格经济　新生经济
大肚子经济

精神:指人的意识、思维活动和一般心理状态。

×精神:
奥运精神　骑士精神　协作精神　创新精神　团队精神　亮剑精神
企业精神　狼的精神　奉献精神　黑客精神　日本精神　体育精神

十七大精神　新东方精神　许三多精神　奥林匹克精神

K

卡：磁卡；卡片。

×卡：

贺卡　网卡　磁卡　绿卡　龙卡　声卡　胸卡　打卡　刷卡　资料卡
电影卡　邮箱卡　读书卡　病历卡　信用卡　牡丹卡　长城卡　金穗卡
银联卡　水晶卡　优惠卡　智能卡　贵宾卡　会员卡　上网卡　磁条卡
条码卡　软件卡　游戏卡　充值卡　公交卡　健身卡　IC卡　ID卡
IP卡　SIM卡　PVC卡　QQ密保卡

客：多指与计算机网络生活相关的一类人，也可以指具有共同特征的一类人。

×客：

黑客　威客　博客　播客　克客　灰客　红客　蓝客　骇客　飞客　闪客
克客　秀客　追客　拼客　炒客　赛客　换客　侃客　晒客　印客　烟客
网客　图客　漫客　乐客　信客　趣客　贫客　酷客　搜客　聊客　拍客
傲客　测客　试客　威客　掘客　肩客　摩客　维权客　租车客　兼职客
搜索客　淘宝客　淘金客　投机客　好搜客　爱音客　测试客　自由客
逍遥客　智能客　青春客　都市客　校园客　新岛客　山野客　天堂客
红酒客　背包客　文字客　南方都市客

库：原指储存大量东西的建筑物，现泛指具有储蓄或库存功能的地方。

×库：

血库　歌库　信息库　知识库　思想库　数据库　软件库　企业库
小说库　图片库　素材库　电影库　美食库　字体库　品牌库　人才库
资源库　试题库　精子库　疾病库　英语语料库　政策法规库
中华骨髓库

快餐：一般指预先加工好的、大众化的、节时的、方便的、可以充当主食的食物，比喻通俗、节时、简易、大众化的文化现象或生活方式。

快餐×：

快餐文化　快餐电视　快餐电影　快餐文学　快餐恋爱　快餐爱情
快餐情感　快餐感情　快餐评论　快餐新闻　快餐阅读　快餐历史
快餐时代

×快餐：

文化快餐 电视快餐 电影快餐 文学快餐 恋爱快餐 爱情快餐
情感快餐 感情快餐 评论快餐 新闻快餐 阅读快餐 历史快餐
精神快餐 科普快餐 知识快餐 国学快餐 智慧快餐 幽默快餐
职场快餐

L

老：指某一种、某一类人或事物。

老×：

老记 老总 老便 老编 老班 老外 老美 老欧 老港 老广 老爸
老妈 老舅 老姐 老马 老柴 老叶 老克 老奥 老癌 老肝 老莫
老迪 老乡 老公 老个 老三 老国 老民 老私 老插 老推 老包
老倒 老抠 老左

冷：①温度低的；感觉温度低的。②不受欢迎的；没人过问的；少见的。多与“热”相对，常用比喻义。

冷×：

冷岛 冷线 冷点 冷销 冷码 冷暴力 冷和平 冷启动 冷鲜肉
冷谜语 冷笑话 冷幽默 冷焰火 冷兵器 冷读术 冷知识 冷语言
冷态度

力：力量；能力。

×力：

亲和力 创造力 战斗力 号召力 影响力 凝聚力 吸引力 洞察力
控制力 意志力 分析力 破坏力 离心力 说服力 摩擦力 竞争力
震撼力 感染力 鉴赏力 冲击力 生命力 消费力 判断力 推动力
约束力 公信力 执行力

零：表示没有数量；免去或取消。

零×：

零价 零铅 零差错 零储蓄 零档案 零废品 零风险 零辐射
零关税 零机会 零技巧 零假票 零角度 零距离 零空间 零口供
零库存 零利息 零利率 零利润 零漏洞 零农赋 零起点 零缺陷
零伤害 零伤亡 零事故 零首付 零手续 零团费 零尾气 零误差
零效益 零效应 零隐患 零佣金 零债务 零志愿 零中介 零主题

零专利　零报告　零补考　零操作　零发案　零辐射　零负债　零干扰
零感染　零供应　零换乘　零贿赂　零监控　零接待　零接触　零拒绝
零宽容　零冒险　零摩擦　零排放　零偏离　零起步　零起拍　零抢跑
零忍耐　零伤害　零剩余　零失真　零收费　零收获　零疏忽　零损耗
零投档　零投诉　零退货　零消费　零违规　零污染　零无证　零修饰
零占有　零招待　零支出　零增长　零租借　零烦恼　零遗憾　零忧伤
零郁闷　零放射性　零负债率　零能见度　零死亡率　零所得税
零增值税　零职业病　零安全事故　零不满意项　零流动资产
零流动资金　零运营资本　零重大事故率

龄:泛指年数。

×龄:
教龄　兵龄　医龄　烟龄　股龄　彩龄　基龄　网龄　球龄　脑龄　心龄
体龄　孕龄　胎龄　区龄　国龄　癌龄　报龄　编龄　储龄　房龄　歌龄
岗龄　官龄　护龄　婚龄　驾龄　农龄　牌龄　桥龄　射龄　智龄　大龄
老龄　小龄

领:源自英语"white-collar、bule-collar",指从事某种职业或某种工作的人。

×领:
白领　蓝领　黑领　粉领　灰领　红领　绿领　金领　银领　亮领　钢领
铁领　开领　破领　新领　无领　猩红领

另类:指非正统的、与众不同的人或事物。

另类×:
另类读物　另类生活　另类时装　另类图片　另类音乐　另类作家
另类作品　另类民工　另类美女　另类解读　另类足球　另类小说
另类时空　另类电影　另类文章　另类字体　另类桌面　另类壁纸
另类语言　另类空间

绿色:符合环保要求,无公害、无污染的。

绿色×:
绿色革命　绿色设计　绿色技术　绿色产业　绿色贸易　绿色企业
绿色标志　绿色文化　绿色文学　绿色行动　绿色牛奶　绿色食品
绿色产品　绿色包装　绿色餐饮　绿色厨师　绿色电脑　绿色电池
绿色饭店　绿色饭盒　绿色建筑　绿色雕塑　绿色经济　绿色汽车
绿色社区　绿色手机　绿色通道　绿色照明　绿色标志　绿色消费

绿色顾客　绿色营销　绿色奥运　绿色长城　绿色军团　绿色农业
绿色消费行为　绿色生态小区

裸：①露出，没有遮盖。②比喻没有附加成分或表示动作行为的性质和方式的一种伴随状态或结果。

裸×：
裸奔　裸聊　裸替　裸诵　裸泳　裸浴　裸检　裸拍　裸泳　裸绘　裸闹
裸别　裸居　裸戏　裸秀　裸骑　裸纤　裸机　裸妆　裸装　裸色　裸价
裸博　裸考　裸退　裸卖　裸捐　裸官　裸政　裸婚　裸分　裸教
裸油价　裸时代　裸文化

M

盲：喻指不具备某一方面常识的人。

×盲：
歌盲　倒盲　画盲　科盲　法盲　棋盲　美盲　球盲　舞盲　学盲　税盲
路盲　乐盲　股盲　官盲　诗盲　医盲　电脑盲　股票盲　化妆盲
京剧盲　军事盲　恋爱盲　外交盲　卫生盲　音乐盲　营养盲
卡拉 OK 盲

门：源自英语“-gate”，泛指各种丑闻或具有新闻效应的事件。

×门：
解说门　老虎门　艳照门　奶粉门　三鹿门　香烟门　失火门　假捐门
诈捐门　兽兽门　技校门　斗富门　转会门　脱衣门　堕胎门　骚扰门
踩猫门　尘肺门　劈腿门　裸奔门　毒舌门　喂奶门　机场门　虐狗门
疫苗门　吸毒门　过客门　分手门　整容门　活埋门　感谢门　许愿门
钢管舞门　雅芳退货门　惠普质量门　谷歌退中门　农夫山泉砒霜门
富士康员工自杀门

迷：指沉醉于某种事物的人。

×迷：
网迷　彩迷　股迷　球迷　车迷　棋迷　舞迷　军装迷　兵器迷　股票迷
基金迷　彩票迷　电脑迷　游戏迷　电视迷　电影迷　卫视迷　摩托迷
汽车迷　吉他迷　美剧迷　街舞迷　QQ 迷　《士兵突击》迷

迷你：源自英语“mini”，指同类物品中较小的；小型的。

迷你×：
迷你裙　迷你窝　迷你电影　迷你花园　迷你汽车　迷你酷狗　迷你游戏
迷你迅雷　迷你摩托　迷你音响　迷你手机　迷你音箱　迷你冰箱
迷你植物　迷你洗衣机　迷你自行车　迷你酷狗播放器

民：指某一类人。

×民：
网民　卡民　食民　茶民　股民　彩民　汇民　险民　邮民　基民　期民
房民　麻民　烟民　毒民　赌民　狗民

名：出名的；有名声的。

名×：
名模　名演　名导　名歌　名剧　名将　名脚　名手　名记　名播　名嘴
名装　名品　名言　名师　名医　名报　名标　名产　名厂　名吃　名店
名陪　名啤　名品　名摊　名腕　名饮

明星：原指有名的演员、运动员，现泛指在某一方面出众的人或事物。

明星×：
明星脸　明星村　明星镇　明星单位　明星城市　明星学校　明星企业
明星乡镇　明星股票　明星基金　明星基民　明星彩民　明星教师
明星白领　明星驾驶员　明星农民工　明星营业员　明星营销员
明星服务员　明星乘务员　明星乡镇企业
×明星：
文艺明星　体育明星　美女明星　篮球明星　电视明星　搞笑明星
公关明星　环保明星　教育明星　抗癌明星　科技明星　学术明星
公益明星　媒体明星

模：模特儿。

×模：
名模　男模　女模　车模　房模　漆模　手模　脚模　腿模　颈模　发模
指模　乳模　全模　内衣模

模式：某种事物的标准形式或使人可以照着做的标准样式。

×模式：
安全模式　主题模式　空间模式　管理模式　经营模式　营销模式
学习模式　商业模式　社区模式　温州模式　深圳模式　成功者教育模式

农村社区教育模式 人文奥运经营管理模式 Blended Training 模式 E-Learning 模式 E-Tutoring 模式

N

纳米：长度单位，即 100 万分之一毫米。

纳米×：

纳米盘 纳米银 纳米药物 纳米技术 纳米科学 纳米效应 纳米医学 纳米材料 纳米尺寸 纳米抗癌 纳米陶瓷 纳米涂料 纳米塑料 纳米助剂 纳米净化 纳米防护液 纳米机器人 纳米光触媒 纳米乳胶漆 纳米能量杯 纳米保健枕 纳米珍珠粉 纳米美白面膜 纳米稀磁牙刷 纳米喷镀技术 纳米节能防晒玻璃

男：指具有某种特征的男子。

×男：

酷男 色男 猛男 型男 超男 熟男 轻熟男 亚熟男 快男 宅男 剩男 干物男 润物男 食草男 酱油男 蚊子男 肉松男 凤凰男 三低男 钻石男 精英男 亚熟男 经济适用男

农业：国民经济的组成部分之一，包括种植业、林业、畜牧业、副业和渔业。

×农业：

观光农业 休闲农业 持续农业 精准农业 化学农业 民营农业 三资农业 生态农业 现代农业 有机农业 都市农业 设施农业 循环农业 传统农业 订单农业 植物农业 菌类农业 园艺农业 信息农业 蓝色农业 绿色农业 白色农业 外向型农业 高效生态农业 休闲观光农业

奴：为各种经济压力、精神压力所累的人。

×奴：

白奴 车奴 房奴 节奴 垄奴 墓奴 证奴 卡奴 教奴 学奴 考奴 孩奴 子奴 礼奴 钱奴 券奴 股奴 电奴 油奴 医奴 妻奴 药奴 网奴 球奴 书奴 报奴 花奴 鸟奴 法奴 权奴 婚奴 爱奴 情奴 欲奴 性奴 出国奴 职称奴 零食奴 电脑奴 外语奴 学位奴 论文奴 工作奴 生活奴 养老奴 租房奴 考研奴

女：指具有某种特征或从事某种职业的女子。

×女：

吧女　快女　宅女　剩女　靓女　猛女　索女　超女　潮女　没女　熟女　轻熟女　亚熟女　干物女　润物女　奥巴女　艾滋女　芙蓉女　孔雀女　按摩女　三陪女　三高女　三不女　黄金女　物质女　清汤挂面女　简单方便女

P

跑：为某种事务而奔走。

跑×：

跑关系　跑工作　跑官司　跑上访　跑投诉　跑资金　跑项目　跑市场　跑业务　跑赞助　跑房子　跑奖项　跑科研经费

泡沫：比喻某一事物所存在的表面上繁荣、兴旺而实际上虚浮不实的成分。

泡沫×：

泡沫病　泡沫化　泡沫心理　泡沫经济　泡沫工程　泡沫股市　泡沫楼市　泡沫文化　泡沫新闻　泡沫政绩　泡沫科技　泡沫学术　泡沫资产　泡沫房价　泡沫爱情

×泡沫：

股市泡沫　楼市泡沫　经济泡沫　文化泡沫　新闻泡沫　政绩泡沫　科技泡沫　学术泡沫　评估泡沫　商品泡沫　资产泡沫　房价泡沫　认知泡沫　爱情泡沫　心理泡沫　话语泡沫　房地产泡沫

陪：陪伴，陪同，多指一种职业行为。

陪×：

陪床　陪读　陪练　陪护　陪聊　陪玩　陪学　陪酒　陪歌　陪舞　陪旅游　陪逛街　陪购物　陪相亲　陪美容　陪瘦身

啤：啤酒的简称。

×啤：

干啤　扎啤　听啤　生啤　鲜啤　淡啤　浓啤　黑啤　白啤　棕啤　红啤　黄啤　绿啤　冰啤　暖啤　麦啤　散啤　果啤　菠萝啤　苹果啤　橘子啤　沙棘啤　哈密瓜啤

品：物品。

×品：

精品　极品　圣品　良品　旧品　新品　稀品　优品　特品　邮品　饮品
晒品　饰品　家品　寝品　冰品　钢品　锡品　铝品　塑品　肉品　酒品
瑕疵品　短缺品　残次品　顶级品　营养品　保健品　化妆品　装饰品
危险品　试销品　熟食品　家庭品　家居品　电装品　彩妆品　高端品
专利品　淫秽品　金银首饰品

聘:聘请。

×聘:
暗聘　半聘　参聘　诚聘　辞聘　待聘　低聘　定聘　返聘　浮聘　高聘
回聘　降聘　解聘　借聘　竞聘　拒聘　考聘　连聘　落聘　网聘　面聘
明聘　内聘　评聘　抢聘　全聘　他聘　特聘　外聘　续聘　选聘　优聘
预聘　约聘　争聘　正聘　直聘　自聘

评:评论;批评;评判。

×评:
股评　彩评　车评　房评　楼评　职评　网评　自评　测评　参评　迎评
热评　恶评　酷评

瓶颈:比喻事情发展中容易发生阻碍的关键环节。

×瓶颈:
系统瓶颈　物流瓶颈　内存瓶颈　电脑瓶颈　爱情瓶颈　象棋瓶颈
网络瓶颈　学习瓶颈　工作瓶颈　情绪瓶颈　语言瓶颈　心理瓶颈
环境瓶颈　知识瓶颈　情感瓶颈　人际瓶颈　人才瓶颈　职场瓶颈
人生瓶颈　管理瓶颈　人才管理瓶颈　人才经营瓶颈
中小企业发展瓶颈

Q

情感:对外界刺激肯定或否定的心理反应,如喜欢、愤怒、悲伤、恐惧、爱慕、厌恶等。

情感×:
情感储蓄　情感促销　情感消费　情感经营　情感价格　情感商标
情感商品　情感投资　情感危机　情感教育　情感文化产业

情结:心中的感情纠葛;深藏心底的感情。

×情结:

乡土情结　乡村情结　都市情结　江南情结　西藏情结　中国情结
寻根情结　海军情结　旧物情结　丝袜情结　千年情结　奥运情结
英雄情结　小资情结　长发情结　知青情结

趋:趋于;趋向。

趋×:
趋冷　趋热　趋旺　趋温　趋暖　趋新　趋严　趋强　趋大　趋涨　趋降
趋升　趋利　趋权

圈:比喻范围;界域。

×圈:
诗人圈　车友圈　同事圈　同乡圈　亲友圈　球友圈　粉丝圈　同学圈
业主圈　医生圈　博客圈　行业圈　企业圈　文化圈　摇滚圈　娱乐圈
演艺圈　音乐圈　电影圈　媒体圈　广告圈　地产圈　建筑圈　主题圈
情感圈　潮流圈　休闲圈　公益圈　运动圈　游戏圈　团购圈　星座圈
家族圈　湖北圈　桂林圈　烟台圈　田亮圈　巩俐圈　舒马赫圈
梁朝伟圈　摄影人圈　写字楼圈　手机品牌圈　手机营销圈　手机宝贝圈
手机传媒圈　手机会展圈　IT 科技圈

权:权利。

×权:
肖像权　沉默权　姓名权　形象权　配偶权　著作权　排污权　探望权
名誉权　隐私权　署名权　知情权　采光权　使用权　人格权　自由权
平等权　话语权　表达权　开口权　欢笑权　哭泣权　休息权　时尚权
化妆权　不化妆权　素面朝天权　不受干扰权　噪音干扰权　草地行走权
宠物散步权

群体:泛指本质上有共同点的个体组成的整体。

群体×:
群体事件　群体游戏　群体思维　群体行为　群体心理　群体决策
群体驱散　群体活动　群体传播　群体规范　群体冲突　群体面试
群体舞蹈　群体压力　群体感应　群体动力　群体沟通　群体交换
群体精神　群体结构　群体效应　群体文化　群体凝聚力
群体内聚力

×群体:
别墅群体　建筑群体　雕塑群体　花卉群体　城市群体　乡村群体

产业群体　工业群体　企业群体　商铺群体　旅游群体　英雄群体
弱势群体　强势群体　明星群体　贵族群体　精英群体　腐败群体
社会群体　特殊群体　消费群体　参照群体　初级群体　同辈群体
利益群体　受众群体　边缘群体　大学生群体　农民工群体
非正式群体　非农业群体　暴富者群体　高收入群体　新失业群体
农业建筑群体　初级社会群体　城市弱势群体　目标消费群体
发现型人才群体　自然景观群体　大农业复合生态群体

R

热:①温度高的;受关注程度高的。②受很多人欢迎的;充满激情的,热辣的,方便快捷的。多与"冷"相对,常用比喻义。③指形成的某种热潮。

热×:
热点　热岛　热评　热卖　热炒　热线　热映　热销　热键　热播　热码
热舞　热焰火　热启动　热污染
×热:
汉语热　文凭热　汽车热　首饰热　话剧热　股票热　中国热　西装热
外语热　家电热　尼采热　三毛热　气功热　电影热　京剧热　音乐热
海南热　晚会热　丛书热　周易热　托福热　家教热　《渴望》热
宠物热　国学热　读书热　考研热　旅游热　求知热　反思热　减肥热
送礼热　跳舞热　野炊热　溜冰热　健身热　经商热　自学热　集邮热
开发热　结婚热　收藏热　投资热　自学热　下海热　旅游热　呼啦圈热
电子琴热　文化衫热　卡拉OK热　考GRE热　GRE热　MBA热
EMBA热　ELITE热　卡拉OK热

人:①指从事某种职业或某种工作的人。②指具有某种特殊身份,负有特殊职责的人(或组织机构)。③指具有某种特征的一类人。④对以某种载体联系起来的人的整体称呼。

×人:
音乐人　舞蹈人　电影人　电视人　广播人　影评人　广告人　传播人
IT人　担保人　管理人　统筹人　托管人　纳税人　申诉人　被诉人
法人　边缘人　道德人　国际人　经济人　科学人　平面人　芒果人
香蕉人　蜘蛛人　自然人　海尔人　联想人　烟草人　国税人　建行人
清华人　北大人　师院人　网络人　互联网人　资金托管人　基金托管人
年金管理人　破产管理人　商标管理人　基金发起人　企业年金托管人

交易品种管理人

软:原指物体内部的组织疏松,受外力作用后容易改变形状(与“硬”相对)。现多为比喻性用法。

软×:

软盘　软件　软解　软磁盘　软包装　软广告　软环境　软任务　软通货
软武器　软饮料　软杀伤　软科学　软资源　软着陆　软指标　软人才
软新闻　软技术　软专家　软设备　软损耗　软原则　软挂钩

S

赛:比赛。

赛×:

赛场　赛程　赛风　赛服　赛果　赛会　赛绩　赛纪　赛季　赛况　赛期
赛情　赛区　赛事　赛势　赛坛　赛项　赛讯　赛址　赛制

嫂:①指从事某种职业的人的妻子。②指已婚男性的妻子。③指从事某种行业(多为服务行业)或某一工种工作的已婚女性。④指来自某一地域的已婚女性。

×嫂:

军嫂　警嫂　矿嫂　海嫂　飞嫂　油嫂　空嫂　巴嫂　乘嫂　的嫂　纺嫂
环嫂　商嫂　险嫂　邮嫂　织嫂　渔嫂　铁嫂　月嫂　会嫂　医嫂
水饺嫂　育婴嫂　育儿嫂　保安嫂　宴会嫂　徽嫂　川嫂　海南嫂

傻瓜:源自英语“Foolproof”,指自动或半自动;操作简便的东西。

傻瓜×:

傻瓜机　傻瓜化　傻瓜书　傻瓜技术　傻瓜相机　傻瓜电脑　傻瓜汽车
傻瓜领带　傻瓜拳套　傻瓜设计　傻瓜麻将　傻瓜程序　傻瓜农技
傻瓜DC　傻瓜数码相机　傻瓜排版机　傻瓜打字机　傻瓜热水器
傻瓜摄影机　傻瓜擦背机　傻瓜型软件　MSN傻瓜教程　傻瓜安装包
傻瓜越野车

晒:在互联网上分享;公开;曝光。

晒×:

晒客　晒黑　晒料　晒富　晒衣　晒食　晒车　晒时尚　晒美食　晒烹饪

晒游戏　晒工作　晒薪水　晒工资　晒玩具　晒礼物　晒电脑　晒数码
晒家电　晒装修　晒美景　晒书籍　晒古玩　晒家居　晒园艺　晒音乐
晒影视　晒知识　晒股票　晒基金　晒票子　晒家乡　晒关系　晒能力
晒学历　晒笑话　晒宝物　晒八卦　晒作品　晒创意　晒幸福　晒梦想
晒秘密　晒糗事　晒美女　晒帅哥　晒宝宝　晒名人　晒身材　晒相貌
晒爱人　晒孩子　晒宠物　晒化妆品　晒生活小常识

商 1:商业;商品;经商;商人。

商×:
商霸　商潮　商贷　商德　商点　商格　商机　商检　商节　商海　商函
商缘　商圈　商誉　商流　商风　商演　商徽　商片　商书　商儒　商厦
商亭　商友　商战

×商:
港商　官商　国商　美商　侨商　片商　日商　儒商　书商　童商　台商
题商　文商　药商　邮商

商 2:泛指一个人所具有的某方面的能力和水平。

×商:
财商　健商　胆商　德商　法商　灵商　情商　体商　悟商　心商　性商
意商　职商　志商　智商　逆商　成熟商　发育商　人缘商　心灵商

涉:牵涉;涉及。

涉×:
涉案　涉老　涉农　涉工　涉股　涉侨　涉商　涉险　涉医　涉爆　涉赌
涉毒　涉恶　涉黑　涉黄　涉密　涉枪　涉税　涉性

生态:指生物在一定的自然环境下生存和发展的状态。

生态×:
生态标志　生态工程　生态环境　生态农业　生态科学　生态旅游
生态住宅　生态文明　生态平衡　生态系统　生态经济　生态城市
生态养殖　生态建筑　生态景观　生态补偿　生态文化

食品:泛指可供人类食用或饮用的物质,包括加工食品、半成品和未加工食品。

×食品:
保健食品　放心食品　工程食品　功能食品　白色食品　黑色食品

红色食品　黄色食品　绿色食品　紫色食品　配方食品　强化食品
生态食品　生鲜食品　太空食品　鲜花食品　自然食品　有机食品
脱水食品　减肥食品　瘦身食品　高营养食品　无公害食品
转基因食品

式：样式；形式。

×式：
男式　女式　新式　旧式　跪式　卧式　蛙式　中式　美式　苏式　俏式
螺旋式　波浪式　快餐式　象征式　袖珍式　介入式　一站式　全景式
便携式　全能式　跨越式　家庭式　传奇式　注解式　突破式　阿Q式
候鸟式　非日本式　纯酒店式　王进喜式　柏拉图式　大型连锁式
百科全书式　连篇累牍式　蜻蜓点水式　拖泥带水式　文字游戏式
奶油小生式　条件反射式

市：市面；市况；行情。

×市：
股市　房市　前市　债市　彩市　虎市　牛市　熊市　猴市　鹿市　上市
造市　入市　出市　旺市　淡市　顺市　逆市

市场：商品交易的场所；商品行销的区域。

×市场：
股票市场　期货市场　地方市场　国内市场　国际市场　欧洲市场
批发市场　零售市场　传统市场　现代市场　资金市场　信息市场
人才市场　技术市场　服务市场　劳动力市场　房地产市场
生产资料市场　消费资料市场　生产要素市场　人才交际市场
中国出境游市场

数字：指数字信息处理技术。

数字×：
数字化　数字时代　数字电话　数字电视　数字相机　数字人生
数字战场　数字控制　数字信号　数字城市　数字地图　数字地球
数字小区　数字鸿沟　数字通信　数字签名　数字语音室
数字图书馆　数字移动电话　数字视频光盘　数字音频光盘

双：两个，多与“单”相对。

双×：

双效　双色　双向　双规　双飞　双选　双赢　双输　双拥　双通
双功能

坛:原指文艺界或体育界,现泛指某种行业或范围内一些社会成员的总体。

×坛:
诗坛　艺坛　曲坛　乐坛　影坛　歌坛　泳坛　体坛　球坛　排坛　羽坛
棋坛　剑坛　箭坛　足坛　篮坛　乒坛　网坛　医坛　科坛　彩坛　邮坛

套餐:原指搭配成套,按份出售的饭食,比喻合理搭配、成套提供的产品或服务项目。

×套餐:
文化套餐　音乐套餐　漫游套餐　联通套餐　手机套餐　短信套餐
宽带套餐　GPRS 套餐　E8 套餐　装饰套餐　装修套餐　网站套餐
体检套餐　动感装备套餐　电信宽带套餐　上海移动套餐　奥运 88 套餐
动感任我行 A 套餐　ADSL 套餐　小灵通套餐　音乐卡套餐
神州行套餐　全球通套餐　中国移动套餐　诺基亚 PC 套餐
全球通 88 套餐　动感地带套餐　定向长途套餐　动感地带移动套餐

特:特殊;超出一般。

特×:
特区　特困　特卖　特需　特惠　特聘　特菜　特教　特行　特首　特招
特工　特行　特护　特惠　特级　特警　特体　特需　特准

托:指从旁诱人受骗上当的人。

×托:
医托　布托　饭托　房托　会托　贿托　客托　婚托　药托　车托　酒托
票托　庄托　学托　书托　话托　官托　低级托　高级托　手机托
明星托　广告托

W

外:①外边。②自己所在地以外的。③外国的;外籍的。

外×:
外卡　外设　外脑　外智　外工　外聘　外教　外记　外企　外援　外妞
外军　外烟　外需　外商　外逃

玩:①以轻松或不严肃的态度对待;轻视。②使用不正当的方法、手段。

玩×：

玩酷　玩靓　玩炫　玩文学　玩电影　玩音乐　玩文字　玩舞台　玩销售　玩邮品　玩电脑　玩钱币　玩手机　玩深沉　玩猫腻

网：计算机网络的简称。

网×：

网吧　网痴　网虫　网德　网弟　网点　网法　网费　网哥　网购　网关　网管　网海　网婚　网籍　网际　网奸　网教　网姐　网警　网剧　网卡　网联　网恋　网聊　网龄　网路　网妹　网梦　网名　网男　网迷　网民　网女　网情　网人　网事　网市　网速　网试　网谈　网特　网通　网头　网文　网线　网校　网星　网页　网业　网医　网瘾　网邮　网友　网语　网域　网缘　网站　网证　网址　网主　网罪

网络：特指计算机网络。

网络×：

网络版　网络战　网络电话　网络经济　网络安全　网络出版　网络犯罪　网络黄页　网络会议　网络警察　网络文学　网络银行　网络营销　网络游戏　网络语言　网络计算机　网络综合征　网络文明工程

微：细小；轻微。

微×：

微软　微星　微点　微机　微博　微轿　微幅　微跌　微升　微涨　微亏　微赢　微利　微调　微盈　微雕　微刻

文化：人类在社会历史发展过程中所创造的物质财富和精神财富的总和，特指精神财富，如文学、艺术、教育、科学等。

文化×：

文化户　文化衫　文化大院　文化工厂　文化货郎　文化警察　文化垃圾　文化旅游　文化企业　文化产业　文化商品　文化市场　文化书市　文化特区　文化心态　文化夜市　文化沙漠　文化下乡　文化走私　文化扶贫　文化消费　文化大篷车

×文化：

酒文化　茶文化　竹文化　面文化　烟文化　侃文化　水文化　性文化　硬文化　软文化　主文化　亚文化　快餐文化　饮食文化　美食文化　西瓜文化　咖啡文化　酒吧文化　宿舍文化　监狱文化　街头文化

胡同文化　晋商文化　牌匾文化　大款文化　企业文化　校园文化
媒介文化　绿色文化　领袖文化　书信文化　婚姻文化　老插文化
电视文化　泡沫文化

问题:缺点;缺陷;毛病;错误。

问题×:
问题菜　问题肉　问题油　问题车　问题房　问题股　问题奶粉
问题住宅　问题裁判　问题儿童　问题少年　问题青年　问题球迷
问题球员　问题影片

屋:特指商店或网络交流平台,借自日语。

×屋:
发屋　饼屋　时装屋　发型屋　礼品屋　精品屋　淘宝屋　糖果屋
深情屋　爱心屋　名典屋　咖啡屋　动漫屋　彩铃屋　软件屋　女性屋
美眉屋　文学屋　武侠屋　小说屋　谜语屋　书香屋　鬼故事屋
Q果冻屋　gkb数码屋　玄幻小说屋

污染:有害物质混入空气、土壤、水源等所造成的危害。

×污染:
光污染　热污染　白色污染　白亮污染　电磁污染　彩光污染　餐桌污染
噪声污染　装修污染　基因污染　水体污染　烟气污染　放射性污染
高科技污染　煤烟型污染　室内空气污染　精神污染

物语:源于日语汉字词“物语”,指故事、传说,也指关于某个话题的言论。

×物语:
爱情物语　成长物语　婚恋物语　婚庆物语　女性物语　青春物语
情感物语　时尚物语　童心物语　校园物语　星座物语　休闲物语
音乐物语　心灵物语　贪官物语　儿童物语　美女物语　穷人物语
理财物语　投资物语　白领物语

X

现象:指事物在发展、变化中所表现的外部的形态和联系。

×现象:
二八现象　经济现象　教育现象　奇异现象　财政现象　文化现象
心理现象　超女现象　韩寒现象　熊市现象　农民工现象　不文明现象

丁达尔现象　丁俊辉现象　周杰伦现象　《士兵突击》现象　于丹现象　新59岁现象

消费:为了生产或生活的需要而消耗物质财富。

×消费:
高端消费　中端消费　低端消费　公款消费　个性消费　健康消费　精神消费　物质消费　白色消费　绿色消费　红色消费　黄色消费　情色消费　超前消费　假日消费　节庆消费　校园消费　奢侈消费　崇洋消费　炫富消费　感性消费　理性消费　非理性消费

小:①在体积、面积、数量、力量、强度等方面不及一般的或不及所比较的对象(跟"大"相对)。②非正式的;不一定合法的。

小×:
小炒　小球　小区　小修　小教　小考　小课　小票　小动作　小饭桌　小汇报　小家庭　小金库　小气候　小青年　小人物　小商品　小同乡　小广播　小金库　小轿车　小字报　小字辈　小道消息

小姐:指从事不同工作的年轻女子。

×小姐:
空中小姐　礼仪小姐　储蓄小姐　导购小姐　导游小姐　公关小姐　柜台小姐　亚运小姐　世界小姐　北京小姐　售楼小姐　旅游小姐　茶艺小姐　营销小姐　三陪小姐　促销小姐　业务推广小姐　促销迎宾小姐　Office小姐

效应:原指物理的或化学的作用所产生的效果,现多指某个人物的言行或某种事物的发生、发展在社会上所引起的反应和效果。

×效应:
名牌效应　品牌效应　霍桑效应　美女效应　权威效应　骨牌效应　温室效应　蝴蝶效应　近因效应　青蛙效应　美人效应　鲶鱼效应　晕轮效应　木桶效应　马太效应　泡菜效应　海潮效应　手表效应　网络效应　观众效应　南风效应　递进效应　瓶颈效应　答布效应　共生效应　名片效应　邻里效应　深圳效应　承包效应　名人效应　明星效应　乔丹效应　苏东坡效应　舒马赫效应　世界杯效应　安慰剂效应

心态:对事物发展的反应和理解表现出不同的思想状态和观点。

×心态：

阳光心态　空杯心态　鸵鸟心态　成就心态　竞争心态　积极心态
消极心态　学习心态　付出心态　自律心态　宽容心态　平常心态
感恩心态　归零心态　投机心态　帝国心态　小国寡民心态

新：①新出现的。②性质上改变得更好的。

新×：

新潮　新宠　新高　新低　新贵　新居　新款　新派　新品　新巧　新锐
新诉　新型　新秀　新知　新手　新人类　新人王

新潮：符合新潮流的；时髦的。

新潮×：

新潮发型　新潮约会　新潮家园　新潮服装　新潮歌曲　新潮交友
新潮图片　新潮电影　新潮数码　新潮购物　新潮网名　新潮手机
新潮音乐　新潮美女　新潮杂志　新潮饰品　新潮名字　新潮时装
新潮影视　新潮女装　新潮卷发　新潮商人

新新：最新的。

新新×：

新新族　新新代　新新人类　新新喜剧　新新女性　新新一族　新新话语
新新偶像　新新男女　新新运动　新新词语　新新词汇　新新传奇
新新体育　新新家园　新新音乐　新新阅读　新新美眉　新新偶像
新新宠物　新新车类　新新家具　新新时代　新新生活　新新大学生
新新好男人　新新读书观　新新国际通　新新Q人类　新新男女关系
新新独身生活　新新相亲方式　新新经济词典　新新读书主义

新概念：新观点；新看法；新主意；新想法。

新概念×：

新概念英语　新概念小说　新概念作文　新概念学校　新概念电脑
新概念空间　新概念车型　新概念航空器　新概念行政法
新概念数码望远镜

信息：指用符号传送的报道；消息。

信息×：

信息化　信息库　信息论　信息台　信息战　信息港　信息安全
信息技术　信息家电　信息科学　信息服务　信息时代　信息平台

信息农业　信息军事　信息销售　信息高速公路

星：明星。

×星：
炒星　评星　抄星　丑星　裸星　脱星　打星　港星　教星　学星　棋星　体星　球星　新星　老星　民星　痞星　武星　哑星　盲星　笑星　谐星　艳星　泳星　稚星

型：类型。

×型：
运动型　特大型　开拓型　保守型　生产型　经营型　学习型　外向型　营养型　智力型　理想型　力量型　离散型　家居型　扩张型　科技型　精密型　节能型　经济型　进攻型　节约型　环保型　混合型　豪华型　研究型　封闭型　防御型　都市型　智能型　战略型　创新型　K型　M型　S型　T型　U型　V型　W型

行动：为实现某种意图而具体进行的活动。

×行动：
朝阳行动　春晖行动　爱心行动　廉正行动　雏鹰行动　反恐行动　突围行动　挖人行动　零点行动　闪电行动　幽灵行动　零点行动　夜鹰行动　拯救行动　圆梦行动　剑鱼行动　飓风行动　猎豹行动　蓝色行动　北非沙漠行动　反恐精英行动　快乐搜友大行动

形象：能引起人的思想或感情活动的具体形状或姿态。

形象×：
形象元素　形象工程　形象设计　形象顾问　形象谋略　形象战略　形象策划　形象代表　形象营销　形象大使　形象代言人

性：指事物的某种性质或性能。

×性：
柔性　刚性　知性　隐性　显性　潜性　盲从性　全球性　权威性　区域性　前瞻性　潜在性　危害性　叛逆性　史诗性　商业性　体验性　随机性　双重性　多元性　制约性　整合性　滞后性　叙事性　穿透性　变异性　边缘性　便捷性　模糊性　能动性　大陆性　思辨性　开放性　结构性　装饰性　时效性　消遣性　依附性　开拓性　功能性　随机性　有序性　导向性　趋同性　历时性　共时性　建设性　可读性　可塑性

可靠性　可行性　可操作性

休闲：工作、学习之余轻松悠闲地享受生活。

休闲×：
休闲装　休闲服　休闲帽　休闲衫　休闲裤　休闲鞋　休闲食品
休闲服装　休闲杂志　休闲消费　休闲产业　休闲游戏　休闲音乐
休闲旅游　休闲体育

秀：表演；展示。

秀×：
秀服　秀场　秀味　秀约　秀档　秀男　秀生活　秀时装　秀身材
秀脸蛋　秀肌肉　秀性感　秀文化　秀优雅　秀浪漫　秀时尚　秀个性
秀气质
×秀：
作秀　选秀　看秀　爆秀　模仿秀　时装秀　泳装秀　生活秀　脱口秀
脱衣秀　真人秀　状元秀　传情秀　宠物秀　宝贝秀　内衣秀　发型秀
汽车秀　外援秀　园艺秀　数码秀　舞蹈秀　婚纱秀　生活秀　身材秀
文化秀　浪漫秀　个性秀　我唱我秀　我型我秀　超级模仿秀
超级宝宝秀　e秀　QQ秀

虚拟：不符合或不一定符合事实的；假设的。

虚拟×：
虚拟人　虚拟人物　虚拟主持人　虚拟人生　虚拟空间　虚拟现实
虚拟经济　虚拟财产　虚拟主机　虚拟内存　虚拟世界　虚拟社区
虚拟商店　虚拟校园　虚拟购车　虚拟存储　虚拟旅游　虚拟炒股
虚拟图书馆　虚拟演播室　虚拟主持人

Y

亚：次一等。

亚×：
亚健康　亚别墅　亚婚姻　亚家庭　亚单身　亚情人　亚爱情　亚情感
亚熟女　亚熟男　亚婚姻　亚偷情　亚工作　亚学习　亚生活　亚生存
亚工作状态　亚学习状态　亚生活状态　亚生存状态

洋：①外国的。②现代化的。

洋×：

洋菜　洋吃　洋倒　洋瓜　洋鸡　洋节　洋伯乐　洋插队　洋厂长
洋厨师　洋打工　洋倒爷　洋道理　洋顾客　洋雇员　洋规矩　洋经理
洋教练　洋教师　洋节日　洋居民　洋快餐　洋冒进　洋脾气　洋先生
洋小姐　洋学生　洋学者　洋学子　洋饮料　洋跃进　洋专家　洋作风
洋腐败　洋漂族

阳光：①(事物、现象等)公开透明。②积极开朗、充满活力的。

阳光×：

阳光采购　阳光操作　阳光工资　阳光收入　阳光利润　阳光审判
阳光行政　阳光政务　阳光作业　阳光男孩　阳光女孩　阳光丽人
阳光人格　阳光心理　阳光校园舞　阳光高考信息

爷：指从事某种职业或具有某种特征的男子。

×爷：

板爷　膀爷　包爷　导爷　侃爷　款爷　揽爷　诋爷　冒儿爷　的爷
捧爷　票爷　息爷　倒爷　洋倒爷　国际倒爷

一代：泛指具有某些共同特点的一群人。

×一代：

飘一代　独一代　网一代　淘一代　拉风一代　黄金一代　乔丹一代
恐龙一代　酷睿一代　卡通一代　网络一代　港生一代　无根一代
80后一代　90后一代　垮掉的一代　迷惘的一代　颓废的一代
迷茫的一代　超白金一代　i一代　X一代　Y一代

一次性：只一次的；不须或不做第二次的。

一次性×：

一次性用品　一次性餐具　一次性筷子　一次性纸杯　一次性拖鞋
一次性食具　一次性桌布　一次性尿布　一次性牙刷　一次性香皂
一次性梳子　一次性浴帽　一次性火柴　一次性针线包　一次性剃须刀
一次性照相机

一哥：指某一范围内名列第一的男子。

×一哥：

港剧一哥　无线一哥　货运一哥　童星一哥　国乒一哥　羽坛一哥
阳光一哥　偶像剧一哥　香港麦当劳一哥　香港风水一哥　香港厨艺一哥

网球中国一哥　传记人物一哥　内地歌坛一哥　港漫“粉丝一哥”
香港功夫明星一哥

一姐:指某一范围内名列第一的女子。

×一姐:
乒乓一姐　卫视一姐　酒吧一姐　电力一姐　厦晶一姐　华纳一姐
中国电力一姐　中国一姐　上海一姐　香港一姐　无线一姐
偶像剧一姐　TVB一姐

一族:泛指具有某些共同特点的一群人。

×一族:
漂一族　新一族　炫一族　酷一族　快打一族　越野一族　粉领一族
北漂一族　爱车一族　丁克一族　有车一族　哈星一族　拇指一族
博彩一族　时尚一族　败家一族　迷彩一族　打工一族　汽车一族
上班一族　打字一族　啃书一族　漂移一族　嘻哈一族　搞笑一族
淑女一族　拼车一族　泡吧一族　闷骚一族　夜猫一族　动漫一族
晚睡一族　手绘一族　小资一族　违约一族　血拼一族　丁克一族
高薪一族　办公一族　白领一族　电脑一族　单身一族　酷车一族
奔奔一族　本本一族　狂奔一族　俏皮一族　自游一族　飙车一族
扁平一族“贩工”一族　口罩一族　奶瓶一族　快餐一族　80后一族
D一族　DC一族　DV一族　K歌一族　QQ一族　DIY一族
CK一族　SOHO一族　BOBO一族　Office一族

意识:指人对环境及自我的某一方面的自觉的认知能力以及认知的清晰程度。

×意识:
忧患意识　公仆意识　节俭意识　防范意识　预见意识　服务意识
创新意识　责任意识　安全意识　团队意识　大局意识　质量意识
法律意识　环保意识　品牌意识　规则意识　女性意识　家国意识
小农意识　销售意识　规则意识　精致意识　快乐意识　美丽意识
票证意识　政治意识　主人翁意识

银色:喻指老年人以及与老年人有关的事物。

银色×:
银色浪潮　银色产业　银色市场　银色经济　银色消费　银色群体
银色一族　银色蛋糕　银色食品　银色时代　银色住宅　银色人居

银色人才　银色商业　银色医疗　银色理财　银色旅游　银色世纪工程
银色消费需求　银色服务消费　银色服务市场　银色管家服务

隐性:性质或性状不表现在外的(跟“显性相对”)。

隐性×:
隐性失业　隐性杀手　隐性收入　隐性就业　隐性涨价　隐性广告
隐性行业　隐性课程　隐性采访　隐性腐败　隐性持仓　隐性污染
隐性需求　隐性信息　隐性投资　隐性成本　隐性监督　隐性知识
隐性效应　隐性资源　隐性疾病　隐性渎职　隐性欠薪　隐性决策人
隐性不文明现象

硬:原指物体内部的组织紧密,受外力作用后不容易改变形状(跟“软”相对),现多为比喻性用法。

硬×:
硬件　硬解　硬磁盘　硬广告　硬环境　硬拷贝　硬任务　硬设备
硬武器　硬指标　硬原则　硬着陆　硬杀伤　硬损耗　硬饮料　硬科学
硬能力　硬新闻　硬资源　硬技术　硬专家

友:指志趣相投,彼此友好的人。

×友:
网友　驴友　插友　藏友　辩友　粉友　本友　圈友　漫友　兔友　刀友
龟友　车友　股友　彩友　基友　期友　骑友　画友　宅友　寨友　肉友
克友　发烧友　手机友　动漫友　刀具友　汽车友　自行车友　摩托车友

预:预先;事先。

预×:
预案　预定　预订　预付　预检　预减　预警　预考　预亏　预热　预审
预收　预售　预选　预赢　预增　预知　预支　预祝

Z

展:展览。

展×:
展板　展播　展点　展馆　展柜　展会　展宽　展况　展露　展卖　展品
展评　展区　展商　展事　展室　展台　展厅　展团　展位　展销　展演
展映

指数：原指某一经济现象在某一时期内的数值和同一现象在另一个作为比较标准的时期内的数值的比数，现常指各种事物或现象数值的比数；概率。

×指数：
缘分指数　人气指数　速配指数　爱情指数　可爱指数　美丽指数
魅力指数　阳刚指数　温柔指数　工作指数　财运指数　信心指数
危险指数　痴情指数　幸福指数　悲情指数　伤感指数　勇敢指数
聪明指数　爱心指数　快乐指数　流行指数　时尚指数

制：制度。

×制：
股份制　合作制　合同制　聘任制　首选制　双轨制　任期制　夏时制
淘汰制　复合制　分食制　实名制　大部门制　零报告制　首问负责制
权责发生制　收付实现制　网络实名制　手机实名制　火车票实名制
3A 制　AA 制

智能：智慧和能力。

智能×：
智能卡　智能化　智能网　智能材料　智能武器　智能建筑　智能大厦
智能手枪　智能手机　智能住宅　智能家居　智能犯罪　智能招聘
智能影院　智能气功　智能软件　智能驱动　智能地图　智能闹钟
智能交通网　智能 ABC 输入法

中端：等级、档次、价位等在同类中处于中等的。

中端×：
中端渠道　中端用户　中端手机　中端显卡　中端电器　中端主板
中端耳机　中端市场　中端耳麦　中端笔记本　中端服务器
中端数码相机　中端电脑配置　中端游戏显卡　中端 CPU　中端 MP3

助：帮助；协助。

助×：
助残　助读　助购　助孤　助考　助老　助力　助推　助养　助医　助孕
助阵

主义：指某种观念、理论或主张。

×主义：
半糖主义　雪茄主义　牛仔主义　犬儒主义　快乐主义　象征主义

结构主义　折衷主义　格调主义　休闲主义　简约主义　幸福主义
完美主义　舒适主义　精英主义　权威主义　标签主义　写食主义
美食主义　食尚主义　素食主义　消费主义　品味主义　梵高主义
内敛主义　勤劳主义　冒险主义　家用主义　贵族主义　反理性主义
“一本书”主义　人类中心主义　消费至上主义

专业户：原指我国农村中专门从事某种农副业的家庭或个人，现泛指具有某种特殊专长的家庭或个人，也指经常做某事的人。

×专业户：
养鸡专业户　运输专业户　种子专业户　种粮专业户　育苗专业户
植保专业户　采摘专业户　烘烤专业户　运输专业户　发明专业户
获奖专业户　软件专业户　文化专业户　信息专业户　考研专业户
相亲专业户　面试专业户　灌水专业户　“状元”专业户　“硬汉”专业户
“警察”专业户　“皇帝”专业户

转：改换方向、位置、形势、情况等。

转×：
转包　转产　转发　转岗　转轨　转会　转行　转借　转录　转型　转译
转院　转制　转按揭　转关系　转基因

转基因：运用科学手段从某种生物中提取所需要的基因，将其转入另一种生物中，使与另一种生物的基因进行重组，从而产生特定的具有优良遗传性状的物质。

转基因×：
转基因食品　转基因食物　转基因技术　转基因生物　转基因作物
转基因动物　转基因植物　转基因玉米　转基因水稻　转基因木瓜
转基因大豆　转基因棉花

状元：①泛指考试取得第一名的人。②比喻在某一范围内的佼佼者。

×状元：
舞状元　高考状元　中考状元　文科状元　理科状元　读书状元
功夫状元　网络状元　养猪状元　养鸡状元　养牛状元　养鱼状元
种树状元　种菜状元　种粮状元　打工状元　养殖状元　双色球状元

准：可以作为某类事物看待的。

准×：

准博士　准新娘　准新郎　准新人　准妈妈　准爸爸　准婆婆　准岳母
准亲家　准儿媳　准空姐　准现房　准富人　准业主　准学术　准宾语
准平原　准系统　准购房人　准职业人　准第三者

综合征(症):原指因某些有病的器官相互关联的变化而同时出现的一系列症状,也叫症候群。现泛指生理、心理疾病的总和。

×综合征(症):
美食综合征　节日综合征　应酬综合征　亚健康综合征　熬夜综合征
周末综合征　年底综合征　手机综合征　空调综合征　快餐综合征
光源综合征　夜宵综合征　鲁豫综合征　购物综合征　零食综合征
麻将综合征　网络综合征　高技术综合征　夜生活综合征
第二职业综合征　毕业综合征　婚前综合征　考前综合征　戒烟综合征
娱乐综合征　旅游综合征　厨房综合征　美味综合征　城市综合征
电脑综合征　网络综合征　假期综合征　离退休综合征　慢性疲劳综合征
脆弱儿童综合征　都市环境综合征　都市化综合征　视觉污染综合征
病态建筑物综合征　互联网络成瘾综合征

走:趋向;呈现某种趋势。

走×:
走牛　走熊　走穴　走好　走低　走跌　走高　走软　走热　走弱　走强
走俏

族:源自日语,原指具有共同属性的事物分类,现指具有某种共同行为特征或志趣爱好的一类人。

×族:
炒族　飘族　傍老族　背包族　奔奔族　本本族　波波族　不夜族
草莓族　炒更族　持卡族　打工族　打农族　袋鼠族　单身族　电脑族
飞特族　肥臀族　工薪族　归巢族　海归族　红唇族　夹心族　啃老族
啃椅族　久坐族　快餐族　快闪族　库索族　辣奢族　乐活族　拇指族
年清族　趴趴族　爬格族　捧车族　青春族　三不族　闪婚族　上班族
柿子族　玩牛族　蜗居族　嘻哈族　校漂族　新婚族　休闲族　学生族
银发族　有车族　月光族　月票族　走班族　水蜜桃族　滚轴溜冰族
农忙打农族　农田代管族　农事代耕族　农务换工族　自由打工族
M族　MO族　BOBO族　Free族　Freeter族　LATTE族
NEET族　NONO族　office族　SOHO族　都市3H族

族群:泛指具有某些共同特点的一群人。

×族群:

品牌族群　新新族群　特异族群　白领族群　网络族群　年轻族群
适婚族群　已婚族群　单身族群　商务族群　未婚族群　时尚族群
弱势族群　新极客族群　小眼镜族群　纪录片族群　难产危险族群
影像创作族群　青少年空巢族群　80后族群　QQ族群　SOHO族群
E时代新族群

字母词模标

E:electronic(电子)的首字母。

E×:

E吧　E家　E网　E文　E邮　E友　E部落　E都市　E风尚　E服饰
E概念　E广告　E教学　E美食　E设计　E社区　E生活　E时代
E世纪　E天空　E物流　E小说　E行动　E营销　E语言　E账本
E制造　E住宅　E网情深　E度空间　E语惊人

IT:Information Technology(信息技术)的首字母。

IT×:

IT界　IT产业　IT人才　IT人士　IT工业　IT企业　IT国家
IT法案　IT媒体　IT网站　IT时代

Q:①cute[kjuːt]的谐音:可爱的;漂亮的;有趣的;聪明伶俐的。②QQ:腾讯公司的即时通讯软件。

Q×:

Q吧　Q版　Q币　Q播　Q车　Q点　Q哥　Q妹　Q网　Q屋
Q舞　Q讯　Q族　Q表情　Q空间　Q品牌　Q时代　Q时尚　Q饰品
Q手机　Q音乐　Q一族

T:T形。

T×:

T区　T台　T恤　T裤　T型街　T型台　T恤衫

主要参考文献

一、专著

1. 爱德华·萨丕尔.语言论——言语研究导论.陆卓元译,陆志伟校订.北京:商务印书馆,1985.
2. 曹炜.现代汉语词汇研究.北京:北京大学出版社,2004.
3. 岑运强.语言学基础理论.北京:北京师范大学出版社,1994.
4. 陈光磊.汉语词法论.上海:学林出版社,1994.
5. 陶炼,贺国伟,陈光磊,彭增安.改革开放中汉语词汇的发展.上海:上海人民出版社,2008.
6. 陈建生.认知词汇学概论.上海:复旦大学出版社,2008.
7. 陈原.社会语言学.上海:学林出版社,1983.
6. 程琪龙.认知语言学概论——语言的神经认知基础.北京:外语教学与研究出版社,2001.
7. D·麦奎尔,等.大众传播模式论.祝建华等译.上海:上海译文出版社,1997.
8. 戴昭明.文化语言学导论.北京:语文出版社,1996.
9. 董秀芳.汉语的词库与词法.北京:北京大学出版社,2004.
10. 符淮青.现代汉语词汇(增订本).北京:北京大学出版社,2004.
11. 高亨.高亨著作集林.北京:清华大学出版社,2004.
12. 葛本仪.汉语词汇研究.济南:山东教育出版社,1985.
13. 郭伏良.新中国成立以来汉语词汇发展变化研究.保定:河北大学出版社,2001.

14. 韩宝育.语言和人的意义世界.北京:中国社会科学出版社,2002.
15. 胡明扬.语言学概论.北京:语文出版社,2000.
16. 胡壮麟.认知隐喻学.北京:北京大学出版社,2004.
17. 黄伯荣,廖序东.现代汉语(增订三版).北京:高等教育出版社,2002.
18. [英]简・爱切生.语言的变化:进步还是退化.徐家帧译.北京:语文出版社,1997.
19. 凯斯・R・孙斯坦(Cass R. Sunstein).法律推理与政治冲突.金朝武等译.北京:法律出版社,2003.
20. 拉迪斯拉夫・兹古斯塔.词典学概论.林书武等译.北京:商务印书馆,1983.
21. 李公明.2004年中国最佳讲座.武汉:长江文艺出版社,2005.
22. 李宇明.词语模.邢福义主编.汉语语法特点面面观.北京:北京语言文化大学出版社,1999.
23. 梁晓红.论梵汉合璧造新词.周荐编.二十世纪现代汉语论文精选.北京:商务出版社,2004.
24. 刘叔新.汉语描写词汇学.北京:商务印书馆,1990.
25. 卢英顺.现代汉语语汇学.北京:复旦大学出版社,2007.
26. 罗素.西方哲学史(下卷).马元德译.北京:商务印书馆,1976.
27. 吕叔湘.汉语语法论文集.北京:商务印书馆,1984.
28. 马克思恩格斯选集.北京:人民出版社,1972.
29. 梅洛-庞蒂.眼与心.刘韵涵译.北京:中国社会科学出版社,1992.
30. 齐沪扬.传播语言学.郑州:河南人民出版社,2000.
31. 齐沪扬.现代汉语空间问题研究.上海:学林出版社,1998.
32. 钱冠连.语言全息论.北京:商务印书馆,2002.
33. 任半塘编著.敦煌歌辞总编卷七.何满子词.上海:上海古籍出版社,1987.
34. 任继舫.汉语语源学.重庆:重庆出版社,2004.
35. 任学良.汉语造词法.北京:中国社会科学出版社,1981.
36. 塞缪尔・P・亨廷顿.变动社会的政治秩序.张岱云等译.上海:上海译文出版社,1989.
37. 邵志芳.认知心理学——理论、实验和应用.上海:上海教育出版社,2006.
38. 石毓智.认知能力与语言学理论.上海:学林出版社,2008.
39. 史存直.汉语词汇史纲要.上海:华东师范大学出版社,1989.
40. 斯大林.马克思主义和语言学问题.斯大林选集(下卷).北京:人民出版社,1979.
41. 孙常叙.汉语词汇(重排本).北京:商务印书馆,2006.

42. 武占坤,王勤. 现代汉语词汇概要. 呼和浩特:内蒙古人民出版社,1983.
43. 史存直. 汉语词汇史纲要. 上海:华东师范大学出版社,1989.
44. 索绪尔. 普通语言学教程. 高名凯译. 北京:商务印书馆,2002.
45. 王艾录,司富珍. 语言理据研究. 北京:商务印书馆,2002.
46. 王力. 汉语史稿. 北京:中华书局,1980.
47. 王玉新. 汉字认知研究. 济南:山东大学出版社,2000.
48. 王元鹿. 比较文字学. 南宁:广西教育出版社,2001.
49. 伍铁平. 普通语言学概要. 北京:高等教育出版社,1993.
50. 熊彼特. 经济发展理论. 何畏等译. 北京:商务印书馆,1990.
51. 徐通锵. 历史语言学. 北京:商务印书馆,1996.
52. 杨锡彭. 汉语外来词研究. 上海:上海人民出版社,2007.
53. 杨振兰. 现代汉语词彩学. 济南:山东大学出版社,1996.
54. 叶蜚声,徐通锵. 语言学纲要. 北京:北京大学出版社,1981.
55. 于根元. 应用语言学理论纲要. 北京:华语出版社,1999.
56. 于根元. 应用语言学的基本理论. 现代汉语研究与应用. 北京:北京广播学院出版社,2003.
57. 于根元等. 语言哲学对话. 北京:语文出版社,1999.
58. 张博. 汉语同族词的系统性与验证方法. 北京:商务印书馆,2003.
59. 张小平. 当代汉语词汇发展变化研究. 北京:齐鲁书社,2008.
60. 赵俐,等. 语言以人为本——第三轮语言哲学对话. 北京:中国经济出版社,2003.
61. 赵彦春. 认知辞典学探索. 上海:上海外语教育出版社,2003.
62. 赵艳芳. 认知语言学概论. 上海:上海外语教育出版社,2001.
63. 赵元任. 汉语口语语法. 北京:商务印书馆,1979.
64. 钟少华. 中国近代新词语谈薮. 北京:外语教学与研究出版社,2006.
65. 周荐. 汉语词汇结构论. 上海:上海辞书出版社,2004.
66. 朱智贤. 心理学文选. 北京:人民教育出版社,1989.

二、论文

1. 蔡骐,谢莹. 文化研究视野中的传媒研究. 传媒学术网,2004-03-22.
2. 曹春静. 当代汉语词语模研究——兼论新词新语,中国优秀硕士学位论文全文数据库,2007.
3. 陈宝勤. 试论汉语语位造词. 语文研究. 1999(1).
4. 丁建川. 两个新兴的类前缀——看、走. 宁夏大学学报(人文社会科学版),

2006(2).
5. 高燕."吧"的词化过程.汉语学习,2000(2).
6. 黄现璠等.内蒙古自秦汉以来就是中国的领土.广西师范学院学报,1981(2).
7. 贾益民,刘慧."后×"结构新词语的多维度考察.广西社会科学,2005(9).
8. 姜望祺.Zipf与省力原则.同济大学学报(社会科学版),2005年2月。
9. 教育部和国家语委.中国语言生活状况报告2007.www.moe.gov.cn,2008.
10. 教育部和国家语委.中国语言生活状况报告2008.新华网,2009.
11. 李如龙.汉语词汇衍生的方式及其流变.河北师范大学学报(哲社版),2002(5).
12. 李舒,季明.新媒体冲撞.瞭望.新闻周刊,2009(7).
13. 李宇明.当今三大语言话题——在2008年度语言文字工作会议上的专题报告.中国语言文字网,2008-02-28.
14. 梁君英.构式语法的新发展:语言的概括特质——Goldberg《工作中的构式》介绍.外语教学与研究,2007(1).
15. 李勇健等.关于人工神经网络的哲学思考.自然辩证法研究,2000(2).
16. 刘邦凡.论中国逻辑与中国传统数学.自然辩证法研究,2005(3).
17. 刘大为,巢宗祺.两种能力的课程分化——关于"现代汉语"教学改革的思考.语言文字应用,1995(2).
18. 刘吉艳.汉语新词语词群现象研究.中国博士学位论文全文数据库,2009.
19. 刘晓梅.当代汉语新词语研究.中国知网,2003.
20. 刘晓梅.当代汉语新词语造词法的考察.暨南大学华文学院学报,2003(4).
21. 刘娟.当代新词"新新×"探微.学术论坛,2005(6).
22. 刘亚杰.网络流行语"零度×"词族探微.中国重要会议论文全文数据库,黑龙江省语言学会2004年年会论文集.
23. 马国荣.秦汉时期西域羌族、车师和月氏的社会生活.喀什师范学院学报,1996(2).
24. 裴景瑞,于全有.网络"客"族新词的产生机制与社会文化心理.柳州职业技术学院学报,2008(4).
25. 齐沪扬,邵洪亮.新词语可接受度的多角度审视——兼谈新词语的规范问题.上海师范大学学报哲学社会科学版,2008(2).
26. 乔刚."界"、"坛"词缀化辨.修辞学习,2007(2).
27. 秦华镇."×化"结构构成限制及条件.北京理工大学学报(社会科学版),2005(4).
28. 饶宏泉."去××化"的语言包装.修辞学习,2008(1).
29. 任竞春."×霸"新词产生方式及成因探析.语文学刊(高教版),2005(9).

30. 任竞春."霸"的语义演变轨迹探析——从"×霸"新词说起.汉字文化,2006(4).
31. 施春宏.说"界"和"坛".汉语学习,2002(1).
32. 实录:中国语言生活状况报告(2006)新闻发布会.中国教育新闻网新闻中心,2007 年 8 月 16 日。
33. 苏金智.台港和大陆词语差异的原因、模式及其对策.语言文字应用,1994(4).
34. 苏溟.谐音别解和相声的"笑".湖州师范学院学报,1986(3).
35. 田小琳.再论香港地区的语言文字规范问题.中国论文下载中心,2008.
36. 王桂花,吕玲娜."×热"新词探微.现代语文,2007(1).
37. 王力.词和仂语的界限问题.中国语文,1953(9).
38. 王敏."准×"新词初探.牡丹江师范学院学报(哲学社会科学版),2007(2).
39. 王铁昆.新词语的判定标准与新词语词典编纂的原则.语言文字应用,1992(4).
40. 王希杰.深化对语言的认识,促进语言科学的发展.语言文字应用,1994(3).
41. 王希杰.汉语规范化问题和语言的自我调节功能.语言文字应用,1995(3).
42. 王希杰.论语言的自我调节功能.柳州职业技术学院学报,2002(2).
43. 文炼,胡附.汉语语序研究中的几个问题.中国语文,1984(3).
44. 吴亮.新媒体浪潮.瞭望.新闻周刊,2009(7).
45. 吴为章.语序重要.中国语文,1995(6).
46. 伍铁平.再论语言的模糊性.语文建设,1989(6).
47. 徐时仪."一味"的词汇化与语法化考探.语言教学与研究,2006(6).
48. 姚春鹏.《周易》与《黄帝内经》.周易研究,2001(4).
49. 于根元.语言的本质和语言教学.汉语学报,2000(1).
50. 于根元,王铁琨,孙述学.新词新语规范基本原则.语言文字应用,2003(1).
51. 禹存阳.现代汉语词语模研究.中国优秀硕士学位论文全文数据库,2006.
52. 张博.反义类比构词中的语义不对应及其成因.语言教学与研究,2007(1).
53. 张德鑫."水至清则无鱼"——我的新生词语规范观.北京大学学报.哲学社会科学版,2000(5).
54. 张少芳."虫"词族词语探析.河北大学成人教育学院学报,2006(3).
55. 张谊生.说"×式"——兼论汉语词汇的语法化过程.上海师范大学学报,2002(3).
56. 张谊生.当代新词"零×"词族探微——兼论当代汉语构词方式演化的动因.语言文字应用,2003(1).
57. 张云秋."化"尾动词功能弱化的等级序列.中国语文,2002(1).
58. 张志毅,张庆云.新时期新词语的趋势与选择.语文建设,1997(3).
59. 赵俐,于根元.语言创新及语言创新能力研究.语言文字应用,2005(3).

60. 周洪波. 新词语的预测. 语言文字应用,1996(2).
61. 周荐."语模"造语浅说. 语文研究,2008(1).
62. 周日安. 数词"零"的缀化倾向. 西北师范大学学报(社会科学版),2003(3).
63. 周日安,邵静敏. 美英式原型标记"一门"的类化和泛化. 外国语,2007(4).
64. 周绍珩. 马丁内的语言功能观和语言经济原则. 国外语言学,1980(4).
65. 朱永生. 框架理论对语境动态研究的启示. 外语与外语教学,2005(2).
66. 宗守云. 新词语研究的社会文化视角. 现代语文,2006(3).

三、辞书

1. 辞海编辑委员会. 辞海. 上海:上海辞书出版社,1980.
2.《古汉语常用字字典》编写组. 古汉语常用字字典. 北京:商务印书馆,1979.
3. 哈特曼,斯托克. 语言与语言学词典. 黄长著等译. 上海:上海辞书出版社,1981.
4. 韩明安. 新语词大词典. 哈尔滨:黑龙江人民出版社,1991.
5. 韩品夫. 实用方言词典. 天津:天津人民出版社,1996.
6. 亢世勇,刘海润. 新词语大词典·1978—2002. 上海:上海辞书出版社,2003.
7. 李行健,曹聪孙,云景魁. 新词新语词典. 北京:语文出版社,1993.
8. 李润生. 古今汉语字典. 北京:汉语大词典出版社,1993.
9. 林伦伦,朱永锴,顾向欣. 现代汉语新词语词典. 广州:花城出版社,2000.
10. 刘配书. 汉语新词新义. 沈阳:辽宁大学出版社,1991.
11. 刘正琰,高名凯,麦永乾,史有为. 汉语外来词词典. 上海:上海辞书出版社,1984.
12. 龙潜庵. 宋元语言词典. 上海:上海辞书出版社,1985.
13. 罗竹风. 汉语大词典. 北京:汉语大词典出版社,1993.
14. 马思周,姜光辉. 东北方言词典. 长春:吉林文史出版社,2005.
15. 闵家骥,韩敬体,李志江,刘向军. 汉语新词新义词典. 北京:中国社会科学出版社,1991.
16. 欧阳因. 朗文中国流行新词语(汉英对照). 北京:中国人民大学出版社,2000.
17. 商务印书馆辞书研究中心. 新华新词语词典. 北京:商务印书馆,2003.
18. 沈孟璎. 新词新语词典. 成都:四川辞书出版社,2005.
19. 宋子然. 汉语新词新语年编. 成都:四川人民出版社,2002.
20. 宋子然,杨小平. 汉语新词新语年编(2003—2005),2006.
21. 王培智. 软科学知识辞典. 北京:中国展望出版社,1988.

22. 韦氏大辞典(第 11 版). 北京:世界图书出版公司,2003.
23. 文会,汪澎,李本刚. 当代新词语大辞典. 大连:大连出版社,1992.
24. 夏中华. 中国当代流行语全览. 上海:学林出版社,2007.
25. 许慎. 说文解字. 徐铉校定. 北京:中华书局,1963.
26. 于根元. 现代汉语新词词典. 北京:北京语言学院出版社,1994.
27. 于根元. 中国网络语言词典. 北京:中国经济出版社,2001.
28. 张春兴. 张氏心理学辞典. 上海:上海辞书出版社,1992.
29. 中国社会科学院语言研究所词典编辑室. 现代汉语词典(第 4 版). 北京:商务印书馆,2002.
30. 中国社会科学院语言研究所词典编辑室. 现代汉语词典(第 5 版). 北京:商务印书馆,2007.
31. 中华书局编辑部. 实用大字典. 北京:中华书局,1983.
32. 周荐. 2006 汉语新词新语. 北京:商务印书馆,2007.
33. 朱广祁. 当代港台用语词典. 上海:上海辞书出版社,1994.
34. 朱广祁. 港台用语与普通话新词手册. 上海:上海辞书出版社,2000.

后　　记

本书是2008年浙江省哲学社会科学规划课题“当代汉语词语模”的研究成果。在将近三年的研究过程中，从研究范围的确定、语料的搜集、书稿的框架结构到观点的表述与提炼等各个方面，我都得到了导师——华东师大胡范铸教授的悉心指导，在本书即将出版时，又蒙先生惠赐序言，在此谨向胡老师表示衷心的感谢和深深的敬意。

中国传媒大学的于根元教授最早引导我关注当代社会新词语的发展变化，这次书稿草成，于老师也在百忙中欣然赐序，在此谨向于老师表示衷心的感谢和深深的敬意。

华东师大的王元鹿教授对书稿的部分章节提出了宝贵的意见和建议，复旦大学图书馆的龙向洋博士、上海师范大学的邵洪亮博士与张素玲博士为本书的写作提供了珍贵的研究资料，在此谨向诸位先生表示衷心的感谢和深深的敬意。

感谢浙江大学出版社责任编辑田华老师为本书的出版所付出的辛勤劳动。

感谢我的朋友、同事和领导对我的鼓励和支持。

感谢我的家人的理解和关爱。

限于学识和水平，本书还有许多不足之处，敬请专家指正。

苏向红

2010年5月